DJEBEL AMOUR

Roger FRISON-ROCHE

DJEBEL AMOUR

ARTHAUD

87, quai Panhard-et-Levassor
75647 Paris Cedex 13

ISBN : 2-7003-9649-9

AVANT-PROPOS

J'ai découvert Kourdane, où se passe une partie de l'action de ce roman, en 1949. Pour être précis, le 10 juin. J'accomplissais pour le compte de L'Écho d'Alger *une grande enquête dans les coins les plus reculés de l'Algérie*[1]*, ceux qui étaient restés à cette époque en marge de notre colonisation. Traversant le djebel Amour en jeep, accompagné de mon ami le dessinateur Charles Brouty, j'arrivai un matin en vue du palais de Kourdane, construction insolite au pied de l'Atlas saharien, face à l'immensité du Sahara. Le palais et ses annexes gisaient dans le silence et la touffeur de l'été saharien. Les jardins abandonnés étaient envahis par les ronces, les jujubiers, l'alfa, et l'odeur pénétrante du* chikh*[2] *flottait sur les ronciers, anciens parterres de roses revenus à l'état sauvage.*

Nous visitâmes le palais, accompagnés d'un serviteur noir aussi décrépit que son environnement. C'était une maison morte

---

1. Vous trouverez en fin d'ouvrage l'article consacré à Aurélie Picard lors de cette série de reportages.

2. Les mots arabes, en italique marqués d'un astérisque (lors de leur première occurrence), sont expliqués dans l'index, en fin d'ouvrage.

que nous parcourions et, pourtant, une présence féminine aussi obsédante qu'un fantôme nous y suivait pas à pas. À droite et à gauche d'une grande glace au cadre de bois sculpté, les photos des hôtes de jadis nous contemplaient : ce prince de légende était laid, obèse et engoncé dans la triple épaisseur de ses burnous ; elle, vêtue à l'européenne, dans la splendeur de la cinquantaine, superbe et dominatrice, avait la majesté d'une souveraine.

Dès lors, je fus intrigué. Qui donc était cette femme que chacun ici vénérait encore seize ans après sa mort ?...

Le même soir, nous étions les hôtes de Si Chenati, mokkadem* de la zaouia* d'Aïn Madhi, remplaçant le Grand Maître, à l'époque en tournée en Afrique centrale.

Nous passâmes la nuit dans l'une des chambres du monastère, envoûtés par les chants religieux qui montaient de la mosquée où s'assemblaient les pèlerins autour de la tombe du fondateur de l'ordre, Si Mohamed el Kebir !

De retour à Alger, je n'eus de cesse de rechercher tout ce qui pouvait concerner la vie étrange d'Aurélie Picard. Pour cela, je retournai à Aïn Madhi en 1955. L'époque était mal choisie, la rébellion était latente partout et virulente dans l'Aurès. Pourtant désireux de revoir, avant mon retour en France, ces ksour* et ces zaouias mystérieuses de l'Atlas saharien, je me rendis à Kourdane et Aïn Madhi. Ma femme et mes enfants m'accompagnaient. Une famille amie suivait dans une seconde voiture.

Kourdane reposait dans le silence et l'oubli. Il y avait un peu plus de poussière sur le piano et sur les partitions abandonnées : rien que des valses !

Mais, sur la grande place d'Aïn Madhi, à l'intérieur des remparts, une foule d'hommes semblaient tenir une réunion mouvementée. Nous nous arrêtâmes devant la grande porte de la zaouia ; des groupes inquiétants nous entourèrent. Je compris *mon imprudence : je venais de tomber en pleine réunion de fellaga ! Il fallait repartir, et vite ! Je demandai à voir Si Chenati. Il était absent, mais un* thaleb* *me reconnut. J'avais été l'hôte de la zaouia, ma personne était sacrée.*

— Repars vite ! me dit-il. Je te connais ! Mais je suis le seul et, en l'absence de Si Chenati, ma parole ne tiendra pas longtemps en respect cette foule. Ne reprends pas la même piste, elle est dangereuse. Va par le sud, et rejoins directement Laghouat sans passer par Tadjemout.

Je suivis son conseil.

1960. Je remonte du Tchad et du Ténéré avec la deuxième mission Berliet. Nous nous arrêtons à Fort-Lallemand, près de Hassi Messaoud. Le chef de poste, un capitaine de la Légion, y garde un contingent de prisonniers parmi lesquels des notables musulmans.

— Si vous voulez, me dit-il, ce soir, j'inviterai quelques-uns de mes hôtes à prendre le thé, vous pourrez causer ! Ils sont intéressants.

À l'heure dite, un petit groupe de cinq à six Arabes, vêtus à la saharienne, nous rejoint. On boit le thé à la menthe. Mon voisin se penche vers moi.

— Tu ne me reconnais pas ? Si Chenati, mokkadem d'Aïn Madhi !

— Que fais-tu là ? dis-je, car il était connu pour ses sentiments francophiles, comme tous ceux de la secte des Tidjani.

— Je vais t'expliquer. Les patrouilles françaises viennent durant la journée et nous disent : « Ne ravitaillez pas les fellaga, sinon, on vous arrête ! » Puis elles retournent se clôturer dans leurs postes. Les fellaga viennent en pleine nuit. Se font ouvrir nos greniers : « Donne ou nous te coupons la gorge ! » Qu'aurais-tu fait à ma place ? J'ai donné, et je préfère être prisonnier.

Deux jours plus tard, je m'arrête à Temacine, dans l'oued Rhir. Là se trouve la fameuse zaouia de Tamellah, rivale d'Aïn Madhi et désormais toute-puissante depuis la mort d'Aurélie. Le mokkadem me reçoit avec courtoisie dans le salon d'apparat. Une très belle photo d'Aurélie y figure dans un cadre d'argent. Je feins l'ignorance.

— Qui est cette femme ? dis-je.

— Une Française, une roumia, *qui pendant soixante ans a administré la secte mieux que nous. Une sainte !*

— Elle était chrétienne ?

— Elle s'est convertie à la foi musulmane avant de mourir.

A-t-il dit la vérité ? C'est son secret ! Je ne le trahirai pas.

Car tout ce que je raconte dans ce livre est vrai.

Biographie romancée ou roman, le lecteur appréciera !

Roger Frison-Roche

Djebel Amour

Le cavalier et sa monture, figés dans une pose hiératique, immobiles et statufiés, dressaient leurs silhouettes sur une roche tabulaire, légèrement inclinée, affleurant comme un écueil sur la steppe d'alfa.

Le guerrier était vêtu d'une courte *cachabiah** de cavalier du Sud, en poil de chameau gris et noir, dont le capuchon relevé recouvrait en partie le chèche blanc enroulé autour du front ; une ceinture en *filali** rouge, soutenue par deux bretelles doublées de cartouchières se croisant sur la poitrine, serrait les plis du vêtement très ample ; l'homme, bien assis dans la profonde selle à pommeau d'argent ciselé, scrutait l'horizon de l'est ; à l'aube, il avait relayé le *chouaf** placé en permanence depuis plusieurs jours par Si Bachir. Chaussé très court, les genoux légèrement ployés, il avait engagé profondément ses bottes en cuir fauve dans les étriers massifs à larges semelles prolongées par la tige d'un éperon d'acier à molettes irradiant comme les rayons du soleil. Son fusil à très long canon, au fût de cèdre, à la crosse ciselée et damasquinée, il le tenait au « présentez armes », incliné à 45°, le canon pointé vers le ciel, la crosse reposant sur la cuisse droite.

Il dominait un large horizon désertique où le seul bruit perceptible était le murmure presque insaisissable de l'alizé, caressant et courbant les touffes de *drinn**, d'alfa ou d'armoise éparses dans la plaine surchauffée où vibraient encore çà et là des colonnes d'air chaud. Un couple de kangas, les grises perdrix des sables, abandonna brusquement son nid dissimulé dans une butte de verdure et s'envola en caquetant, dans un grand bruit d'ailes. Un serpent naja, noir et la tête gonflée de colère, se glissa dans le nid abandonné et commença à gober les œufs.

Le chouaf, toujours immobile, s'intéressa distraitement à ce simple drame du désert : bien qu'il n'eût en apparence pas rompu son étonnante immobilité, il avait déjà remarqué, très haut dans le ciel, un faucon pèlerin ; tout n'était pas accompli ! Ayant décrit de larges orbes, l'oiseau de proie plongea vers le sol, sembla s'écraser sur la botte d'alfa, battit des ailes un instant sans toucher terre ; lorsqu'il reprit son vol, il tenait dans ses serres le naja qui, l'instant d'avant, avait dérangé le couple de perdrix.

Il y eut brusquement dans la touffeur du zénith un souffle nouveau, un courant d'air puissant qui parcourut le Sahara, venant du nord-est et se dirigeant vers le sud-ouest. Le visage basané du cavalier reçut la caresse du vent. Mais, comme la brume de sable se levait avec la brise, il releva son chèche au-dessus du nez, ne laissant qu'une mince fente entre ses voiles, dans laquelle luisait son regard de rapace.

La chaleur méridienne s'atténua : la brume de sable qui diluait les lointains du sud se dissipa peu à peu à mesure que diminuait la température ; quelques bancs de brume stagnaient encore dans les bas-fonds, mais on pouvait maintenant découvrir, tavelant la plaine de larges taches sombres, les fourrés touffus des grands pistachiers pluricentenaires, les *betoums** poussés dans les *daïas** d'argile où se maintient longtemps l'humidité souterraine.

Vers le sud et jusqu'aux limites de l'horizon, les derniers plissements de l'Atlas, monstrueuses écailles de sauriens bandées en arceaux, tranchaient le désert en plans successifs, de moins en moins importants, de plus en plus lointains, jusqu'à n'être plus qu'un trait, sombre, aux limites de la vision humaine.

Vers le sud, la masse imposante et proche du djebel Amour étirait sa grande falaise aux synclinaux régulièrement alternés, aux strates hémicirculaires tachetées par les touffes maigres et espacées d'un maquis clairsemé.

La chaîne s'étirait ainsi du sud-ouest au nord-est, sans faille apparente, sinon quelques gorges secrètes, par lesquelles les tribus ouled naïl, délaissant à l'automne leurs pâturages d'El Richa ou d'Aflou en plein djebel, gagnaient avec les premières pluies leurs terrains de parcours ancestraux, entre l'Erg occidental et l'Atlas. Elles nomadisaient ainsi, dans un immense espace triangulaire, se gardant d'empiéter sur les parcours des Ouled Sidi Cheikh à l'ouest, ou sur ceux de la puissante tribu du *khalifa** des Larbaa à l'est.

En fait, les Ouled Naïl avaient de temps immémoriaux droit de pacage en ces lieux, mais le véritable maître, auquel ils payaient la *ziara**, en était le seigneur de la puissante confrérie des Tidjani, dont la ville sainte, Aïn Madhi, dressait son enceinte et ses tours au pied de la montagne.

Sur les crêtes du djebel Amour subsistait une mince frange de neige, festonnant la roche sur un ciel de cobalt étonnant de pureté, comme il l'est dans ces régions en hiver. Maintenant que l'après-midi s'allongeait comme les ombres portées des rochers, ce ciel lui-même changeait de teinte : de laiteux qu'il était au milieu du jour, il devenait de plus en plus foncé, tranchant par un outremer agressif sur les ocre et les roux du paysage.

Le cavalier posté en chouaf par Si Bachir tournait le dos à Aïn Madhi, la cité sainte. Le *ksar** de pisé rouge dressait une lieue à l'ouest ses hauts remparts flanqués des ruines des trente tours crénelées, témoins du grand siège de huit mois soutenu victorieusement contre les troupes d'Abd el-Kader et qui avait valu au sultan de l'époque, en 1836, le qualificatif de Si Mohamed *el Kebir*, « le Grand » ! Quatre portes monumentales et fortifiées s'ouvrant aux quatre points cardinaux permettaient de passer dans l'enceinte.

Aïn Madhi en ce jour d'hiver 1873 était en effervescence, mais le chouaf, conscient de son rôle de guetteur, ne détournait pas son regard de la ligne d'horizon qu'il surveillait depuis le matin.

Parfois, rompant l'immobilité que lui imposait son cavalier, le cheval piaffait, sans que bougeât le buste de l'homme soudé à sa monture, puis la bête se campait à nouveau dans un parfait aplomb des quatre membres, se contentant d'encenser en faisant cliqueter son mors.

Par le long trait d'argent qui sinuait dans la plaine d'alfa, la piste chamelière, devait arriver le Maître. C'était le *mechbed** des caravanes venant de l'Est, un fil conducteur sans fin ni commencement, qui escaladait les buttes et les mornes, coupait dans les fonds. On aurait pu remonter cette piste pendant des semaines et des semaines sans en trouver le commencement, et elle se poursuivait vers l'ouest au-delà d'Aïn Madhi, le long de l'Atlas jusqu'aux cités fortes du Maroc, jusqu'à se perdre dans les flots de l'Atlantique. Pour le cavalier cependant, conscient de la position stratégique de la Ville sainte, la piste reliait surtout Laghouat, fief de la puissante tribu des Larbaa, à El Abiod Sidi Cheikh, bastion des redoutables Ouled Cheikh, ennemis héréditaires des Tidjani.

Le guetteur tournait le dos au couchant et, de ce fait, son regard d'une acuité perçante portait plus loin, à des distances auxquelles aucun œil de roumi, fût-il le plus exercé, n'eût pu discerner le très mince flocon de vapeur qui tout à coup venait d'éclore, aux confins de l'horizon.

L'homme retint un cri exalté, attendit quelques instants, il fallait être certain !

Le mince trait de fumée grossissait imperceptiblement ; alors il ne put plus douter. Il fallait donner le signal. Debout sur ses étriers, il pointa son long fusil vers le ciel et tira un coup de feu. Dans le silence surprenant de la steppe le son porte loin ; les guetteurs placés par Si Bachir à la porte sud d'Aïn Madhi l'entendraient, il en était sûr.

Il reporta une dernière fois son regard sur la frange de poussière qui flottait et s'étirait, ondulante et capricieuse, grossissant de minute en minute : le seigneur arrivait !

Sa tâche accomplie, le cavalier, enfonçant ses éperons dans le ventre de sa monture, fit effectuer à celle-ci une demi-volte acrobatique et cabrée, puis bondit au galop vers la cité sainte.

— Si Ahmed est de retour ! hurla-t-il lorsqu'il fut à portée de voix de la foule qui s'amassait hors des remparts, devant la porte principale de l'enceinte fortifiée. Si Ahmed est de retour !

— *Allah ou akbar !* Allah est grand !

La clameur de la foule louait Dieu l'Unique qui ramenait le Maître aux lieux saints après une longue captivité !

La foule ignorait encore ce que savaient les initiés : le chérif Tidjani ramenait dans les *bassours** de sa smala une nouvelle épouse ! Une roumia ! Une chrétienne !

PREMIÈRE PARTIE

LA DEMOISELLE DE COMPAGNIE

CHAPITRE PREMIER

Malgré la tristesse de ce terrible hiver 1870-1871, Aurélie chantonnait un air de Strauss en esquissant un pas de valse. Valser lorsque l'on tient une demi-douzaine de pigeons dans les bras n'est pas si facile que cela paraît. À vrai dire, le spectacle qu'elle offrait dans les larges couloirs du Grand Hôtel de Bordeaux était celui d'une jeune fille radieuse et heureuse de vivre. N'irait-elle pas demain à la représentation officielle du Grand Théâtre ? Non seulement madame Steenackers l'avait invitée, mais la femme du ministre lui avait prêté une de ses plus belles robes ; elle n'aurait qu'à la retoucher légèrement, son travail terminé.

Demoiselle de compagnie de la femme du ministre des Postes, le député Steenackers, elle avait accompagné à Bordeaux le ministre et sa famille, obligés de suivre le gouvernement replié sur les bords de la Gironde tandis que les désastres s'accumulaient sur notre frontière de l'Est. La guerre était aux marches de la Lorraine et de l'Alsace. L'heure était sombre, et Aurélie ne voyait autour d'elle que des figures allongées. Mais, lorsqu'elle comparait son sort à ce qu'il était trois ans auparavant, Aurélie se découvrait la plus heureuse des jeunes filles !

Désormais, elle évoluait dans le milieu où depuis toujours elle ambitionnait de vivre ; certes, elle n'était qu'un serviteur privilégié, mais il ne tenait qu'à elle, elle en était certaine, de franchir rapidement les échelons qui la séparaient encore d'un monde qu'elle voulait conquérir. Demain, ne serait-elle pas dans la loge ministérielle dominant le parterre du Grand Théâtre où s'entasseraient toute la noblesse et la bourgeoisie de la capitale provisoire de la France ?

Dans l'enthousiasme de ses vingt et un ans, Aurélie tournoyait, serrait plus fort dans ses bras les pigeons voyageurs dont elle était chargée de recueillir les messages et qui constituaient la seule liaison rapide entre le gouvernement replié et l'état-major de l'armée. Le député Steenackers, ministre des Postes, lui avait confié cette tâche à laquelle elle se donnait de toute son âme de patriote. Elle avait déjà bousculé ainsi, en traversant les corridors de l'hôtel, quelques fantômes en redingote qui hantaient les couloirs. Ministres, hauts fonctionnaires, directeurs de cabinets, fringants officiers en grande tenue portant moustache et barbe, tous connaissaient de vue cette magnifique et grande jeune fille blonde, protégée du ministre et de son épouse.

Certains lui adressaient un petit sourire d'amitié.

— Alors, mademoiselle Aurélie, cette volière, que vous apporte-t-elle ?

— Secret d'État, messieurs, répondait-elle en riant.

Elle passait désinvolte, certaine de son succès, ne se retournant pas, suivie des yeux par les jeunes attachés de cabinet, trop fine pour entamer un flirt, si léger soit-il, avec ces jeunes gens de haute origine.

— Qui est-elle ? D'où vient-elle ? se demandaient-ils, séduits par sa grande beauté, intrigués par le mystère qui planait sur sa vie.

— Une protégée du ministre ? Il a du goût !

— Pas touche, mon cher, c'est la dame de compagnie de

madame Steenackers qui, m'a-t-on dit, la surveille comme sa propre fille !

Aurélie évoluait avec aisance parmi jeunes et vieux, toujours à sa place, discrète, vive, intelligente dans ses reparties. Nul n'aurait pu soupçonner ses origines obscures, sa jeunesse difficile et laborieuse. Elle-même semblait les avoir oubliées.

Ce jour-là, joyeuse à la perspective d'une soirée au Grand Théâtre, Aurélie tournoyait, une brassée de pigeons dans les bras, dans l'étroit couloir de l'hôtel, brusquement obstrué par une large et forte silhouette masculine.

Il fallut bien qu'elle s'arrêtât, un peu confuse, car le prince oriental qu'elle croisait s'avançait vers elle d'une démarche souveraine et lente.

La large stature de Si Ahmed Tidjani était encore amplifiée par les lourdes épaisseurs des burnous superposés qu'il portait, burnous de fine laine blanche par-dessous, recouvert du drap rouge écarlate d'un burnous de caïd. Elle l'avait légèrement bousculé et maintenant elle s'arrêtait rougissante, consciente de la grave impolitesse commise envers cet hôte du gouvernement français à qui l'on manifestait officiellement tant d'égards.

Confuse de son étourderie, elle voulut s'excuser par une révérence, mais le lieu était mal choisi, et le couloir trop étroit. Deux pigeons s'échappèrent de ses bras, s'envolèrent dans un battement d'ailes puis se posèrent sur le bord d'une haute commode qui garnissait une encoignure du vieil hôtel bordelais.

Le prince rattrapa l'un des volatiles qu'il tendit maladroitement à la jeune fille. Et, comme il serrait sans égard l'oiseau dans sa large poigne, Aurélie le lui prit brusquement des mains, dissimulant une moue de contrariété :

— Vous lui faites mal, Excellence ! Regardez, dit-elle en caressant le pigeon, il me connaît, il est apprivoisé !

Des mots d'arabe qu'il lui adressa, elle ne sut s'il s'agissait d'excuses ou de compliments, mais l'incident avait détendu leurs rapports. Aurélie s'enhardit jusqu'à dévisager le prince. Elle découvrit un homme jeune, timide, bien timide pour un personnage d'une telle importance, dont parlait tout Bordeaux ! Si Ahmed, voulant lui manifester sa sympathie, rattrapait le deuxième pigeon, le lui donnait ; il parlait maintenant sans arrêt, mais, comme il ne pouvait se faire comprendre, il caressait gauchement le volatile, appuyant son geste d'un regard suffisamment significatif pour qu'elle pût y lire l'intérêt qu'il lui portait. Troublée, elle baissa les yeux ; ce moment pouvait s'éterniser ; elle se sentait comme envoûtée. Alors, rassemblant sa brassée de pigeons, elle s'enfuit, paniquée, disparut dans un escalier de service, et là, certaine qu'il ne pouvait plus ni la voir ni l'entendre, elle fut prise d'un fou rire.

« Un nègre, c'est un nègre ! » réfléchissait-elle stupéfaite. De lui, elle n'avait d'abord retenu que la douceur et la beauté du regard : deux grands yeux noirs bordés de cils magnifiques, d'une telle intensité que l'on oubliait le visage un peu empâté, d'un noir ébène ; et puis, elle s'en rendait compte maintenant, il était jeune, très jeune, plus jeune qu'elle ! Était-ce donc là ce grand chef religieux du Sud algérien, ce redoutable guerrier des confins du Sahara en exil doré à Bordeaux, et dont on parlait dans tous les salons de la ville ?

Le chérif Si Ahmed Tidjani, descendant du Prophète, occupait un étage entier de l'hôtel avec une suite imposante : son frère, le chérif Si Bachir, son *khodja** personnel que doublait un interprète officiel de l'armée française, le lieutenant Pisani, et ses serviteurs noirs des deux sexes, esclaves héréditaires achetés au Soudan par les Grands Maîtres successifs de la confrérie.

Aurélie se remémorait les potins de couloir à son sujet, sans d'ailleurs attacher une importance quelconque à cet hôte de la France, que certains jugeaient indésirable mais qui la laissait indifférente. Jusqu'à ce jour ! Car, sa crise de fou rire terminée, ramenée à la réalité des faits, elle se découvrait soucieuse et inquiète. Si le prince se plaignait de ce manquement au protocole ? Aussi, ayant remis ses pigeons au soldat gardien du colombier des transmissions, se résolut-elle d'en parler sans plus attendre à sa bienfaitrice.

Elle pénétra rougissante et haletante dans les appartements particuliers du ministre et gagna le boudoir où se tenait généralement madame Steenackers.

Cette intrusion précipitée n'était pas dans les habitudes d'Aurélie, jeune fille sage et raisonnable.

— Que se passe-t-il, Aurélie ? Vous me paraissez bien nerveuse.

— Madame ! Madame...

— Vos pigeons se seraient-ils envolés sans leur message ? Auriez-vous été réprimandée ?

— Rien de tout cela, Madame, je crois tout simplement avoir bousculé le prince !

— Le prince ?... Ah oui ! Si Ahmed Tidjani ! Rassurez-vous, il est aussi jeune que vous, et votre étourderie n'a pu que l'amuser.

— Suis-je bête, Madame ! Mais, si vous le voyiez, il est noir, noir. Je ne savais pas que les Arabes étaient noirs.

— C'est un Saharien, d'origine marocaine, voilà qui explique la couleur de sa peau. Allons, petite sotte, oublions cet incident et pensez à vous préparer pour la soirée.

— Oh ! Madame, comme vous êtes bonne ! Et votre robe est si jolie ! Je ne tiens plus en place... C'est peut-être ce qui explique mon comportement de tout à l'heure ! Je me suis conduite comme une jeune fille mal élevée, je m'en veux, je voudrais tant vous faire honneur.

— Allons, Aurélie, laissez cet air penaud, redevenez la jeune fille grave et sage que j'aime et que tout le monde admire... Mais oui, on parle beaucoup de vous dans ce ministère en voyage !

Aurélie s'éclipsa. Il lui fallait faire quelques retouches à cette magnifique robe, trop somptueuse, trop importante pour une jeune fille : enlever quelques garnitures, diminuer peut-être l'importance de son *pouf*, car la mode était aux « tournures » avantageuses et, bien sûr, elle n'en avait jamais porté. Saurait-elle marcher avec la dignité qui sied à une femme vêtue d'une telle merveille ?

CHAPITRE II

Jetant un dernier coup d'œil dans le miroir basculant qui ornait sa coiffeuse, madame Steenackers rectifia du bout des doigts une boucle rebelle qui s'échappait de sa voilette. Satisfaite, elle tira sur le gros cordon de coton rouge tressé, relié à une sonnette placée dans la chambre mitoyenne où logeait Aurélie.

La jeune fille se présenta :

— Êtes-vous prête, Aurélie ? Voyons cela d'un peu plus près. Cette robe vous va très bien ! Vous l'avez resserrée à la taille... Raccourcie par un ourlet... Parfait, tournez-vous... Voyons si la « tournure » est correcte pour une jeune fille... Vous l'avez diminuée également. Je vous félicite, Aurélie, c'est une preuve de bon goût.

— Oh ! Madame, je suis si heureuse ! Je n'ai rien pu manger. C'est la première fois que je vais au théâtre, avec vous, dans votre loge ! J'ai tellement peur de commettre un impair !

— Rassurez-vous, mon petit. Vous serez très bien. Et je suis certaine que tous les jeunes officiers ou attachés de cabinet qui seront au parterre n'auront d'yeux que pour vous. Ma foi, je les comprends ! Mais assez minaudé, le ministre nous attend.

La calèche était à l'arrêt devant le porche de l'hôtel, et le cocher, haut botté, maintenait avec peine deux alezans fougueux. Il n'y avait qu'une centaine de mètres pour se rendre au Grand Théâtre, mais c'eût été déchoir que de les parcourir à pied !

Lorsqu'elle gravit les marches de marbre blanc, juste derrière le ministre et son épouse, à qui une garde d'honneur de soldats en dolmans bleus et pantalons garance rendait les honneurs, Aurélie comprit qu'il lui serait désormais difficile de retourner à sa condition première. L'atelier de modiste d'Arc-en-Barrois, son travail d'ouvrière, c'était un passé révolu ! Une bouffée d'orgueil lui monta au visage.

Le ministre et sa suite ont pris place dans la loge officielle, côté jardin, face à celle, encore vide, du général commandant la place. Il se chuchote un peu partout dans les coulisses que l'on attend un hôte de marque, et chacun rejoint son siège. La salle est bondée, du parterre au troisième balcon ; les fauteuils de velours rouge, les ors des sculptures, les mille lumières des lustres de cristal font scintiller les uniformes chamarrés. Tout est luxe et richesse, et Aurélie, éblouie (jamais elle n'oubliera cette soirée), admire avec une pointe d'envie les riches toilettes des dames de Bordeaux, l'élégance sobre de leurs chevaliers servants en habits sombres, puis reporte ses regards sur le parterre, plus bruyant, plus coloré. L'assistance y est jeune. Les uniformes chatoyants et diversifiés des différentes armes représentées par les attachés militaires s'opposent triomphalement aux tenues sévères des jeunes fonctionnaires de divers ministères. Tous ont remarqué Aurélie dans la loge ministérielle, et elle devine que l'on s'interroge sur elle.

Cependant, chacun a rejoint sa place. On attend l'ouverture, les violons s'accordent, le brouhaha des conversations couvre les gammes et les exercices des musiciens. « Qu'attend-on pour commencer ? » se demande Aurélie.

Et voici que la porte de la loge qui lui fait face s'ouvre. Entre le général d'Amade en grande tenue, l'assistance se lève, et un profond silence se fait. Le général se retourne, fait pénétrer dans sa loge Si Ahmed, Grand Maître des Tidjani, et se place un peu en retrait du chérif, cependant que celui-ci, très à l'aise, s'avance et salue des deux mains l'assistance qui l'acclame.

Si Ahmed porte le burnous rouge de caïd, sur lequel sont agrafées les plus hautes décorations que lui a conférées le gouvernement français. Le chèche blanc savamment tourné enveloppe son chef, masquant à moitié le visage selon la coutume saharienne, ce qui fait qu'Aurélie ne peut distinguer de sa personne que deux grands yeux de velours très doux et mis en valeur par la noirceur du teint. La jeune fille est subjuguée. Cet énigmatique et pittoresque prince oriental qui vient de recevoir un hommage public de la haute société bordelaise semble s'intéresser à sa personne ; elle n'a plus devant elle l'homme aux pigeons, timide et embarrassé, mais un conquérant qui la dévisage avec une insistance gênante. Comme il est majestueux, ce soir, Si Ahmed, dans ce cadre luxueux qui est naturellement le sien, sous les éclairages qui font miroiter galons dorés et décorations. Il émane de sa personne une prestance et une autorité mystérieuses qui lui ont suffi pour conquérir le monde très fermé de la capitale provisoire de la France. Cependant, une sorte de malaise subsiste, on trouve bizarre le comportement des autorités à son égard – ainsi que l'expriment ouvertement les jeunes du parterre. Car enfin, Si Ahmed est en résidence surveillée depuis plusieurs mois, tenu en exil loin de sa zaouia d'Aïn Madhi. Est-il à la fois prisonnier et ami de la France ? Un otage surtout, répondront les militaires, car de sa précieuse personne et de son rayonnement spirituel de grand chef religieux de l'Islam dépend la paix dans tout le Sud algérien à peine conquis et pacifié, et où subsistent encore les séquelles de la lutte d'Abd el-Kader !

Celui qu'elle a si familièrement bousculé cet après-midi est devenu pour elle l'image de la puissance et de la gloire. Elle se surprend à lui sourire, se reprend. Que va-t-elle s'imaginer ? Ces honneurs que l'on témoigne au prince venu du Grand Sud, cette place enviée, la première, elle a toujours rêvé d'y parvenir. Ambitieuse Aurélie, tu divagues ! Elle ferme les yeux pour échapper au regard de feu qui la transperce, tandis que de la scène s'élèvent, pathétiques et envoûtantes, les strophes d'*Athalie*.

La première ! Avec lui ! Non ! Ce serait folie d'y penser, mais, puisqu'un prince l'admire, pourquoi pas l'un de ces jeunes nobles du parterre qu'elle croise sans cesse dans les couloirs de l'hôtel ? Elle se remémore l'allusion discrète de madame Steenackers. Oui, il ne dépend que d'elle qu'un de ces jeunes s'amourache. Cependant, sa finesse et son intelligence la mettent en garde. Épouseraient-ils la fille d'un gendarme et d'une paysanne lorraine, une fille sans dot, fût-elle la plus belle fille du monde ? Elle pourrait devenir leur maîtresse, certes, mais leur femme, jamais. « Je n'ai pas la vocation d'être une lionne ! Même si je m'en sens capable... » songe-t-elle. Rendue soucieuse par ses pensées, elle ne s'est pas aperçue de la fin du spectacle, et il faut que madame Steenackers la rende aux réalités présentes :

— Eh bien, Aurélie, vous êtes-vous bien amusée ?

Elle est encore dans son rêve.

— Oh ! Madame, tout ceci est trop beau, je n'ose y croire.

— Mais si, petite sotte, vous n'avez pas vu comme tous ces gens vous dévisageaient ?

— Dans votre robe, Madame... Oh ! Pardon ! Je ne voulais pas vous froisser.

— Soyez moins ambitieuse, mon petit, dit sèchement madame Steenackers, et la vie vous sourira.

Il n'y a plus personne dans la loge du général. Tout à ses songeries, Aurélie n'a pas remarqué qu'avant de partir, le prince s'est longuement tourné vers elle, comme s'il cherchait encore une fois à attirer son attention.

Aurélie dormit très mal cette nuit-là. Elle se voyait descendant les marches d'un palais, au bras d'un prince oriental, une foule immense la saluait, elle se tournait vers son époux et, tout à coup, poussait un cri de répulsion : il était noir, noir, noir...

Elle était encore tout enfiévrée le lendemain lorsqu'elle se rendit à son travail, et elle ne se calma qu'en retrouvant ses pigeons, qu'elle prenait tour à tour, pour fixer ou retirer le tube léger contenant le message parvenu depuis Paris assiégé par les Prussiens. Puis, peu à peu, absorbée par ses occupations, elle finit par oublier sa soirée au Grand Théâtre et ses rêves de la nuit.

— Mademoiselle, Mademoiselle...

Elle n'avait pas entendu entrer son visiteur et, surprise, se trouva en face d'un serviteur noir du prince, assez effronté d'ailleurs et qui lui souriait de toutes ses dents.

— Que veux-tu ? Il ne faut pas entrer dans le colombier, c'est un endroit réservé aux militaires...

— Pardon, Mademoiselle, mon maître, le chérif Si Ahmed, il m'envoie te dire que par ta faute il est malade... Il ne peut pas dormir...

— Que dis-tu ? Malade ! Je n'ai encore rendu personne malade. Dis à ton maître qu'il faut qu'il consulte un médecin.

— Mais le maître, il a dit...

— Tu lui diras que je ne peux rien pour sa maladie. Va maintenant !

Et comme il s'éloignait, penaud, elle se ravisa :

— Qui es-tu, comment t'appelles-tu ?

— Je suis Dahmani, son serviteur particulier, et je lui sers aussi d'interprète, car j'ai appris la langue chez les Sœurs blanches d'Alger, où mon père était en garnison. Ça ne fait rien, Mam'selle, je ferai ta commission, mais le maître il sera malade, très malade...

Elle lui sourit.

— Allez, maintenant va, laisse-moi travailler.

Le serviteur s'éloigna, et Aurélie resta soucieuse.

Ainsi le prince s'intéressait à son sort ! Mais qu'attendait-il d'elle ? Une femme de plus dans son harem ? Car on lui prêtait de nombreuses épouses selon la loi coranique, bien qu'il n'en eût amené aucune en France, et aussi d'innombrables concubines... Elle se révolta à cette idée et, pourtant, ne réussit pas à s'en arracher. Elle devrait en parler à madame Steenackers ! Peut-être au ministre, pour qu'il n'y eût pas de malentendu. Puis elle se ravisa. Avait-elle perdu tout bon sens ? Si Ahmed la prenait pour une femme facile, mais il suffirait de le détromper pour qu'il tournât ses regards ailleurs. Diable ! Le gouvernement ne devait pas être en peine de lui trouver des courtisanes. Cependant, elle pressentit vaguement que tout n'était pas aussi simple qu'elle le pensait. Elle revit le visage étrange et juvénile, l'émotion du prince quand leurs regards s'étaient croisés. À tel point qu'elle n'avait même pas remarqué qu'il était noir ! Comme s'il y avait eu déjà une entente secrète entre eux !

CHAPITRE III

Le lendemain, monsieur le député Steenackers, ministre des Postes, prenait le thé en compagnie de son épouse dans le grand salon de ses appartements privés, tandis qu'Aurélie interprétait une polonaise de Chopin au piano. Grâce à sa bienfaitrice, la jeune fille avait pu suivre des cours de musique et s'était révélée très douée. De temps à autre, le ministre lui-même la priait de lui interpréter une de ses œuvres favorites. Il appréciait la douceur du moment et s'efforçait d'oublier un instant les graves soucis politiques occasionnés par la défaite de nos armées. Aussi manifesta-t-il sa contrariété lorsqu'un planton vint l'avertir que l'interprète Pisani demandait un entretien particulier.

— Qu'il entre ! fit-il, puis il ajouta en aparté à l'intention de sa femme : Que me veut-il, celui-là ? Je n'ai rien à voir ni à faire dans l'affaire Tidjani !

Aurélie s'arrêta brusquement de jouer ; elle se leva, un peu rougissante :

— Je vous laisse, monsieur le Ministre.

Puis elle s'éclipsa par une porte de service.

L'interprète Pisani avait été placé par le gouvernement français à la disposition du chef des Tidjani. Il avait la réputation d'être particulièrement retors. Il était maltais-tunisien d'origine, et sa connaissance parfaite de l'arabe vernaculaire d'Algérie et des dialectes berbères faisait de lui un collaborateur précieux.

Le ministre, qui ne l'appréciait guère, se fit aimable et le pria de s'asseoir ; madame Steenackers se levant, l'interprète s'inclina et intervint :

— Je crois, monsieur le Ministre, qu'il est préférable que Madame assiste à l'entretien que je viens solliciter au nom de Si Ahmed Tidjani.

— Soit ! fit-elle, étonnée.

— Si vous le permettez, monsieur le Ministre, Si Ahmed attend dans ses appartements ; il est prêt à venir vous exprimer ses intentions.

Monsieur Steenackers remarqua le sourire ambigu de l'interprète.

— C'est donc si urgent... Je ne vois pas en quoi je pourrais lui être utile ; son courrier lui arrive régulièrement. Naturellement, il est censuré – il sourit –, je ne vous l'apprends pas, mais c'est à peu près la seule servitude de son exil provisoire. Enfin ! Messieurs les militaires tiennent tant à sa personne que je me fais un devoir de le recevoir... Tout de suite.

Si Ahmed n'avait qu'à franchir un couloir, et il fut aussitôt introduit.

Son attitude était très loin de l'aisance remarquée lors de son apparition publique au Grand Théâtre ! Il se présenta au ministre de façon gauche et timide. Cette attitude intrigua Steenackers ; elle n'était pas dans les habitudes de Si Ahmed, que chacun se plaisait à reconnaître comme un interlocuteur facile. Bien sûr, il était extrêmement jeune pour assurer les responsabilités inhérentes à sa charge de Grand Maître de la confrérie des Tidjani. Mais, chérif de naissance, c'est-à-dire descendant du Prophète, il avait été élevé dans le culte des grands. Nommé Grand Maître à quinze ans, après son émancipation par les mokkadems des

Tidjani, il s'était montré jusqu'ici, malgré quelques erreurs de jeunesse, un adversaire valable dont il valait mieux se faire un ami. Pourquoi, cette fois, semblait-il hésiter, s'entretenant en arabe avec l'interprète Pisani, évitant de s'adresser directement au ministre ?

Steenackers voulut rompre cette situation gênante :

— Voyons, Pisani, que se passe-t-il ? Que me veut Si Ahmed ?

— Quelque chose de très difficile à exprimer et, surtout, à comprendre pour un Occidental...

— Mais enfin, traduisez !

— Au début, il ne s'agit que de longues formules de politesse, selon la coutume et les mœurs de son pays, et vous seriez très flatté, monsieur le Ministre, de savoir toutes les qualités qu'il vous prête généreusement... Et que certainement vous méritez, veuillez m'excuser, je ne fais que traduire.

— Au fait, Pisani, au fait ! Ne le laissez pas s'embourber.

— Alors je traduis au mot à mot, Excellence : depuis qu'il a rencontré certaine jeune fille de votre suite tenant une brassée de colombes et virevoltant avec grâce dans les couloirs de l'hôtel, Si Ahmed ne vit plus. Les colombes sont ses oiseaux préférés des oasis de son pays. Il a eu l'impression d'une vision prophétique : cette jeune fille lui est destinée. Depuis, elle hante ses nuits, il ne trouve plus le repos, il la désire, il la veut...

Madame Steenackers jugea bon d'intervenir :

— Vous savez bien, monsieur Pisani, que nous n'avons aucun pouvoir de décision sur Aurélie, elle nous a été confiée par son père. Cette histoire ne nous regarde pas. Elle intéresse d'abord la jeune fille, ensuite ses parents !

La réponse laissa pantois le Tidjani. Il ne comprenait pas bien. Il se fit expliquer :

— Certainement, la jeune fille dépend de ses parents, mais

qu'à cela ne tienne, Pisani, dites-leur que je la paierai le prix qu'il faudra !

Pisani hésitait à traduire la proposition du chérif, il paraissait terriblement embarrassé. Suivit un grand moment de silence, durant lequel chacun regardait l'autre. Enfin l'interprète parla :

— Le Grand Maître des Tidjani veut acheter mademoiselle Aurélie Picard et vous demande de transmettre son offre au père de la jeune fille. Il paiera le prix qu'il faudra !

— Comment, comment ! bondit madame Steenackers. Mais c'est une honte ; dites-lui de se retirer...

— Calmez-vous, mon amie, il y a certainement un malentendu, dit le ministre. (Et, se tournant vers l'interprète :) Pisani, faites comprendre au chérif que sa proposition est inacceptable. En France, on n'achète pas les femmes ! Nous serions froissés qu'il ait pu songer un seul instant à nous faire complices de cette action, mais nous l'excusons en reconnaissant qu'il a parlé selon les usages en Algérie.

— Je vais m'efforcer de le convaincre, mais il est têtu. Votre décision doit-elle lui enlever tout espoir ?...

— Vous devriez savoir, monsieur l'interprète, que le refus est la seule décision possible. Toutefois, le dernier recours appartient à la personne intéressée, à condition qu'elle obtienne le consentement de ses parents. Si Ahmed devra désormais, s'il veut continuer cette sorte d'entretien, s'adresser au père d'Aurélie.

Si Ahmed parut extrêmement gêné lorsque Pisani lui apprit le rejet de sa demande. Cependant, ayant conscience d'avoir commis une faute, il se confondit en excuses et se retira, un peu penaud, en compagnie de son interprète.

Restés seuls, le ministre et sa femme se concertèrent sur la conduite à tenir.

— En premier lieu, ne convient-il pas d'avertir Aurélie ? N'est-elle pas la première intéressée ? suggéra le ministre.

— Voyons, cher ami, avez-vous songé un seul instant à la possibilité d'une union entre deux êtres que tout sépare : la race, la couleur de la peau, les mœurs, la religion ? Que dirait son père s'il apprenait que nous nous sommes prêtés à ce jeu ?

— Je persiste à croire que nous ne devons pas celer plus longtemps à Aurélie le but de la visite du Tidjani. D'ailleurs, n'y aurait-il pas anguille sous roche ? N'avez-vous pas remarqué la promptitude avec laquelle Aurélie s'est enfuie sitôt l'annonce de la visite du lieutenant Pisani faite ?

Madame Steenackers resta un moment silencieuse :

— Peut-être avez-vous raison. Aurélie va avoir vingt et un ans, elle est sage et réfléchie. Elle ne fera rien à la légère ; laissez-moi lui parler de femme à femme. Car enfin, vous ne la voyez pas grossir le harem de ce jeune prince !

— Je vous laisse libre de tout envisager. Naturellement, la première chose à faire, c'est d'écrire à son père, dès que vous m'aurez communiqué les sentiments d'Aurélie.

La plus gênée des deux était certes madame Steenackers qui, ayant rappelé Aurélie, ne savait comment aborder l'entretien. Aurélie ne se méprit pas ; elle gardait trop en mémoire l'insistance avec laquelle le prince l'avait regardée, son émoi peu compatible avec le haut rang et les fonctions qui étaient les siens. Si Ahmed avait dû parler d'elle à madame Steenackers.

Et, comme sa maîtresse hésitait à prendre la parole, elle lui dit d'un ton négligent :

— Alors, Madame, comment trouvez-vous le prince, vu de près ?

— Un peu noir, Aurélie, un peu noir à mon goût !

Aurélie rit franchement.

— J'ai eu la même impression, Madame, mais...

Elle s'arrêta, ne voulant pas aller trop loin dans les confidences. Le rire d'Aurélie avait été si spontané, si plein de jeunesse et de franchise que madame Steenackers décida de ne plus prendre les choses au tragique.

— Eh bien, Aurélie, tenez-vous bien. Savez-vous ce que le prince est venu nous demander ?...

— Dites, Madame, fit Aurélie, sans dissimuler une rougeur subite.

— Ce monstre avait l'intention de vous acheter... Oui, ne faites pas l'étonnée, Si Ahmed désire vous acheter. Vous lui avez causé la plus profonde impression, vous lui rappelez les colombes de son pays, il ne peut plus se passer de vous...

Aurélie était devenue toute pâle. Profondément humiliée, elle ne cachait pas sa déception, ni son désarroi. Ainsi, aux yeux de Si Ahmed, elle n'était qu'une esclave comme une autre, sa passion n'était qu'un désir... Cruellement blessée, Aurélie retenait à peine ses larmes...

— Voyons, Aurélie, ne prenez donc pas tout ça au sérieux. Nous ne vous vendrons jamais, vous le savez bien. Il faut excuser Si Ahmed. D'abord il est très jeune, ensuite il est le chef absolu d'un véritable empire religieux, la confrérie des Tidjani, dont l'influence s'étend, à travers le Sahara, jusqu'en Afrique noire, ce qui explique les égards que lui témoigne le gouvernement français ; ensuite, chez lui, c'est la coutume d'acheter des femmes. Il n'y a là rien de péjoratif. D'ailleurs, Aurélie, n'agissons-nous pas de même, mais avec plus d'hypocrisie, en exigeant une dot de la femme que nous épousons ? Croyez-vous que le montant de cette dot n'ait pas été longuement discuté entre mes parents et ceux de mon mari, et que l'apport du château du duc de Joinville à Arc-en-Barrois n'ait pas été pour quelque chose dans la réalisation de notre union ? Cependant, chez nous, il s'agissait d'une union légale, chrétienne, selon nos lois et nos traditions familiales. Je pense que, pour le Tidjani, il ne s'agit que d'une passion passagère. Le mieux sera de laisser faire le temps. Le jeune prince a sans doute la nostalgie du

Sahara. Sa rencontre avec vos colombes a dû remuer des souvenirs... Allez, mon enfant ! Oubliez tout ça. Mon mari a cependant cru bon d'écrire à votre père. Monsieur Picard, pour avoir été gendarme en Algérie et avoir gagné la Légion d'honneur en combattant Abd el-Kader, saura certainement mieux faire comprendre à Si Ahmed combien sa démarche heurte nos traditions et ne peut aboutir ! N'avons-nous pas bien agi, Aurélie ?

— Oh ! Madame, Madame, il ne fallait pas ! Tout est moins simple que vous ne le pensez, je suis si incertaine de moi-même.

— Comment ! Que dites-vous ? Seriez-vous attirée par ce nègre en costume d'apparat ? lança madame Steenackers avec une pointe de mépris dans la voix... Il n'y a pas que le burnous, l'uniforme et les décorations ; il y a l'homme, ne l'oubliez pas. Il y a aussi son harem, ma petite... Non ! Votre père dénouera cette intrigue... Si intrigue il y a eu !

— Qu'allez-vous penser, Madame !

— Rien, Aurélie ; oubliez notre conversation, oubliez Si Ahmed, et allez dormir.

La jeune fille esquissa une révérence et s'enfuit dans sa chambre.

CHAPITRE IV

Aurélie se jeta tout habillée sur son lit, parlant haut entre deux sanglots. Exprimant une détresse infinie.

Pourquoi ? Pourquoi Si Ahmed l'avait-il remarquée ?

« Je devrais rester insensible ; cependant, pour être honnête avec moi-même, je ne suis pas sans subir le charme trouble de son regard. Est-ce cela l'amour ? De sa part un simple désir, une passade. De la mienne, ne serait-ce pas quelque chose de plus puissant : ambition sans limites, désir de devenir princesse ? Trop d'orgueil, ma fille ! Attention ! »

Elle se tournait et se retournait, s'interrogeant sur elle-même, sur ses sentiments. Peu à peu, une idée prenait corps : conquérir pour de bon ce prince noir. Car il ne fallait pas l'entretenir d'illusions : elle ne serait jamais sa maîtresse, même s'il déposait sa fortune à ses pieds. Son épouse ? Il fallait réfléchir. Ses autres femmes... L'idée la fit bondir jusqu'à la coiffeuse : elle se regarda longuement, sourit d'un air de défi... Elles ne pèseront pas lourd devant moi ! Elle les imaginait noiraudes et sauvages, et admirait sa propre blondeur.

La race ! La religion ! C'était secondaire pour elle et ne devrait pas constituer un obstacle à son ambition. L'important était de ne jamais plus retourner à Arc-en-Barrois ! Ne pas redevenir simple modiste, elle qui avait gravi l'escalier de marbre du Grand Théâtre, pris place dans la loge ministérielle parmi les privilégiés de ce monde ! Elle qui avait fait si forte impression sur le prince Tidjani !

Calmée, elle s'allongea à nouveau, ferma les yeux, rêva, revécut son enfance studieuse et laborieuse dans une médiocrité assez proche de la misère. Ses pensées allèrent vers son père pour qui elle professait une véritable admiration, presque une passion. La vie du gendarme Picard s'était à peu près arrêtée au début du second Empire, lorsqu'il avait dû être évacué d'Algérie où il avait contracté le paludisme, séquelle de brillantes campagnes. Il avait été l'un des héros de la prise de la smala d'Abd el-Kader. Tout enfant, Aurélie écoutait avec passion le récit des chevauchées fantastiques, des charges dans la fumée des éclatements d'obus, dans le sifflement des balles ! Le gendarme Picard avait donc fondé assez tard une famille et s'était retiré à Montigny-le-Roi. Il avait alors demandé une concession comme on en accordait aux militaires ayant servi durant la conquête, et il l'aurait certainement obtenue, n'eussent été les réticences de sa femme à quitter ce pays du Barrois où elle était née. La venue consécutive de quatre autres enfants avait fait renoncer définitivement au projet de s'établir en Algérie, et toute la famille s'était installée à Arc-en-Barrois, où le gendarme possédait une petite terre et une maison.

Aurélie y grandit en sagesse. Toujours bien notée à l'école, première en mathématiques, en français, en géographie, elle eût pu continuer ses études et devenir institutrice si la dureté des temps ne l'avait obligée, pour seconder une mère de santé délicate, à travailler comme arpette chez la modiste du chef-lieu de canton. Temps fastidieux où elle ramassait les épingles à l'aide d'un aimant, tendait les coupons de tissu aux ouvrières, faisait leurs courses, entretenait le ménage de l'atelier, puis, exténuée, rentrait à la maison pour y laver ses petits frères et sœurs, faire la cuisine ! Heureusement, il y avait son père et, à l'écurie, les deux chevaux qu'il avait ramenés de ses campagnes. Il lui avait appris à monter à cheval et, à l'étonnement des jeunes filles bien nées de la région, elle chevauchait comme un homme, dédaignant la selle d'amazone.

Cependant on la tenait pour l'une des jeunes filles les mieux élevées de la contrée. Elle devint l'une des meilleures ouvrières de l'atelier de modes. Comme elle était patiente et polie, elle était chargée des essayages et, de ce fait, se trouvait en contact avec toutes les dames et demoiselles huppées qu'elle coiffait et conseillait avec tact, qui la jugeaient charmante, mais dont elle n'était jamais devenue l'amie. Comme elle avait souffert de sa condition ! Trop instruite pour accomplir une tâche quotidienne avec indifférence, elle évitait presque ses petites camarades d'atelier, filles sans ambition et satisfaites de leur sort, qui maintes fois avaient tenté de l'entraîner dans les bals populaires de la région. Elle n'en avait ni le temps ni l'envie. Regarder plus haut, toujours plus haut ! Elle s'était jurée de devenir « quelqu'un » sans savoir exactement ce que serait son destin.

Il allait se présenter à elle d'une façon imprévue.

Un jour, la nouvelle châtelaine, madame Steenackers, épouse d'un député de la région, vint se faire chapeauter à l'atelier. Conquise par le goût, le tact, la politesse d'Aurélie, elle insista pour que la jeune fille vînt elle-même lui livrer ses chapeaux le lendemain au château du duc de Joinville.

Pourquoi moi ? s'était demandé Aurélie.

Fidèle au rendez-vous, elle franchissait pour la première fois la demeure seigneuriale, éblouie par le décor, par la richesse du mobilier, des tentures, des lustres, des tableaux. À fouler les tapis de la Savonnerie, elle se sentait tout à coup plus légère. Elle venait de recevoir la révélation du luxe.

L'entrevue avec la châtelaine avait été cordiale. L'essayage terminé, madame Steenackers avait offert une tasse de thé à la jeune fille et, comme celle-ci craignait que son travail en souffrît, la châtelaine lui avait dit gentiment :

— Ne craignez rien, j'aviserai votre patronne... Prenez un peu de repos et parlez-moi de vous, de votre famille...

Aurélie lui avait alors conté l'histoire de sa famille, sa propre histoire, si courte et si difficile. Et madame Steenackers, émue, lui avait fait une proposition inattendue :

— J'aimerais vous garder ici, Aurélie. Mon mari est sans cesse en déplacement à Paris ; je suis seule au milieu de domestiques incultes. Voudriez-vous devenir ma dame de compagnie, me faire la lecture, m'accompagner dans mes sorties, m'aider à recevoir les jours de réceptions officielles ?...

Et comme la jeune fille se récriait :

— ... Mais je ne saurai jamais, Madame !

— Je vous apprendrai ; vous semblez particulièrement douée ; j'ai eu le temps de bien vous étudier au cours de mes essayages. Votre français est absolument correct, vous savez vous habiller, marcher, votre écriture est soignée. Qu'en dites-vous ?

— C'est trop beau, Madame, ma mère ne consentira jamais ; je l'aide trop pour qu'elle se sépare de moi !

— Votre mère est égoïste, Aurélie. Pardonnez-moi, mais je me suis renseignée, son état de santé n'est pas aussi fragile qu'elle le dit, et elle peut très bien élever vos frères et sœurs, surtout avec l'aide importante que lui apporte votre père. J'ai beaucoup d'estime pour lui. J'ai appris son récent passé de héros, consacré par la croix, ce qui est rare chez un sous-officier. S'il accepte, j'aimerais qu'il m'accompagne dans mes sorties à cheval. Mon mari étant plus souvent à Paris qu'ici, je n'ose m'aventurer seule dans les bois avec ma jument un peu capricieuse. À propos, on m'a dit que vous montez également très bien, Aurélie. Dans ce cas, vous viendrez avec nous...

Aurélie croyait rêver. Ainsi s'offrait à elle la vie toujours souhaitée !

Aurélie était rentrée chez elle dans un état d'excitation extrême. Sa mère, dolente, ravaudait une paire de chaussettes près de la cheminée. Elle sourit à sa fille qu'elle aimait égoïstement.

— Te voici, Aurélie, tu as tardé. J'ai beaucoup de linge à laver, tes garnements de frères se salissent à l'école, c'en est une honte ! Ensuite, tu éplucheras les légumes pour la soupe.

— Où est Père ?

— Ton père est allé en ville pour toucher sa pension. Il s'est peut-être un peu attardé.

— Bien, Mère... Tout ce linge ! Ah ! Les diables ! Enfin, ils sont jeunes. Espérons qu'ils prendront un peu de sagesse en grandissant.

Le lavoir était à l'extérieur, un ruisseau traversait la propriété, et une dalle de schiste, calée en oblique au-dessus du courant, en constituait l'essentiel. Aurélie se mit sans ardeur à l'ouvrage. Le contraste avait été trop brutal, le passage trop rapide, des luxueux salons du château, de la chaude ambiance du boudoir privé de madame Steenackers à la simplicité rustique de leur maison, où seuls quelques souvenirs d'Afrique rapportés par son père rappelaient à celui-ci une époque de gloire qui s'atténuait avec le temps. Elle résolut de lui parler dès ce soir, dès son retour.

L'ex-gendarme Picard était homme de bon sens :

— Réfléchis bien, ma fille. Tu as une bonne place chez la modiste, je sais que tu es la plus habile des ouvrières, et tu pourras plus tard t'installer à ton propre compte ! Te marier avec un homme de la ville. Il fera une affaire d'or, celui-là ! Tu vaux plus cher que la plus chère, que la plus belle des dots !

— Père, sois sérieux. La proposition de madame Steenackers est tellement séduisante. Elle m'offre autant que je gagne à l'atelier de mode. Bien sûr, je ne pourrai pas venir vous aider aussi souvent qu'auparavant, mais je ferai mon possible.

— Que vais-je devenir sans toi ? gémit madame Picard. Qu'est-ce qui t'attire ainsi vers une condition qui n'est pas la tienne ?

— Oh ! Mère, ne pouvez-vous pas comprendre ?

Elle regardait ses mains bleuies par l'eau froide du lavoir, gercées par les travaux manuels. Elle regardait autour d'elle la modestie du logis, elle songeait à la promiscuité des couchers dans la chambre commune aux enfants.

— Je ne pourrai jamais passer ma vie à Arc-en-Barrois, dit-elle enfin. Préféreriez-vous que je vous quitte pour tenter ma chance à Paris ?

— Il n'en est pas question, trancha le père Picard. Mais crois-tu qu'être dame de compagnie soit un sort plus enviable que d'être ouvrière modiste qualifiée et reconnue ? Tu ne seras qu'une domestique de luxe, ma chérie... Réfléchis, nous reparlerons de tout cela demain.

Au fond de lui-même, le gendarme Picard comprenait et approuvait sa fille. Personnellement, il gardait la nostalgie de sa vie passée. Certes, il n'avait jamais été qu'un subordonné, un simple maréchal des logis de gendarmerie, un sous-officier, quoi ! Mais il avait côtoyé la vie des grands, participé aux fêtes militaires, joui du prestige de l'uniforme, assumé des responsabilités très importantes dans les divers bleds où il avait été chef de poste. Parce qu'il comprenait les indigènes d'Algérie, qu'il avait combattus loyalement, il avait toujours été respecté et s'était attaché à leur misérable condition. Nombreux étaient ceux qui venaient quémander un secours, baiser le revers de sa manche galonnée et qui le remerciaient en lui disant : « Tu es mon père et ma mère... ! »

Le lendemain matin, il prit sa fille à part :

— Es-tu toujours décidée à nous quitter ?

— Pardonne-moi, Père, mais ma vie sera transformée, j'ai toujours ambitionné de vivre avec les plus grands. Inconsciemment, toi-même m'y as poussée en me faisant donner une bonne instruction. Ce que je sais, c'est à toi que je le dois. Mon passage au château a été la révélation de ce que j'attendais sans le connaître. La grande maison, les serviteurs...

— Tu seras toi-même une servante...

— Non ! Madame Steenackers me l'a dit ; je serai sa dame de compagnie, je prendrai mes repas avec elle et son mari, sauf les jours de réception ; je surveillerai le personnel, je tiendrai les comptes de ménage, je lui ferai la lecture. Je monterai même à cheval, Père, et en ta compagnie, car elle projette de te demander des conseils !

Il était ébranlé.

— Il me reste à décider ta mère. Ta sœur cadette pourrait à son tour l'aider. N'as-tu pas accompli cette tâche depuis l'âge de douze ans ?

Aurélie et son père triomphèrent aisément des dernières objections de madame Picard, et Aurélie s'installa au château. Goût et distinction étaient chez elle des qualités innées, et elle donna immédiatement de grandes satisfactions à sa maîtresse. À tel point que celle-ci favorisa sa culture, lui fit donner des leçons de piano, dirigea ses lectures. Lorsque la guerre éclata, Aurélie était devenue la parfaite demoiselle de compagnie, et elle s'était jurée de ne plus jamais retourner à ses chapeaux et à ses lessives !

Un jour, une calèche ministérielle s'arrêta devant le château. Un postillon en descendit, porteur d'un message. Le ministre priait madame Steenackers de faire ses bagages et de le rejoindre à Paris, d'où ils gagneraient Bordeaux avec le gouvernement.

Ce jour-là, Aurélie trembla d'inquiétude. Il était peu probable que les Steenackers l'emmènent à Bordeaux où se réfugiait le

Parlement ! Inquiétude de courte durée, car sa maîtresse la fit appeler aussitôt :

— Consentiriez-vous à venir avec nous à Bordeaux ? C'est si triste d'abandonner tout ce que l'on aime pour prendre la route de l'exil ! Mais cela ne durera pas. Nous devons vaincre. Nos troupes sont massées à nos frontières de l'Est, et le Prussien ne passera pas. Bien sûr, nous n'aurons pas les commodités du château, mais une aile du Grand Hôtel nous sera attribuée, pour les services du ministère et notre logis personnel. Si vous acceptiez de venir, la vie serait moins triste pour moi, Aurélie !

— Oh ! Madame ! Comment avez-vous pu penser un seul instant que je vous abandonnerais dans cette triste épreuve ?

Ils effectuèrent le voyage dans une lourde berline tirée par quatre chevaux, suivie d'un fourgon à bagages. Une escorte les accompagnait, et les relais se faisaient avec une promptitude qui stupéfia Aurélie. Le ministre et sa suite descendaient dans les meilleurs hôtels et, partout, ils étaient reçus avec les honneurs dus à son rang. Un peu de cette gloire et de ces honneurs rejaillissait sur Aurélie, et elle en tirait une secrète vanité.

Et puis, il y avait eu la débâcle, le siège de Paris. Le séjour à Bordeaux s'était prolongé. Au ministère, Aurélie avait conquis tout le monde, du directeur le plus haut placé au plus jeune des attachés. Tout de suite, elle avait demandé à se rendre utile, elle avait suivi des cours d'infirmière et progressé très vite, puis elle avait accepté la charge de recevoir et d'envoyer les messages transmis par pigeons voyageurs... Sans savoir que, ce matin où elle se levait après une nuit presque blanche, le tube qu'elle attachait à la patte du pigeon contenait un message urgent demandant par voie officielle de faire venir à Bordeaux le gendarme Picard, en retraite à Arc-en-Barrois !

CHAPITRE V

Picard avait mis près de trois semaines pour rejoindre la capitale provisoire de la France ; la défaite militaire et, surtout, l'agitation de la Commune l'avaient retenu à Paris, et il avait fallu la présentation du télégramme officiel pour qu'on lui délivrât un laissez-passer pour Bordeaux. Il y arriva porteur de mauvaises nouvelles et très intrigué. Que lui voulait-on au ministère des Postes ? Lui cachait-on quelque chose ? Aurélie serait-elle malade ? Dans ce cas, avant de lui demander de venir, on l'aurait averti. Voulait-on le charger d'une mission spéciale ? Peut-être en Algérie ! N'était-il pas l'un des rares militaires parlant l'arabe algérien et ayant une connaissance approfondie des régions où il avait combattu autrefois !

Brûlant les étapes, changeant de cheval autant que ses ressources lui permettaient d'en louer, il était arrivé à Bordeaux. En vieux militaire de carrière, il ne s'interrogeait plus : ses anciens chefs décideraient ; lui, il obéirait.

Il avait débarqué au Grand Hôtel et, avant même de s'enquérir de sa fille, avait demandé à voir le ministre Steenackers. Celui-ci l'avait reçu à bras ouverts :

— Ah ! Mon cher Picard, j'ai cru un instant que mon message ne vous parviendrait pas. Vous avez dû passer de bien cruels moments ! Jamais l'armée française n'a capitulé de cette sorte !

— Il y a pire, monsieur le Ministre. Paris est en pleine insurrection et, s'il n'y avait monsieur Thiers et le maréchal de Mac-Mahon, Dieu sait où nous en serions. Ils ont bien failli m'arrêter. Heureusement, mes états de services hors de France ont prévalu, on m'a laissé partir, et me voici !

— Vous vous doutez un peu de ce qui motive votre venue ! Aurélie vous a sans doute écrit ?

— Aurélie ! Certes, elle m'écrit régulièrement, mais rien dans sa correspondance ne m'aurait incité à quitter Arc-en-Barrois pour la rejoindre. Elle nous dit être parfaitement heureuse, et je ne saurais assez vous remercier ainsi que madame Steenackers pour tout ce que vous avez fait pour elle. Grâce à vous, Aurélie est devenue une jeune fille de bonne éducation.

— Mon cher Picard, je désire vous entretenir d'Aurélie, de son avenir, d'un fait bouleversant qui s'est produit.

— C'est si grave, monsieur le Ministre ?

— D'un point de vue, oui ! D'un autre, ce pourrait être un bienfait pour Aurélie. Mais passons dans mes appartements, j'aimerais que ma femme assiste à notre entretien.

— Et Aurélie ?

— Je l'ai envoyée en mission dans Bordeaux, elle ne rentrera que plus tard, et alors nous la convoquerons.

La femme du ministre les attendait dans le petit salon privé meublé en style Louis-Philippe.

Elle s'empressa auprès du sous-officier :

— Bonjour, Picard ! Avez-vous fait bon voyage malgré les difficultés du moment ? Elle soupira... Pauvre France, où allons-nous ! Je ne peux m'empêcher de croire à une trahison ! Ne pas défendre Metz... Quand on sait le courage des Parisiens durant le siège...

— Ce qui explique et excuse un peu leur comportement révolutionnaire actuel, dit le ministre. Mais passons, j'ai convoqué Picard pour lui parler d'Aurélie. Asseyez-vous, mon ami. C'est une longue histoire qu'il vous faut connaître. Aurélie vous a peut-être mentionné dans ses lettres la présence à Bordeaux de deux chérifs. Si Ahmed et Si Bachir, de la confrérie des Tidjani, de la zaouia d'Aïn Madhi ?

— Si Ahmed en est le Grand Maître, continua le gendarme avec un imperceptible sourire. Il a été intronisé à quinze ans, après son émancipation par le conseil des mokkadems. Quel curieux destin que celui de ce fils d'une concubine de Mohamed Seghir, élu Grand Maître de la confrérie en 1850 ! Lorsqu'il mourut, il laissait quatorze filles et un fils, ce dernier issu d'une concubine, mais d'une santé si chétive qu'il paraissait impossible qu'il puisse un jour gouverner la confrérie. La régence fut confiée au mokkadem de la zaouia de Temacine, dans l'oued Rhir – zaouia sœur de celle d'Aïn Madhi, mais dont le chef attira peu à peu toute l'influence et tout l'argent provenant des dons faits à la confrérie. La situation ne pouvait pas durer, c'eût été la fin d'Aïn Madhi, la gloire de Temacine ! Pour nous, Français, maintenir, malgré leur rivalité, les deux zaouias dans l'orbite de la France devenait une nécessité. En outre, le père de Si Ahmed avait magnifiquement résisté dans Aïn Madhi aux troupes d'Abd el-Kader, et cela avait porté un coup fatal au prestige de l'émir ! J'en sais quelque chose puisque, à l'époque, je combattis ce dernier sur les hauts plateaux oranais !

— Bravo, Picard, vous connaissez bien le sujet, et je me félicite de vous avoir fait venir.

— Le conseil de la confrérie, reprit Picard, se souvint alors que, de son vivant, Mohamed Seghir avait vendu une de ses concubines qui avait cessé de plaire, mais on rapportait que, moins de neuf mois après, elle avait accouché d'un garçon, par conséquent fils et héritier légitime de Mohamed Seghir. Il fallait donc mettre la main sur cet enfant et le ramener à Aïn Madhi. La zaouia, retrouvant ainsi la lignée légitime des chérifs issue de Mohamed Kebir, le fondateur de la confrérie, bénéficierait à nouveau de la *Baraka**. Alors, les dons afflueraient, Aïn Madhi recouvrerait son opulence passée, reviendrait à la position première dont elle avait été frustrée par Temacine, dont le chef spirituel n'était qu'un important et astucieux mokkadem qui ne descendait pas directement de Mahomet !... Tout cela, monsieur le Ministre, peut paraître bien compliqué. Mais, intimement mêlé à cette affaire, j'ai eu à plusieurs reprises à exercer mes fonctions dans le Sud oranais, et je me suis attaché à l'histoire des Tidjani.

— Vous ne pouviez nous être plus utile, Picard, continuez...

— Il fallut sept ans de recherches avant de retrouver le petit Si Ahmed et sa mère à Guelma, dans le Constantinois ! L'un des émissaires envoyés à travers tout le Maghreb avait fait la découverte incontestée que Zineb, après avoir changé deux fois de maître, était bien la mère de Si Ahmed et l'ancienne femme de Mohamed Seghir. La filiation ne faisait aucun doute et ne fut jamais contestée... Ainsi, à neuf ans, ce jeune prince passait de la promiscuité douteuse des souks à la condition privilégiée et aux honneurs dus à un descendant du Prophète.

— Vous savez sans doute, interrompit le ministre, que, récemment, une grande agitation des tribus du Sud nous a obligés à envoyer Si Ahmed et Si Bachir en résidence surveillée à Alger ; on craignait, vu sa jeunesse, que le jeune prince, conscient de ses grands pouvoirs, ne fît une politique désastreuse pour la France. N'a-t-il pas voulu agir de lui-même, sans nous en faire part, en traitant avec les Ouled Sidi Cheikh, ennemis impitoyables de la France ? Naturellement, il s'agissait aussi pour nous de le tenir en réserve. Vous savez que la révolte de la Kabylie nous a causé bien des soucis. Les confréries de la Kabylie qui la soutiennent, les Rahmania, sont les ennemis directs des Tidjani. Toutes ces confréries se disputent les prérogatives et l'argent des fidèles, la ziara, sorte d'impôt perçu directement à leur profit, qu'a heureusement supprimé le gouvernement français.

» À Alger, continua le ministre, Si Ahmed et Si Bachir s'ennuyaient ferme. C'est alors que le jeune prince, voulant sans doute prouver sa bonne volonté, s'est offert pour porter la bonne parole dans les camps et dans les hôpitaux où ses nombreux coreligionnaires, tirailleurs, zouaves et spahis, avaient été repliés après le désastre. Malheureusement, il était déjà bien tard, et les deux chérifs et leur suite durent se replier avec le gouvernement à Bordeaux.

— Je vois, monsieur le Ministre, fit le gendarme Picard, que vous êtes très au courant de nos affaires algériennes, mais je ne saisis pas très bien...

— ... en quoi Aurélie peut être mêlée à cela ! Vous vous trompez, mon cher Picard. Mais laissez-moi brièvement terminer ma description du séjour à Bordeaux des Tidjani. Vous savez qu'il faut peu de chose pour enflammer une foule. Et puis ici, loin du front, loin du désastre, nous avons vécu – je parle de la population – dans un esprit d'indifférence coupable ! Le danger paraissait si loin que l'on espérait toujours. Et voici que se mêle à toutes les réceptions de la ville ce jeune prince sorti tout droit d'un conte oriental. Qu'il soit beau, personne ne cherche à le savoir. Sous l'apparat de ses costumes rutilants, il a fort belle prestance, avec son collier de barbe noire et ses grands yeux de biche ! Il séduit les foules ! Il est jeune, et les plus hauts personnages semblent lui faire la cour. Il est reçu partout, va au théâtre dans la loge du général d'Amade, devient la parure des salons mondains. L'archevêque – tenez vous bien, Picard ! –, l'archevêque de Bordeaux lui-même, séduit lui aussi par tant de jeunesse et de fastes, peut-être en plus très clairvoyant, lui a donné une lettre de recommandation pour monseigneur Lavigerie, évêque d'Alger, prélat souvent en contradiction avec le gouvernement général de l'Algérie et connu pour ses sympathies arabes et berbères...

Ajoutant, m'ont dit les témoins de cette scène : « Gardez ce mot précieusement, Prince, il vous sera peut-être très utile un jour... ! Monseigneur Lavigerie est un grand homme. »

— Enfin, monsieur le Ministre, intervint un peu brusquement le gendarme Picard, quel rapport entre cette histoire et ma fille Aurélie ?

— Devons-nous tout dire à monsieur Picard ? intervint madame Steenackers, un peu gênée...

— Ma fille aurait-elle commis une faute grave ?

— Rassurez-vous, Aurélie est toujours aussi digne de votre affection et de notre amitié. Si je vous ai fait venir, Picard, c'est que Si Ahmed, follement amoureux d'elle, nous a... Vous n'en serez pas surpris, étant donné vos connaissances des mœurs de l'Islam... Nous a proposé de l'acheter...

— Nom de Dieu ! jura Picard. Oh ! Excusez-moi, Madame, la nouvelle est très brutale, et...

— Et vous devinez fort bien que nous lui avons fait comprendre qu'Aurélie n'était pas à vendre ! Mais voilà, Si Ahmed ne se tient pas pour battu ! Il est très sincèrement épris d'Aurélie, et si nous vous avons fait venir, c'est qu'il va sans doute vous faire une demande en mariage régulière !

— Aurélie... Mariée à un prince religieux vivant en plein Sahara... Mais elle, qu'en dit-elle ? Ne s'est-elle pas confiée à vous, Madame ? demanda Picard désemparé et étonné.

— Depuis la visite de Si Ahmed, Aurélie a fait en sorte de l'éviter et quand, par hasard, ils se croisent dans les couloirs, elle feint de l'ignorer... Cependant, je me demande si cette attitude n'est pas voulue. Il vous appartiendra, monsieur Picard, de connaître les sentiments réels de votre fille.

Madame Steenackers se tut un instant, puis reprit méditative :

— Aurélie nous est apparue sous un jour nouveau, elle est très ambitieuse et très volontaire ! Des qualités qui pourraient devenir des défauts !

— Réfléchissez, mon ami, intervint le ministre, questions de race et de religion mises à part, ce serait un destin fabuleux pour Aurélie ! Il y a de quoi faire tourner la tête à plus d'une femme ! Un fait est certain : le chérif est très épris, et son amour paraît sincère. Il travaille d'arrache-pied son français avec l'interprète Pisani ; il fait, paraît-il, des progrès surprenants, lui qui, jusqu'à présent, feignait d'ignorer notre langue... Afin de le calmer, je l'ai averti que je vous faisais venir. Il sait que vous êtes ici, il n'attend que le moment où vous lui ferez signe...

— Pardonnez-moi, monsieur le Ministre, dit Picard, mais je reste un peu abasourdi par vos révélations. Certes, je ne m'offusque pas de la demande d'achat, ce n'est pas une insulte, les mœurs du Sud et de l'Islam sont ainsi, on achète sa ou ses femmes ! Mais, pour Aurélie, il ne peut s'agir de devenir l'une de ses épouses, mais seulement sa femme, la seule, l'unique ! Oui, je le verrai, monsieur le Ministre, mais avant, je veux parler à Aurélie. Je sais quelle vie de recluse mènent les femmes musulmanes, et je veux l'exposer à ma fille !

Lorsque Picard eut pris congé, le ministre s'adressa à sa femme :

— C'est une chance, ma chère, que le père d'Aurélie soit comme par hasard l'un des Français connaissant le mieux la mentalité des populations musulmanes du Sud algérien. Cela nous évitera bien des tergiversations. Et puis, pour tout vous dire, chère amie, et c'est l'homme politique qui parle, je me réjouirais de cette union. Aurélie a de la tête, et quel merveilleux atout ce serait pour nos bureaux d'Alger de disposer d'un tel observateur dans ce Sud algérien, si remuant et si difficile à contenir ! Aurélie pourrait nous être utile.

— La raison d'État, somme toute ! Difficile à admettre lorsqu'elle concerne la destinée d'une jeune fille que nous aimons tous deux !

Le ministre se leva et, sans ajouter mot, prit congé de sa femme.

CHAPITRE VI

Aurélie marchait de long en large dans sa chambre et tenait tête depuis deux heures à son père.

Certes, les retrouvailles avaient été heureuses. Que ce père chéri soit venu jusqu'à Bordeaux, rongé par l'inquiétude, l'émouvait profondément, mais elle redoutait son jugement ; il lui semblait être arrivée à un point de non-retour. Cependant, depuis la soirée du Grand Théâtre, elle avait évité toute rencontre avec le Tidjani. À diverses reprises, Dahmani avait tenté de l'intéresser au sort de son maître ; il le faisait avec sa naïveté de bon et fidèle serviteur :

— Tu sais, Mademoiselle, mon maître, il a compris qu'on n'achète pas les femmes, il ne voulait pas te faire de la peine, c'est son cœur à lui qui saigne devant ton indifférence. Il ne prend plus goût aux fêtes, il rêve des heures entières... Il a la tête bien malade...

Elle le renvoyait avec un sourire et quelques mots aimables, mais son tourment allait augmentant. Elle aussi avait été touchée par cet attachement de chien fidèle ; le chérif hantait ses pensées jour et nuit. Elle ne pouvait nier que, désormais, rien ne serait plus pareil ! Sa tactique était de fuir pour mieux conquérir, masquer son intérêt sous le désintéressement.

Alors, son père était arrivé. Ils avaient parlé d'Arc-en-Barrois, des frères et sœurs, de la mère et, surtout, de la guerre qui avait laissé tant de traces au pays barrois et sur la frontière. Mais il avait bien fallu aborder le sujet principal.

Le gendarme Picard avait longuement contemplé sa fille. Elle avait encore embelli et se conduisait comme une dame ! Il comprenait qu'elle pût attirer des passions violentes. Il était fier et inquiet. Il n'avait plus devant lui la jeune fille discrète, silencieuse et effacée d'Arc-en-Barrois. Aurélie s'était émancipée, elle était à sa place dans ce ministère où elle évoluait avec aisance...

Cette muette admiration paternelle, Aurélie l'avait bien perçue. Elle savait que son père ferait selon sa volonté, mais il ne fallait rien brusquer. C'est elle cependant qui aborda le sujet autour duquel Picard tournait en rond depuis le début de leur entretien.

— Je sais que vous avez longuement parlé avec monsieur et madame Steenackers, Père ; par conséquent, il est inutile de nous dissimuler plus longtemps l'un et l'autre que nous devons évoquer la visite que leur a faite le chérif Si Ahmed ! N'est-ce pas pour cela que vous êtes à Bordeaux, Père ?

— Aurélie, ma fille, tu sais que tu es ma préférée ; je suis fier de toi, et c'est la raison pour laquelle je m'inquiète beaucoup de cette idylle entre le prince et toi.

— Il n'y a pas d'idylle, Père. Si Ahmed s'est enflammé pour moi au point de demander à m'acheter, et je vous avoue que j'ai été si humiliée, si malheureuse, que je l'ai maudit.

— Et pourtant, m'a dit madame Steenackers, tu n'étais pas indifférente, et le prince avait produit sur toi une grosse impression.

— C'était la première fois qu'un homme s'intéressait à moi, Père, et un homme d'une si haute condition ! Il y a de quoi être bouleversée, ne trouvez-vous pas ? Jusqu'à présent, bien sûr, les jeunes gens du ministère, sans me courir après – la crainte du ministre était pour eux le commencement de la sagesse –, me faisaient tous comprendre, bref... Inutile d'insister. De véritable amour il n'était pas question. Quant à m'épouser, je savais bien qu'aucun de ces don Juan en habit ou en uniforme ne songeait à le faire... Pensez ! Une dame de compagnie. Mais le prince, c'est différent. Dès le premier jour, j'ai compris sa passion subite. Son entêtement à chercher à me revoir, les visites de son serviteur, sa démarche auprès du ministre, tout me prouve qu'il est sincère et qu'il m'aime...

— Et toi, l'aimes-tu ? demanda Picard à brûle-pourpoint.

Prise de court, Aurélie resta un instant sans réponse. Puis, se reprenant :

— Je l'ignore encore, Père. Qu'il m'ait tourné la tête, cela est certain. Songez ! Je deviendrais une princesse immensément riche. Il a des palais merveilleux, toute une ville fortifiée, des milliers de serviteurs... Et cette vie, il me l'offrirait à moi, Aurélie Picard, fille d'un modeste gendarme... Oh ! Pardon Père, je ne voulais pas vous froisser. Si modeste qu'ait été votre grade, je sais que vous avez été un héros et je vous admire, je vous ai toujours admiré, mais qu'est-ce que notre condition familiale, comparée à la vie princière de l'épouse du Tidjani...

— Tu as dit l'épouse, mais il te faut savoir ce qu'est une épouse en pays musulman, et plus encore lorsqu'il s'agit de l'épouse d'un prince ou d'un grand chef, maître après Dieu dans son fief ! Si brillant que puisse être cet avenir, n'oublie jamais qu'il suffit que l'époux répudie par trois fois sa femme pour que la séparation soit effective. Que le Coran l'autorise à avoir autant de femmes qu'il peut en nourrir et aux besoins desquelles il peut subvenir. Dans la situation de Si Ahmed, rien ne l'empêche légalement de posséder un véritable harem. Tu rêves donc d'entrer au gynécée...

— Père, Père, pouvez-vous penser que j'accepterais d'être la troisième ou la quatrième épouse ? Je serai la première... Et l'unique, ou rien.

— Je crains pour toi, Aurélie. Tout sera si différent. Crois-moi, la vie n'est pas toujours drôle dans les postes du Sud ! J'en sais quelque chose : la solitude, le danger permanent, l'hostilité des gens qui vous entourent, la nostalgie de la France...

— ... Mais, depuis votre retour d'Algérie, n'avez-vous pas la nostalgie de ce pays que vous m'avez si souvent décrit comme une terre magique, de chaleur, de lumière, de grands espaces où l'on peut galoper des jours entiers sans rencontrer d'agglomérations humaines ?... Vous m'avez communiqué votre amour pour l'Algérie, Père, et c'est peut-être une des raisons pour lesquelles j'ai été réellement troublée par la demande du chérif ! Je ne vous le cache pas, je vois là une occasion unique d'échapper à une vie médiocre. N'avez-vous pas confiance en moi, Père ?

— Oh si ! Aurélie, ma fille chérie. Je connais ton énergie et ta volonté. Avant tout, promets-moi de ne rien brusquer. Je vais d'abord sonder Si Ahmed. Lui parler à cœur ouvert. Je suis ton père et je parle sa langue. Son père a été notre allié alors que je combattais Abd el-Kader. Je veux obtenir sa confiance. S'il est sincère et s'il souscrit à mes conditions, nous aviserons. Maintenant, je te laisse. Je n'ai pas trouvé à me loger dans cet hôtel archibondé ! Mais j'ai trouvé une chambre dans la vieille ville et je viendrai tous les jours. D'ici là, continue à être très réservée.

Un peu ému, il embrassa tendrement Aurélie et sortit, droit comme un I malgré ses blessures de guerre.

— Brave papa chéri ! murmura-t-elle. Il sera, il est mon allié !

Et subitement, dans un élan de jeunesse retrouvée, elle tourna un pas de valse en chantonnant la dernière scie de monsieur Strauss.

CHAPITRE VII

— *Salam alekhoum**, Si Ahmed ! Que Dieu te bénisse, toi le plus glorieux de ses croyants.

— *El kheir* !* brigadier Picard. Sois le bienvenu dans ma maison... (Il sourit et ajouta :) ou plutôt dans la maison de ton gouvernement.

Ils se faisaient face et se jaugeaient.

Picard avait revêtu sa grande tenue et accroché sur sa vareuse la croix de la Légion d'honneur. Au garde-à-vous, calme et grave, il attendait que Si Ahmed lui fît signe de s'asseoir.

L'interprète Pisani, qui se tenait un peu en retrait, constatait avec dépit l'aisance avec laquelle Picard parlait l'arabe dialectique du Sud oranais ! Celui-là n'aurait pas besoin de lui pour placer sa fille, pensait-il, et il réfléchissait amèrement qu'il avait aussi une fille quelque part dans un village de France, une fille qu'il aurait volontiers présentée au chérif s'il avait pu deviner son goût prononcé pour les Européennes blondes. Maintenant, il était trop tard. À moins que ?...

— Laissez-nous, Pisani ! dit fermement Si Ahmed. Le brigadier a connu mon père, le Grand Maître Mohamed el Seghir ! Ils ont combattu la même cause, nous parlons la même langue.

Pisani se retira, laissant paraître son dépit.

Quand ils furent seuls, Si Ahmed sourit à Picard.

— Je te suis reconnaissant d'être venu de si loin. Sans doute as-tu été averti : j'aime ta fille ; je ne peux plus me passer d'elle, elle, la seule, ma douce colombe, et je voudrais l'épouser.

— Je suis très honoré par ta demande, Si Ahmed, mais n'as-tu pas pesé toutes les difficultés que rencontrerait une telle union ! La religion, la langue, les mœurs ! Tu as trois épouses, Si Ahmed, ma fille ne pourra jamais être la quatrième.

— Que vas-tu penser, brigadier Picard ! Mademoiselle Aurélie sera la seule, l'unique, je répudierai mes femmes, il n'y aura qu'elle en mon palais d'Aïn Madhi ! Tout ce que j'ai lui appartiendra, tout ! Mes terres, mes troupeaux, mes esclaves, ma fortune personnelle indépendante de celle de la confrérie. Ta fille sera l'une des plus riches du monde, je déposerai tout à ses pieds, elle aura autant de serviteurs qu'elle en demandera...

Il s'exaltait, se levait, marchait dans le salon de réception, balayant des pans de son burnous d'apparat le mobilier second Empire qui l'ornait. Il n'avait plus devant lui un ministre de France, mais un soldat, un soldat qui parlait sa langue, qui connaissait son pays, et sa timidité avait disparu.

— Je te crois, Si Ahmed, mais en fait, seule compte l'opinion d'Aurélie ! T'a-t-elle dit oui ?

— Pas encore ! Elle est tellement discrète, et je comprends son attitude. Je sais que ma demande auprès du ministre a été mal interprétée et je me maudis de lui avoir procuré des désagréments. Je sais tout ce qui me sépare d'elle, mais, vois-tu Picard, chez nous, l'amour est une révélation, et lorsque je l'ai vue, lâchant ses colombes qu'elle tenait embrassées, j'ai su que c'était un signe que m'envoyait le Très-Haut. Et, depuis ce jour, j'invoque Allah et le prie d'adoucir le cœur de ta fille à mon égard.

— Vois-tu, Si Ahmed, si je suis venu de si loin, c'est pour te parler à cœur ouvert. J'ai trop vécu dans ton pays pour ne pas le connaître et l'aimer. Je n'ai *a priori* aucun préjugé de race. Ta dynastie est l'une des plus illustres de l'Islam. Tu aimes ma fille, je te l'accorde, et je crois en ta sincérité. Mais j'ai peur qu'elle ne soit mal accueillie à son arrivée à la zaouia ! Que penseront les mokkadems de voir que le Grand Maître a épousé une roumia ?

— Je t'arrête, Picard, rien n'interdit le mariage d'un croyant avec une femme d'une autre religion. Ne sais-tu pas que des chrétiennes sont devenues sultanes ? Que certaines ont régné avec un grand bonheur ?

— Oui ! mais en abjurant leur religion.

— Rien ne les y oblige, Picard. Quant à moi, je laisserai Aurélie libre de pratiquer sa religion. Personne ne trouvera à redire de cela. L'important est de croire en Dieu. Allah est grand, Jésus fait partie de la suite bienheureuse d'Allah, et sa mère Meryem est l'une de nos saintes. Je ne mettrai qu'une condition : si Aurélie me donne des fils – qu'Allah les fasse beaux, grands et intelligents –, ils seront naturellement élevés dans la rigoureuse observance du Coran par les mokkadems et les *tolba** de la zaouia !

— Ce que tu me dis est raisonnable, Si Ahmed. Je vais consulter ma fille. Mais, même si elle consent, j'ai bien peur que beaucoup d'obstacles ne se dressent entre vous, des obstacles qui viendront bien plus du côté de la France que du tien !

— Je triompherai de tous les obstacles, Picard.

— Si tu le veux, avant de te quitter, parle-moi un peu de la situation là-bas ; depuis vingt ans que j'ai quitté l'Algérie, il a dû y avoir bien du changement. Que deviennent les Ouled Sidi Cheikh, nos turbulents voisins ?

— Des chacals, brigadier, des chacals ! Ils nous attaquent sans cesse, et c'est à cause d'eux que je suis en exil !

— Je comprends, Si Ahmed, je comprends ! Et je souhaite de tout cœur que tu puisses revenir bien vite en Algérie.

— Je n'y retournerai pas sans Aurélie, dit avec fierté le chérif.

— *Inch'Allah !* conclut le brigadier Picard.

Ils s'entretinrent encore amicalement, Picard posant des tas de questions sur les tribus actuelles, sur l'importance de la confrérie, sur ses ressources. Si Ahmed se plaignit amèrement qu'on lui eût supprimé le bénéfice de la ziara, déplora l'influence grandissante de la zaouia de Temacine, influence qu'il ne pouvait contrecarrer qu'en retournant au plus vite à Aïn Madhi.

— Si Bachir t'accompagne ?

— Mon frère m'a suivi en France, mais je l'ai envoyé à Alger, car j'étais inquiet de la gestion de mes affaires. Mon tuteur Ryan est un vieil homme, et j'ai peur que les cadis qui gèrent mes biens n'aient fait de graves détournements. Si Bachir me rendra compte, et j'agirai !

— La sagesse commande que tu sois très vite de retour en ton pays. Si j'étais puissant dans le mien, tu y serais déjà !

— Merci de ces bonnes paroles, dit en français Si Ahmed, pour terminer l'entretien.

Son parler était encore hésitant, mais il avait prononcé sa phrase avec tant de fierté que Picard ne put s'empêcher de le féliciter :

— Mais tu parles très bien le français !

— Pas encore, pas encore, mais je travaille dur ! Si tu m'acceptes, je veux être capable de présenter ma requête à ta fille dans sa langue maternelle.

— Je t'en remercie. *Bellafia**, Chérif !

— Inch'Allah !

CHAPITRE VIII

Après son entretien avec Si Ahmed, le brigadier Picard s'était décidé à faire part de la décision d'Aurélie au ministre et à madame Steenackers.

— Ainsi, dit celle-ci, vous croyez sincère la passion de Si Ahmed pour Aurélie ! Cela vous regarde, Picard, vous êtes son père, mais je ne peux concevoir une telle union ! Tout en moi se révolte. Je me suis attachée à votre fille, je l'ai formée, j'ai fait d'elle une jeune fille modèle et, bien que sans fortune, elle peut espérer un mariage convenable bien au-dessus de sa condition. Lui aurais-je ouvert toutes les portes pour la voir s'enfuir avec ce prince d'opérette ? Non, non et non ! clama-t-elle avec violence.

Puis, rouge de confusion, elle tamponna son mouchoir sur son visage.

— Soyez raisonnable, ma chère, intervint le ministre, nous sommes dépassés par cette affaire, elle ne nous appartient plus ; les seuls intéressés sont le prince et Aurélie. Je vous ai déjà donné mon opinion d'homme politique. Si Ahmed n'est pas un prince d'opérette, sa filiation directe avec le Prophète lui confère une puissance et un rayonnement dont vous n'avez pas idée. Le conquérir et l'avoir pour allié est indispensable. Le mariage d'Aurélie serait une chose excellente pour la France. Comme son père me dit que sa fille ne serait pas indifférente, je crois qu'il est temps d'officialiser la requête de Si Ahmed. Je l'ai convoqué, et il va lui-même décider de son sort. Faites venir Aurélie.

Vaincue, madame Steenackers accéda avec regret au désir de son mari.

Aurélie fit son entrée dans le grand salon. Elle était élégamment mais sobrement vêtue d'une robe de soie vert pâle, avec falbalas et tournure enrubannée. Un gros chignon à l'impératrice reposait sur sa nuque, mettant en valeur un très léger décolleté. Elle était belle et cachait son émotion sous une apparente froideur.

— Aurélie, dit le ministre, en plein accord avec votre père, j'ai invité Si Ahmed à venir lui présenter la demande à laquelle il aspire depuis tant de jours. Êtes-vous toujours décidée ? Réfléchissez ! Peut-être hésitez-vous ?

— Dites à Si Ahmed que je l'attends !

Se tournant vers le brigadier Picard :

— Merci, Père, ajouta-t-elle avec tendresse.

Le chérif entra, rayonnant, suivi de son serviteur Dahmani et de l'interprète Pisani. Il salua les assistants. Toute timidité disparue, il contemplait Aurélie avec une admiration sans bornes.

Picard prit la parole. Il conserva le tutoiement en usage chez les peuples musulmans, et Si Ahmed lui en sut gré.

— Aurélie m'a confié ses sentiments et ceux que tu éprouves pour elle. Nous avons discuté longuement tous les deux. C'est un très grand honneur que tu me fais, Chérif, mais le dernier mot appartient à Aurélie. Cependant, si elle accepte, je ne peux donner mon consentement qu'à une condition : que le mariage se fasse à Alger et selon la loi française. Tu en comprends les raisons, Chérif !

Si Ahmed s'adressant ensuite en arabe au brigadier Picard, l'interprète Pisani voulut traduire sa demande. Le brigadier l'interrompit :

— Merci, monsieur l'interprète, ne prenez pas cette peine. Je parle le dialecte du Sud et je transmettrai directement à ma fille la demande en mariage du chérif Si Ahmed. Aurélie, es-tu toujours disposée à épouser Si Ahmed Tidjani ? Réponds avec franchise.

Il y eut dans l'assistance un moment d'intense émotion. Puis, Aurélie répondit d'une voix étouffée :

— J'accepte, Père.

Alors, Si Ahmed s'avança vers la jeune fille, lui prit la main et, s'inclinant, la baisa avec respect.

Aurélie eut un geste imperceptible de recul au contact de leurs deux épidermes, mais ce ne fut qu'un instant fugitif, car, à son grand étonnement, la main qui serrait la sienne était d'une douceur de peau extraordinaire. Ce premier contact n'était nullement désagréable. Elle sourit gravement à son fiancé ; jamais le regard de celui-ci, jamais ses yeux de velours aux longs cils n'avaient brillé d'un tel éclat dans sa figure bronzée qui accentuait encore le rouge violent de ses lèvres épaisses.

À l'étonnement de tous, Si Ahmed s'exprima dans un français encore hésitant :

— Mademoiselle Aurélie, puisque vous acceptez d'être ma femme, mon unique femme, je jure de faire votre bonheur, je dépose à vos pieds toute ma fortune. Nous nous marierons à Alger comme le veut votre père, et selon la loi française. (Puis, se tournant vers le gendarme Picard, il ajouta :) Maintenant, selon la tradition de mon pays, la famille de ma fiancée fait partie de ma famille. Tu me feras le grand honneur de venir habiter ici dans mes appartements, et mes serviteurs seront les tiens. Le père de ma future femme ne peut résider dans un petit hôtel de Bordeaux, n'est-ce pas ?

— Qu'il soit fait selon ta volonté, Chérif !

— Mademoiselle Aurélie, permettez-moi de vous offrir mon cadeau de fiançailles. Dahmani !

Le serviteur noir présente un petit coffret qu'Aurélie ouvre avec émotion. Il contient un magnifique bracelet ancien d'argent ciselé rehaussé de coraux et de turquoises, chef-d'œuvre d'un obscur joaillier de la médina de Fès. Si Ahmed le glisse lui-même à son poignet. Mais, cette fois, Aurélie ne redoute plus le contact. Elle est heureuse et, sans hésitation, elle joint ses mains à celles de son fiancé.

Ce bracelet vaut une fortune. Il est pour elle le symbole de la réussite. Madame Steenackers, un peu en retrait et pas très convaincue de faire le bonheur de sa protégée, essuie une larme. Son mari, plus réaliste, fait apporter du champagne, et les flûtes de cristal se lèvent au bonheur des futurs époux.

De ce jour, Si Ahmed fut autorisé à faire sa cour, et il s'y employa en soupirant, comblé, apportant chaque jour des fleurs, un bijou, bavardant avec Aurélie en présence de son père qui, très souvent, remplaçait maintenant l'interprète Pisani, relégué au second plan.

Si Ahmed faisait des progrès étonnants en français. De son côté, Aurélie apprenait auprès de Pisani les premiers rudiments de l'arabe du Sud. Et, bon gré mal gré, l'interprète devait se résoudre à son rôle de professeur.

Désormais, l'impatience de Si Ahmed grandissait de jour en jour. La guerre étant terminée, il espérait rentrer très vite en Algérie ; il avait dicté dans ce sens plusieurs lettres à l'interprète Pisani, sans recevoir à ce jour de réponse des autorités contactées.

Puis, Aurélie et son père décidèrent un voyage en Arc-en-Barrois, afin d'informer madame Picard des détails de ces événements. Le voyage prendrait un mois aller et retour, les routes étant maintenant sûres.

Devant le désarroi que provoquait cette absence, Pisani proposa au chérif une diversion : aller tous deux passer quelques jours dans la famille de l'interprète, quelque part en Normandie.

— En attendant la réponse du ministre de la Guerre à ta demande de retour en Algérie et, surtout, pour que l'absence de mademoiselle Picard ne pèse pas trop sur tes journées, Si Ahmed, déclara hypocritement l'interprète.

Ce que ne disait pas Pisani, c'était l'espoir qu'une fois chez lui le chérif s'intéresserait à sa propre fille ! Et qui sait, celle-ci pourrait, avec un peu d'habileté, prendre la place d'Aurélie. N'était-ce pas ridicule de couvrir de bijoux cette petite paysanne fille de gendarme ? Quant à l'autorisation du retour en Algérie, Pisani ricanait doucement. Il n'avait transmis aucune des lettres du Tidjani et comme, en haut lieu, on semblait l'avoir un peu oublié, la situation était propice pour le décourager.

Cette petite trahison n'eut pas d'effet.

Pisani chapitra sa fille, lui montra le pont d'or que représenterait son union avec le Tidjani, l'encouragea à tomber dans ses bras, mais la jeune fille en fit trop, et ses avances, au lieu d'attiser le désir du chérif, lui firent mesurer au contraire la différence de qualité entre les deux jeunes filles. En plus, il s'ennuyait dans la petite maison de l'interprète. Ils étaient venus avec un seul serviteur, Dahmani, et le Tidjani avait hâte de retrouver son confort à Bordeaux. Hâte également d'avoir des nouvelles de la zaouia, car Si Bachir devrait être bientôt de retour. Et plus encore de revoir sa fiancée.

Son retour coïncida avec celui d'Aurélie.

Elle avait revu sans joie la petite ville de son enfance. La nouvelle de son prochain mariage avec un prince musulman avait couru les ruelles étroites et pénétré dans les foyers. On ne l'avait pas fêtée comme elle l'espérait en secret ; au contraire, il semblait qu'une barrière se fût élevée entre elle et son passé. Sa mère avait beaucoup pleuré. Elle acceptait ce mariage, puisque le père avait dit oui ! Mais elle s'inquiétait et, pour la rassurer, il avait fallu mentir un peu. Oui ! Elle se marierait à l'église et à la mairie. Oui ! Elle conserverait sa religion. Inutile de lui faire comprendre la vie que mènerait désormais Aurélie, dans ce palais fabuleux du Sahara qu'elle-même n'arrivait pas à imaginer ! Un seul point chagrinait Aurélie : sa mère n'irait pas en Algérie. Elle resterait auprès de ses autres enfants. Leur dernier entretien avant le retour à Bordeaux fut douloureux.

Toutes les ombres s'effacèrent lorsqu'elle revit Si Ahmed. Elle s'était habituée à son visage, à la couleur de sa peau, à ses lourds et somptueux vêtements d'apparat. Quant à lui, sa tristesse disparut en la revoyant. Mais il ne put s'empêcher de confier ses inquiétudes au gendarme Picard !

— Il faut que je retourne chez moi, Picard, les envois d'argent se font de plus en plus rares. Je n'attends plus que le retour de Si Bachir pour connaître la vérité. Pourquoi le ministre ne me répond-il pas ?

— Qui a écrit tes lettres ?

— Pisani, naturellement.

— Je vois. Eh bien, veux-tu un conseil ? Adresse-toi directement au maréchal de Mac-Mahon ! Que diable, le Grand Maître des Tidjani n'a pas besoin d'intermédiaire ! Nous allons rédiger ta demande d'audience. Il ne pourra que te recevoir, je t'en donne ma parole.

Picard avait vu juste. Le maréchal de Mac-Mahon autorisa Si Ahmed à rentrer en Algérie, après tant de mois d'exil. Il reconnaissait ainsi les services éminents rendus à la France par le Grand Maître de la confrérie des Tidjani.

Si Ahmed sortit de cette audience réconforté. Il n'y avait pas été question de son mariage, et Picard l'avait dissuadé d'en parler au maréchal. Sans l'avouer, il craignait que cette union ne déplût en haut lieu par le scandale qu'elle causerait. Tandis qu'à Alger, la chose, à son avis, passerait inaperçue.

Si Ahmed revint radieux à Bordeaux.

— Nous partirons bientôt, ma colombe. J'ai fait retenir les meilleures cabines sur le *Duc d'Aumale* ! Bientôt, nous reverrons Alger la Blanche, l'île du Penon, les hauteurs de la Bouzareah et mon palais de Saint-Eugène, au bord de la mer.

Il lui décrivait en termes dithyrambiques la ville étagée où l'antique casbah des Turcs se prolongeait désormais par la ville moderne des Français.

Aurélie vivait dans l'impatience et comptait les jours.

Enfin, Si Bachir revint de son voyage.

Le frère cadet du Grand Maître était plus grand et plus fin, avec un type négroïde moins accusé. Il avait été tenu au courant des fiançailles et n'avait pas caché sa désapprobation. Peu après son retour, il eut avec Si Ahmed une grande explication dont on ne prit connaissance que par les échos discrets des serviteurs, les éclats de voix n'ayant pas transpercé les lourdes portières !

Si Ahmed portait une réelle affection à son demi-frère. Il comprenait que celui-ci eût un peu d'amertume d'avoir été évincé de la succession. Car enfin ! Si l'on n'avait recherché Si Ahmed à travers toute l'Algérie alors que lui n'avait jamais quitté la zaouia, que serait-il aujourd'hui ? Un nègre, fils d'une concubine répudiée ! Le sort était amer, et Si Bachir le ressentait profondément, car lui aussi était descendant du Prophète et chérif. Mais la loi est la loi, et seule la fraternité consanguine l'autorisait à parler avec autant de violence au Grand Maître dépositaire de la Baraka !

Si Bachir, dès son retour, l'avait mis en garde.

— *Balek**, Ahmed ! Attention, tout ne va pas pour le mieux à Aïn Madhi ! Ce vieillard de Ryan a dilapidé notre fortune ! Qu'en a-t-il fait, je ne sais pas. Mais, de connivence avec quelques cadis, il a vendu une partie de tes biens et de tes troupeaux, et l'argent de ces ventes n'a pas été retrouvé ! Certes, nous disposons des biens de la confrérie, mais tu sais comme moi qu'ils sont *habbous** et qu'ils appartiennent à tous ! Enfin, la ziara est supprimée ! Tout va mal et c'est le moment que tu choisis pour faire des dépenses inconsidérées, pour couvrir de bijoux cette roumia que tu prétends épouser !

— Assez, Bachir ! Ne manque pas de respect à Aurélie, autrement il t'en cuira. Je suis le maître, et tu le sais. Tu es malvenu de me sermonner. N'ai-je pas payé tes dépenses, tes orgies crapuleuses, tes cadeaux aux courtisanes de bas étage que tu entretiens dans les bouges de la ville ?

Bachir baissa la tête.

— Crois-moi, insista-t-il pourtant, renonce à épouser une roumia, ce mariage sera très mal vu des mokkadems. Tu vas causer un tort immense à notre confrérie, et ceux de Temacine se réjouiront ! Et puis, ne m'a-t-on pas dit que tu allais révoquer tes trois femmes, et surtout Zorah, la mère de ton fils ? La mère du futur Grand Maître.

C'était un argument de poids mais Si Ahmed n'entendit point céder aussi facilement que le pensait Bachir qui connaissait son caractère faible et versatile. Il fallait que sa passion fût très forte pour qu'il tînt tête ainsi, malgré les arguments qu'on lui opposait.

— Oui, Bachir, j'épouserai Aurélie envers et contre tous, elle sera ma femme, et je répudierai les autres ! Rien ne m'empêche de garder mon fils et de l'élever.

— Sans sa mère ! Que serais-tu devenu s'il n'y avait eu ta mère pour te protéger alors que ton père t'avait renié ?

— Tu mens ! Tu sais très bien que Mohamed Seghir ignorait la grossesse de ma mère alors à son début ! Sans cela, il ne l'eût jamais répudiée ! Laisse ta jalousie, c'est Allah qui m'a ramené à la zaouia. Que Son Nom soit béni.

— Béni soit Son Nom ! répondit Bachir, maté. Mais qu'Il te protège dans ton entreprise insensée. J'ai dit ce que j'avais à dire, qu'il n'en soit plus question. Nous aurons assez à faire tous deux pour rétablir notre situation et notre fortune.

— J'aime t'entendre parler ainsi, mon frère.

Ils se donnèrent l'accolade et se séparèrent.

CHAPITRE IX

L'autorisation de Mac-Mahon accordée, les préparatifs de départ s'accélérèrent. Aurélie facilita beaucoup de démarches auprès des ministères repliés à Bordeaux. Un peu partout, elle fut reçue avec une certaine réticence, voire une ironie que masquait mal une politesse diplomatique, par les jeunes fonctionnaires qui autrefois ne lui cachaient pas leur admiration.

— Alors, Princesse ! osa lui dire un jour un jeune attaché plein de morgue et de dédain, où en sont vos progrès en arabe ? Combien de versets du Coran avez-vous appris ?

Voyant se durcir le regard d'Aurélie et impressionné malgré lui par la dignité de son attitude, il tenta de se reprendre :

— Je plaisantais, bien sûr, Mademoiselle. Permettez-moi de déposer à vos pieds, avec mes hommages respectueux, mes vœux sincères de bonheur.

— Ne prenez pas cette peine, Monsieur, je sais ce que vous pensez tous de mes fiançailles avec Si Ahmed. Sachez, et vous pourrez le répéter, que je n'ai abjuré ni ma religion ni ma nationalité ! D'ailleurs, je ne serai plus longtemps un objet de scandale dans cette ville bourgeoise et provinciale ! Nous rejoignons Alger dans une semaine.

Ces petites escarmouches, bien qu'elle les dissimulât, altéraient la joie qu'elle avait ressentie après ses fiançailles. Madame Steenackers n'était plus pour elle la conseillère fidèle de sa jeunesse. La femme du ministre avait peu à peu relâché les liens d'amitié, voire d'affection, qui avaient été les siens. Elle n'approuvait pas ce mariage et se révoltait contre ce qu'elle appelait un monstrueux accouplement lorsqu'elle en parlait avec son mari. Le ministre, lui, ne voyait dans cette prochaine union qu'un pion de plus jeté par la France au cœur de l'Islam.

— Vous avez sacrifié Aurélie, lui disait sa femme. Si vous aviez dit non, le gendarme Picard n'aurait jamais autorisé ce mariage. Et Aurélie, en fille obéissante et respectueuse, n'aurait pas transgressé la volonté de son père.

— En quoi vous vous trompez, ma bonne amie, répondit Steenackers. Aurélie est une fine mouche ! Et son caractère d'une rare fermeté. Cette fille fera ce qu'elle décidera. Croyez-moi, elle mettra le Tidjani dans sa poche !

La situation devenant de plus en plus délicate, c'est avec soulagement que Si Ahmed, Si Bachir et leur suite quittèrent Bordeaux à destination de Marseille.

Leur cortège insolite suscita quelque étonnement. Deux gendarmes montés ouvraient la route à deux berlines dans lesquelles avaient pris place les deux chérifs, le brigadier Picard, Aurélie et l'interprète Pisani. Leurs domestiques s'entassaient sur les nombreux bagages arrimés sur trois fourragères prêtées par l'armée. En queue de cortège caracolait un sous-officier de gendarmerie. Sur les routes poudreuses de l'Aquitaine et du Languedoc, des relais avaient été prévus, de telle sorte qu'ils ne mirent que cinq jours pour effectuer le long trajet de Bordeaux à Marseille.

L'intendance militaire qui avait établi le plan du voyage avait fort bien calculé ; le convoi arriva à Marseille le jour même du départ du nouveau paquebot-poste, le *Duc d'Aumale*, dont les doubles cheminées fumaient déjà, établissant la pression des machines à vapeur. Des marins juchés dans les vergues ferlaient les voiles carguées.

Le *Duc d'Aumale*, qui avait culé à quai dans le Vieux-Port, était l'un des premiers navires à vapeur mis en service sur la nouvelle ligne de l'Algérie. Sa propulsion était mixte : deux roues à aubes suppléaient une voilure encore imposante portée par deux grands mâts. Affecté au trafic des passagers et des militaires des troupes d'occupation, le navire, qui jaugeait environ deux mille tonneaux, possédait sur le château arrière une suite de cabines de luxe. Deux d'entre elles avaient été réservées par Si Ahmed, les autres étaient occupées par de hauts fonctionnaires en mission et des chefs militaires du plus haut grade. Aurélie disposait d'une magnifique cabine pour elle seule. Son père et l'interprète Pisani se partageaient une cabine de première classe. Les deux chérifs occupaient l'autre cabine de luxe. La suite des Tidjani couchait çà et là sur le pont, enroulée dans ses burnous et ses couvertures de haute laine.

Les quais du Vieux-Port grouillaient d'une animation extraordinaire. La conquête de l'Algérie avait décuplé le trafic maritime à travers la Méditerranée. En même temps que le *Duc d'Aumale*, d'autres navires marchands, des trois-mâts barques, des goélettes, des navires de guerre utilisant uniquement la propulsion à vapeur par roues à aubes, s'apprêtaient à partir. On embarquait un peu partout : des troupes, du matériel d'artillerie, des caisses de munitions, et aussi des charrues, des outils agricoles à l'intention des colons nouvellement fixés sur les territoires pacifiés.

Un groupe d'émigrants alsaciens, devenus réfugiés après l'annexion de leur province par l'Allemagne, monta à bord du *Duc d'Aumale*. Dignes et réservés, ils s'exilaient sans bagages, sans ressources, pour cet éden qu'on leur avait promis, pour cette lointaine et inconnue Kabylie où, malgré les troubles et la révolte actuelle, le gouvernement d'Algérie leur avait attribué de larges concessions de terres à mettre en valeur. À peine à bord, ils se répartirent au mieux, certains restant de longues heures sur le pont avant à regarder s'éloigner les côtes de France, tandis que les plus astucieux organisaient leur séjour dans la cale des émigrants.

Aurélie, très émue, vit à son tour s'éloigner la terre de France. Elle aussi s'exilait, volontairement, et son futur sort de princesse ne lui faisait pas oublier qu'elle était une petite paysanne du Barrois. Un voile mélancolique adoucissait ses traits volontaires. Reviendrait-elle un jour en France ? Déjà le navire avait doublé les nombreux îlots rocheux qui parsèment la mer dans la rade de Marseille. Bientôt, la terre de France ne fut plus qu'une ligne blanche où les îles, les récifs et les hautes falaises des calanques ne formèrent plus qu'une muraille unie comme une fortification. Il y eut ensuite un coup de tangage prononcé : le *Duc d'Aumale* entrait en pleine mer et, la houle du large le prenant de travers, le commandant donna ordre de hisser les voiles. Aurélie s'attarda encore un instant à admirer l'agilité des équipages qui effectuaient la manœuvre, puis regagna sa cabine.

Le premier repas à bord, le Tidjani et sa suite le prirent dans la salle à manger des premières classes. Leur arrivée constitua un événement. Les têtes se tournèrent avec affectation, chacun s'étonnant de la présence de cette jeune fille blonde aux côtés du chérif des Tidjani. Les autorités présentes s'inclinèrent discrètement en direction du Grand Maître, mais aucun regard ne daigna s'attarder sur Aurélie, bien que les assiduités discrètes du Tidjani témoignassent assez qu'elle était plus qu'un simple caprice. Le repas achevé, les personnages les plus importants vinrent tour à tour échanger des formules de politesse avec le chef musulman dont ils connaissaient l'histoire guerrière et romantique, mais aucun ne fit un geste vers la jeune femme.

Humiliée et ulcérée par cette attitude grossière de gens bien élevés, Aurélie se retira, laissant son fiancé se pavaner, à vrai dire charmé de l'importance qu'attachaient à sa personne ses illustres interlocuteurs, ignorant dans sa naïveté l'hypocrisie des éloges qu'on lui adressait.

Il retrouva Aurélie en pleurs dans sa cabine.

— Qu'y a-t-il, ma colombe ? Ce chagrin ? D'avoir quitté la France, sans doute ! Je vous comprends, je suis moi-même si heureux de regagner ma patrie ; mais je vous y ferai la vie si douce et si belle que jamais plus les larmes ne terniront vos yeux.

— Si Ahmed, ces gens me détestent ! N'avez-vous pas compris qu'ils m'ignoraient volontairement ? Je ne pourrai plus supporter leur morgue et leur dédain, et vous ne devez pas souffrir de cet ostracisme !

— Ne pleurez plus, mon âme, je ferai en sorte que l'on vous témoigne les égards que l'on doit à ma future épouse.

— N'en faites rien, je vous en supplie. Permettez-moi seulement de prendre mes repas dans ma cabine, je ne veux plus descendre à la salle à manger.

— Qu'il soit fait comme il vous plaira, Aurélie. Désormais, notre groupe prendra ses repas dans le petit salon de mon appartement privé. Pisani s'occupera de régler cette question avec le commandant. Quant à moi, rassurez-vous, je n'aurai de contacts avec ces gens-là que ceux qui seront nécessaires à mes relations publiques. Êtes-vous contente ?

— Je vous suis très reconnaissante, Si Ahmed ! Je ne veux en aucune façon entraver votre action politique. Mais c'est avec joie que nous nous retrouverons pour les repas en commun. Le reste du temps, bavardez à votre aise avec les cols durs ou les dolmans chamarrés ! Mais attention ! Ne dévoilez pas tous vos secrets.

— Déjà si perspicace, Aurélie. Je bénis le Très-Haut de m'avoir conduit jusqu'à vous. Vos conseils seront toujours écoutés.

Elle sécha ses larmes et lui sourit tendrement.

Les repas dans le petit salon plurent infiniment à Aurélie. Picard racontait intarissablement ses campagnes dans le Sud oranais. Il avait connu Mohamed Kebir, fondateur de la confrérie, et son successeur Mohamed Seghir ! Si Ahmed et Si Bachir ne cessaient de l'interroger pour mieux connaître ces pages glorieuses du passé de leur famille, qui n'étaient parvenues jusqu'à eux que par la voix des nourrices et des précepteurs arabes. Le récit du Français complétait leurs connaissances. L'auréole du brigadier Picard rendait encore plus grande la joie de Si Ahmed. Le père de sa femme était un grand soldat ! Un soldat qui le comprenait, et qu'il pouvait comprendre.

La traversée fut bonne. Bien porté sur le vent par sa voilure réduite qui, conjuguée avec la puissance des roues à aubes, annulait pratiquement le roulis, le *Duc d'Aumale* atteignit lentement les côtes de Barbarie.

CHAPITRE X

Le matin du troisième jour, alors que les brumes côtières se dissipaient, Si Ahmed rejoignit sur la plage arrière du navire le brigadier Picard et Aurélie, et tous trois assistèrent au lever de soleil sur la côte d'Afrique. L'énorme disque rouge sortit des eaux, s'éleva majestueusement dans le ciel, et la ligne incertaine du littoral se précisa sous ses premiers rayons. Ce n'était encore qu'un mince trait au fusain qui peu à peu se dégagea des brumes. Après la longue traversée maritime, les spectateurs privilégiés de cette magnifique aube africaine ressentirent de façon différente la majesté de l'heure.

Resté un long moment en extase, Si Ahmed s'agenouilla sur son petit tapis de prière et remercia le Seigneur qui avait permis son retour d'exil. Pour lui, ce continent était sa terre, sa vie, son sang, ses ancêtres, et l'exaltation illuminait ses traits.

Lorsqu'il se redressa, ce fut pour couver Aurélie d'un regard affectueux.

— Voici mon pays, Aurélie ! Ce que j'y possède – terres, troupeaux, maisons, serviteurs – t'appartient désormais. Béni soit ce jour !

L'émotion d'Aurélie était visible, un léger tremblement de ses lèvres laissait paraître sa profonde agitation intérieure. À mesure que le navire fendait de son étrave la houle côtière et que se rapprochait la côte, on voyait plus nettement ses contours. Une suite de collines forestières ourlait le littoral et, en arrière-plan, de hautes montagnes sur lesquelles s'effilochaient des nuages ne dévoilaient encore aucune présence humaine. Ce qui paraissait terre d'accueil pour Si Ahmed gardait pour Aurélie son inquiétant mystère. Plus encore qu'au départ de Marseille, arrivée en vue de ce qui aurait dû être pour elle la Terre promise, elle était prise d'une angoisse irraisonnée.

Comme s'il devinait celle-ci, Si Ahmed serra délicatement la main gantée de la jeune fille. Ce geste de protection et d'amour, ce contact apaisant dissipèrent un peu ses craintes. Tant que Si Ahmed serait près d'elle, elle ne risquerait rien. Mais saurait-elle le garder, seule femme chrétienne dans ce Grand Sud musulman ? Cette pensée raviva son esprit combatif, chassa ses craintes. Elle lutterait pour son bonheur.

Le brigadier Picard s'était mêlé aux autres passagers. En vieux briscard de la conquête, il décrivait l'arrivée au port, reconnaissait bientôt la haute colline de la Bouzareah au chef embrumé, sur laquelle se dessinait une écharpe blanche descendant jusqu'à la mer.

— Alger ! dit-il avec émotion. Alger la Blanche !

Sur la plage avant, entassées autour des écubiers sur les rouleaux de cordage, gênant la manœuvre d'accostage, mais exaltées par l'approche du débarquement en terre inconnue, les troupes convoyées à bord jetaient en l'air képis et shakos en poussant des hurrahs.

El-Djezaïr grandit rapidement puis disparut, en partie cachée par la forteresse espagnole du Penon, sur laquelle se dressent le phare et le fort de l'Amirauté. Longeant la nouvelle digue scellée entre les récifs de l'ancienne darse turque, le navire pénétra enfin dans le port et, d'un seul coup, la ville entière se présenta aux passagers du *Duc d'Aumale*.

Les immeubles modernes, construits en dehors des remparts de la casbah, étalaient leurs cinq ou six étages sur le long boulevard du front de mer ; celui-ci dominait d'une quinzaine de mètres les quais encombrés de marchandises diverses. Vers l'ouest, les habitations à terrasses de la casbah cascadaient jusqu'au littoral rocheux sur lequel avaient été construits les plus beaux palais turcs de l'ancien beylicat. Couronnant l'agglomération de marbre de la casbah, un fort moderne protégeait la ville.

Tandis que les serviteurs de Si Ahmed procédaient au groupage des nombreux bagages du chérif, Aurélie, adossée à la rambarde, découvrait la foule insolite et bigarrée qui, dans tous les ports de la Méditerranée, vient assister à l'arrivée du courrier. Sur les quais, dockers et charretiers s'affairaient dans une bousculade joyeuse et criarde, les porteurs d'eaux déguenillés agitaient leurs clochettes de cuivre, les petits *yaouleds** qui s'étaient infiltrés à bord, Dieu sait comment, plongeaient du haut de la passerelle pour attraper les pièces de monnaie que jetaient à la mer les passagers fortunés du navire. Une musique militaire accueillit les troupes fraîches venues de la métropole et qui seraient, dès le lendemain, envoyées sur le territoire kabyle en rébellion.

Sur le boulevard du front de mer, une foule silencieuse accoudée au parapet détaillait le programme du débarquement. Elle était composée en grande majorité d'Européens, en costumes sombres et cols empesés, et de militaires désœuvrés. Aurélie fut surprise par cette présence française compacte et cette cité européenne qu'elle n'imaginait pas. « Est-ce pour retrouver un nouveau Bordeaux que je suis venue jusqu'ici ? » se dit-elle. Mais son attention fut de nouveau attirée par l'animation du port. D'autres navires venant de France accostaient à leur tour et s'amarraient à des pontons. Les derniers voiliers de haute mer déchargeaient leurs cargaisons destinées autant à l'armée de la conquête qu'au ravitaillement de la population locale. Car Alger, depuis le débarquement de Sidi-Ferruch, quarante ans auparavant, était devenue la capitale du nouvel empire africain français. Cette façade d'immeubles modernes, jouxtant la casbah folklorique et les grandes mosquées aux coupoles et minarets immaculés, traduisait bien qu'une nouvelle nation naissait, dont les limites se prolongeaient déjà jusqu'au Sahara, ce Sud lointain où devait se rendre Aurélie.

Elle fut tirée de son rêve et de ses pensées par l'interprète Pisani venu l'avertir qu'on l'attendait au grand salon. Un officier de police procédait à la vérification des sauf-conduits et autres pièces nécessaires pour entrer en Algérie.

Si Ahmed, en grande tenue et portant le burnous rouge de caïd du gouvernement français, bavardait avec quelques hauts dignitaires venus à bord saluer les passagers de marque. Ceux-ci semblaient témoigner au chérif une respectueuse considération. Un peu à l'écart, le brigadier Picard, qui avait reçu à Bordeaux l'autorisation de se mettre en uniforme, arborait sur sa poitrine la Légion d'honneur. Quelques personnalités, intriguées par ce sous-officier porteur de la plus enviée des décorations, s'approchèrent de lui, un peu surprises de le voir mêlé aux passagers de première classe à laquelle n'ont accès que les officiers. Aurélie se dirigea vers lui :

— Que me veut-on, Père ?

Pisani répondit pour lui :

— Vous devez décliner votre identité à l'officier de police, dit-il ironiquement.

— Mais, voyons ! répliqua Aurélie, ne suis-je pas de la suite de Si Ahmed ? Cette formalité ne peut-elle m'être évitée ?

— Bien certainement, s'interposa le brigadier Picard,

donnez-moi les papiers, Pisani, je m'occuperai moi-même de ces formalités.

Blessée dans son amour-propre, Aurélie se réfugia sur l'un des larges sofas du grand salon d'apparat, attendant que Si Ahmed vînt la rejoindre.

Quand il fut là, elle exprima au chérif son indignation pour la façon dont elle était traitée. N'était-elle pas sa fiancée officiellement ?

— Je vais aviser sur-le-champ, dit-il.

Picard revint peu après :

— C'est fait ! Tout est en ordre. Les subalternes sont souvent plus intelligents que les gens en place. Voici tes papiers, Aurélie.

Les passagers de première classe ayant tous débarqué, il ne resta plus à bord que les chérifs, leur suite, Aurélie et son père.

Si Ahmed paraissait ennuyé de l'incident précédent.

— Patientez, ma colombe, l'administration n'a pas changé.

Puis, prenant une colère subite, il invectiva Pisani dans sa langue maternelle. N'eût-il pas dû et pu éviter l'affront fait à sa fiancée ?

— Tout n'est pas si facile que vous le pensez, Excellence, objecta l'interprète. N'oubliez pas que vous êtes toujours, malgré les honneurs que l'on témoigne à votre rang, en résidence surveillée ; je n'y peux rien ! Et, malheureusement, Aurélie, aux yeux de la loi, n'est qu'une passagère comme une autre voyageant sous la protection de son père. Un simple gendarme !

— Cessez vos insolences, Pisani, ou je vais être obligé de demander un nouvel interprète ! Dites-moi plutôt où nous en sommes.

— Il y a du nouveau, Chérif, on s'occupe de vous à Alger. Selon les ordres venus du gouvernement général durant votre séjour à Alger, vous résiderez au grand hôtel de la Régence, sur la place du Cheval. Une suite pour vous et vos serviteurs vous y a été réservée ; vous serez à quelques pas des mosquées.

— Et pour Picard et mademoiselle Aurélie ?

— Sans doute ont-ils été compris parmi les membres de votre suite. Je vais m'en assurer.

— Vous ferez bien. Avant toute chose, vous allez protester immédiatement en mon nom. Mon frère, le chérif Si Bachir, mandaté par moi, vient d'acheter une grande villa mauresque sur la colline de Saint-Eugène. On en termine l'ameublement. Dès que cela sera fait, nous y habiterons jusqu'à notre mariage.

— Je crois, Excellence, qu'il sera bon que vous discutiez tous ces points avec le directeur du cabinet du gouverneur général Gueydon. Nous avons audience demain à 10 heures. D'ici là, le mieux est de vous installer à l'hôtel de la Régence, le plus moderne d'Alger. J'ai de la famille ici, je logerai chez elle, mais je reviendrai vous prendre demain matin à 9 heures pour vous conduire au palais d'Hiver. Bellafia, Si Ahmed ! Qu'Allah vous protège.

Content de sa personne, Pisani descendit l'échelle de coupée.

— Je n'aime pas beaucoup cet espion attaché à ma personne. Mais nous en serons bientôt débarrassés ! constata Si Ahmed.

— Soyez patient, Excellence, soyez patient ! Je présume qu'il nous faudra beaucoup de persévérance. Cette entrevue de demain ne me dit rien qui vaille.

— Oh ! Père ! s'exclama pathétiquement Aurélie, je suis si déçue, j'attendais tant de mon arrivée à Alger, mais les Français d'ici me paraissent encore plus butés que ceux de France !

— Je suis avec vous, ma colombe, et rien ne pourra vous arriver, dit tendrement Si Ahmed.

Il lui prit la main avec douceur, et son regard, plus amoureux que jamais, lui redonna confiance.

Puis le chérif, reprenant le tutoiement ancestral des Arabes qu'il n'avait jamais employé avec Aurélie, ajouta :

— Quand tu seras ma femme, tous ces pantins se courberont jusqu'à terre devant toi, ma colombe !

Elle eut un sourire de doute. Cet amour exclusif suffirait-il à aplanir les difficultés qu'elle devinait ? Bien sûr, auprès de Si Ahmed, elle éprouvait un sentiment de sécurité. Sa douceur, son tact, sa cour empressée et respectueuse révélaient la grandeur de sa race. Finalement, elle se convainquit qu'avec lui elle pourrait affronter tous les obstacles.

Un steward agitait une cloche invitant les derniers passagers à quitter le navire.

Dahmani, revenu on ne sait d'où, s'inclina devant son maître :

— Les calèches nous attendent, Chérif, tu peux descendre.

L'hôtel de la Régence bordait la place du Gouvernement, grande esplanade sur laquelle se dressait depuis 1845 la statue équestre du duc d'Orléans. Mais, pour le petit monde musulman qui y flânait à longueur de journée, elle n'était plus que la place El Aouz, la place du Cheval. Ce vaste espace dominant la darse de l'Amirauté séparait en fait deux mondes : la casbah dévalait jusqu'à sa limite, les grandes mosquées la bornaient d'un côté, cependant que, de l'autre, commençait la lignée des grands immeubles modernes de la ville européenne. Sur la place se mélangeaient dans la journée et, surtout, le soir Européens et musulmans, puis chacun rentrait chez soi ; une sorte de ségrégation tacite cantonnait chaque clan dans son univers. La seule intrusion des Français dans la ville musulmane avait été l'occupation des grands palais turcs qui bordent la corniche rocheuse de Bab el-Oued par les divers services de l'armée et du gouvernement, et la promotion, plus discutable, en cathédrale Saint-Philippe de l'ancienne mosquée des Ketchaoua, construite par le pacha Hassen en 1791.

L'installation des Tidjani à l'hôtel de la Régence s'effectua sans trop de heurts. Un nombre suffisant de chambres avait été réservé pour les deux chérifs et leur suite principale, le reste des serviteurs trouvant mystérieusement à se loger dans les couloirs, les sous-sols ou les gargotes de la rue Randon.

À peine installée, Aurélie ouvrit la fenêtre de sa chambre et découvrit l'activité intense et pittoresque des foules orientales. Spectacle haut en couleur, riche en odeurs et senteurs nouvelles. La foule musulmane déferlait des ruelles de la casbah, se mêlait en groupes animés, entourait les éventaires des marchands de brochettes, de beignets, de fritures, suivait avec passion les tours des magiciens, les exploits des acrobates, des dresseurs de singes de l'Atlas. Aux terrasses des cafés de la Régence et d'Apollon, la colonie européenne sirotait l'anisette, parlait politique, séparée en deux clans bien distincts : les militaires engoncés dans leurs rutilants uniformes du second Empire, les fonctionnaires et quelques gros colons venus du bled pour traiter de leurs affaires, reconnaissables à l'uniformité funèbre de leurs redingotes et de leurs cols blancs empesés.

Aurélie se tourna vers son père, songeuse :

— Je n'oserai jamais me mêler à cette foule.

— Tu n'auras pas à t'y mêler, ma fille. Mais, si tu le veux, dès demain je te ferai visiter la casbah, les hauteurs de la ville, et tu verras que cette foule grouillante est très sympathique à approcher. Si Ahmed a rendez-vous chez le directeur de cabinet du « G.G. », nous aurons tout notre temps pour faire du tourisme.

— Rien qu'en ouvrant ma fenêtre, Père, j'ai compris que je n'aurai pas le temps de m'ennuyer. Je voudrais tout connaître de ce pays. Je voudrais partir derrière ces collines, vers le sud ; il me semble que, là-bas, tout doit être différent.

— Lorsque tu auras connu le Sud, tu ne penseras plus à remonter dans le Sahel, crois-moi.

— Vous n'aurez plus à me raconter vos aventures, Père, puisque j'aurai les miennes à vous conter !

Ils se quittèrent sur un sourire complice.

CHAPITRE XI

Précédant l'interprète Pisani, le caïd des Tidjani fit une entrée autoritaire dans le palais du gouvernement général. Sur son passage, les chaouchs et les plantons se levèrent et saluèrent. Il jouit pleinement de son autorité retrouvée. Il était de retour dans son pays, ce qui l'affermissait dans sa résolution. Il exigerait de partir pour Aïn Madhi au plus tôt après son mariage avec Aurélie. La pensée de la jeune femme le soutenait ; sans s'en rendre compte, elle lui avait insufflé une énergie qu'il ne possédait pas avant son départ pour la France. Maintenant, il le savait, il était « quelqu'un à ménager » pour le gouvernement français, et il entendait profiter de la situation pour régler au mieux ses affaires.

Le directeur du cabinet du gouverneur général Gueydon était un homme d'âge mûr, froid et distant. Il manifesta d'emblée pour le chérif une politesse exagérée.

— Veuillez transmettre au Grand Maître les souhaits de bienvenue du gouvernement français pour son retour en Algérie, dit-il à Pisani.

— Inutile, monsieur le Directeur, intervint avec une pointe de satisfaction le Tidjani, j'ai appris le français durant mon long séjour à Bordeaux.

Manifestement surpris, le directeur s'inclina.

— Comme il vous plaira, Excellence. On a beaucoup parlé de votre séjour en France, et des échos flatteurs sont parvenus jusqu'ici. À propos, tous les rapports reçus concernant la mission qui vous avait été confiée concordent : vous et le chérif Bachir avez accompli une œuvre utile à la France et à l'Algérie, vous avez été l'interlocuteur rêvé entre nous et les merveilleux soldats qui ont soutenu notre cause. Le gouverneur général se chargera sans doute de vous le dire personnellement.

Puis, changeant de ton, et légèrement ironique :

— Tout se sait, Chérif ! Il paraît que vous avez été la coqueluche de ces dames, on nous a rapporté votre succès personnel à cette soirée du Grand Théâtre de Bordeaux...

Si Ahmed l'interrompit :

— Alors tant mieux, monsieur le Directeur, dit-il avec franchise, et puisque tout le monde est satisfait, que l'on me laisse repartir au plus vite pour Aïn Madhi. Vous devez comprendre que, malgré les honneurs qui m'ont été réservés, ma longue absence a pesé cruellement sur les miens et sur ma confrérie. Mon mariage célébré avec mademoiselle Aurélie Picard, je désire partir pour le Sud.

Le directeur toussota légèrement. Il avait été surpris par l'aplomb du Tidjani. On lui avait écrit un jeune homme faible et facile à manier, un être instable et changeant ; il avait devant lui un homme qui parlait en chef.

« Nos services devront désormais compter avec ce Tidjani devenu conscient de sa valeur, songea-t-il. Serait-ce l'influence de son égérie ? »

— Ce mariage, cher ami, nous devrons...

Si Ahmed l'interrompit :

— Vous savez tout, monsieur le Directeur, par conséquent, Pisani a dû vous faire part de l'achat que je viens de faire d'une grande maison mauresque à Saint-Eugène. Je désire y accueillir ma fiancée, mademoiselle Aurélie Picard, et sa famille. Si confortable que soit l'hôtel de la Régence, il ne peut supporter la comparaison avec l'hospitalité que je désire donner à celle qui sera bientôt l'épouse du Grand Maître des Tidjani.

— Mais certainement, Chérif, certainement ! concéda le directeur, heureux de lâcher un peu de lest. Nous n'y verrons que des avantages mutuels. Je vous demanderai simplement d'y réserver un petit logement pour l'interprète Pisani.

Et, comme Si Ahmed sursautait, il ajouta doucement :

— Je constate que vous parlez un excellent français, mais, officiellement, vous devez être assisté d'un interprète dans tous vos rapports avec le gouvernement ou l'armée. Ceci afin que, par la suite, il n'y ait aucune contestation de part et d'autre.

— Passons ! Pisani sera logé à Saint-Eugène, répondit Si Ahmed sans dissimuler son irritation, mais il importe de régler au plus vite mon retour dans le Sud.

Le directeur prit une mine consternée :

— Il ne peut hélas en être question ! Vous savez que la Kabylie est en rébellion ouverte, l'arrière-pays algérois en état de guerre larvée avec les grandes tribus nomades. Nous ne pouvons vous laisser courir les risques d'un tel voyage, Excellence ! Votre personne est trop précieuse.

— Alors je suis toujours votre prisonnier, un otage !

— Notre hôte, cher ami, et tout sera fait pour que vous ne souffriez pas de ce retard.

L'entretien était terminé, laissant Si Ahmed songeur. Seule bonne nouvelle – réfléchit-il – il pourrait emménager sur-le-champ dans sa propre maison. Pour le reste, eh bien ! il lutterait. L'important, désormais, était de fixer la date du mariage. Après, il se sentait de taille à abattre tous les obstacles.

Revenu sur ce sol natal, il souffrait plus particulièrement de son abstinence. Aurélie était une fille sage, il le savait, et le moindre geste aurait pu tout détruire. Il tenait à mériter sa confiance. Il n'avait jamais esquissé la moindre caresse, la plus furtive étreinte. Cette pureté lui pesait et, parfois, le chérif, sentant bouillir son sang, faisait appel en secret à quelques-unes de ses petites concubines-servantes pour apaiser ses sens. Pour le reste, il le savait, Aurélie ne serait à lui que dans le mariage. C'était à la fois merveilleux et déprimant. Cette longue attente lui usait les nerfs plus que les réticences politico-diplomatiques des fonctionnaires qui l'entouraient.

Tout en le reconduisant jusqu'à la porte de son bureau, le directeur lui souffla discrètement :

— Permettez-moi de vous donner un conseil, Excellence ! Au sujet de votre mariage, il est indispensable que vous ayez l'autorisation du gouverneur, car vous savez que la loi française interdit tout mariage entre Français et musulmans !

— Comment ? Que dites-vous ? Rien dans le code musulman n'empêche le mariage d'un musulman avec une roumia, rien !

— Ici, Excellence, les lois françaises sont impératives ! Mais ne dramatisons rien, je suis certain que le gouverneur général Gueydon se fera un honneur de recevoir le Grand Maître des Tidjani. Vous avez tant de choses à vous dire !... Au revoir, Chérif, et surtout, n'hésitez pas, revenez me trouver si d'aventure vous aviez quelques ennuis. J'essaierai d'aplanir vos difficultés.

Comme l'interprète Pisani le saluait :

— Un instant, Pisani, veuillez rester, j'ai encore besoin de vous.

Se tournant vers le Tidjani :

— Je vous fais reconduire à votre hôtel dans ma calèche.

Le Tidjani se confondit en salamalecs et politesses.

Resté seul avec l'interprète, le directeur très soucieux lui confia ses inquiétudes :

— Pisani, ceci est entre nous. Vous avez suivi Si Ahmed durant tout son voyage, vous nous avez envoyé vos rapports, mais nous désirons plus : un compte rendu au jour le jour de la vie privée de Si Ahmed, de ses succès mondains, des détails sur cette abracadabrante histoire de fiançailles avec la fille d'un gendarme français, ce dernier fût-il chevalier de la Légion d'honneur pour faits de guerre ! Le gouverneur vous recevra sous huitaine au palais d'Hiver ; d'ici là, préparez soigneusement votre rapport.

Regagnant sa demeure à travers les ruelles étroites qui bordent le palais d'Hiver, ancienne demeure des *raïs**, Pisani réfléchissait. Ah ! Le gouverneur voulait tout savoir sur cette intrigante ! Il serait satisfait, il était résolu à tout mettre en œuvre pour qu'échoue ce mariage. Il n'avait pas pardonné l'indifférence de Si Ahmed, le dédain avec lequel le chérif avait traité sa propre fille, à lui, Pisani. Raffermi par sa haine, il songea avec satisfaction que Si Ahmed devrait le supporter de longs jours encore dans son palais de Saint-Eugène.

CHAPITRE XII

Ils avaient quitté l'hôtel de la Régence, les travaux d'aménagement terminés à *Dar Saada*, la « Villa du Bonheur ».

Une calèche attelée de deux magnifiques chevaux barbes noir de jais avait traversé la place du Gouvernement, suscitant la curiosité. Double curiosité ! Les musulmans étaient intrigués par la présence de cette belle jeune femme européenne aux côtés du chérif. Une nouvelle favorite, pensait-on ironiquement. Les Français au contraire montraient à l'égard d'Aurélie une curiosité déplacée, des regards chargés d'animosité. Quelle honte ! Une Française s'affichant ainsi avec ce nègre chamarré !

Aurélie vivait ce départ dans un rêve, percevait d'instinct les réactions que soulevait son passage. Du côté des siens, cette opposition voisine de la haine ; du côté des indigènes, une indifférence passive. Oh ! Se réfugier quelque part où elle ne subirait plus ces outrages anonymes.

— Plus vite, Saïd, plus vite !

Le cocher fouetta les chevaux qui partirent au grand trot, traversant les faubourgs populeux conduisant à Bab el-Oued : la « Porte de la Rivière ». Au-delà, c'était brusquement le littoral rocheux, la mer qui brisait sur les falaises, le souffle du large courbant les pins jusqu'au faîte de la Bouzareah, se brisant sur les crêtes de la forêt de Bainem. Un versant cultivé et raide descendait jusqu'à la mer ; les potagers et les vergers étaient piquetés par la tache claire des maisons des petits Blancs fixés là depuis plusieurs décennies. Des émigrés mahonais, sardes ou siciliens, pauvres et travailleurs, composaient cette population plus près de la masse indigène locale que des colons français nouvellement débarqués.

La route caillouteuse s'élevait par de nombreux lacets sur le versant nord de la Bouzareah, montagne chauve et débonnaire souvent capelée de brumes de chaleur, résidence d'été favorite des grandes familles musulmanes.

Sur une plate-forme naturelle, à mi-hauteur entre la mer et le sommet de la colline, se dressait la basilique de Notre-Dame-d'Afrique, sanctuaire et séminaire des Pères blancs missionnaires d'Afrique de monseigneur Lavigerie, évêque d'Alger. La basilique était consacrée à la Vierge. Imposante construction néobyzantine, elle dominait les grandes villas mauresques étagées un peu partout dans des nids de verdure.

C'est à l'entrée du parc d'une de ces villas que le cocher avait arrêté ses chevaux. Une haute porte cochère en cèdre, délicatement sculptée de textes coraniques, s'ouvrit à deux battants devant les arrivants ; deux géants noirs en caftan s'inclinèrent respectueusement devant Si Ahmed.

À travers une allée ombragée par des caroubiers, les visiteurs parvinrent à la villa. Deux négrillonnes en *sarouals** rose bonbon se précipitèrent pour baiser le burnous rouge du chérif. Il les écarta d'un geste affectueux.

— Voici vos servantes, Aurélie ! Baba ! Meryem ! Saluez votre maîtresse : *Lalla** Aurélie !

Effarouchées, les deux petites esclaves s'avancèrent timidement, puis, rassurées par le sourire et la jeunesse de la roumia blonde, elles s'emparèrent des mains d'Aurélie qu'elles couvrirent de baisers.

Très émue, la jeune fille caressa leurs visages encore enfantins :

— Baba ! Meryem ! Quels jolis noms ! Nous serons très amies, je crois !

Que voulait dire leur nouvelle maîtresse ? Comment se faire comprendre ? demandèrent-elles à Si Ahmed. Il les rassura : la dame blanche apprenait l'arabe ! Elles éclatèrent de rire.

Passant sous une grande voûte, ils pénétrèrent dans la cour intérieure de la ville. Il sembla tout à coup à Aurélie que la vie s'arrêtait au seuil du palais. Un calme prodigieux régnait à l'abri des hauts murs, et les seuls bruits que l'on y entendait étaient rassurants : jet cristallin de l'eau du bassin central, roucoulement des tourterelles qui nichaient dans les frondaisons murales des bougainvillées ; des écuries voisines parvenait le court hennissement vainqueur des étalons répondant aux gémissements amoureux des cavales sélectionnées !

Les serviteurs vaquaient à leurs occupations, silencieux et lents, se glissant dans l'ombre des arcades.

Aurélie rayonnait de joie. La villa mauresque achetée par Si Ahmed était en fait un palais du XVIIIe siècle ayant appartenu à l'un des nombreux raïs qui, fortune de mer faite, s'installaient dans leurs richesses en ce site privilégié de la côte barbaresque. L'architecture extérieure était simple comme une forteresse, un quadrilatère de hauts murs simplement percés à bonne hauteur de quelques ouvertures étroites et grillagées semblables à des meurtrières. Une cour intérieure, ornée en son centre d'une fontaine jaillissante, desservait les nombreuses pièces ouvrant de plain-pied sur le patio ; au premier étage, un balcon soutenu par d'élégantes colonnettes était protégé par une balustrade en cèdre délicatement travaillée, s'élevant jusqu'aux terrasses et formant une succession d'arcades cloisonnées ; chaque panneau était orné de versets du Coran en écriture coufique, délicatement sculptés en plein bois. Les sols étaient carrelés, et les murs recouverts de belles céramiques où les azulejos et les bleus fanés des Delft trahissaient des butins ramenés par les raïs.

Aurélie découvrait ce qu'était la vie tribale d'un prince de l'Islam. Malgré sa jeunesse, Si Ahmed recevait de chacun, du plus modeste des porteurs d'eau à l'intendant chargé du domaine, des marques de profond respect.

Le chérif laissa éclater sa satisfaction.

— Êtes-vous contente, ma colombe ? Dar Saada ! C'est la Maison du Bonheur !

— Je vis un rêve merveilleux, Ahmed ! Je sens que je me plairai.

— Ce sera votre demeure lorsque vous voudrez remonter du Sud pour quelques jours à Alger. Je compte acheter pas loin d'ici une deuxième villa. Votre famille pourra y habiter si elle le désire, car notre séjour ici sera court. Pisani m'a apporté la convocation du gouverneur général ; l'amiral Gueydon m'attend demain. Je vais régler avec lui notre mariage et notre départ pour Aïn Madhi. Je suis certain de réussir !

Il affichait un bel optimisme, mais le brigadier Picard, qui venait d'arriver à Dar Saada avec la suite du cortège, crut de son devoir de l'avertir. Profitant d'une absence de Pisani, il tira le chérif un peu à l'écart :

— C'est demain que le gouverneur général te reçoit, Chérif ?

— Oui, voici sa lettre communiquée par Pisani.

Elle était rédigée en termes diplomatiques. Une simple convocation afin d'étudier au mieux les modalités du séjour du Grand Maître des Tidjani à Alger.

— Méfie-toi, Si Ahmed. Tu es jeune, et le gouverneur général est un marin méfiant et redouté. Je crains pour tes ambitions. Le vice-amiral, comte de Gueydon, est en poste à Alger depuis peu. Il est d'une extrême rigueur et de grande austérité. Peut-être aussi a-t-il été mal conseillé à ton égard.

— Que veux-tu dire, Picard ? Le maréchal de Mac-Mahon a été si compréhensif. Ne m'a-t-il pas dit qu'il préviendrait son successeur à Alger de mon arrivée, de mes projets... ?

— Mac-Mahon a commandé sur cette terre algérienne, il te comprend et il sait où sont les intérêts de la France. Quelqu'un te dessert auprès du gouverneur. Fais attention à tes paroles, Chérif, sois souple et persévérant. De mon côté, je travaillerai en coulisse.

— Mais je suis confiant, Picard ! En quoi mon retour à Aïn Madhi pourrait-il être préjudiciable aux intérêts français ? Cette histoire de Kabylie se termine, les Tidjani n'y ont été mêlés à aucun moment.

— S'il ne s'agissait que de ton retour...

Picard se tut. Il ne pouvait dire crûment ce qu'il pensait. Ses anciens camarades qu'il avait retrouvés l'avaient mis en garde contre le gouverneur, très sectaire, chrétien convaincu et rigide, qui ne verrait pas d'un œil favorable l'union de sa fille avec le marabout d'Aïn Madhi.

Picard laissa Si Ahmed à son installation, regagna sa chambre, mitoyenne de celle de sa fille sur la loggia de l'étage.

Aurélie, entraînée par Meryem et Baba, devenues instantanément ses amies, ne se lassait pas d'admirer la nouveauté de son logement. Le mobilier était rudimentaire mais riche, composé de larges sofas et de tables basses incrustées de nacre, le sol carrelé recouvert de très beaux tapis. D'autres tapis anciens de grande valeur, tendus en tapisseries, contribuaient à accentuer le caractère d'exotisme qui charmait tant Aurélie. Une demeure insolite qui matérialisait assez bien ses rêves de Bordeaux.

Plus tard, elle monta sur les terrasses en compagnie de son père.

Ils dominaient la corniche, et la mer s'étendait sans limites devant eux, changeante et frissonnante d'écume sous le vent d'est. À leurs pieds s'étalaient les agglomérations de Saint-Eugène et de Bab el-Oued ; les remparts crénelés ceinturant la casbah enchâssaient dans leur enceinte trapézoïdale les mille terrasses des maisons d'El-Djezaïr, et cela formait une tache blanche insolite opposée au bleu du ciel et à la verdure poussiéreuse des jardins et des bois. Des navires entraient dans le port. Certains, voiles larguées, se propulsaient lentement à l'aide de leurs roues à aubes ; les goélettes tiraient des bords ; des lougres portant une voile triangulaire sur antenne faisaient le cabotage. À proximité de Dar Saada, la masse byzantine de Notre-Dame-d'Afrique dressait ses deux tours et sa coupole.

— Il faudra que nous fassions une visite à monseigneur Lavigerie, dit Picard. C'est un prélat remarquable. Il pourra nous être utile. Sais-tu, dit-il à sa fille, que dans cette basilique se trouve, dans une niche d'autel, une statue de la Vierge noire, devant laquelle viennent prier les femmes musulmanes... Voilées et dissimulées sous le haïk, elles se mêlent aux femmes européennes. Elles savent que le marabout de Notre-Dame-d'Afrique, comme elles désignent l'évêque d'Alger, considère que Marie, mère de Jésus, est également une grande sainte de l'Islam. À vrai dire, cet œcuménisme n'est pas apprécié de tout le monde. Pour ma part, je lui donne raison.

Lorsqu'Aurélie regagna sa chambre, elle trouva un écrin posé sur la tablette de nacre ; il contenait une magnifique bague ornée d'un rubis et, sur un petit bristol, un mot de bienvenue en terre d'Afrique, tracé d'une écriture scolaire dans un français correct et appliqué.

Si Ahmed jusqu'ici n'avait cessé de la combler de cadeaux ; lui-même adorait les bijoux et portait plusieurs grosses bagues ornées de pierres dures enchâssées dans des chatons d'or pur.

Elle fut sensible à cette délicatesse.

Essayant la bague, elle eut un sourire discret devant sa glace. Quel enfant ! Quel prince charmant !

Mais déjà, Baba et Meryem envahissaient la chambre. Elles étaient au courant du cadeau, bien sûr ! Avides de tout voir, elles s'emparaient de la bague, poussaient des exclamations émerveillées : « *Ashra Kebir ! Shouf* ! Ashra Kebir !* » « La grosse pierre ! Vois ! La grosse pierre ! » Et à nouveau, leur rire joyeux réveillait le silence de la chambre calfeutrée par les tapis qui couvraient le sol et les murs.

— Nous nous entendrons bien ! dit Aurélie en français.

Un rire cristallin fut la réponse.

— Rien que pour vous comprendre, j'apprendrai vite l'arabe ! Maintenant, laissez-moi seule, ouste ! dit-elle en les poussant hors de la chambre en riant. Je n'ai plus besoin de vous, mes petites chattes.

Les servantes parties, Aurélie feuilleta les livres de classe qu'on lui avait conseillés et dans lesquels elle aurait à apprendre la langue arabe. Cette écriture sténographique se lisant de droite à gauche lui parut bien compliquée. Certes, elle possédait déjà un petit vocabulaire courant, mais elle se promit d'étudier à fond cette langue qui devait devenir la sienne. Elle en conçut une sorte de joie ; elle avait toujours aimé l'étude, et son instruction écourtée d'Arc-en-Barrois ne l'avait pas satisfaite. Elle aurait cette fois un but précis. Un thaleb allait venir tout à l'heure ; il trouverait une écolière studieuse.

Car Aurélie, dès son arrivée dans Dar Saada, avait compris qu'après avoir conquis le cœur de Si Ahmed, il lui restait à conquérir ceux de sa race. Et, pour cela, il fallait lire, écrire et penser comme eux.

CHAPITRE XIII

Si Ahmed et l'interprète Pisani arrivèrent à l'heure fixée par le gouverneur général au palais d'Hiver. Un chaouch les conduisit par d'interminables couloirs jusqu'à l'antichambre du bureau du gouverneur, où siégeait un huissier à chaîne.

— Le gouverneur vous recevra dans quelques instants, dit celui-ci.

Quelques instants qui durèrent près d'une demi-heure. Le chérif s'impatientait, devenait nerveux ; les minutes s'écoulaient, et il attendait toujours. Voulait-on le placer dans une situation humiliante ? N'eût été la situation délicate d'Aurélie, il serait reparti sans attendre.

Pisani souriait hypocritement.

— Patientez, Chérif ! Un gouverneur général est un personnage important, le plus important de l'Algérie !

— Pas plus que le Grand Maître des Tidjani.

Enfin, l'huissier se leva, ouvrit une grande porte capitonnée et annonça avec emphase :

— Son Excellence Si Ahmed, Grand Maître des Tidjani.

Le gouverneur général Gueydon, assis à son bureau, feuilletait distraitement ses dossiers. Il esquissa par politesse le geste de se lever, se rassit aussitôt et fit signe à Si Ahmed de prendre place en face de lui dans un confortable fauteuil de velours grenat.

Derrière le gouverneur se tenait debout son khodja personnel, mais, voyant que Si Ahmed était accompagné de l'interprète Pisani, le gouverneur le congédia :

— Merci, Salem, Pisani suffira !

L'amiral Gueydon, froid et austère, négligeait les salamalecs. Il considérait ces préambules indispensables aux entretiens entre Arabes comme du temps perdu, et son esprit cartésien l'amenait directement aux faits.

— Voyons ce dont il s'agit, Pisani, dit-il en s'adressant à l'interprète. Le chérif vient sans doute me demander l'autorisation de rentrer dans sa zaouia d'Aïn Madhi ? J'ai le regret de lui dire que momentanément cela n'est pas possible.

Pisani traduisit la phrase du gouverneur.

Si Ahmed sursauta :

— Dites au gouverneur, fit-il en arabe à Pisani, que le maréchal de Mac-Mahon a promis que mon retour dans le Sud ne souffrirait aucun délai.

Pisani traduisit.

L'amiral Gueydon s'étonna et répondit avec morgue :

— Dites au chérif que je suis le seul juge de la politique à suivre en Algérie. Le Grand Maître n'ignore pas que la révolte de Kabylie a été soutenue et affermie par la confrérie des Rhamania ; que lui-même a été compromis il y a deux ans pour avoir agi en son nom dans une affaire délicate qui ne regardait que le gouvernement français... Toutes ces sectes sont la plaie de l'Algérie, ajouta-t-il à l'intention de Pisani. Non ! Jusqu'à la pacification de la Kabylie, le chérif restera en résidence à Alger. Traduisez...

— Inutile, monsieur le Gouverneur général, dit avec hauteur Si Ahmed. J'ai fait suffisamment de progrès en français pour avoir compris votre réponse. Je regrette votre réflexion sur les sectes. Nous autres, musulmans, n'avons jamais critiqué vos différentes sectes ! Que vous soyez catholiques ou protestants, vous restez des chrétiens, et nous, Tidjani, Rahmania ou Senoussis, des musulmans.

Le gouverneur général se mordit les lèvres, vexé d'avoir été joué par Si Ahmed. Il se promit de faire payer cher à l'interprète Pisani le fait de ne l'avoir pas averti que le chérif avait appris suffisamment le français à Bordeaux pour se passer d'interprète. Cependant, il se radoucit pour atténuer l'effet désagréable de sa réflexion :

— Rassurez-vous, Si Ahmed, dit-il, les révoltés sont à bout de ressources et, bientôt, le calme renaîtra dans le Djurdjura et les Babors.

— Inch'Allah ! conclut Si Ahmed. J'ai une requête à vous adresser, monsieur le Gouverneur général. Je viens vous demander l'autorisation d'épouser, avec le consentement de ses parents, mademoiselle Aurélie Picard, dont je désire faire ma seule et légitime femme.

— Vous n'y songez pas, Chérif ! s'exclama le gouverneur. Les mariages entre Français et musulmans sont interdits en Algérie. C'est la loi, et je ne peux aller contre la loi. Renoncez à ce projet.

— Je regrette, monsieur le Gouverneur, mais mademoiselle Picard sera ma femme.

— Voyons ! Nous savons comment vous vivez, Chérif. Vous avez un petit harem, trois femmes légitimes, des concubines ; nous ne pourrions tolérer qu'une Française vous accompagne dans le Sud, même comme maîtresse illégitime.

Si Ahmed devint rouge de honte.

— Jamais mademoiselle Picard ne sera ma concubine, j'ai trop d'amour et de respect pour elle, ce serait l'insulter gravement de penser qu'elle puisse accepter cette solution. Cette loi que vous invoquez n'a pas été votée par le gouvernement français, vous avez toute qualité pour faire une exception. Je présume que le brigadier Picard, que la France a fait chevalier de la Légion d'honneur pour ses faits d'armes contre Abd el-Kader, mérite que l'on tourne le règlement.

— Je suis au regret de vous dire que ma position ne changera pas. Vous devriez conseiller à mademoiselle Picard et à son père de reprendre le premier bateau pour la France ; j'aurais déjà dû, si cela n'avait pas été par égard pour vous, la faire réembarquer le jour même de son arrivée à Alger. Cependant, vous m'avez parlé de son père, et je veux bien adoucir ma position. Je vous autorise, bien que vous soyez toujours en résidence surveillée, à habiter la maison de Saint-Eugène que vous venez d'acheter avec la Française dont vous m'assurez vouloir faire votre femme légitime. Cette décision sera l'objet d'une dérogation officielle enregistrée dans nos services. Plus tard, nous reparlerons de votre retour dans le Sud.

Le gouverneur se leva, l'entretien était terminé.

Si Ahmed revint à Saint-Eugène dans un état de colère et d'indignation indescriptible. À peine arrivé, il congédia Pisani qu'il rendait, sans doute à juste titre, responsable de son échec.

— Ayant l'autorisation légale de vivre en cette maison, je n'ai plus besoin de vos services, Pisani. Vous pourrez donc, dès ce moment, reprendre votre liberté et vous remettre à la disposition du gouvernement général.

— Mais, Chérif, je peux encore vous rendre d'importants services.

— C'était avant qu'il fallait me les rendre, Pisani. Ici, à Alger, j'ai suffisamment d'amis pour me défendre. Sinon dans l'administration, du moins dans l'armée.

— Et que fera mademoiselle Aurélie ?...

— Un thaleb très averti lui donnera journellement des cours d'arabe.

— Réfléchissez, Chérif, je reste à Alger, et je peux encore vous être très utile dans vos démarches...

— Assez d'hypocrisie, Pisani, je sais que vous me détestez et que vous n'êtes pas étranger à l'accueil réservé à ma fiancée dans les bureaux de l'administration. Insister serait du plus mauvais goût. Je vous préfère en ennemi plutôt qu'en faux ami !

— Excellence...

— Suffit ! Partez, et le plus tôt sera le mieux.

— Dans ces conditions, Bellafia, Si Ahmed. Qu'Allah vous protège. Cependant, Dar Saada est loin d'Alger, puis-je me faire reconduire en ville ?

— Je n'ai pas l'intention de vous laisser rentrer à pied comme un *meskine** congédié. Ma calèche vous déposera où vous voudrez. Bellafia, Pisani ! Vous avez joué la mauvaise carte, et je ne suis pas sûr que vous trouviez auprès du gouverneur les satisfactions que vous attendez de votre trahison.

Pisani baissa la tête, furieux de sa maladresse.

Un peu plus tard, du haut des terrasses de la ville, Aurélie et Si Ahmed suivirent des yeux la voiture qui dévalait la route en lacets, soulevant sur son passage une fine comète de poussière.

— Je sais pourquoi il m'a trahi, dit pensivement Si Ahmed. Il était jaloux !

— De qui ?

— De vous, ma colombe, du bonheur que je veux vous apporter et qu'il espérait pour sa fille. Je vous l'avais caché, mais à Bordeaux, le voyage qu'il m'a conseillé de faire dans sa famille, durant votre séjour chez vos parents, n'était qu'un prétexte. De connivence avec sa fille, il pensait bien me séduire. Et, pour cela, elle était prête à m'accorder ce que je ne souhaite de vous que dans le mariage.

Elle secoua la tête pensivement :

— Était-elle belle ?

— Elle ne pouvait être belle puisque derrière son visage se

cachait une vilaine âme. C'est pourquoi j'ai brusqué mon départ et suis revenu à Bordeaux, au grand dépit de Pisani.

— N'y pensez plus, Ahmed ! Nous allons bâtir notre bonheur.

— L'attitude du gouverneur m'a profondément choqué.

— Espérez, Ahmed, les gouverneurs généraux changent très souvent, seuls demeurent les services. Et mon père connaît beaucoup de monde dans les services.

— Dès demain, je rendrai visite au cadi. Il a tout pouvoir pour nous marier selon la loi musulmane. Dès lors, on sera bien obligé de nous marier selon la loi française.

Il sourit, il avait repris confiance, et Aurélie admira cette volte-face enfantine. Mais n'était-ce pas aussi une preuve d'amour de plus ?

— Vous réussirez, Ahmed !

La nuit était venue. Au loin, le ciel criblé d'étoiles rejoignait l'horizon marin, des reflets argentés jouaient sur les vagues, une chaleur douce baignait la terre. Des jardins de la villa montaient les senteurs caractéristiques de la nuit algérienne : parfum entêtant des rosiers et des jasmins, douce odeur des orangers. Comme la lune se levait par-delà la baie d'Alger derrière les monts de Kabylie, tous les chiens des environs aboyèrent longuement.

CHAPITRE XIV

Le cadi Mustapha reçut Si Ahmed avec les égards dus au Grand Maître des Tidjani. L'étude du notaire s'abritait dans l'une des grandes maisons anonymes de la casbah d'Alger. On y pénétrait par une porte étroite de colonnettes de marbre et donnant accès dans la cour intérieure sur laquelle s'ouvraient les services. Aucun bruit extérieur n'arrivait jusque-là, sinon la conversation animée des femmes, de terrasse à terrasse, et par elles se colportaient toutes les nouvelles de la ville.

Le chérif et le cadi échangèrent des propos de politesse en dégustant lentement un café fort servi dans de minuscules tasses de porcelaine, mais, une fois épuisés les thèmes habituels, il fallut bien en venir au sujet de la visite de Si Ahmed.

— Je viens te trouver pour que tu nous maries le plus rapidement possible, mademoiselle Aurélie Picard et moi-même. La cérémonie se fera en présence du père de ma fiancée. J'aurais pu la faire à Bordeaux, mais je tenais à ce que ce mariage soit consacré à la fois par la loi française et par la loi musulmane.

— Voyons, Chérif, tu es très jeune, et je me permets de te conseiller. Ne commets-tu pas une erreur ? Cette jeune femme est peut-être simplement une intrigante...

— Arrête, cadi ! Je sais ce que je fais, malgré ma jeunesse. Je veux Aurélie comme épouse ! Et tu nous marieras.

— Si la loi me le permettait, je le ferais volontiers, mais il m'est défendu de faire des actes entre Européens et musulmans. Ce que tu me proposes n'est pas autre chose que la constatation de ton mariage avec une Européenne ; or, un mariage engage les deux époux, le mari comme la femme et, si je donnais acte de votre déclaration, si je la consignais sur mes registres, je ferais un acte qu'il ne m'est pas permis de faire, je consacrerais un mariage entre un musulman et une Européenne.

Les termes juridiques de cette consultation paraissaient obscurs à Si Ahmed. Jusqu'alors, il ne s'était jamais heurté dans le monde musulman à une force contraire. Tout ce que décidait le Grand Maître sur son territoire était accepté. Ceux qui disaient le contraire, il les combattait. Pourquoi ce cadi sans autre bagage que la double connaissance des droits musulman et français faisait-il obstacle à son union ?

Voyant son désarroi, le cadi ajouta :

— Permets-moi une mise en garde. Les Français sont contre toi. Mais as-tu pris conseil auprès des mokkadems de la zaouia ? Es-tu sûr qu'ils t'approuvent ? En tout cas, je ne peux aller contre la décision du gouverneur. Je perdrais immédiatement mon titre et mon étude. Car, depuis la conquête, les cadis sont nommés par la France. (Il sourit finement, puis ajouta, lorgnant le burnous rouge de Si Ahmed :) Comme les caïds, d'ailleurs !

Si Ahmed insista.

— Voyons, cadi, tu sais bien que cette décision unilatérale n'est qu'un décret sans valeur. Ce n'est pas une loi. Tant pis ! Si tu refuses de nous marier, je t'assigne en justice. Tu l'auras voulu.

— Comme il te plaira, Chérif, dit froidement le cadi. Tu perdras ton procès et tu ne seras pas plus avancé qu'avant. Allons, sois raisonnable. Renonce à cette fille... Ou prends-la comme maîtresse.

Si Ahmed bondit d'indignation.

— Elle ne consentira jamais, jamais ! Et c'est pour cela que je l'aime.

Devant l'air déçu et attristé du jeune chérif, le cadi s'adoucit :

— Alors fais-moi un procès. Qui sait ! La vérité en sortira peut-être et, en tout cas, moi, je serai fixé sur la valeur légale de l'interdiction.

— Nos hommes de loi se rencontreront pour mener à bien cette affaire. Que Dieu te protège, cadi.

— Qu'il soit avec toi, Chérif !

Les jours qui suivirent furent fébriles. Si Ahmed se dépensa en visites et en démarches, cependant que le brigadier Picard s'enquérait de la légalité de la décision du gouverneur. Le père d'Aurélie doutait du résultat de ce procès. L'inquiétude l'envahissait et, sans la volonté formelle d'Aurélie de ne pas abandonner son rêve, il eût ramené sa fille en France.

Pourtant, Si Ahmed gardait confiance ; procédurier dans l'âme, comme tout Oriental, il se disait que, puisque l'ouverture du procès avait été acceptée, il y aurait forcément une décision. Les moments qu'il n'employait pas à faire activer les instances, il les passait auprès d'Aurélie. Chaque journée lui était propice à la couvrir de cadeaux. Parfois un peu étonnée, elle contemplait, pensive, sa cassette de bijoux. Tous ces joyaux qu'elle avait acceptés, cette fortune accordée d'avance à la future épouse du Grand Maître, il lui faudrait la rendre si le mariage n'avait pas lieu. Et, pour la première fois, une idée lui vint à l'esprit, idée qu'elle rejeta non sans hésitation – ce qui la surprit sur ses propres sentiments. Accepterait-elle donc de devenir la favorite du prince ? Elle dut convenir, avec la parfaite honnêteté qui la caractérisait, qu'elle n'était plus très sûre d'elle-même.

Un matin, Dahmani vint la chercher.

— Le Maître t'attend dans la cour, dit-il.

Meryem et Baba, folles de joie et sans doute au courant, l'entourèrent, indiscrètes et ravies.

— Tu vas voir, Maîtresse, il est magnifique ! Mais pourras-tu le dominer ?

Jetant un coup d'œil du haut du balcon sur la cour, elle poussa un cri d'admiration. Un serviteur tenait avec souplesse les rênes d'un magnifique pur-sang arabe, un alezan à la robe brune qui piaffait et mordillait son mors. Il était harnaché d'une selle arabe reposant sur un tapis brodé de soie et d'or. La bride portait de larges œillères cloutées d'argent ; les étriers, prolongés par des éperons d'argent, étaient larges et profonds comme des reposoirs.

— Il te plaît ? demanda Si Ahmed.

Question superflue, la joie rayonnait sur le visage d'Aurélie. Excellente cavalière, ce cadeau princier la comblait.

— Saurai-je me tenir dans une selle arabe ? s'inquiéta-t-elle.

— C'est plus facile et plus sûr que la monte anglaise, tu t'y feras rapidement. Mais c'est la seule selle acceptable pour chevaucher sur les pistes rocailleuses du Sud, pour accomplir de longs parcours. Nous avons du temps devant nous. Tu te familiariseras avec « El Ghazal ». Il est un peu fougueux, comme tous les pur-sang, mais il a été bien dressé. Je pense que Picard sera heureux de t'accompagner sur mon cheval personnel. La forêt de Bainem est toute proche, Dahmani vous en montrera les beautés.

Ne réprimant plus son bonheur, elle sauta au cou du chérif, l'embrassa en riant, posant pour la première fois ses lèvres sur la joue bronzée, geste accompli instinctivement, sans autre intention que celle de remercier Si Ahmed pour son magnifique cadeau. Il en resta stupéfait. Ce baiser qu'il n'avait jamais osé solliciter, Aurélie venait de le lui accorder. Le contact des lèvres de la jeune fille sur sa joue l'avait enflammé. Il sut qu'il n'aurait plus de tranquillité d'esprit et de corps jusqu'à ce qu'elle fût sienne.

Il abrégea cet instant :

— Merci, ma colombe, ma tourterelle ! Je pars, je vais lutter pour nous.

La voiture attendait, il fallait qu'il vît des hommes de loi, qu'il agît : il renverserait les forces établies !

Négligeant l'avis du cocher, il prit lui-même les grandes guides, fouetta les deux chevaux de l'attelage qui partirent au galop dans les lacets étroits de la route qui dévalait jusqu'à Bab el-Oued. Il était déjà loin et avait disparu dans les jardins d'orangers, que l'on entendait de temps à autre le rauque cri de victoire qu'il poussait pour activer son attelage.

Picard regarda tristement sa fille.

— C'est un homme de cœur, Aurélie, mais, si les bruits que j'ai recueillis dans les couloirs des ministères sont confirmés, nous n'avons guère d'espoir de gagner notre procès.

— Nous le gagnerons, Père, nous triompherons de tout et de tous. (Elle s'exaltait.) En tout cas, sachez que je ne retournerai jamais en France. Je serai l'épouse de Si Ahmed, ou bien... Je me jetterai à la mer !

— Aurélie !

— Pardon, Père, mais comment pourrais-je me représenter devant mes compagnes d'Arc-en-Barrois ? Après avoir joué à la princesse, quelle humiliation ! Je suis trop fière pour accepter cette disgrâce. Et si personne ne veut nous marier, eh bien...

— Eh bien ! dit sévèrement le brigadier Picard...

— Eh bien, nous nous marierons nous-mêmes.

Laissant son père sur cette menace, Aurélie s'enfuit dans sa chambre.

Picard resta seul avec ses pensées. Ce qu'il redoutait risquait de se produire. Il s'étonnait déjà que Si Ahmed ne se fût pas fait plus pressant. Il fallait qu'Aurélie lui imposât un grand respect pour qu'il n'eût pas essayé de la séduire. Et il se disait aussi qu'il ne pouvait plus être sûr de sa fille. Ces fiançailles interminables ne pouvaient se terminer que par un mariage ou un drame. Maintenant, il le savait, la moindre contrariété risquait de les jeter dans les bras l'un de l'autre.

Il était grand temps qu'il allât prendre conseil du cardinal Lavigerie.

L'évêque d'Alger le reçut avec affabilité dans la simple maison mauresque attenante au séminaire qui lui servait de presbytère, et dans la cour de laquelle meskines et mendiants venaient comme chaque jour bénéficier de sa charité légendaire.

— Je vous attendais, brigadier, dit-il. Vous êtes mes voisins, n'est-ce pas ? Et la présence d'une jeune femme blonde et d'un gendarme français dans la maison du chérif des Tidjani ne laissait pas de me surprendre. Mais tout se sait ! Sans même que l'on cherche à savoir !

— Monseigneur, je me débats dans des tourments qui me paraissent sans fin. La rumeur publique vous a sans doute appris que ma fille Aurélie est fiancée au chérif Si Ahmed. (Le prélat inclina la tête.) Le mariage devait avoir lieu ici, alors que nous aurions pu très facilement le faire à Bordeaux. J'avais pensé que l'on aurait l'esprit plus large à Alger ! Quelle erreur ! Jamais ma fille n'a subi autant d'affronts que depuis notre arrivée ! Pourtant, je vous assure de ses sentiments, Monseigneur. Je suis suffisamment averti des mœurs et coutumes musulmanes pour l'avoir mise en garde, mais jusqu'ici, Si Ahmed a triomphé de toutes mes objections. Il accepte le mariage français selon notre loi – ce qui, évidemment, conservera à Aurélie sa nationalité – ; il répudie ses autres femmes et, depuis de longs mois, ce soupirant n'a jamais eu un geste déplacé, une parole malheureuse, une attitude autre que respectueuse...

— Continuez, mon ami...

— Si Ahmed a engagé un procès pour obtenir l'autorisation de se marier ! Nous serons bientôt fixés. Mais je crains le pire...

— Dites-lui de venir me trouver, de se confier à moi. Tenez-moi au courant de vos démarches. Ce n'est pas moi qui mettrai obstacle à cette union. Elle comblerait plutôt mes intentions œcuméniques. Je suis un peu un proscrit, moi aussi, qui ne veux voir dans les Arabes ou Berbères de ce pays que des frères en Dieu. Le christianisme est antérieur à l'islamisme, et les musulmans adorent Jésus, la Vierge, l'archange Gabriel, ce qui prouve que leur monothéisme dérive du nôtre. Peut-être fallait-il un dogme aussi simple que l'islam pour être compris des grands nomades qui furent ses premiers fidèles !

Picard quitta le presbytère un peu réconforté.

Une semaine plus tard, Si Ahmed le prit à l'écart pour lui annoncer tristement qu'il avait perdu son procès. Il envisageait le pire.

— Comme je regrette, Picard, d'avoir entraîné Aurélie dans cette idylle sans aboutissement ! Voyez-vous, je suis prêt à lui rendre sa parole et sa liberté, mon amour est si fort que je le sacrifierai à son bonheur. Si un jour elle reprend le bateau, je suivrai d'ici le sillage du navire jusqu'à ce qu'il se dissipe dans l'immensité de la mer. Et lorsque la dernière fumée flottera sur l'horizon circulaire dans lequel il se sera enfoncé, ce sera comme si je mourais à ma vie heureuse !

— Je suis triste aussi, Ahmed, car j'avais confiance en toi et je t'aimais comme un fils ! Mais comment annoncer la nouvelle à Aurélie ?

— Patiente encore, Picard, mes avocats se pourvoient en cour d'appel. Ils ont découvert une faille dans l'argumentation officielle. J'espère encore, j'espérerai toujours... Je dépenserai ma fortune pour aboutir !

Mise au courant du nouveau procès qui s'engageait, Aurélie accueillit la nouvelle avec scepticisme.

De jour en jour, elle perdait sa belle et plantureuse santé de fille de l'Est. Elle maigrissait, était prise de crises de désespoir qui n'avaient pour témoins que ses deux petites servantes. Mais, par elles, Si Ahmed était tenu au courant de tout. Et plus les jours passaient, plus il harcelait ses hommes de loi, les couvrant de présents, cherchant à soudoyer les avocats de ses adversaires. Cependant, le pourvoi ayant été accepté, le procès échappait à l'influence administrative. Les juges de la cour d'appel appelés à statuer se voulaient parfaitement indépendants du pouvoir. C'était maintenant un procès normal, et l'un d'eux avait même déclaré à Si Ahmed :

— Monsieur le Grand Maître, si la loi française, j'entends celle qui règle la vie des Français, autorise ce mariage, nous n'y verrons aucune objection. Nous sommes des juristes, nous étudions à fond votre dossier et les conclusions peut-être prématurées de votre premier procès.

Si Ahmed sentait renaître en lui l'espoir, Aurélie grandir son impatience. Chaque jour, son père et Dahmani l'accompagnaient dans de longues chevauchées, sur la route poussiéreuse du littoral ou dans la forêt de Bainem et vers les premières bourgades du Sahel, déjà florissantes et couvertes de vignobles grâce au travail des premiers colons français. Une autre fois, par défi, elle traversa tout Alger à cheval, suscitant l'admiration de la foule indigène par sa prestance, et la jalousie des cavaliers civils et militaires qui enviaient sa superbe monture. Parvenue à Hussein-Dey, elle escalada les collines d'El Biar, gagna le sommet de la Bouzareah, s'attarda longuement devant le panorama circulaire qui découvrait, au nord, l'infini maritime, au sud, la vaste plaine marécageuse de la Mitidja bordée par la chaîne de l'Atlas tellien, à l'est, les premiers contreforts de la Kabylie. Jamais, songea-t-elle, elle ne pourrait quitter ce pays. Elle l'aimait déjà ! Elle fixa longuement la haute montagne qui barrait l'horizon du Sud. Entre le sommet de Chréa et celui de Mouzaïa, une profonde coupure entaillait la montagne. Par là passait la piste qui conduisait vers le Sud inconnu, vers son avenir, sa vie. Une fois ces gorges franchies, elle le savait, aucun retour ne serait possible.

Mais elle avait confiance.

Elle redescendit au pas jusqu'à Dar Saada, la Villa du Bonheur.

CHAPITRE XV

Les mois avaient passé, n'apportant aucun fait nouveau. Aurélie s'était jetée avec frénésie dans l'étude de la langue arabe. Elle y faisait des progrès étonnants qui surprenaient le thaleb chargé de l'enseigner. Il est vrai que, vivant à Dar Saada, pratiquement coupée de toute fréquentation française, au milieu d'une foule de serviteurs ne parlant que l'arabe, elle ne pouvait que progresser rapidement. Ce retard se révélait bénéfique !

Déjà elle pouvait ordonner, commander, agir en maîtresse des lieux ! Elle n'était plus l'étrangère. Les épreuves l'avaient endurcie, elle devenait autoritaire sans être tyrannique. On lui obéissait.

— Tu vois, Maîtresse ! Tout le monde t'aime à Dar Saada ! lui disait Dahmani, avec qui elle aimait bavarder lors de leurs longues promenades à cheval. Et cette constatation adoucissait l'amertume des rebuffades encaissées dans les différents bureaux où parfois elle accompagnait son père.

Si Bachir était revenu du Sud porteur de mauvaises nouvelles. Les ressources de la zaouia d'Aïn Madhi diminuaient et n'étaient plus compensées par les offrandes des pèlerins. En l'absence du Grand Maître, dépositaire de la Baraka, ceux-ci se détournaient sur Temacine, où siégeait un pieux mokkadem dont la renommée maraboutique grandissait chaque jour.

Seul Si Ahmed pouvait retourner la situation. Il ne cessait de harceler les bureaux et, soit que l'on jugeât désormais inutile de le retenir à Alger, soit que l'on souhaitât qu'il repartît vers le Sud, autorisation lui fut donnée de s'installer à Laghouat. Ce n'était qu'une étape sur la route du retour, mais Laghouat n'est qu'à deux jours de cheval d'Aïn Madhi. C'est le fief des Larbaa, amis de toujours des Tidjani. Là-bas, Si Ahmed se faisait fort de rétablir la situation en sa faveur.

— J'ai une très belle maison dans la palmeraie, dit-il à Aurélie. Nous pourrons y vivre heureux.

— À condition que l'on m'autorise à t'accompagner, soupira-t-elle.

— Il faudra bien que les juges de la cour d'appel se décident !

Ils se décidèrent hélas ! Plus rapidement que prévu et, le 14 octobre 1872, ils confirmèrent la décision du cadi. Celui-ci n'avait aucun droit de recevoir un acte passé entre Français et musulmans.

Il rapporta la nouvelle à Aurélie.

Ainsi, tout se brisait ! Son rêve se terminerait-il sur cette décision de justice ? Elle éclata en sanglots. Bouleversé par ce désespoir, Si Ahmed la prit dans ses bras.

— Quoi qu'il arrive, Aurélie, je t'emmène ! Le cadi d'Aïn Madhi nous mariera ! Tu voyageras en costume arabe, tu porteras le haïk, et nul ne soupçonnera ta présence au sein de ma caravane.

C'étaient des propos enfantins, Aurélie les prit pour des vérités premières.

— Je te suivrai, Ahmed, quoi qu'il arrive !

Lorsqu'il apprit la décision des juges et la détermination de sa fille, Picard conclut qu'il était temps de réagir. Monseigneur

Lavigerie lui avait promis son aide, il résolut d'aller le trouver à nouveau avec les fiancés.

— Tu lui remettras le mot de recommandation de l'évêque de Bordeaux, dit-il. Monseigneur est un homme de bon conseil, il t'écoutera, j'en suis certain.

— Un grand marabout, Picard, un grand marabout, tous les musulmans le vénèrent ! J'irai volontiers !

L'entrevue fut des plus cordiales. Monseigneur Lavigerie fut séduit par le charme discret d'Aurélie fort intimidée de se trouver devant le grand prélat, intéressé aussi par la spontanéité du chérif, par sa jeunesse et sa franchise. Le fait que celui-ci n'ait jamais songé à rompre la promesse qu'il avait faite à Bordeaux malgré les difficultés mises sous ses pas et, surtout, qu'il ait respecté Aurélie, chose incroyable venant d'un tel homme en un tel lieu, plaidait en sa faveur. S'étant assuré des sentiments respectifs des deux jeunes gens, fait expliquer longuement les démarches en cours, l'évêque eut un bon sourire et, s'adressant aux fiancés, leur dit :

— Aurélie, et toi Si Ahmed, désirez-vous toujours vous épouser ?

— Oh ! Monseigneur, il y a si longtemps que nous attendons !

— Alors, il y a peut-être une solution.

Ils tressautèrent d'espoir.

— Vraiment ? dit Picard. Ce serait une bénédiction, car vous comprendrez mes soucis de père ! Si ce mariage n'a pas lieu, Aurélie est décidée à suivre son fiancé dans le Sud.

— Aurélie suivra son époux légitime, brigadier.

Puis s'adressant gravement au fiancé :

— Si Ahmed, êtes-vous décidé à traiter votre femme comme l'exige le mariage catholique ? Vous savez qu'il n'admet aucune union ultérieure.

— Je répudierai mes anciennes femmes, Monseigneur, je n'aurai plus de harem, je le jure sur le Coran !

Puis, naïvement, il sortit des pans de son burnous la carte d'introduction que lui avait donnée l'évêque de Bordeaux...

— Je savais que vous étiez un grand marabout, votre frère de Bordeaux m'a tant parlé de vous. J'aurais dû venir plus tôt vous voir, mais je n'osais pas.

— L'important est que vous soyez venu aujourd'hui, Chérif ! Maintenant, si vous le voulez bien, vous allez reconduire votre fiancée à la villa ; j'ai beaucoup de choses à décider avec le brigadier Picard.

Restés seuls, les deux hommes se regardèrent, longuement, Picard était très ému, monseigneur Lavigerie souriait :

— Comment vous remercierai-je, Excellence ? Je n'ose encore croire que cette aventure puisse se terminer si heureusement !

— Ce n'est pas une aventure mais une banale histoire d'amour, dit l'archevêque. Et il faut la traiter comme telle. Vous avez la preuve, et je l'ai constaté, que le chérif est sincère, et que votre fille ne pourrait se résoudre à abandonner ses projets. Qu'en résulterait-il ? Elle accompagnerait Si Ahmed dans le Sud, deviendrait sa maîtresse, ne serait liée à lui par aucun acte officiel, se verrait rejetée par les Français, rejetée également par les membres de la confrérie des Tidjani ! Ce serait une catastrophe. Puisque l'administration française est tatillonne, puisque le cadi, obéissant aux ordres, ne veut pas les marier, je vais le faire. Rien ne m'interdit de les marier religieusement ! Le mariage religieux précède toujours le mariage civil ! Et seule la bénédiction de Dieu compte ! Je suis certain, cher ami, qu'aucun fonctionnaire n'osera refuser l'union civile d'un mariage que j'ai célébré personnellement.

— Ma reconnaissance, Monseigneur, ne peut s'exprimer autrement que par des mots, mais ils seraient bien inutiles si mon cœur pouvait parler...

— Rentrez chez vous, Picard, prévenez les fiancés. Ils reviendront me voir pour que je les prépare à cette union. Nous en fixerons la date ultérieurement.

Durant la quinzaine qui suivit, Si Ahmed et Aurélie se rendirent journellement à Notre-Dame-d'Afrique. À vrai dire, la visite du grand chef religieux suscitait bien des commentaires, mais personne ne s'en étonnait outre mesure. L'évêque n'avait-il pas fondé l'ordre des Pères blancs et envoyé ses missionnaires vivre au contact des populations indigènes les plus reculées du bled ? Sans doute désirait-il en implanter dans le Sud !

Monseigneur Lavigerie se félicitait d'avoir pu résoudre les graves problèmes d'Aurélie. Non seulement il espérait faire le bonheur d'un jeune couple, mais il susciterait des exemples ; il aurait voulu abattre cette ségrégation raciale et religieuse qui divisait Français et musulmans, et il se dit que la présence d'une Française d'une rare qualité morale servirait grandement les intérêts de la France au sein d'une confrérie musulmane très puissante qui étendait ses ramifications à travers le Sahara jusqu'en Afrique noire. L'influence d'Aurélie sur le chérif – très grande, ainsi qu'il avait pu en juger – ne pouvait que le disposer à l'installation de missions chrétiennes dans le Sud.

Le mariage fut célébré dans la plus stricte intimité, Picard servant de témoin à sa fille, et Si Bachir à son frère. Il eut lieu dans la chapelle privée du presbytère, et Aurélie emporta précieusement le certificat de mariage établi par l'archevêché.

Les deux époux devant Dieu quittèrent Notre-Dame-d'Afrique, éperdus de reconnaissance, mais malgré tout soucieux. Ce mariage religieux, s'il suffisait à rassurer la conscience d'Aurélie et de son père, n'apportait pas les garanties de sécurité et de protection que veut la loi française. Officiellement, Aurélie n'était encore que la concubine du chérif ! Si Ahmed s'en rendit compte et décida de brusquer les choses. Puisque le cadi, officier d'état civil, ne pouvait les marier, il s'adresserait à l'autorité religieuse musulmane.

Il réussit à convaincre le mufti hanéfite Bou Kandoura de la nécessité de ce mariage. Rien d'ailleurs ne s'y opposait selon la loi islamique, sinon la crainte pour le mufti d'entrer en rébellion avec le gouvernement français. Mais Bou Kandoura ne pouvait rien refuser au Grand Maître des Tidjani, porteur de la Baraka. Et il unit les fiancés selon le rite.

Mariée religieusement par le mufti, Aurélie était désormais la femme légitime de Si Ahmed Tidjani. Elle n'avait pas eu à abjurer sa religion, mais avait fait la promesse que ses enfants seraient élevés religieusement par les mokkadems de la zaouia. Elle y avait consenti sans hésitation. Elle avait subi tant d'humiliations qu'elle se considérait comme dégagée de toute obédience envers l'administration française.

Elle était princesse Tidjania et entendait faire valoir ses droits.

Si Ahmed donna une grande fête à Dar Saada.

N'y furent conviées que des notabilités musulmanes, le chérif montrant ainsi sa rancœur à l'égard des hauts fonctionnaires français qui avaient tant retardé ce jour faste. Bien qu'il fût habitué aux diffas et aux fêtes arabes, le brigadier Picard suivit avec mélancolie le déroulement des festivités.

Le patio de Dar Saada servait de scène aux danseurs aïssaouas qui, au rythme infernal de leurs castagnettes métalliques, tournaient sans arrêt. Les femmes de la villa, servantes ou épouses des familiers du chérif, s'étaient rassemblées sur les terrasses et, de là-haut, suivaient les évolutions des danseurs, les ponctuant de stridents *youyous* qui devaient s'entendre jusqu'à la route du littoral. Une diffa plantureuse et interminable fut servie. Le couscous apporté sur de grands paillons voisinait avec les pâtisseries au miel, les *makroums**, les cornes de gazelle ; dans le jardin rôtissaient des moutons entiers cuits à la broche, qu'apportèrent en grande pompe des serviteurs enturbannés.

Chacun s'accroupit sur les tapis de haute laine et arracha à pleines mains la viande parfumée aux aromates. C'était le premier grand repas indigène que faisait Aurélie, car, contrairement à la tradition qui veut que seuls les hommes y prennent part, elle avait exigé de prendre place parmi les convives, manifestant ainsi dès le premier jour son désir d'être traitée en femme européenne.

Si Ahmed s'était incliné, fier au fond de montrer qu'il avait épousé une femme de caractère.

Plus tard, bien plus tard dans la nuit, alors que faiblissaient les sons des *raïtas** et le rythme des *toboules** et des *derboukas**, Aurélie se retira discrètement dans sa chambre, en proie à une vive émotion. Elle n'avait jamais eu de contacts avec un homme et avait mis toute sa volonté à ne pas laisser paraître son trouble lorsqu'une pression un peu osée de son fiancé, sur sa taille, sur ses mains, la faisait frémir au plus profond de son être.

Le mariage consommé, ce serait l'inconnu d'une vie nouvelle ! Elle avait voulu être princesse et elle l'était, mais que lui réservait l'avenir ? Son père allait rentrer en France, il rejoindrait Arc-en-Barrois et ses sévères paysages. Il lui semblait entendre le son des cloches du dimanche, les cris familiers de la campagne française, puis, brusquement, l'étrange musique orientale s'élevant du patio la ramenait aux réalités présentes.

Les ponts étaient coupés. Elle l'avait voulu. Sa soif d'aventures étant comblée, il lui fallait désormais s'intégrer dans sa nouvelle communauté et devenir réellement une Tidjani.

Machinalement, elle remit dans sa cassette les bijoux qui paraient sa robe de mariée, fit glisser entre ses doigts les colliers de perles et de pierres dures, ruisseler les saphirs et les rubis de ses bagues et de ses broches ; cette fortune était sienne, il ne lui restait plus qu'à conquérir le pouvoir. Elle venait de découvrir que, plus que de richesses, elle avait maintenant soif de puissance ; elle se jura d'être toujours la première et, consciente de l'influence qu'elle exerçait sur Si Ahmed, elle se promit de la développer chaque jour davantage.

Parée pour la nuit, elle se rendit dans la chambre nuptiale et attendit son seigneur et maître. Baba et Meryem, congédiées, se retirèrent en pleurant.

Lorsqu'il écarta les tentures qui masquaient la porte de la chambre, elle s'aperçut qu'il hésitait, tout à coup timide et inquiet.

— Viens, Ahmed, dit-elle simplement.

CHAPITRE XVI

Baba a bondi avec la légèreté d'une chevrette noire de l'Atlas dans la chambre où dort et rêve Aurélie.

— Lalla, oh ! Lalla ! Les chevaux sont arrivés dans la nuit, et aussi les chameaux et les bourricots ! (Elle saute de joie, claque des mains.) On va partir !

La fillette attend depuis des mois ce retour vers les terres embrasées du Sud. Elle communique sa joie à Aurélie, qu'elle appelle désormais *Lalla Tidjania*.

— Viens, Maîtresse, allons voir les préparatifs !

Rapidement habillée de sa tenue de cheval, Aurélie traverse la grande cour de Dar Saada, où s'empilent les nombreuses caisses, malles et autres bagages préparés depuis quelques jours. Au dernier moment, elle y joindra ses propres malles chapelières qui contiennent son trousseau, ses toilettes de Paris, ses volumineux chapeaux qu'elle a fait venir de la capitale, présumant avec justesse qu'elle n'aura plus guère l'occasion d'en commander désormais.

Aurélie est heureuse ; l'activité due au proche départ, son récent mariage, l'amour aveugle du chérif l'ont comblée. Si quelquefois, faisant un retour en arrière, elle évoque son passé, c'est pour le renier avec fermeté. Aurélie Picard n'existe plus, elle est désormais, comme la nomment Baba et Meryem, Lalla Tidjania !

Entraînée par la petite servante qui lui tient la main et trottine devant elle, elle est vite arrivée sur le grand terre-plein de Notre-Dame-d'Afrique, cette terrasse naturelle à mi-hauteur du versant nord de la Bouzareah, véritable épaulement de la colline qui domine directement le faubourg de Saint-Eugène. C'est le seul endroit où Si Ahmed a pu rassembler les éléments de sa grande caravane.

Cent chameaux du Tell, lourds et puissants, sont baraqués en désordre, tant bien que mal, entre les blocs de pierre qui parsèment le lapiaz calcaire où poussent une végétation épineuse et une flore arborescente naine. Baba exulte.

— Shouf, voilà notre bassour ! dit-elle en désignant une large corbeille en osier recouverte de tentures, que des serviteurs fixent par des sangles sur le plus gros des chameaux de bât. Ceux-ci se laissent bâter et sangler avec difficulté ; ils blatèrent, et leur rugissement couvre les hennissements des chevaux de selle entravés par une longue chaîne métallique fixée à des pieux de fer. Une trentaine de bourricots gris, crucifiés de noir sur les reins et les épaules, errent en liberté, poursuivis par les yaouleds.

Des serviteurs font la navette entre Dar Saada et l'esplanade du chargement. Aurélie se promène et serre plus fort la main de la fillette ; ces blatèrements terrifiants, l'odeur abominable des remugles des chameaux qui ruminent, la bousculade des serviteurs, tout ce tohu-bohu l'inquiète un peu ; les chameaux, surtout, lui font peur. Elle l'avoue sans honte à Baba.

— Tu es sûre qu'ils ne sont pas méchants ? Et tu dis que je vais m'installer dans cette cage transformée en litière... (Elle rit.) Non, Baba, je monterai à cheval.

— C'est loin, tu sais, Aïn Madhi !

Un spahi en burnous rouge grimpe la colline au petit galop de son cheval barbe. C'est un planton du gouvernement. De loin, Si Ahmed, qui surveille les détails du chargement, l'a vu venir et se porte à sa rencontre. Les deux cavaliers s'immobilisent, le planton salue, remet un pli au chérif et amorce un demi-tour.

— *Astenna**, *el askri** *!* Qui t'envoie ?

— Le maghzen ! Il n'y a pas de réponse.

Si Ahmed fronce les sourcils. Serait-ce un contrordre ? Aurélie s'approche, inquiète :

— Des ennuis ?

Il décachette le pli, a un grand rire qui secoue sa barbe noire en collier, tend le document à sa femme :

— C'est le sauf-conduit qui nous permettra de traverser toute l'Algérie jusqu'à Laghouat. Après... *Mektoub** !

Sur l'esplanade de terre battue qui forme le parvis de la basilique de Notre-Dame-d'Afrique, monseigneur Lavigerie et le brigadier Picard ne se lassent pas de l'activité insolite qui se déroule sous leurs yeux. Pour tous deux, le spectacle est familier. Ils ont assisté ou participé à tant de départs de caravanes ! Une pointe de mélancolie ternit un instant les yeux de l'ancien gendarme. Il repartirait bien, lui aussi.

Pour saluer les partants, le prélat a revêtu la tenue des Pères blancs missionnaires d'Afrique : une fine gandoura de laine blanche, sur laquelle il a jeté un burnous de grosse laine écrue. Un chapelet géant à gros grains de buis, terminé par une croix en bois de cèdre, est la seule marque qui le distingue des Arabes qu'il côtoie. Il est coiffé d'une chéchia rouge copiée sur celle des zouaves. Il est véritablement, ainsi vêtu, celui que les Arabes nomment avec respect le « marabout rouge » !

— Des regrets, Picard ?

— Avec Aurélie, c'est ma jeunesse qui s'en va, Monseigneur !

— Je partage votre émotion, mais soyez rassuré, je ne perdrai pas de vue Aurélie. Vous avez en moi un ami. Ne l'oubliez pas !

— Merci, Monseigneur ! Veillez bien sur ma petite fille !

— Ne craignez rien, c'est une maîtresse femme.

— Tiens, observe Picard, les bourricots et quelques cavaliers s'en vont. Le détachement précurseur, sans doute.

— Oui. Ils vont préparer le campement de ce soir. Oh, ils n'iront pas très loin aujourd'hui ! Il faudra roder la caravane.

Les petits bourricots lourdement chargés des piquets de tente trottinent, activés sans ménagement par les esclaves noirs du chérif. Quelques cavaliers, le long fusil posé en travers de la selle, les escortent.

Désormais, il ne faut plus s'attarder ; Aurélie est revenue en courant à Dar Saada, Baba rejoint Meryem qui, en les attendant, a fini d'emballer les vêtements et les objets de toilette personnels de sa maîtresse, ceux qui serviront au cours du voyage. Si Ahmed le lui a bien recommandé :

— Tout ce dont tu auras besoin durant le voyage, fais-le mettre à part ! Sinon, il faudrait fouiller une centaine de chargements !

— Rassure-toi, je surveille de près mes deux petites perruches.

Celles-ci jacassent sans arrêt, excitées comme on ne peut l'être :

— Tu verras, Maîtresse, comme c'est beau, Aïn Madhi. Il y a toujours du soleil, des fleurs, des palmiers, de l'eau qui coule et, dans les jardins, des tourterelles !

Cette évocation du paradis amuse et rassure Aurélie.

Dahmani pénètre à cheval dans la cour intérieure, il précède deux serviteurs tenant par la bride les montures du chérif et de sa femme. El Ghazal piaffe et hennit, Aurélie le flatte et lui tapote l'encolure.

— Là, doucement, El Ghazal, là !

Sa voix douce agit sur l'étalon, il dresse les oreilles, se plante bien d'aplomb.

— Bravo, Aurélie ! Je vois que tu l'as bien en main. D'ailleurs tu ne le monteras que pour traverser le Sahel. Jusqu'à la Chiffa, tu marcheras à mes côtés, je veux que tout le monde voie ma femme, dit-il avec une fierté naïve. Mais ensuite, tu te reposeras dans le grand bassour que j'ai fait préparer. L'étalon qui le transporte est le plus beau de mes deux mille chameaux. Il peut porter quatre cents kilos, ajoute-t-il ; tu y prendras place, et tes petites servantes t'y tiendront compagnie pour te distraire durant les étapes.

Aurélie ne dit rien, mais elle sait déjà qu'elle refusera le bassour ; elle ira à Laghouat à cheval, comme son mari.

— Aujourd'hui, nous n'irons pas loin, dit encore le chérif. Ma caravane a besoin de quelques jours pour s'organiser, afin que chacun de mes serviteurs sache ce qu'il doit faire, et que les *Harratin** connaissent les chargements qu'il faut déballer, et ceux qui ne le seront qu'au terme du voyage. L'important est de se mettre en route. Nous camperons ce soir dans la Mitidja, sur les terres d'un ami ; demain, nous aurons franchi le Sahel et la Mitidja. Les importuns seront derrière nous.

Si Ahmed parcourt l'emplacement du camp. Il a grande allure à cheval, et Aurélie le regarde avec admiration. En cet instant qui amorce la rupture définitive entre sa vie passée et celle qui l'attend, elle se dit qu'elle a bien choisi : le Tidjani se révèle un grand chef.

Dahmani rend compte :

— Les bourricots sont partis il y a une heure, les dernières *chebkras** ont été arrimées sur les bâts des chameaux, les charges plus légères, les *guerbas**, les *dahabiehs**, sur les montures. On peut partir.

Si Ahmed et Aurélie avancent au botte à botte jusqu'au parvis de Notre-Dame-d'Afrique. Ils mettent pied à terre devant monseigneur Lavigerie et le brigadier Picard.

— Que Dieu vous bénisse, mes enfants ! dit le prélat en

imposant les mains sur la tête d'Aurélie. Et qu'Allah te protège, Si Ahmed ! Qu'il ne te fasse pas renier tes promesses.

— Je vous le promets, dit gravement le chérif.

Aurélie embrasse son père, l'émotion l'étreint lorsqu'elle voit deux larmes couler lentement sur les moustaches grises du vieux soldat ; elle feint de ne pas les voir.

— Au revoir, Père. Je serai toujours digne d'être votre fille.

Il se contente de la serrer dans ses bras, se dégage :

— Va !

Dahmani tient l'étrier d'El Ghazal, Aurélie l'enfourche avec aisance, va se placer aux côtés de son mari en tête du long cortège.

Pendant une dizaine de minutes, les spectateurs peuvent suivre des yeux le long serpent multicolore qui gravit les lacets de la montagne, puis la caravane disparaît dans un repli du terrain.

Sur le sommet chauve de la Bouzareah, Aurélie et Si Ahmed se sont arrêtés, laissant la caravane continuer sa route. Du haut de ce belvédère qui domine de cinq cents mètres la mer et la Mitidja, la vue s'étend fort loin. Au nord, c'est l'horizon maritime sans limites. De l'ouest à l'est se dessine, frangée d'écume blanche, la côte d'Afrique, tantôt rocheuse et ciselée de nombreuses criques, tantôt paisible, allongeant d'interminables plages de sable doré. La montagne du Chenoua s'enfonce comme un coin dans la mer et borne l'horizon de l'ouest ; à l'est, au contraire, les premiers contreforts de la Kabylie, au-delà de la plaine littorale, amorcent le haut massif du Djurdjura. Au sud s'allonge la grande plaine marécageuse de la Mitidja, dominée directement par le premier chaînon de l'Atlas tellien.

Ils resteront de longs instants à contempler ce paysage méditerranéen, l'animation de la baie d'Alger, la masse blanche des maisons de la casbah étagée jusqu'à la mer. Un grand voilier mixte quitte le port d'Alger, prend le large. Une voile blanche sort lentement à l'horizon, annonçant la prochaine arrivée d'un navire.

Plus d'une année s'est écoulée depuis leur arrivée à Alger ! Aurélie contemple cette ville, ce port, ce qui est désormais son passé. Si Ahmed, un peu à l'écart, respecte sa méditation, puis, comme elle fait effectuer une demi-volte à son cheval, il vient se placer près d'elle.

— Tu ne regrettes rien, ma colombe ?

Elle ne répond pas tout de suite, jette un dernier regard vers le nord, vers l'horizon maritime, puis se retourne et sourit :

— Rien, dit-elle avec énergie. En avant ! Montre-moi la route, mon mari !

La piste chamelière, large et poussiéreuse, descend les collines du Sahel, serpente dans les terres en friche, évitant les vignobles nouvellement plantés par les colons, atteint les premiers marécages de la Mitidja et s'y enfonce en ligne droite en direction de Blida et de la faille de la Chiffa.

Ils y rattrapent la longue et lourde caravane des chameaux porteurs, reprennent la tête du convoi. Bien qu'elle soit déjà venue jusque-là au hasard de ses promenades à cheval, Aurélie éprouve la sensation de découvrir un nouveau pays. Avant, elle n'était qu'une roumia. Elle aurait pu entrer dans n'importe quelle ferme, dans chaque plantation, bénéficier de l'hospitalité des colons, ses compatriotes. Ce jour, elle n'a plus le droit de le faire : elle était une roumia, la voici devenue, par son mariage, l'épouse du Grand Maître, détenteur de la Baraka ! Un vertige la prend.

La nuit vient vite sous ces latitudes ; à la tombée du jour, ils atteignent une grande ferme-forteresse isolée en plein cœur de la Mitidja, au-delà de Boufarik, où se sont regroupés les colons français qui, depuis trente-cinq ans, défrichent les marécages et créent de magnifiques vergers d'agrumes, des vignobles prospères, luttant contre la malaria qui a décimé la plupart des premières familles et continue à faire des ravages. Sans leur chef et animateur, le baron de Vialar, ils auraient cédé au découragement et abandonné la partie. Aurélie connaît leur histoire, et son cœur se serre lorsque, sans s'arrêter, la grande caravane du Tidjani évite la petite ville et la contourne par la piste usuelle des nomades.

À droite et à gauche, sur la plaine sans limites, fument quelques maisons fortes isolées, chacune entourée d'un verger et d'un potager, cernée par des canaux d'assainissement d'où, à cette heure vespérale, s'élève l'essaim mortel des anophèles.

Ce soir, l'agha Brahim, rallié à la France, les reçoit sur ses terres. Un vaste fondouk accueille les bêtes de somme, les serviteurs et les esclaves.

Entre les hauts murs du *bordj**, le détachement précurseur envoyé par Si Ahmed a bien fait les choses : les tentes sont dressées ; elles abritent les intendants, les majordomes, les serviteurs privilégiés des maîtres. La *raïma** de Si Ahmed est la plus vaste et la plus somptueusement aménagée. Un cavalier monte la garde à l'entrée, immobile, tenant la hampe du drapeau de la confrérie aux trois boules de cuivre. Le sol est recouvert d'épais tapis de haute laine ; plusieurs sofas de cuir accouplés et recouverts de fines couvertures de laine et de soie composent une couche basse, large et confortable. Des miroirs encadrés de bois dorés joliment sculptés sont accrochés aux piquets de soutènement, suffisamment hauts pour que l'on puisse se tenir debout et à l'aise sous la tente. Des tentures de laine délimitent un coin de toilette dans lequel, à peine arrivées, Baba et Meryem ont charrié de l'eau chaude dans de grands brocs de cuivre.

L'agha Brahim les reçoit sous sa propre tente et donne en leur honneur une somptueuse diffa. Ils ne se coucheront que tard, épuisés de fatigue, grisés de bruits, d'odeurs, de chants et de musique. Mais, lorsque Si Ahmed se glisse auprès d'elle et qu'il la prend dans ses bras, Aurélie oublie tout et s'abandonne sans retenue, passionnée, sauvage, à ce prince qui, dépouillé de ses fastueux atours, n'est plus qu'un jeune athlète assoiffé d'amour.

CHAPITRE XVII

Les aboiements des chiens, le chant des coqs, les hennissements des chevaux, les braiments des bourricots, les blatèrements des chameaux mêlés aux cris rauques des *sokhrars** et aux commandements hurlés de la garde personnelle du chérif réveillèrent Aurélie bien avant l'aurore. Tous ces bruits confondus en une grande clameur témoignaient de l'intense activité qui règne toujours au lever d'un campement arabe.

S'étant rapidement habillée, Aurélie sortit de la raïma qui avait abrité sa première nuit dans le bled. Nuit consacrée aux joutes de l'amour plus qu'au repos et qui, cependant, n'avait pas laissé de traces sur le beau visage de la jeune femme. Dans la cour du fondouk, divers feux étaient allumés, sur lesquels s'achevaient la cuisson des viandes et la fabrication des galettes, indispensable provision d'étape.

Aurélie frissonna ; une chape humide de brumes stagnantes pesait sur la contrée, la Mitidja baignait dans les miasmes de ses marécages, mais la fumée des feux de camp avait chassé les moustiques avant même que vienne les engourdir le froid du matin. Bien protégée par ses voiles de mousseline, Aurélie n'avait pas été piquée ; son père l'avait mise en garde contre la prolifération du paludisme, Si Ahmed également, qui ne se plaisait pas dans ces marécages.

— Demain soir, nous camperons dans la montagne, lui dit-il. Désormais, tu ne craindras plus les fièvres. Et le climat d'Aïn Madhi est le plus sain du monde !

Comme une troupe théâtrale bien ordonnée, les éléments disparates qui composaient la smala du prince s'étaient dispersés, vidant peu à peu la cour du fondouk. Dans la nuit, le groupe chargé du prochain campement avait pris les devants ; suivirent les lourds chameaux de *gesh**. On les rattraperait très vite.

Le chérif donna l'ordre d'amener les chevaux.

L'agha Brahim vint les saluer au boute-selle.

Le cortège se forma dans le jour qui se levait péniblement. Comme les brumes s'effilochaient encore au ras du sol, cela ressemblait à une caravane fantôme de cavaliers nageant dans le brouillard épais qui s'élevait et flottait à mi-hauteur du ventre des chevaux. Le disque solaire sortit et se décolla de la cime du Bou Zegza ; ses premiers rayons atteignirent et réchauffèrent bêtes et gens.

Ils contournèrent par le sud Blida, la ville des roses, franchirent à gué le lit à peu près sec de l'oued et pénétrèrent dans les gorges de la Chiffa. Une grande faille coupait en cet endroit la chaîne de l'Atlas ; à l'est de cette gorge, des pentes herbeuses d'une extrême raideur, tavelées de bosquets d'arbousiers, de micocouliers, de genêts et de lauriers-roses s'élevaient jusqu'à la cime de Chréa ; à l'ouest, une magnifique forêt de pins et de cèdres couvrait les flancs du pic de Mouzaïa. Des troupes de singes gambadaient en liberté autour de la caravane, audacieux et chapardeurs. Une guenon, portant son petit sur le dos, s'accrocha à l'étrivière d'Aurélie et vint s'asseoir sur le pommeau de la selle. La jeune femme était ravie, mais, comme elle faisait le geste de caresser le bébé, la guenon montrant une denture impressionnante manifesta sa colère. Dahmani, qui chevauchait aux côtés de sa maîtresse, vit le danger et, d'un coup de cravache bien appliqué, chassa la bête qui s'enfuit en poussant des cris perçants.

— Ces singes sont une plaie, Lalla ! Ils volent, ils pillent, ils mangent, ils déchirent et font plus de dégâts qu'une troupe de voleurs. C'est pourquoi nous ne camperons qu'une fois sortis des défilés.

Dans les gorges, la piste avait été aménagée par l'armée française, et des ponts bâtis aux endroits resserrés. Il y régnait une grande animation ! Parfois, des cavaliers militaires doublaient la caravane du Tidjani au petit trot de leurs chevaux marchant l'amble. Des camions-fourragères, tirés par six ou huit mules, apportaient le ravitaillement aux postes français des hauts plateaux. Aux points les plus étroits, cela provoquait des embouteillages indescriptibles, mais tout s'écartait lorsque les cent lourds chameaux, serrés bosse à bosse, avançaient lentement, capables de tout écraser. Il valait mieux alors laisser passer la caravane, quitte à la doubler lorsque les gorges s'élargissaient en un bel amphithéâtre naturel.

Après un dernier défilé, le paysage s'adoucit ; des collines verdoyantes succédèrent aux forêts et aux falaises rocheuses, la piste chamelière escaladait directement ces pentes herbeuses, où paissaient de maigres troupeaux de bovins groupés autour des mechtas couvertes de chaume, pauvres huttes en pisé protégées contre les fauves par une haie de figuiers de Barbarie, l'unique ouverture de cette clôture de nopals restant par prudence obstruée par un panneau d'épines entrelacées.

Les gosses accouraient de loin pour voir passer la caravane. La piste carrossable des Français, mieux aménagée en de nombreux lacets praticables à l'artillerie, prenait déjà figure de route ; on avait planté des eucalyptus à la croissance rapide, qui formaient un serpent de verdure le long des principales routes de l'Algérie.

Parvenu au faîte des collines, Si Ahmed arrêta sa caravane. Ils avaient atteint neuf cents mètres d'altitude et laissé derrière eux la chaîne de l'Atlas tellien. Désormais, une vaste pénéplaine ondulée et paraissant uniforme occupait l'horizon du sud. Sur les croupes, des fermes françaises amorçaient les premières cultures de blé et de vigne. La colonisation ici était toute récente. Elle avait suivi la progression de nos troupes dans le Sud.

Médéa était née de ce peuplement français groupé autour de l'ancien souk indigène. Un bordj fortifié protégeait les colons. Ce n'est pas sans émotion qu'Aurélie vit flotter sur la tour d'angle du fort le drapeau français ! Serait-elle sans cesse mise en face de son passé ?

Là encore, Si Ahmed évita la ville française pour gagner directement le fondouk érigé au milieu des terres habbous et du cimetière arabe. Les tentes y étaient dressées. Les chameaux entravés ruminaient dans l'enceinte du fondouk. Leur nourriture avait posé des problèmes. Toutes les terres alentour étant terres de colonisation, on n'avait pu laisser paître les chameaux qui, selon la coutume des Arabes du Sud algérien, se nourrissent en marchant, piquant çà et là dans la plaine d'alfa une touffe de drinn ou de *hâd**. Le chef des sokhrars avait acheté après de longues palabres des sacs de dattes écrasées et à moitié pourries dont se régalaient les bêtes.

Aurélie s'inquiéta. Son amour des bêtes et des chevaux se reportait sur les chameaux, bien qu'elle les trouvât encore antipathiques et inquiétants, avec leurs gueules baveuses et leurs rugissements sans commune mesure avec la placidité de leur personne.

— Seront-ils assez bien nourris ? demanda-t-elle, alors qu'avec Ahmed elle parcourait à pied le campement, vérifiant que tout était en ordre.

— Dès demain, tous nos ennuis prendront fin. Nous atteindrons Berrouaghia et, à partir de ce poste, il n'y a plus de terres de colonisation ; les animaux de la caravane mangeront normalement ce qu'ils trouveront sur leur passage à droite et à gauche de la piste. Le Sud nous appartient encore, ajouta le chérif avec fierté.

Cette nuit à Médéa fut simple et sans accueil étranger. Aurélie était à peine installée dans sa raïma que déjà, dans la nuit, se préparaient à partir ceux qui les attendraient à l'étape du lendemain. Mystérieuse et magnifique organisation qui, dans son apparent désordre, offrait une efficacité surprenante. Chacun savait désormais quelle était sa tâche et la remplissait fidèlement. Malgré la fatigue, les sokhrars qui accomplissaient les longues étapes à pied devisaient joyeusement. Venus du Sud, ils étaient heureux de retourner dans le Sud. Ces bordjs hérissés de créneaux qui ponctuaient de loin en loin l'uniformité longiligne de la piste étaient encore une contrainte ; coureurs du désert, ils aspiraient à retrouver le Sahara.

L'étape du lendemain les amena au-delà de Berrouaghia, importante garnison de l'armée française, mais également grosse bourgade dans un paysage de collines aux formes douces, où la seule végétation arborescente se manifestait, au passage des oueds ou dans le creux des ravins, par des touffes de lauriers-roses et quelques caroubiers malingres. Des essais timides de colonisation avaient été tentés, et quelques fermes européennes se groupaient en petites agglomérations, protégées par les postes de guet et de surveillance de l'armée disposés à vue sur cet itinéraire du Sud. Les chameaux pouvaient désormais se disperser sur un large front et, comme c'était l'automne et la saison des chaumes, la nourriture était abondante.

À Boghari, tout changea ! Un ksar de pisé rouge se dressait sur un rocher dominant le grand fondouk des moutonniers des hauts plateaux. Une garnison française l'occupait, mais aucune installation agricole européenne ne s'y était fixée. Un souk important témoignait d'une intense activité commerciale. Le chérif avait fait établir son campement un peu en dehors de la ville. Et c'est là qu'il reçut les premières manifestations de ses coreligionnaires. Pour Aurélie, ce fut la révélation de l'importance religieuse de la confrérie.

Une foule bigarrée de nomades, venus parfois de fort loin pour rendre hommage au Grand Maître, campait dans la steppe environnante. Des musiciens et des danseurs se produisaient devant la raïma du prince. Si Ahmed, debout devant sa tente, recevait les hommages des *khouans**, ses frères, membres de la secte. Chacun avait hâte de baiser la main du chérif, de recevoir une amulette qui le préserverait et lui assurerait une part de la Baraka que détenait le descendant du Prophète ; cela s'accompagnait de dons importants en argent, en or, en chameaux, en moutons, et la jeune femme constata que les plus modestes offrandes venues de pauvres meskines, de serviteurs ou d'esclaves des tribus nomades étaient reçues avec la même hautaine gratitude par Si Ahmed – qu'il s'agisse d'un poulet ou d'un chameau, d'un sac de pièces d'or ou d'une maigre chèvre.

La ferveur des croyants augmentait avec l'heure. Une véritable fête s'organisa, et le Tidjani donna l'ordre d'abattre autant de moutons qu'il faudrait pour nourrir toute cette foule ; ses servantes roulèrent le couscous. Dans la nuit venue, les feux des campements ponctuaient la steppe d'auréoles flamboyantes !

Aurélie assistait à la remise des offrandes aux côtés de son mari, sa tenue cavalière européenne dissimulée sous les pans d'un ample burnous blanc brodé d'or. Parfois, après avoir baisé la main du seigneur, un frère en Tidjani s'approchait respectueusement d'elle, baisait un pan de son burnous et appelait sur sa tête la bénédiction de celle qui, il n'en doutait pas, devenait par le fait de son mariage une conseillère écoutée capable d'attirer sur sa tête une part supplémentaire de la Baraka !

Lorsque très tard, harassés de fatigue, soûlés des cris, des chants et des musiques de la fête, le chérif et sa femme se retirèrent sous leur tente, Aurélie questionna le Tidjani :

— Cette ferveur, cette vénération que tous ici te manifestent ne me surprennent pas puisque tu es un grand chef religieux, mais tous ces dons m'étonnent, surtout ceux venant des plus humbles. Le font-ils volontairement ? Est-ce un dû ?

Si Ahmed sourit :

— De tout temps, les sectes avaient le droit de percevoir la ziara, c'est-à-dire un don annuel des membres de la confrérie, proportionnel à leur richesse ; le gouvernement français l'a supprimée. Cependant, ajouta-t-il finement, il a conservé le denier du culte pour les catholiques, mais passons ! Je n'ai donc plus le droit de parcourir la contrée où se trouvent mes disciples pour percevoir cette ziara, mais elle est tellement ancrée dans les traditions que tous ces gens, toutes ces tribus qui se sont rassemblés à Boghari en apprenant mon passage, sont venus spécialement et de leur plein gré m'apporter leur offrande pour la zaouia. Cela leur épargne un pèlerinage à Aïn Madhi. Ils ont reçu ma Baraka, ils sont heureux. Et je ne te cacherai pas, Aurélie, que nous avions bien besoin de ces offrandes après trois ans d'absence !

— Tu es riche, Ahmed ?

— Je l'étais personnellement, avant que je ne découvre les spoliations et les escroqueries de mon tuteur, mais je le redeviendrai ; j'ai engagé un procès, et tout me sera rendu. Par contre, tout ce qui m'a été offert aujourd'hui appartient à la confrérie d'Aïn Madhi, je ne peux l'intégrer dans ma fortune personnelle. En échange, je dois assurer le vivre et le séjour des pèlerins tant qu'ils se placeront sur mon passage. C'est là une forte et belle tradition.

Il était visiblement très heureux.

— Tu as très bien tenu ton rang, Aurélie !

— *Baraka el aoufi*, Sidi !* conclut-elle.

— À partir d'ici, dit-il, je suis en pays ami ! Demain, nous pénétrerons sur les hauts plateaux.

CHAPITRE XVIII

Par une piste rocailleuse, la longue caravane descendit les dernières collines et, sans transition, comme elle débouchait d'un petit défilé, s'offrit devant elle l'immensité des hauts plateaux ! À perte de vue, la steppe d'alfa frissonnait sous le vent d'est et, comme le soleil se levait, un peu partout miroitèrent comme du plomb fondu les nappes de sel des chotts. La nudité même du paysage lui conférait une grandeur inexplicable. Rien ne limitait l'horizon, si ce n'est, très loin dans le sud, une légère frange qui annonçait une autre chaîne de montagnes.

Aurélie arrêta son cheval. Elle venait de recevoir la révélation des grands espaces, et la lente progression de sa marche vers le sud la mettait à même d'en apprécier la tragique et attirante beauté. Ce pays qu'elle aimait déjà sans le connaître venait de s'imposer. La longue marche qu'ils accomplissaient depuis Alger devenait pour elle la poursuite d'un idéal. Par la lenteur et la majesté de son déplacement, la caravane proposait une interminable rêverie. Jamais au grand jamais, Aurélie n'avait ressenti une telle émotion, plus forte qu'une possession charnelle. Même son amour pour Si Ahmed s'effaçait légèrement en cet instant devant l'attirance mystique du paysage.

De ce jour, la caravane reprit l'ordre de marche habituel des grands nomades. Sur cette plaine sans limites, les chameaux lourdement chargés avançaient de front, broutant au passage les touffes d'herbes, mâchant à pleine gueule le chikh odoriférant, cueillant délicatement entre deux touffes d'alfa l'*acheb** minuscule et fraîche germée de la dernière pluie.

On avançait lentement, très lentement, et la lenteur même de ce déplacement devenait envoûtante. Cette petite frange de montagnes vers laquelle on se dirigeait depuis deux jours ne s'était pas élevée au-dessus de l'horizon. Parfois, lasse de cette semi-immobilité, Aurélie lançait son cheval au galop à travers la steppe, franchissant par des bonds nerveux les touffes de drinn et les buissons d'épineux, ivre de joie lorsqu'elle débusquait des gazelles. D'autres fois, abandonnant son cheval, elle prenait place pour quelques heures sur le bassour où somnolaient Baba et Meryem. Et c'est là, de ce belvédère ambulant, qu'elle mesurait le mieux la marche du temps. Bercée par le balancement du chameau dans une rêverie sans fin. Ce n'était pas elle ni sa monture qui bougeaient, c'était la terre elle-même qui lentement tournait sous les soles du chameau ; elle était incorporée dans le mouvement cosmique de l'univers, la coupole hémisphérique d'un ciel bleu cobalt l'écrasait et, sous elle, tournait la planète morte.

Les heures, les jours s'écoulaient, doux et irréels. Le charme se brisait lorsque les rires juvéniles, la conversation primesautière de ses deux petites négresses dissipaient sa vision et son rêve. Il n'y avait plus alors devant elle qu'un désert vide, sur lequel avançait la marche silencieuse et sans fin de la caravane.

Parfois, on découvrait, cachés dans une ondulation de la steppe, les murs crépis de chaux d'un large fondouk. Simple enceinte fermée surveillée par un gardien solitaire à proximité d'un puits. On y établissait le camp. Souvent, à leur arrivée, des tentes étaient dressées dans les environs, d'où sortait le cortège des femmes chargées de guerbas vides et se rendant au puits. Alertés par de mystérieux messages, les nomades arrivaient par centaines, surgis semblait-il du néant ; alors recommençaient la cérémonie de la ziara et la fête.

— D'où viennent-ils ? interrogeait Aurélie. D'où sortent-ils ? De toute la journée, nous n'avons vu âme qui vive, sauf peut-être dans les lointains quelques troupeaux de chameaux ou la mouvante tache blanche d'un troupeau de moutons, mais point d'êtres humains, aucune tente !

Si Ahmed souriait.

— Le désert est peuplé, ma colombe. Au nord, au sud, à l'est, à l'ouest, partout il y a des campements invisibles car généralement dissimulés dans les replis de terrain, près d'une source ou d'un puits. La piste va tout droit, ce n'est point comme en France, où la route dessert les villages. Il n'y a pas de villages ici, et les nomades se déplacent au gré des pâturages et de l'eau !... Fais-toi belle, Aurélie. Ce soir, El Ançeur, le cheikh de la région, nous reçoit sous sa tente ! Il possède mille chameaux, six mille moutons, deux cents serviteurs ! C'est l'un des plus fidèles alliés des Tidjani.

Lorsqu'elle prit place sur les coussins de la grande tente de réception, Aurélie, qui avait adopté exceptionnellement le costume arabe, le caftan brodé, le saroual et un fin burnous de soie, se sentait parfaitement à l'aise. Elle pouvait discourir en arabe, et cela lui conférait un prestige indéniable. Visiblement, El Ançeur l'admirait et enviait Si Ahmed d'avoir su choisir une telle épouse.

Plus tard, il en félicita le Grand Maître.

– J'avais appris avec un peu de réticence ton mariage avec une roumia, Si Ahmed ; j'avoue être venu ce soir un peu par curiosité puisque, tu le sais, je suis un pèlerin assidu d'Aïn Madhi ! Et je ne regrette pas ! J'ai vu ! Lalla Tidjania est non seulement une très belle femme, mais une femme de tête ; elle ne peut que servir les intérêts de la confrérie. Permets-moi de lui remettre, par ton intermédiaire, cette fibule ancienne conservée dans ma famille.

— Je suis sensible à ce cadeau et à ton appréciation, El Ançeur ! Je le remettrai à ma femme. Il est magnifique, et le rubis qui l'orne de grande qualité. Merci, El Ançeur, et qu'Allah te rende au centuple les dons que tu m'as faits.

Enfin, la montagne qu'ils espéraient atteindre depuis une semaine se dressa devant eux. Ils avaient gagné le faîte d'une simple ondulation du plateau ; derrière, s'étendait une dépression assez profonde et, au-delà de cette *sebkha**, un relief rocheux et tourmenté contrastait avec la nudité plane de la steppe qu'ils venaient de parcourir. Une roche semblant faite de pierres lunaires surplombait l'entrée d'une large gorge ascendante, sorte de grand col peu élevé permettant de traverser la montagne ; elle affectait, suivant les éclairages, des formes différentes, tantôt cheval d'apocalypse, tantôt lion, tantôt sphinx ! Si Ahmed, la désignant du bout de sa cravache, dit à Aurélie :

— Le Rocher de Sel.

Cette falaise peu prononcée, ce relief à vrai dire banal, c'était la frange montagneuse qu'ils avaient mis tant de jours à atteindre. Maintenant qu'ils la touchaient du doigt, il ne s'agissait plus que d'un simple bord de faille, un relief d'une centaine de mètres à peine.

— Tout le désert est ainsi, ma colombe, un pays où le rêve change les dimensions. Les montagnes que l'on voit d'aussi loin ne sont, lorsque l'on y arrive, que de simples mouvements de terrain. Par contre, les reliefs que nous verrons plus au sud, lorsqu'on les pénètre, se révèlent au voyageur comme un redoutable djebel !

— Peut-être est-ce l'étrangeté de cette nature qui m'attire, songea tout haut Aurélie. Depuis que nous avons laissé derrière nous les derniers vestiges de ma civilisation occidentale, je comprends mieux, Ahmed, que ton pays est avant tout un pays de rêve mystique et de méditation. C'est une chape de bonheur et de sérénité, qui me recouvre chaque jour davantage !

Le défilé du Rocher de Sel franchi, les grands espaces reprirent, limités par des ondulations de terrain plus importantes. La grande piste chamelière suivait les crêtes et les croupes et, sur l'une de ces dernières, vers le sud, apparut une insolite forêt de pins : la première végétation arborescente rencontrée depuis que l'on avait quitté le ruisseau des Singes. Elle annonçait l'Atlas saharien : important château d'eau formant une barrière ininterrompue de hautes montagnes, bordant le véritable désert sur plus de mille cinq cents kilomètres du nord-est au sud-ouest.

D'importants mouvements de troupes françaises parcourant la piste dans les deux sens annonçaient Djelfa, le grand marché des montagnards, entre le djebel Amour et les monts Ouled Naïl ; Djelfa, à mille trois cents mètres d'altitude, commande le seul passage praticable aux convois légers d'artillerie et aux fourgons de ravitaillement venus de Boghari.

Si Ahmed, évitant Djelfa, dressa son camp plus au sud, sur le grand plateau qui précède le col des Caravanes.

Ce soir-là, l'agha Benisfer, chef des Ouled Naïl, recevait.

De tous les princes du Sud, c'était certainement l'un des plus importants par l'étendue de son territoire d'*achaba**, par ses troupeaux disséminés un peu partout, de la daïa de Tilrempt jusqu'au cœur des hauts plateaux. Il était célèbre pour son faste, ses fauconniers, et pour la qualité de ses chevaux. Devenu un allié de la France, il avait convié ce soir-là quelques officiers de la garnison de Djelfa à la monstrueuse diffa organisée en l'honneur du Tidjani.

Ce qui n'allait pas sans poser à ceux-ci des questions qu'aucun protocole n'aiderait à résoudre. Prévenus du mariage d'Aurélie, ils étaient foncièrement hostiles à cette Française qui avait renié sa foi – ce qui était inexact, mais ils l'ignoraient – et son pays pour épouser ce Tidjani, descendant du Prophète, disait-on, mais pour eux simple nègre bénéficiaire d'une renommée due à la naïveté de ses coreligionnaires. Il faut dire, à leur décharge, que l'attitude de Si Ahmed avant son départ pour la France avait été celle d'un gosse livré à des intrigants qui lui avaient fait accumuler les gaffes.

— Comment une aussi belle femme a-t-elle pu s'enticher d'un tel pantin ? disait à voix basse l'un d'eux à son voisin.

Certes, les règles de la politesse avaient été observées. Ils avaient salué le Tidjani militairement : c'était un homme à ménager. Ils s'étaient inclinés froidement devant Aurélie qui, en leur honneur, s'était habillée à la française. Pour eux également, la diffa avait été servie à l'occidentale, sur de vastes tréteaux formant table, garnis de somptueuses nappes brodées. L'agha, par ce geste inusité, voulait également honorer la femme du Tidjani. Elle s'entretint avec lui en arabe, et son aisance déconcerta les jeunes lieutenants, car leur connaissance en cette langue était limitée, et le khodja du bataillon fut obligé de traduire à leur intention la conversation animée qui s'échangea entre Aurélie, le prince et l'agha.

Dès lors, ils se cantonnèrent dans une morgue hautaine qui dissimulait mal leur contrariété. Ils avaient pensé rencontrer une courtisane, ils se trouvaient en face d'une très belle jeune femme, grande, blonde et intelligente ! Lorsqu'ils se retirèrent assez tard dans la nuit, l'un dit à l'autre :

— Nous nous sommes rudement trompés sur son compte ! Il faudra compter avec cette femme.

— Elle fait ce qu'elle veut de son nègre !

— Quelle époque, mon cher !

— Qui sait, dit pensivement leur capitaine, cette Française chez les Tidjani, ça vaut peut-être un bataillon français !

Il y eut un cri de réprobation générale.

— Allons, je plaisantais, Messieurs. En tout cas, l'agha nous a traités princièrement. Quelle allure, quel grand seigneur !

Il est vrai que, physiquement, l'agha Benisfer était un homme splendide, au teint clair simplement basané par la vie au grand air, au fin profil aquilin ; un prince du Sud à la démarche altière.

— Elle se serait éprise de lui, j'aurais compris !

— Fallait envoyer l'agha Benisfer en exil ! suggéra le plus jeune des sous-lieutenants.

Heureux de cette boutade, ils enfourchèrent leurs chevaux et disparurent dans la nuit.

CHAPITRE XIX

Passé le col des Caravanes, la piste descend les ressauts successifs de l'Atlas saharien en ligne directe du nord au sud.

Les forêts de sapins qui couvraient le faîte des montagnes disparurent très rapidement. Le versant sud est plus aride, rocailleux et, parfois, des dunes de sable se formaient en langues mouvantes qui obstruaient le passage, sans dévier pour autant la marche lente des chameaux.

Aurélie découvrait l'immensité plongeante de la cuvette saharienne ; des reliefs aigus comme des épines dorsales de sauriens la barraient d'est en ouest ; la piste utilisait les cassures de ces petites falaises pour progresser vers le sud. Une végétation encore assez dense d'alfa et de drinn piquetait le paysage de taches vert sombre, presque noires, et, autour de ces touffes végétales, le vent du sud avait peu à peu accumulé des cônes de sable dur. De très nombreuses gazelles et des outardes fuyaient devant la caravane.

Un jour, alors que le soleil était à l'*açer**, le sirocco se leva. Il soufflait du sud-est et, bientôt, tout l'horizon fut voilé de brumes à travers lesquelles le disque du soleil apparaissait déformé et flamboyant, comme une masse de cuivre en fusion.

Au ras du sol, le sable forma très vite une nuée compacte et mouvante qui flagellait les jambes des bêtes et des gens ; même à cheval, la situation devint pénible, et Si Ahmed insista pour qu'Aurélie montât dans le bassour de parade. Elle s'y enferma sous les voiles et les tentures. Le vent hurlait, secouant parfois le lourd chameau porteur avec une telle violence que, malgré son poids et celui de son chargement, la bête massive oscillait sur ses genoux puissants. Elle blatérait lamentablement, menaçant de baraquer sur place, activée à coups de gourdin par le sokhrar qui en avait la charge.

Comme le vent s'amplifiait, il eût été vain de continuer, et Dahmani, envoyé en éclaireur, revint annoncer que la caravane pourrait établir un campement de fortune, à l'abri d'une falaise rocheuse qui amortissait la violence de la tempête.

Cette fin d'après-midi fut lugubre. Les éléments s'étaient déchaînés, les rafales de sable se jetaient avec furie sur les bêtes et les gens. La grande complainte du désert faite de gémissements surnaturels, de hurlements diaboliques et de mystérieux roulements de tambour emplit les oreilles d'Aurélie. Effrayées, Baba et Meryem se réfugièrent dans ses bras :

— C'est *Roul** ! Lalla ! C'est le djinn des sables !

Elle les calmait et, en les rassurant, se rassurait elle-même.

Ils marchaient en plein jour dans une obscurité presque complète, et ils n'aperçurent la falaise qui devait les protéger que lorsqu'ils en furent à un jet de pierre. Il n'était plus question d'établir un grand campement. Si Ahmed fit rapidement monter la raïma d'Aurélie, et il fallut toute la force d'une dizaine de solides gaillards pour dresser ses mâts et la fixer solidement. Durant la manœuvre, le vent s'était infiltré à l'intérieur, et un lit de sable avait recouvert le sol, sur lequel on n'eut plus qu'à jeter un amoncellement de tapis pour en faire une couche confortable.

Il ne fut pas possible, ce soir-là, d'allumer les grands feux de camp habituels. Le vent arrachait des brandons enflammés, les projetait sur les bêtes et sur les chargements épars.

Peu après, le chérif rejoignit Aurélie. Il avait veillé lui-même à l'installation précaire de sa smala, compté les chameaux, les chevaux, les bourricots ; il manquait l'un de ces derniers, un porteur de guerbas qui s'était sans doute égaré. Dahmani ne s'en inquiéta pas :

— Il rejoindra le camp dès que le vent cessera, Maître !

Aurélie contemplait avec étonnement la figure du chérif :

— Que t'est-il arrivé, Ahmed ?

Les rafales de sable avaient griffé son visage, une boue faite de fins cristaux de silice mêlés aux larmes et à la sueur entourait ses yeux rougis par la tempête, s'agglutinait autour de ses lèvres. Sa barbe noire poudrée de sable était devenue blonde !

— Le vent de sable ! Mais il t'a éprouvée toi aussi, à ce que je constate.

Le sable avait pénétré par les plus petits interstices des tentures fermant le bassour et, dans cette atmosphère étouffante, ses fines particules s'étaient collées comme un masque sur le visage d'Aurélie baigné de sueur.

Il eut pour elle un accès de tendresse inhabituel pour un Arabe du désert : imbibant son chèche d'eau de Cologne, il lui essuya délicatement le visage.

— Là, ma colombe, te voici présentable.

Sous la tente adossée directement à la falaise rocheuse régnait un calme relatif. Les bruits de la tempête y parvenaient atténués ; parfois, un silence surprenant s'établissait, qui n'était que l'annonce d'une nouvelle bourrasque ; ainsi alternaient les périodes de calme et celles d'épouvante.

Aurélie, pelotonnée sur elle-même comme une chatte, s'enfouit dans ses couvertures ; elle avait soif, elle avait chaud, elle avait froid, elle était fiévreuse, elle était rompue, son premier contact avec le Sahara avait été trop brutal, trop sévère. Cette fin d'étape dans la brume opaque où flottaient les chameaux avait été irréelle, ses oreilles bourdonnaient encore de la rumeur de la tempête ; cette grande clameur de la nature qui l'envoûtait la laissait pantelante et inquiète.

— Oh ! Ahmed ! Est-ce tous les jours comme cela ?

Il la prit dans ses bras :

— Ne sais-tu pas que le beau temps succède toujours à la tourmente ? Cette tempête n'est qu'un avant-coureur des grands vents de sable de l'automne ! Elle va céder très vite et, demain, le soleil réchauffera la terre à nouveau.

— Est-ce encore loin, Laghouat ?

— Nous y arriverons après-demain, *bad rodoua** ! Tu verras, nous y serons très bien ; j'ai une très jolie maison blanche dans la palmeraie, le climat est sec. J'ai demandé à Bachir de l'aménager à l'européenne ; tu y auras un grand lit comme tu les aimes, une salle à manger...

Il énumérait le mobilier qu'il avait commandé. Elle reprenait confiance. Depuis près de trente jours que la caravane parcourait le désert, Aurélie aspirait à un plus grand confort. La fatigue avait fini par triompher de l'exotisme, de l'agréable surprise du début ; ce qu'il lui fallait désormais, ce n'étaient plus des diffas, des longues marches sous un ciel de plomb fondu, mais la fraîcheur de l'oasis, le confort d'un intérieur français ! À vrai dire, elle n'avait pas eu grand mal à faire accepter par Si Ahmed de manger à l'européenne, assis à une table en utilisant cuillères et fourchettes. Le chérif avait pris goût à ce luxe durant son séjour de près de trois années en France et à Alger. Il avait fallu la longue marche de la caravane pour qu'il revînt aux coutumes et aux traditions de son peuple.

Comme il se penchait sur elle, Aurélie caressa doucement sa figure hâlée, sa barbe noire où s'accrochait encore une poussière de sable. La prière du moghreb s'éleva dehors, prononcée comme une incantation par les hommes de la caravane prosternés dans la poussière. Le chérif se releva :

— Je dois être avec eux pour la prière, mais je reviens, ma colombe ; prépare-toi pour la nuit.

Au cours de ce voyage, elle avait pu mesurer la puissance politique de son époux, le pouvoir que lui conférait son hérédité religieuse. Elle l'avait admiré comme cavalier, comme chef de caravane ; mais il n'était pas sans défauts. Elle s'en apercevait chaque jour davantage : Si Ahmed était influençable et faible, son seul pouvoir était de détenir la Baraka. Aurélie ne se berçait pas d'illusions. Tant que l'amour d'Ahmed serait plus fort que la tradition, elle régnerait. Cela durerait-il ? Elle écouta, prise d'une sourde inquiétude, les prières des croyants psalmodiées au milieu de la tempête, ces voix humaines couvertes par les roulements sataniques de Roul, le djinn des Grands Ergs, ce délégué de *Chitane** qui égare les caravanes et assèche les puits. Se mêlaient et se confondaient alors la clameur de la tempête et la prière des hommes dans une complainte surnaturelle.

CHAPITRE XX

La tempête se calma comme prévu peu après le coucher du soleil.

Le lendemain, tout rentrait dans l'ordre. Un ciel d'une sérénité totale, une luminosité exceptionnelle rendaient la vie au désert. Les rochers, la maigre végétation, les sables rutilaient de couleurs nouvelles.

On arrivait à Laghouat à la fin de la matinée. Aussi, du plus humble des esclaves jusqu'aux cavaliers privilégiés de la garde, chacun avait-il fait toilette et revêtu son plus brillant uniforme ; les chèches blancs ou bleus cerclaient en torsades les crânes rasés, ne laissant dépasser que la mèche d'Allah ; les cimeterres et les poignards étaient glissés dans les larges ceintures de laine rouge, les *moukkalas** jetés sur le pommeau de la selle ou portés en travers des épaules chez les sokhrars ; le groupe des musiciens attachés à la caravane du Tidjani se reforma en tête.

Les stratifications sédimentaires étagées en escalier du nord au sud devinrent de plus en plus rapprochées, on eût dit des récifs sortant de la houle d'alfa. Entre ces masses rocheuses se formaient des défilés austères dans lesquels s'engageait la piste. Au nord-ouest, une énorme montagne s'arrondissait en dôme ; le djebel Amour se haussait jusqu'à l'intensité gris fer du ciel.

Un fleuve de verdure apparut dans le lointain entre deux pitons rocheux :

— El Aghouat ! El Aghouat ! crièrent les sokhrars. Et une joie frénétique envahit la caravane, joie d'arriver au terme du long voyage, certitude de goûter ce soir les plaisirs de l'oasis, le repos dans la palmeraie. Les cavaliers tirèrent des coups de fusil, les musiciens se mirent à rythmer la marche ! Dahmani lui-même ne tenait plus en place, caracolait, allait et venait !

Seule Aurélie était grave. Elle approchait de son destin. Elle avait franchi une frontière entre deux civilisations. Mais le bonheur de son époux la rassura : Si Ahmed était transfiguré ; bien droit sur sa selle, il gardait une attitude digne. En cet instant, il était le chef incontesté.

Prenant la tête, il engagea la caravane dans l'allée de verdure. Ce n'était encore que le fond d'un oued, avec çà et là des jujubiers, quelques grands betoums à l'ombre desquels s'entassaient des troupeaux de chèvres noires gardées par des gosses en haillons. Dans l'élargissement des cuvettes, le sol avait été labouré, l'orge récoltée, mais subsistaient encore les chaumes de l'été. Puis, délaissant l'oued, la piste s'engagea dans une allée de lauriers-roses nouvellement tracée, et apparurent les premières maisons blanches et basses de Laghouat. Elles s'adossaient à deux grandes crêtes rocheuses effilées ; à l'est et au sud, la palmeraie s'étendait, masse vert-de-gris poussiéreuse, comparable aux eaux dormantes d'une lagune.

Obéissant aux ordres reçus, le gros de la caravane, avec les chameaux de bât et les bourricots, quitta la piste principale, contourna la ville par le nord et gagna directement la palmeraie.

Les cavaliers se rangèrent en ordre derrière Si Ahmed et Aurélie. En avant du cortège prirent place les musiciens. Puis venait Dahmani, très fier, tenant droite la hampe de l'étendard vert, sommé des trois boules de cuivre du Prophète.

Le cortège s'ébranla lentement, passant au milieu de la foule des Harratin et autres meskines. Les youyous des femmes massées sur les terrasses accompagnaient les battements sourds des tobouls et les notes grêles comme celles d'un biniou des joueurs de raïta qui s'époumonaient, joues gonflées, le sang au visage. Quelques aïssaouas venus de nulle part se mêlèrent au cortège et claquèrent les derboukas rythmant leur démarche dansante.

Ils arrivèrent ainsi devant les murs blancs du bordj où logeait le bureau arabe. Un *mokhrazni** montait la garde devant le portail. Le drapeau français était hissé sur la tour d'angle crénelée. Si Ahmed salua gravement du sabre et continua sa route.

Aurélie s'étonna :

— Ne t'arrêtes-tu pas au poste ?

Derrière le corps de garde, des officiers français, en apparence indifférents, avaient suivi de loin le passage du cortège.

Elle avait été tentée de se diriger vers eux et de se faire reconnaître. Puis, s'étant souvenue à temps qu'elle était la Tidjania, elle avait éperonné El Ghazal pour rejoindre son mari qui avait pris une légère avance.

— À plus tard les affaires sérieuses, dit celui-ci gravement. Ici, je suis chez moi, bien que le capitaine Didier y représente la force et la conquête françaises.

— Peut-être nous est-il favorable ? hasarda Aurélie.

— J'en doute. Nous irons le voir tous deux cet après-midi. Il ne sied point que je me présente à lui dans ma tenue de voyage.

— Ni moi dans cet accoutrement poussiéreux, convint la jeune femme.

— Et il est bon que je le fasse attendre un peu, ajouta-t-il.

Si Bachir attendait son frère sur le seuil de la grande maison blanche. Ils se donnèrent le baiser de paix, puis Si Ahmed fit les honneurs de sa maison.

Le style en était simplifié à l'extrême : un vaste quadrilatère de murs blanchis à la chaux supportait les toitures en *rhorfa** des chambres qui ouvraient toutes sur une galerie intérieure ; au centre du carré ainsi formé se trouvait le puits. Des rosiers avaient été plantés un peu partout, et les bougainvillées s'enroulaient autour des colonnettes soutenant les charpentes. Écuries et communs avaient été bâtis un peu à l'écart, en bordure de la palmeraie. Isolée ainsi des rumeurs de la ville et du bruit des animaux, la maison apparut à Aurélie comme un havre de silence, de fraîcheur et de paix.

L'ameublement intérieur était un mélange agréable de style Empire et d'art islamique. Les glaces au teint vieillot, encadrées somptueusement dans du cèdre plaqué d'or, voisinaient avec les canapés en acajou provenant d'une grande maison parisienne. Le lit de cuivre était surmonté d'un dais où s'accrochait la fine mousseline des moustiquaires.

Les ouvertures grillagées laissaient passer une lumière tamisée par les palmiers de l'oasis. Des tourterelles roucoulaient un peu partout, familières, voletant dans les chambres, se perchant sur les chevrons du portail ; l'une d'elles vint se poser sur l'épaule du chérif.

— Elles me connaissent ! J'avais l'habitude de les nourrir à la main !

Tous deux se turent, saisis de la même émotion.

Près de deux ans avaient passé depuis le jour où Aurélie insouciante et joyeuse avait lâché ses pigeons dans le couloir du Grand Hôtel. Deux ans, et le rêve était devenu réalité.

La visite terminée, Aurélie s'appuya tendrement sur son époux :

— Je sens que je me plairai beaucoup ici, dit-elle. J'aime la disposition de la maison, le site, le silence, la fraîcheur. Pourquoi n'y resterions-nous pas définitivement ? Est-il vraiment nécessaire que tu retournes à Aïn Madhi ?

Il hocha la tête amusé, un peu inquiet cependant.

— Tu oublies que je suis le Grand Maître de la zaouia, que ma présence est indispensable à Aïn Madhi, que d'elle dépendent notre prospérité et celle de la confrérie ! Cette maison n'est pas un lieu saint ! Ce sera notre Maison du Bonheur. Et, comme celle de Notre-Dame-d'Afrique, nous l'appellerons *Dar Saada*. Nous y viendrons souvent ! Laghouat n'est qu'à deux jours de cheval d'Aïn Madhi. J'ai même accompli parfois le trajet en une seule étape ! Gardons ce coin retiré pour nous deux, pour notre amour !

Lorsqu'ils furent reposés et baignés, et qu'ils eurent revêtu, lui sa tenue de caïd du gouvernement français, elle son blanc costume européen d'amazone, ils se présentèrent à cheval à la porte du bureau des Affaires arabes.

Se faisant annoncer et laissant leurs montures à la garde des chasseurs d'Afrique de service, ils pénétrèrent dans le bureau très sobre où se tenait le commandant du poste de Laghouat – à l'époque le poste le plus avancé de la pénétration française au Sahara. Le capitaine Didier représentait la France dans cet immense secteur à peine pacifié ; c'était un officier de valeur, un arabisant distingué.

— La paix soit sur toi, Chérif ! dit-il.

— Et sur les tiens, Capitaine. Viens que je te présente ma femme !

Aurélie s'avança, souriante mais inquiète ; l'officier s'inclina galamment, esquissa un baisemain, fit signe à ses hôtes de s'asseoir.

— Ainsi te voilà revenu, Si Ahmed ! Nous en sommes ravis. Sans toi, ça ne va pas très fort à la zaouia ; trop de désordre. Je me suis bien gardé d'intervenir dans les affaires intérieures de la confrérie. Mais toi, tu es à la fois caïd et Grand Maître, alors je pense que nous pourrons collaborer utilement.

À sa profonde surprise, ce fut Aurélie qui répondit :

— Je le pense également, Capitaine ! Et je tiens à ce que ma présence adoucisse certains rapports qui s'étaient établis entre le chérif et l'administration d'Alger. Je m'y emploierai de tout mon cœur de Française.

— J'en prends note avec satisfaction, Madame. Je sais que vous parlez l'arabe et que vous êtes une cavalière accomplie. Deux atouts maîtres pour réussir dans ce pays.

Puis, se tournant vers Si Ahmed :

— J'ai de bonnes nouvelles à t'annoncer. Le vent a tourné pour toi à Alger ! Le nouveau gouverneur, le général Chanzy, n'est pas du tout hostile à ton retour à Aïn Madhi ! Il reste à convaincre le Bureau arabe, où se trouvent encore quelques militaires qui ne te portent pas dans leur cœur depuis l'affaire des Ouled Sidi Cheikh !

— Encore ! Mais c'est vieux tout ça !

— Et tu étais bien jeune à l'époque.

Insensiblement, le ton de voix avait changé. Didier commandait :

— Tu vas donc t'installer dans ta demeure de l'oasis. Bien que, jusqu'à ce que l'ordre arrive d'Alger, tu sois encore en résidence surveillée, je ne t'imposerai aucune contrainte. Tu pourras aller et venir comme tu voudras, chasser dans les environs, visiter tes amis. Et, si tu le veux, je serai un ami !

Si Ahmed serra avec effusion les mains du capitaine.

— Tu es mon frère, capitaine Didier, ce sont les premières bonnes paroles que je reçois depuis mon arrivée à Alger ! Si j'excepte l'ami sincère que j'ai rencontré en la personne de ton grand marabout, monseigneur Lavigerie.

L'entretien était terminé. Le capitaine se leva :

— Maintenant, je vais te présenter à mes officiers ; de jeunes lieutenants un peu bruyants, baroudeurs, comme je l'étais à leur âge !

Ils étaient une dizaine, que le capitaine groupa dans son bureau. Tous connaissaient l'aventure sentimentale du chérif et, lorsqu'ils en avaient discuté, la plupart s'étaient montrés hostiles à cette union d'une Française avec un chef religieux musulman.

Ils se présentèrent un à un et serrèrent la main du chérif, puis saluèrent d'une froide inclination de la tête Aurélie qui se tenait debout, un peu en retrait de son mari. Elle eut pour chacun un sourire et, devinant leurs pensées : « Vous aussi, je vous mettrai dans ma poche », songea-t-elle avec l'assurance que donnent à une femme la jeunesse et la beauté.

Ce soir-là, le chérif et sa femme se retrouvèrent en amoureux, libérés de tous soucis. La certitude de la fin toute proche de son exil remplissait Si Ahmed de bonheur. Ravie d'avoir rencontré un officier aussi compréhensif que le capitaine Didier, Aurélie se moquait un peu de l'indifférence hypocrite des jeunes sous-lieutenants. Et, ce soir, elle était dans cette belle maison au cœur de l'oasis où roucoulaient les tourterelles de son rêve. Parvenaient jusqu'à eux les grincements des poulies tirant l'eau des puits. Puis s'éleva le chant du muezzin appelant à la prière du soir.

— *La Illah ! Mohamed Rassoul Allah !*

Le capitaine Didier rendit visite à Si Ahmed. Cela lui permit de constater deux choses importantes pour la politique française dans ces territoires du Sud : le chérif était amoureux de sa femme ; quant à Aurélie Picard, elle le dominait entièrement et devenait le seul interlocuteur valable entre le Bureau arabe de Laghouat et la zaouia d'Aïn Madhi.

Ils en avaient longuement discuté au mess. Les jeunes lieutenants n'étaient pas convaincus. L'un d'eux, fier d'être le rejeton d'une grande dynastie d'officiers, s'était même écrié :

— Non, mon Capitaine ! Je ne m'abaisserai jamais à saluer une renégate ; en épousant le chérif Tidjani, elle a renié sa foi, son pays ! Qui nous dit que dans quelques années les Tidjani ne seront pas les principaux adversaires de notre pénétration dans ce pays ?

— Calmez-vous, Beaulieu ! N'avons-nous pas justement un atout maître : une Française à Aïn Madhi ? Ne voyez-vous pas tout l'intérêt que cela représente ?

L'adjoint du capitaine Didier n'était pas convaincu.

— D'abord, sont-ils mariés réellement ?

— Elle est doublement mariée : secrètement, selon le rite de notre sainte Église, par monseigneur Lavigerie, évêque d'Alger.

— Ah ! Celui-là !

— Je sais que vous n'approuvez pas sa politique de fraternisation, mais le fait est là : il les a bel et bien mariés, et je pense qu'il voyait en cet acte beaucoup plus loin qu'une union ordinaire. Cependant, Messieurs, sur ce point, je vous demande votre parole d'honneur : le mariage chrétien d'Aurélie Picard doit rester secret. Il ne faut pas qu'il parvienne aux oreilles des mokkadems d'Aïn Madhi, ni, surtout, à celles du cheikh de Temacine ! Il en coûterait peut-être la vie à cette audacieuse. D'autre part, le mariage musulman a été célébré par le mufti hanéfite d'Alger. Si Ahmed est donc en règle avec sa religion qui permet le mariage mixte.

— Je ne suis convaincu qu'à moitié, mon Capitaine ; pour moi, ce mariage est une grave mésalliance...

— Cessez d'être vieux jeu, Beaulieu, et, maintenant, je vous annonce une nouvelle assez inattendue : madame Tidjani vous invite tous à une soirée chez elle – une soirée à la française, a-t-elle ajouté, et j'espère que vous y serez tous présents... Même vous, Beaulieu !

Le jeune officier émit un grognement qui ne signifiait rien.

La réception eut lieu, et on en parla dans tout Laghouat. Le repas servi à l'européenne était parfait. Aurélie avait vite repéré les produits qu'elle pouvait trouver sur place. L'agneau broutard était cuit au four et à point, entouré de petites tomates fraîches venues des jardins de l'oasis ; un plat de *terfess** – truffes blanches du désert – ajoutait sa saveur à la viande. Elle avait réussi un gâteau parfait. Enfin, surprise générale, des vins excellents et du champagne avaient arrosé ce repas. Si Ahmed avait bu largement sa part, sans que les serviteurs indigènes s'en étonnent.

— J'ai le pouvoir de le changer en eau ! dit-il sérieusement, et aucun de mes hommes ne contesterait ce don divin !

— Décidément, pratique... Bien pratique ! murmura *in petto* Beaulieu.

Les liqueurs furent servies au salon. Un piano droit y avait été installé. Et Aurélie joua une grande partie de la soirée, alternant la musique classique et les dernières valses ramenées de Bordeaux. Les leçons prises tant à Arc-en-Barrois qu'à Bordeaux avaient fait d'elle une exécutante plus qu'acceptable. Les airs qu'elle joua provoquèrent une indéniable nostalgie chez les jeunes !

En la quittant, le capitaine Didier, se faisant l'interprète de tous, la remercia :

— Vous nous avez rappelé la France, Madame, et nous vous en sommes très reconnaissants. Cependant, il ne faudrait pas recommencer trop souvent, nous risquerions de nous amollir !

Les officiers partis, Si Ahmed prit Aurélie dans ses bras :

— Tu as été parfaite, ma colombe. Je suis fier de toi ! Et jaloux de ces jeunes qui te regardaient trop à mon gré.

— Ils ne pensaient pas que du bien de moi, Ahmed ! Mais nous en ferons des alliés, sinon des amis.

Le lendemain, Aurélie recevait une superbe gerbe de fleurs avec un bristol adressé à madame Aurélie, de la part des officiers de la garnison, qui la remerciaient pour son excellente soirée.

Elle prit le bristol, le lut, le rendit au chaouch :

— Je ne connais pas de « madame Aurélie », il y a sans doute erreur. Va dire à ceux qui t'envoient que je suis « madame Tidjania ». Oui, âne bâté, tu entends : Lalla Tidjania !

CHAPITRE XXI

Si Ahmed et sa jeune femme avaient quitté Laghouat le matin même. La journée s'achevait, et le soleil couchant accrochait ses derniers rais à la chaîne festonnée du djebel Amour qui bordait l'horizon au nord de la piste.

Les deux cavaliers traversèrent l'oued Tadjemout et son lit de verdure ; le ksar fortifié dressait ses ruines au pied des premiers contreforts de la montagne ; la masse sombre de ses jardins et de sa palmeraie chétive se confondait déjà avec le crépuscule.

Aurélie chevauchait son magnifique pur-sang alezan ; elle caracolait un peu en retrait, car il fallait que le cheikh fût le premier partout.

Il se tourna vers elle et sourit.

— Ce soir, nous camperons sur mon territoire, ma colombe. À partir de Tadjemout, je suis le maître absolu ! Plus personne ne pourra nous espionner, et nous n'aurons pas à supporter les félicitations hypocrites des militaires français de Laghouat.

Rejetant le chèche de mousseline qui masquait son visage et le protégeait des vents de sable, elle lui adressa un sourire plein de tendresse.

— Je suis fière d'être ta femme.

— Tu es la plus belle de toutes et tu seras la mieux aimée.

— La seule à être aimée ! rectifia-t-elle avec autorité.

— Il n'y a plus de passé, Aurélie, désormais tu es la seule.

Sur l'autre rive de l'oued, au-dessus des terrasses d'érosion, les serviteurs de Si Ahmed avaient installé un campement sommaire. Deux grandes raïmas en poil de chameau, gardées par deux sentinelles en armes, en occupaient le centre. Devant celle de Si Ahmed se tenait immobile le porte-étendard du chérif. La tente de son épouse était séparée de celle du maître par celles, plus modestes, abritant les services : la foule affairée des servantes et des esclaves féminines.

Sous son grand burnous de cavalier du Sud, Aurélie était vêtue à l'européenne, portant culottes de cheval et tunique au col dolman. Le burnous et le chèche protégeant sa coiffure blonde étaient sa seule concession au vêtement arabe.

Si Ahmed resta un moment en selle, faisant caracoler sa monture, vérifiant l'installation, interpellant ses serviteurs dans son rauque dialecte du Sud, où les termes berbères se mêlaient à l'arabe vernaculaire.

— Repose-toi ma chérie ; demain sera une rude journée pour tous deux ! Va ! Je te rejoindrai quand j'aurai inspecté le campement.

Se tournant vers l'athlétique palefrenier noir qui tenait la bride de l'alezan d'Aurélie, il ordonna d'un ton sec :

— Qu'attends-tu pour l'aider à descendre de cheval ?

Et aux jeunes négresses qui accouraient :

— Vous autres, préparez le bain de votre maîtresse, et veillez à ce que tout soit parfait... Sinon, je vous étripe !

Elles éclatèrent de rire, sachant fort bien que le maître plaisantait. Aurélie, amusée, sauta légèrement à terre.

Dès le départ d'Alger, elle avait refusé de prendre place dans le grand bassour orné de tentures soyeuses et de tapis de haute laine. Elle avait tenu, contrairement à la tradition, à chevaucher aux côtés de Si Ahmed, et celui-ci avait cédé. Les serviteurs, étonnés par un tel spectacle, n'avaient pas manqué de se communiquer leurs impressions :

— Regarde ! Elle monte mieux qu'un homme ! Tu verras, cette roumia sera le véritable maître de la zaouia !

— Elle aura du travail, avait dit perfidement Melika, l'une des vieilles femmes de la caravane...

— Tais-toi, sorcière !

Car Melika était la mère de Zorah, la favorite du cheikh, et grâce aux intrigues de cour, savamment menées par Melika, Zorah avait successivement évincé les deux autres femmes de Si Ahmed pour devenir la première épouse du chérif. Elle connaissait la faiblesse de caractère de Si Ahmed et avait su jouer de cette apathie foncière en favorisant tous ses caprices. Mais cette fois, Melika craignait pour l'avenir de sa fille ! La roumia serait une dangereuse rivale ! La vieille Berbère s'était promis de veiller. Elle n'était pas pour rien femme du djebel Amour, ces montagnes où les femmes vont à visage découvert et ne craignent pas les hommes.

Patiemment, depuis le départ d'Alger, Melika tissait tout un réseau de renseignements, recueillait les potins des cuisines ou des écuries, car on parlait beaucoup et, maintenant que le long exil du Grand Maître était achevé, on se demandait : « Comment réagira la roumia lorsqu'elle sera confrontée aux trois autres femmes de Si Ahmed ? »

Mais rien ne transpirait des desseins de Si Ahmed ! Rien ! Et les petites esclaves noires d'Aurélie, subjuguées par sa bonté et son autorité, se seraient fait tuer plutôt que de renseigner la sorcière, comme elles appelaient Melika.

Si Ahmed suivit du regard avec regret la silhouette élancée qui dominait de près d'une tête les négrillonnes trottinant auprès d'elle. Il la vit se baisser pour pénétrer sous sa raïma, une esclave tira la tenture qui masquait l'entrée de la tente.

Si Ahmed poussa un grand soupir, puis se ressaisit. Plus tard, il la rejoindrait. Avant, il fallait qu'il voie le mokkadem venu à sa rencontre.

Cette nuit à Tadjemout sera l'ultime nuit du long voyage ; demain, il sera accueilli chez lui, dans Aïn Madhi, la ville sainte. Mais, avant d'y pénétrer, il faut qu'il reçoive le mokkadem que lui dépêche Si Bachir, son frère. Boubeker doit le mettre au courant des faits et gestes de ses tolba, de ses serviteurs, lui parler des incidents, des menus complots qui se sont passés à la zaouia durant sa longue absence.

Trois ans d'exil en Alger, puis en France, c'est long ! Il sait déjà que la gestion financière de ses biens personnels par son tuteur Ryan a été désastreuse. Désormais, il lui faudra vivre sur les biens habbous. Nul ne le lui reprochera, car il en est le seul maître, mais cela se fera au détriment de la fraternité tidjania. Car chacun sait que biens, dons et offrandes faits à la confrérie doivent être utilisés pour faire le bien, recevoir, nourrir, héberger ceux qui, passant par Aïn Madhi, viennent prier sur la tombe de son grand aïeul Mohamed Kebir, le fondateur de la confrérie.

Suivi de son porte-étendard, Si Ahmed fit le tour du campement, veillant à ce que le dispositif de sécurité soit en place. Bien que la région fût pacifiée depuis peu par les Français, il redoutait toujours quelque escarmouche : un *rezzou** des Ouled Sidi Cheikh attirés par les énormes richesses que transportait sa caravane.

La nuit était venue, et le ciel scintillait d'étoiles. Les feux brasillaient. À l'extérieur des tentes, des groupes se formaient en cercle autour des flammes du bivouac. Les chameaux débâtés et les mulets de charge entravés s'éloignaient en boitillant à travers les touffes de drinn qui poussaient en gerbe, çà et là dans le lit de l'oued. Une rumeur sourde montait lentement dans la nuit, plaintes chevrotantes des cabris, bêlements des agneaux, blatèrements rauques des chameaux, hennissements des cavales en chaleur et des étalons affolés, cris des palefreniers et des sentinelles armées, postées autour du grand rassemblement.

Montaient dans l'air également l'odeur âcre des cuisines, les relents pimentés de la *chorba**, la saveur des méchouis que tournaient et retournaient sur leur lit de braise les cuisiniers du campement.

Ce spectacle ravissait le jeune prince. Immobile, il humait la nuit, silhouette équestre se profilant sur une butte de terrain. Le vent du soir parcourait la steppe herbacée, venait le frapper en plein visage. Quelques sentinelles accroupies, encapuchonnées et silencieuses, scrutaient les quatre coins de l'horizon, leur long moukkala dressé entre leurs jambes. Si Ahmed était bien gardé, et le seigneur sourit de satisfaction. Il était redevenu le maître après tant de mois d'exil, et demain il entrerait dans Aïn Madhi, le ksar fortifié qui protégeait le tombeau de Mohamed Kebir, un saint homme qui sut résister à toutes les attaques et tint en échec de longs mois son grand rival Abd el-Kader, conquérant de l'Oranie !

Déjà, d'Alger à Laghouat, il avait pu constater que la ferveur des foules lui était toujours acquise. Partout sur son passage, les pauvres, les humbles, les riches se précipitaient aux pieds de sa monture, baisaient ses mains, un pan de son burnous, déposaient leurs offrandes ! Si Ahmed ressentait profondément cet état de sainteté que sa descendance directe du Prophète autorisait. Il n'avait jamais cherché à en deviner l'origine, il était né Grand Maître de tous les mokkadems de la zaouia d'Aïn Madhi, comme de celle de Tamellah, près de Temacine, dans la vallée des dattes, qui constituait le centre de départ de ses émissaires religieux pour le Sahara central et l'Afrique noire. En vérité, du Maroc au Sud oranais, du Sud constantinois en Tunisie, du Tell au Niger, ses disciples se comptaient par centaines de mille. La confrérie des Tidjani était le plus important centre religieux de l'Islam au Sahara, et il le savait.

Il était heureux et inquiet.

Heureux de baigner dans la nuit parfumée du désert, où l'odeur entêtante du chikh qui poussait en profusion un peu partout couvrait parfois les relents pimentés des cuisines en plein vent !

Inquiet par tempérament car, bien qu'il ait été porté à la plus haute dignité religieuse de sa confrérie, il mesurait combien sa jeunesse et son inexpérience le mettaient à la merci de ses ennemis : à l'ouest, les Ouled Sidi Cheikh, au sud-est, les Tidjani de Temacine qui grignotaient sa souveraineté (profitant de son absence, le cheikh de Temacine avait étendu son autorité et recueilli pour la zaouia de Tamellah, dans l'oued Rihr, les dons des fidèles qu'il aurait dû remettre à la maison mère d'Aïn Madhi), dans le Tell, la puissante confrérie des Rahmania, qui avait déclenché avec succès la révolte de la Kabylie contre les Français. Exemple qui pouvait inciter certaines tribus à se révolter contre lui.

De la conduite à tenir, il devrait décider dans les jours suivant son arrivée. Comment ? Il ne savait ! Il se sentait pris de panique à l'idée des responsabilités qui l'attendaient, puis la certitude qu'il était le seul détenteur de la Baraka et le descendant du Prophète le rassérénait. Nul n'oserait toucher son burnous, sinon pour y porter le baiser de paix et demander sa protection, songeait-il.

— Seigneur ! Le mokkadem vient d'arriver !

Si Ahmed sursauta ; il n'avait pas vu venir dans la nuit son serviteur Dahmani.

Il sauta de cheval.

— Prends bien soin de ma monture, Dahmani. Je regagne ma tente.

— Boubeker t'attend devant ta raïma, Seigneur.

Il franchit à pied une centaine de mètres à travers le campement, contournant les feux autour desquels s'agglutinaient les serviteurs ; parfois, l'un d'eux se levait prestement, accourait vers lui, baisait un pan de son burnous !

— Baraka el aoufi !

Devant la grande et sombre tente en poil de chameau, Boubeker l'attendait.

C'était un homme de quarante ans, au fin visage enturbanné dans son chèche de mousseline de soie ; son teint pâle décelait le lettré penché à longueur de journée sur les textes sacrés dans les salles obscures et fraîches de la zaouia !

— La paix sur toi, Si Ahmed !

Le jeune chérif l'étreignit.

— Les nouvelles sont-elles bonnes, Boubeker ?

— Allah a voulu te réserver quelques déceptions, mais ton retour comblera les vœux de la confrérie. Notre salut dépend de toi, Seigneur !

— À ce point ? Si Bachir m'a déjà prévenu : Ryan a dilapidé mes biens personnels.

Le mokkadem eut un geste d'impuissance.

— Il était déjà trop vieux du temps de ta tutelle, tu aurais dû changer d'administrateur après ton émancipation.

— Pouvais-je savoir ? J'avais seize ans à l'époque. Mais qu'importe mes biens personnels, les biens habbous sont-ils compromis ?

— Non, car il ne pouvait pas y toucher ! Ils sont ceux de la confrérie, et tu pourras puiser dedans selon ton gré, Seigneur !

— Que me reste-t-il ?

— Ta villa d'Alger, des propriétés à Guelma et Tlemcen, des troupeaux dans le djebel Amour – quelques milliers de moutons et de chameaux – ; Ryan a puisé dans ton cheptel pour t'envoyer de l'argent en France. Tu dépensais beaucoup à Bordeaux, Si Ahmed !

Le chérif ne releva pas cette allusion pertinente ; le mokkadem, son aîné et son premier vicaire, pouvait seul se permettre une telle allusion à la prodigalité du Grand Maître.

— Vois-tu, depuis que le gouvernement français nous a interdit de percevoir la ziara – comme aux autres confréries d'ailleurs –, nos recettes ont baissé sans que nos obligations d'hospitalité décroissent. Il n'y a jamais eu autant de monde et si peu d'argent à Aïn Madhi. À croire que tous les meskines du désert passent chez nous, et que tous les grands propriétaires et éleveurs du Sud réservent leurs pèlerinages à Temacine !

— Là aussi, il faudra aviser, Boubeker !

— Il y a autre chose, Si Ahmed Tidjani.

Il avait employé tous les titres de la confrérie, le jeune chérif devina l'importance de la question qui allait être posée.

Le mokkadem jetait un regard vers la grande raïma...

— Tu veux parler de ma nouvelle épouse, Aurélie...

— ... Et aussi de Aïcha et de Zorah. N'as-tu pas commis une imprudence en amenant cette roumia à Aïn Madhi ? Et si tu l'aimes, comme la rumeur me l'a fait savoir, ne crains-tu pas pour elle les dangers du sérail ?

— Il n'y a pas, il n'y aura plus de roumia, Boubeker : il y a désormais Aurélie Tidjania. Et il n'y aura plus de sérail : dès demain, je vais répudier mes autres épouses. Oh ! Ne sois pas contrarié, elles ne manqueront de rien. Zorah ne m'a-t-elle pas donné un fils ? Un futur chérif !

— Méfie-toi, Seigneur, et souviens-toi : la panthère qui ronronne et rentre ses griffes est toujours plus dangereuse que le fauve qui attaque à découvert. Crois-moi, éloigne ces femmes, si tu veux la paix.

— Les répudier est une chose, les éloigner...

— Éloigne d'abord Melika... C'est elle qui attise les passions dans ton harem... Mais agis avec beaucoup d'égards pour Zorah ! Tu viens de le dire, elle t'a donné un fils.

Si Ahmed brusqua la fin de l'entretien :

— La nuit porte conseil, Boubeker, je te remercie. Pensons plutôt que, demain matin, je ferai mon entrée solennelle dans Aïn Madhi.

— Les pèlerins sont venus de fort loin pour t'accueillir ; ce sera une grande, une très grande fête, et ton prestige, affaibli par ton long exil, remontera en flèche. Inch'Allah !

— Allah est grand, et je ne suis que son humble, très humble serviteur.

— N'oublie pas, Si Ahmed, tu es de la descendance du Prophète.

Boubeker s'éloignait lorsqu'il se ravisa :

— Si Bachir m'a tenu au courant de ton mariage, mais j'aimerais avoir confirmation par ta bouche...

— Le mufti hanéfite d'Alger nous a mariés selon les règles et la coutume de l'Islam, Aurélie est bien ma femme, sois rassuré, Boubeker... Mon unique femme.

— Protège-la, Sidi !

— Tu ne la connais pas encore ! Je crois qu'elle saura se protéger toute seule ; tous ceux qui l'ont approchée ont été conquis par sa bonté, par son altruisme, par sa beauté !

Il s'exaltait ; le mokkadem rompit l'entretien.

— Que tes souhaits se réalisent, Seigneur ! À demain. Mon cheval, Moktar !

Un serviteur lui présenta son pur-sang au montoir. Le mokkadem sauta en selle, plus légèrement que sa massive silhouette eût pu le laisser croire. Boubeker, très digne, s'éloigna au pas, traversa le campement en direction de l'ouest, disparut dans la nuit.

Si Ahmed le suivit des yeux un instant, puis se dirigea vers sa tente, souleva les draperies de l'entrée.

Étendue sur l'amoncellement de tapis de haute laine qui couvraient le sol, Aurélie, fraîche et dispose, l'attendait. Elle avait dénoué sa longue chevelure blonde qu'elle portait dans la journée roulée en gros chignon d'amazone et que Baba, sa petite négrillonne préférée, brossait délicatement.

Si Ahmed s'immobilisa sur le seuil, fasciné par la vue de sa bien-aimée. Celle-ci lui sourit, puis congédia Baba :

— Va, petite, rejoins les autres et repose-toi.

L'esclave se glissa furtivement hors de la tente, non sans avoir baisé au passage le bas de la longue cachabiah du seigneur.

Aurélie, un peu surprise par l'attitude du chérif, demanda :

— Tu n'entres pas, Ahmed ?

— Chaque jour, ma colombe, je te trouve plus belle et, de l'aurore au moghreb, j'attends cette heure où nous pouvons nous rejoindre et être seuls, ma bien-aimée. Mais ce soir...

— Ce soir ?

— Tu es si belle dans le costume des femmes de mon pays ! Merci de l'avoir revêtu.

Aurélie, depuis le départ d'Alger, s'habillait à l'européenne et, le soir venu, ne quittait sa tenue de cheval que pour enfiler des vêtements de nuit recouverts par une somptueuse robe de chambre brochée. Mais, pour cette ultime étape, elle avait ouvert les coffres cloutés d'argent qui contenaient son riche trousseau et choisi, parmi toutes les tuniques brodées d'or et d'argent et les multiples sarouals de mousseline, ce qui seyait le plus à son teint de blonde. Elle s'était décidée pour un pantalon bouffant bleu pâle, de la couleur de ses yeux, et le fuseau régulier de ses jambes transparaissait comme en filigrane sous la délicate et légère étoffe du saroual. Son buste était moulé dans un boléro de velours bleu rehaussé de broderies d'or.

Si Ahmed n'était pas beau de visage, ayant hérité de sa mère un nez épaté et la noirceur absolue du sang africain, mais Aurélie restait, comme au premier jour de leur rencontre, séduite par son regard. Les yeux sombres du Tidjani brillaient de passion lorsqu'il la fixait comme ce soir dans une muette admiration.

« Il n'est pas beau, mais il m'aime, songeait-elle chaque fois, et je ferai en sorte qu'il m'aime toujours. »

Et ce soir, dernière veille avant l'arrivée à la zaouia, elle avait besoin d'être rassurée. Comment serait-elle accueillie, première femme chrétienne à pénétrer librement dans le harem du seigneur des Tidjani ? Ahmed tiendrait sa promesse ! Il répudierait ses deux autres femmes. Comment ? Elle n'avait là-dessus aucune idée précise, mais elle savait que son bonheur et son avenir ne dépendaient que d'une chose : l'amour de Si Ahmed.

Elle se dévêtit et lui tendit les bras.

— Viens, mon seigneur !

Il s'avança lentement, silhouette sombre dans le pâle éclairage des lampes à huile : les mêmes cassolettes à mèches depuis l'époque romaine, qu'elles soient de terre cuite chez les meskines, de cuivre ou de métal précieux comme ici. Disposées en cercle autour de la couche nuptiale, elles baignaient celle-ci dans une lumière mouvante, lueur plus que lumière, vacillant au moindre souffle, aux moindres déplacements de l'homme. Ahmed se débarrassait avec frénésie de ses burnous, de sa gandoura, de son saroual. Il lui apparut dans sa nudité de bronze antique, se jeta sur la couche épaisse des tapis de haute laine, étreignit Aurélie et la pénétra avec violence. Elle ferma les yeux, écouta le souffle haletant de l'homme, caressa lentement son dos musclé.

— Tu es mon maître ! murmura-t-elle.

Mais ce n'était qu'une ruse. Une fois de plus, c'est elle qui avait apprivoisé cet athlète au corps d'ébène. Tant que cela durerait, elle resterait princesse Tidjania.

CHAPITRE XXII

Bien avant l'aurore, Si Ahmed sortit furtivement de la tente nuptiale. La nuit s'achevait ; quelques étoiles piquetaient encore le ciel, mais, à l'orient, un trait de feu filtrait entre ciel et terre au ras de la steppe ! Déjà, un peu partout scintillaient les feux du campement, sur lesquels chauffaient les bouilloires pour le thé.

Si Ahmed se tourna vers La Mecque et récita la première prière de la journée. D'instinct, cavaliers, serviteurs, tous les hommes de sa caravane s'étaient massés derrière lui et récitaient les paroles sacrées. Leur prière monocorde s'éleva dans le jour naissant. Puis, le jeune prince se tourna vers eux :

— Et maintenant, qu'on lève le campement ! La route est encore longue, et nous devons arriver à Aïn Madhi sitôt la *gaïla** passée !

Sous les lourdes tentes, les youyous des femmes éclatèrent, annonçant la joie de celles qui, ce jour, allaient retrouver la cité sainte.

Baba et Meryem avaient dormi dehors, pelotonnées dans leur mince couverture de cotonnade noire et blanche des *dokkalis** du Soudan, provenant sans doute des offrandes des pèlerins. Elles se glissèrent sous la raïma d'Aurélie.

Celle-ci était déjà réveillée.

— Attends, Lalla ! Voici de l'eau chaude pour tes ablutions, dit l'une, tandis que la seconde versait dans les petits verres colorés le thé brûlant.

Aurélie finit de s'habiller, boutonna le col serré de son dolman blanc, enfila ses bottes de filali rouge délicatement brodées de fils d'or, endossa un burnous blanc tissé très légèrement dans la meilleure des laines, puis revêtit par-dessus un lourd burnous noir en poil de chameau, vêtement de voyage qui la protégeait si bien contre le vent de sable.

Comme elle enroulait son chèche, Baba l'interrompit :

— Laisse-moi faire, Maîtresse ! Il faut que tu sois belle pour entrer dans Aïn Madhi... Je vais te coiffer comme doit l'être la femme du seigneur.

— Mais...

— Laisse-moi, veux-tu...

— Fais ! Mais je te préviens, si cela me déplaît, je déferai ton travail...

La petite négresse se contenta de sourire, puis, gravement, commença la mise en place du chèche. Elle enroula l'écharpe de cotonnade blanche longue de huit mètres autour du front et de la nuque d'Aurélie, puis, lorsque la chevelure fut entièrement recouverte, passa le tissu sous le menton, entoura le cou, releva l'écharpe sur la bouche et le nez, ne laissant plus qu'une mince fente pour les yeux.

— Mais je ne veux pas être voilée ! protesta Aurélie. Ah, tu es folle ! Je ne porterai jamais le haïk comme les femmes d'Alger.

— Patiente, Lalla !

La fillette rabattit le chèche à nouveau sous le menton, délivrant le visage, puis tendit un miroir à poignée d'argent.

— Regarde comme tu es belle, Maîtresse ! De cette façon, lorsque tu seras à cheval et avant que l'on arrive à Aïn Madhi, tu pourras préserver ta peau de la morsure du vent et du soleil. Et toutes les femmes seront jalouses de toi, toutes les femmes envieront le seigneur de t'avoir choisie...

— Tais-toi, petite sotte ! dit Aurélie. C'est moi qui l'ai choisi... Et maintenant, va voir si le grand bassour est préparé. Toi, Meryem, remets tout dans les coffres...

Elle sortit.

Sur le seuil, Dahmani attendait...

— Peut-on démonter la raïma, Maîtresse ?

— Fais ! Où est le seigneur ?

— Il inspecte le camp ; la caravane se formera sur la piste, au bas des terrasses d'alluvions de l'oued...

Aurélie savait qu'il faudrait encore une ou deux heures pour que tout soit prêt. Elle contempla la foule qui s'agitait dans la pure clarté du matin. Chaque départ était pour elle un émerveillement ; elle aimait l'activité du camp, ce désordre bien ordonné où chacun savait ce qu'il devait faire. Elle respirait l'odeur caractéristique de la steppe d'armoise, le parfum des cendres encore chaudes d'un thuya odoriférant, elle ne redoutait plus les remugles écœurants des chameaux qui ruminaient, alternant le mouvement latéral des mâchoires avec la rapide montée de la boule de nourriture à travers leur long cou serpentiforme, mais elle sursautait encore à leur blatèrement aussi fort qu'un rugissement ! Scènes quotidiennes riches en cris, en mouvements, en odeurs, en couleurs !

Pour cette ultime étape, les hommes avaient revêtu leurs plus beaux burnous, leurs plus belles cachabieh, les épouses des dignitaires, et même les plus humbles esclaves comme Baba et Meryem, s'étaient parées de leurs bijoux : des colliers de pièces d'or cerclaient le cou des favorites, des anneaux de cuivre, et même de fer, paraient les plus meskines, les plus misérables, mais toutes se voulaient belles. Déjà, les palefreniers amenaient les chevaux sur le lieu du départ, et les oriflammes et les étendards de la caravane, attachés aux longues lances de bois d'acacia piquées dans le sable, attestaient la solennité qui serait donnée à cette dernière marche vers Aïn Madhi.

Lorsque tout fut prêt, le long cortège s'ébranla vers l'ouest. Ils marchèrent ainsi lentement, mais sans halte. La caravane s'allongeait comme un long serpent brunâtre, soulevant un nuage de poussière à travers le plateau mamelonné constamment dominé au nord par les arceaux rocheux du djebel Amour. Au loin fuyaient des hardes de gazelles, bondissant, ricochant comme des balles çà et là, effleurant à peine le sol de leurs minces et délicats sabots, soulevant à chaque contact de petits flocons de poussière ; farouches et craintives, elles se réfugiaient vers les premières gorges de la montagne, et l'on pouvait suivre du regard les taches blanches de leurs croupes se détachant de la grisaille ocrée des roches et des terres sèches.

Depuis qu'ils avaient quitté Tadjemout, le paysage était devenu austère. Quelques daïas argileuses où poussaient des betoums plaquaient d'espaces sombres la steppe d'alfa, mais, à part quelques arbustes de maquis poussant dans des encoignures rocheuses, les grands pistachiers étaient d'autant plus rares en bordure de la piste que des générations et des générations de transhumants les avaient mutilés pour entretenir les feux des campements. Aussi l'attention d'Aurélie fut-elle attirée par un magnifique pistachier qui, un peu au nord, se nichait au pied d'un ravin pierreux brusquement dessiné dans le paysage par un trait de végétation.

— Aïn Kourdane ! la renseigna Ahmed. Une excellente source, nous y reviendrons chasser la gazelle ou l'outarde.

— Ahmed ! Viens avec moi, j'ai envie d'eau fraîche !

À vrai dire, Aurélie avait une soudaine envie de « voir » couler l'eau vive jaillissant du rocher, d'y tremper ses mains, de boire dans la coupe de ses paumes réunies. Elle ne s'était pas encore habituée complètement à l'eau des guerbas traitées au goudron ou au beurre rance et, bien qu'elle eût admis que c'était l'unique moyen de transporter de l'eau sur les chameaux et de la garder fraîche par capillarité et évaporation, il lui tardait de retrouver une source... Une vraie source !

Si Ahmed éperonna son cheval, et Aurélie en fit autant ; ils galopèrent étrier contre étrier, heureux comme des enfants qu'ils étaient soudain redevenus, arrêtèrent leurs montures sous l'ombre fraîche d'un pistachier centenaire, un betoum aux branches mutilées, tordues. Si Ahmed sauta à terre, décrocha de sa selle la coupelle d'argent, la *manassa* qu'il y accrochait pour le voyage, se pencha vers le filet d'eau qui coulait clair et pur, emplit le récipient et le tendit à Aurélie.

Elle but, et jamais breuvage ne lui parut plus exquis.

— Nous reviendrons ici, Ahmed ; j'aime ce lieu. Le premier endroit où nous nous trouvons seuls ! Seuls au milieu du désert !

— Écoute ! dit brusquement Ahmed.

Un coup de feu trouait le silence, lointain, mais nettement identifiable.

Comme elle s'inquiétait, Si Ahmed la rassura.

— Le chouaf envoyé par Bachir nous a signalés. Désormais, ma colombe, tout Aïn Madhi se prépare à accueillir sa nouvelle maîtresse.

— J'ai peur, Ahmed ! Nous étions si bien ! Envoie la caravane, mais nous deux, restons ici ; gardons Dahmani et Baba pour nous servir, nous passerons la nuit ici. Demain, il sera temps.

Elle suppliait presque, elle, toujours si énergique.

— Ce que tu me demandes est impossible ! Je dois être à la tête de ma caravane. Nous ne pouvons pas déroger à cet usage ! Ce manquement aux traditions les plus anciennes nous vaudrait trop d'inimitié. Toi-même, tu dois pénétrer en conquérante dans Aïn Madhi ; telle a été ton attitude jusqu'ici, et je sais que chacun dans la caravane t'a admirée pour cette fermeté digne de la femme d'un grand chef. Ne détruis pas ta légende !

Elle surmonta la panique qui l'envahissait.

— Tu as raison, Si Ahmed ! Pardonne cette défaillance. Désormais, tu n'auras plus à t'inquiéter, je ferai face !

Et, prenant les devants, elle piqua des deux pour rejoindre au galop la caravane qui, durant leur courte halte, les avait précédés de plus d'un kilomètre.

Ils se placèrent de nouveau à sa tête.

Une courte montée les amena au faîte d'une colline. Au loin, des remparts crénelés encerclaient des jardins. La coupole d'une mosquée, le toit pyramidal du minaret tranchaient, par les tuiles de céramique vertes de leurs toitures, sur la masse blanche des terrasses et l'architecture cubique des maisons.

— Aïn Madhi ! dit Si Ahmed. Et dans un mouvement de fierté, il serra les flancs de son étalon qui se cabra en hennissant.

Aurélie se tourna vers lui, dissimulant mal son émotion. Ainsi, elle était arrivée au bout de son long voyage. Aurélie Picard, la petite modiste d'Arc-en-Barrois, devenait réellement, ce jour, princesse Tidjania.

Émotion mêlée d'angoisse : de quoi demain serait-il fait ? Elle chassa ces idées sombres qui transperçaient son armure de joie et d'orgueil. Elle n'avait plus le temps de penser. Le Tidjani, tout à la joie du retour après quatre ans de captivité, se dressa debout sur ses étriers, brandit son sabre courbe, lança un cri rauque que les hommes de sa suite perçurent comme un commandement. Ils pointèrent leurs fusils damasquinés vers le ciel et tirèrent une salve.

Dans le silence qui suivit, chacun écouta.

Une sourde, lointaine et musicale rumeur leur parvint, s'amplifiant de minute en minute. On discernait les battements assourdis des tobouls rythmant les nasillements des raïtas et le claquement sec et métallique des castagnettes soudanaises.

Ils reprirent leur marche scandée par les musiciens invisibles, disparurent dans un vallonnement, reparurent sur une crête ; ils étaient désormais à portée de fusil d'Aïn Madhi.

Quand il aperçut la foule groupée devant les remparts, Si Ahmed fit arrêter sa caravane.

— Que chacun se prépare ! Nos frères nous attendent.

Alors s'élevèrent de partout des cris de joie, des hurlements frénétiques, couverts parfois par les youyous aigus des femmes juchées dans les bassours.

Lorsque son cortège fut en ordre, Si Ahmed donna le signal du départ.

— Veux-tu monter dans ton bassour ? Je crains pour toi la poussière, la bousculade, les cris qui pourraient effrayer ton cheval. Qu'arriverait-il si tu étais désarçonnée devant tous ces gens ?

Aurélie le regarda avec fierté :

— El Ghazal est habitué aux cris, aux rumeurs et aux foules ; il ne craint personne... Sauf moi. Regarde !

Piquant des deux, elle le fit partir au galop de pied ferme, puis l'arrêta net après trois foulées, pressa ses flancs et le fit se cabrer, le corps pointé à la verticale, presque assis sur l'arrière-main, les sabots de devant battant l'air comme pour un salut.

Derrière Si Ahmed, des cris flatteurs s'élevèrent. On saluait la performance.

— Tu as gagné, Aurélie.

Elle remonta son chèche pour protéger son visage, dissimulant ses boucles blondes.

— Je suis prête, Si Ahmed.

Il n'ajouta rien, mais la lueur de fierté qui illumina son regard traduisit l'intensité des minutes qu'il vivait. C'était bien la femme du Grand Maître qu'il ramenait à Aïn Madhi, et non pas une épouse de plus dans son sérail.

Le cortège avança lentement dans un ordre parfait, porte-étendard et cavalier en tête. Venaient ensuite les chameaux porteurs de bassours chamarrés, enfin les soixante chameaux de bât chargés des trésors achetés en Alger. Sur les flancs, les petits bourricots gris à la robe enrichie d'une croix noire trottinaient l'amble ; ils étaient lourdement chargés des chebkras contenant les articles usuels du campement – perches et mâts des tentes, réserves de bois –, et des enfants les activaient constamment de la pointe de leurs gourdins. Pauvres bourricots ! Personne ne se souciait de leur sort. Ce soir, une fois déchargés, ils seraient rendus à leur liberté factice et se disperseraient sur la steppe d'alfa à la recherche de nourriture, reniflant et soufflant de leurs narines fendues d'un coup de poignard pour leur permettre d'aspirer davantage d'air et d'être donc plus résistants.

CHAPITRE XXIII

La nuit finissait.

C'était l'heure incertaine où les grands arceaux calcaires du djebel Amour révèlent la géométrie régulière de leurs synclinaux, silhouettent leurs crêtes entre les ombres bleutées de la terre et la tranquille clarté d'un ciel immuable de pureté, un ciel gris fer où vient de s'éteindre la dernière étoile.

Le muezzin, un peu enrobé dans sa graisse et ses nombreux burnous, avait escaladé en soufflant les hautes marches de l'escalier intérieur qui conduit au balcon circulaire du minaret. Une fois là-haut, il scruta l'horizon, attendant le moment sacré où il lancerait aux échos l'appel à la prière de l'aube.

Un mince rai de lumière effleura, comme s'il avait été posé par la touche légère d'un pinceau, le faîte de la montagne. Sa lueur rose se dora, s'amplifia, annonçant la lente descente du soleil sur les flancs du djebel.

L'heure était venue de chanter la gloire d'Allah en ce jour béni où Sidna Ahmed, le Grand Maître, était attendu de ses frères.

— Allah ou akbar ! Mohamed Rassoul Allah !

L'appel du muezzin, lancé d'une chaude voix de basse chantante, plane sur la cité endormie, pénètre au cœur des foyers et, à son appel, des ombres se prosternent un peu partout sur les terrasses de la ville sainte.

Puis, de cette même ville, une rumeur générale monte, grandit, couvre la voix du muezzin.

L'appel a été entendu, et toute la ville prie. Dans la cour de la zaouia, les tolba groupés au coude à coude et tournés vers La Mecque psalmodient, se prosternent rituellement, se relèvent, chantant la gloire de Dieu l'Unique.

En ce matin de février 1873, le chérif Si Bachir, frère cadet du Grand Maître, s'apprête à recevoir en sa ville sainte Si Ahmed Tidjani.

Il a fort à faire. Sur son ordre, les chaouchs ont rassemblé les esclaves et les serviteurs de basse classe, et distribué à chacun sa tâche. Sur le trajet que suivra le cortège et qui, de la porte sud à travers les jardins, franchit la double enceinte fortifiée et conduit au palais et à la tombe du fondateur de la confrérie, il veut que tout soit propre, balayé ! On fixe hâtivement des djerids de palmiers aux murs crépis à la chaux ; certains notables étalent devant leurs demeures ou laissent pendre du haut de leurs terrasses les moelleux et profonds tapis du djebel Amour, tissés de haute laine, couleur sang de bœuf, sur laquelle se dessinent des arabesques de laine noire tachetées de vert – des tapis si bien tissés qu'il suffit de les retourner pour que même les plus lourds chameaux puissent marcher dessus sans les abîmer.

Les corvées de nettoyage se poursuivent. Parfois, un chaouch réveille l'apathie des travailleurs en faisant claquer nerveusement la longue mèche de son fouet au manche court ; il ne réussit qu'à faire s'élever du sol de terre battue un flocon de poussière dorée, et seuls répondent à sa menace le rire et les lazzis des meskines assurés de l'impunité en ce jour sacré. Leur rire se propage à travers la place, franc, à la fois honnête et moqueur, chargé d'amitié. Le rire des Noirs est ce qu'il y a de plus beau au monde. Comment le comparer au rire pincé des Occidentaux ou au sourire permanent et hypocrite des races jaunes pour lesquelles il constitue un masque impénétrable !

Leur prière terminée, les tolba se réunissent sur la placette devant la zaouia. Ils déploient les étendards et les oriflammes aux franges effilochées dont ils ont la garde – reliques sacrées datant de la venue au Maroc du fondateur de l'ordre, et dont les rutilantes couleurs d'origine, les verts et les ors, ont pâli au fil des ans, dans la semi-obscurité de la crypte où repose le saint, ce tombeau autour duquel ils montent une garde soyeuse. En ce matin radieux, les voici qui flottent au vent, fixés par des clous d'argent aux longues hampes en bois de cèdre coiffées des trois boules de cuivre d'inégales grosseurs, sommées du croissant de l'Islam, parfois agrémentées du panache de crins noirs d'une queue de cheval.

Tout Aïn Madhi est heureux. Sidna Ahmed revient, et chacun est soulagé, car lui seul possédait la Baraka, ce don d'essence divine. Cette Baraka qui accomplit des miracles, guérit les malades, ramène la prospérité, et que seuls détiennent les descendants du Prophète. Cette prospérité dont la confrérie a tant besoin à la veille d'être ruinée par le schisme qui vient d'éclater, provoqué par l'absence du Grand Maître et l'ambition du cheikh de la zaouia de Temacine, sa filiale de l'Est, dans l'oued Rhir. Le Grand Maître seul pourra, par sa permanence au lieu saint, susciter la venue en masse des pèlerins dispensateurs des offrandes qui permettront de garnir à nouveau les quarante salles où jadis s'entassaient les provisions et les richesses des khouans. Lui seul pourra ensuite distribuer équitablement ces mêmes richesses entre les plus déshérités. Lui seul pourra renouveler l'ardeur des mokkadems, que jadis Mohamed Seghir, son père, dépêchait en de lointaines missions à travers le désert. Des missions dont ils revenaient un an, deux ans plus tard, ramenant un lourd convoi chargé de richesses !

Les cavaliers du maghzen se sont regroupés hors les murs de la grande enceinte, sur le terrain nu au pied des remparts où se tiendra tout à l'heure la fantasia. Chacun vérifie son harnachement, ajuste les larges courroies de cuir du poitrail et du reculement, qui s'ajoutent à la sangle de la selle arabe à haut pommeau et large dossier et la fixent absolument au corps du cheval. Si parfaitement que le cavalier peut se permettre sur cette selle les voltiges les plus audacieuses sans qu'elle risque de se retourner ou de se détacher. Encastré dans cette selle, les bottes de filali rouge enfoncées dans les larges étriers de métal dont la semelle se prolonge par des éperons aux fines molettes dentelées et fixés par des étrivières très courtes, l'homme fait corps avec sa monture. C'est l'assemblage le plus parfait qui puisse être rêvé.

Selon la condition, le rang ou la fortune du cavalier, les chevaux sont recouverts de splendides caparaçons de draps soutachés d'or ou d'argent et, pour les plus modestes, de simples lainages de couleur. Ces couvertures protègent le cheval à la façon d'une armure et confèrent à l'ensemble cavalier-monture une silhouette guère différente de celle des lointains ancêtres qui combattaient les croisés il y a près de dix siècles !

Un enrênement spécial permet à chacun d'arrêter net en plein galop son cheval et de le faire volter dans le plus court rayon. Car la bride est munie d'une têtière cloutée d'argent, sur laquelle les rênes agissent par un mors direct dont l'action est amplifiée par une plaque de métal. Celle-ci, lorsque le cavalier agit, vient serrer cruellement la ganache du cheval, brisant son élan.

Les chevaux ont été brossés, pansés et astiqués par les palefreniers et, les jours précédents, ils ont été nourris exclusivement à l'orge. Maintenant, ils piaffent et encensent, échauffés avant même d'avoir à soutenir le train infernal de la fantasia, et leurs robes se couvrent d'écume. Qu'ils soient de race barbe, plus fruste, ou bien pur-sang arabes importés à grands frais, ils tranchent par la variété de leurs couleurs : les pelages noirs ont des reflets bleutés, les robes isabelle se dorent sous les rayons du soleil, les aubères prennent des teintes roses, les pommelés et les gris virent de l'argent à la blancheur des neiges.

Un beau maghzen en vérité ! Si Bachir les passe en revue avec satisfaction.

Tout Aïn Madhi maintenant sort des murs de la ville, à l'exception des femmes qui se masseront sur les remparts de la première enceinte, au-delà des jardins d'où elles pourront suivre la fête et encourager les cavaliers de leurs youyous. La foule des croyants déferle par la porte sud et envahit l'esplanade.

Des premières collines qui constituent la base du djebel Amour, des ravins pierreux qui limitent le cours asséché des oueds, de partout enfin sortent comme des chenilles processionnaires les délégations venues de la montagne. Chacune est précédée de ses propres musiciens, de ses étendards sacrés, et ce flot humain coule vers le terre-plein d'Aïn Madhi. Descendus de ces djebels qui se succèdent à l'infini, du Rharbi au Chergui, de l'ouest à l'est, de l'Atlas saharien dont le djebel Amour n'est qu'un des longs chaînons, de partout sont venus les khouans de la confrérie des Tidjani : les frères !

Au sud de la ville, le désert étend sa rocaille. Dans quelques heures, la steppe se calcinera sous l'ardeur du soleil. Du Sahara également montent vers la cité sainte d'imposantes caravanes chamelières. On distingue deux grands courants reconnaissables à leurs costumes. Ces méharistes aux voiles blancs, au chèche de même couleur, longuement enturbanné autour de leurs crânes et de leurs visages, ce sont les Chaamba : les nomades arabes du Grand Erg, les coureurs des sables, familiers des dunes. Maîtres du Sahara du Nord qu'ils parcourent, du Grand Erg occidental au Grand Erg oriental et jusqu'aux confins de la Libye, ils représentent l'Afrique blanche.

Cheminent à l'écart, séparés des Chaamba par le moutonnement d'une colline, les sombres Touareg aux longs voiles indigo, au visage entièrement masqué par le taguelmoust ; ils montent de magnifiques méhara soudanais aux robes très claires, parfois d'une blancheur de neige, et ces bêtes de race aux yeux lapis-lazuli obéissent comme le cheval le mieux dressé aux hommes bleus armés de la lance et de la *takouba**. Les Touareg inquiètent toujours les foules du Nord, dont ils se différencient totalement par leurs mœurs, par leur langue incompréhensible et par leur réputation de pirates du Sahara. Chacun ici sait qu'ils tiennent tous les passages entre le Maghreb et le Soudan, et qu'aucune caravane ne peut se rendre au Niger sans payer le droit de passage aux tribus touareg. Très habilement, le père du Grand Maître actuel, Mohamed Seghir, avait réussi à imposer la secte des Tidjani parmi les Touareg et, bien que la majorité d'entre eux se rendît en pèlerinage à la zaouia rivale de Temacine, près de Touggourt, ils avaient tenu à envoyer une imposante délégation aux fêtes d'Aïn Madhi. Celle qui arrivait avait campé depuis plusieurs semaines dans les replis de l'erg du Sud, où se dissimulaient les grandes tentes en cuir de buffle, teintées de rouge et soutenues par des poteaux de bois d'éthel sculptés. Mystérieusement avertie de l'arrivée de Si Ahmed, la caravane guerrière faisait maintenant son entrée solennelle.

Elle alla se ranger un peu à l'écart des autres délégations sur l'un des côtés de l'immense esplanade, brûlante de soleil. Puis, sans faire baraquer leurs chameaux, les Touareg attendirent.

Si Bachir s'avança au galop vers l'*imrar** qui les commandait. Les deux chefs se saluèrent. Si Bachir connaissait les usages.

— *Matoulid* !* dit-il à l'imrar.

— *El kheir rass* !* répondit le Targui.

Si Bachir ne connaissait que quelques mots de *tamachek**,

mais il avait tenu à souhaiter la bienvenue dans cette langue au puissant voisin venu du tropique.

— Salam alekhoum, reprit l'imrar, pour ne pas être en reste de politesse, puis il continua la conversation en arabe, manifestant ainsi sa supériorité sur le Tidjani.

Qu'importait ce dédain apparent du chef des Touareg ! Les hommes voilés étaient venus jusqu'à Aïn Madhi pour accueillir Si Ahmed. Ils avaient accompli un long voyage de mille cinq cents kilomètres à cet effet. Allons, tout n'était pas perdu ! Temacine et le mokkadem de Tamellah n'avaient pas encore conquis la souveraineté dans l'immense Sahara, jadis entièrement fidèle aux Tidjani.

Les Touareg étaient venus, Si Ahmed serait heureux !

Méharistes et cavaliers s'étaient formés en carré ; on avait baraqué les chameaux, et les cavaliers, pied à terre, laissaient reposer leurs montures. Le soleil était au zénith ; il fallait attendre encore, car Si Ahmed n'arriverait pas avant l'açer, l'heure où la chaleur baisse, où les ombres bleues chassent la lumière incandescente sur les flancs des montagnes.

Seul Si Bachir, montant son étalon, restait en selle au centre de l'esplanade, insensible à la chaleur, attendant le signal.

La fête s'organisait, les danseurs aïssaouas, une secte soudanaise venue dans le sillage des Touareg, tournaient et virevoltaient interminablement au rythme infernal des lourdes castagnettes de fer, jusqu'à atteindre peu à peu à un état extatique. Martelant le sol de leurs pieds nus, ils soulevaient des nuages de poussière qui les enveloppaient jusqu'à mi-corps.

La rumeur de la foule assemblée était considérable, mais pas suffisante cependant pour que Si Bachir ne perçût la détonation lointaine et affaiblie d'un coup de fusil ; et l'acuité de son regard était telle qu'il distingua simultanément le léger flocon de fumée qui flotta quelques secondes sur la colline de l'est.

Dressé sur ses étriers, Si Bachir poussa un cri sauvage et leva son sabre à bras tendu. Un cri de joie et de ferveur monta des milliers de poitrines, cependant qu'un cavalier arrivait au galop, arrêtant net l'élan de son cheval devant le chérif, et lançait la nouvelle tant espérée :

— Allah ou akbar ! Le Grand Maître arrive !

CHAPITRE XXIV

La caravane tant attendue submergeait le faîte de la colline et s'épandait comme un fleuve sinueux sur la steppe d'alfa, coulant lentement vers les remparts d'Aïn Madhi. Chaque minute permettait de mieux préciser sa composition, l'ordre de marche, les personnalités... C'était un spectacle grandiose, et les femmes rassemblées sur les remparts couvrirent de leurs youyous stridents la grande rumeur de la foule, des cavaliers et des musiciens. Au comble de l'exaltation, chacune d'elles cherchait à reconnaître le maître chevauchant en tête de ses cavaliers, s'étonnait d'une présence à ses côtés.

— Shouf ! dit fielleusement Khadidja à Zorah et Aïcha. Quel est ce cavalier qui chevauche si bellement l'étalon alezan aux côtés du maître ?

— Un page, sans doute, qu'il aura ramené d'Alger ! Un *couloudji** ! répondit avec dédain Aïcha.

Zorah se contenta de hausser les épaules.

Si Bachir l'avait avertie, elle n'était plus la favorite ! Le maître ramenait une nouvelle femme, une roumia, et son intention était de la répudier. Domptant sa colère et feignant l'indifférence, elle avait répliqué :

— Tu connais ton frère, Si Bachir ! Crois-tu qu'il lui restera longtemps fidèle ?

Elle avait ri nerveusement, cachant son inquiétude et son dépit. Melika, sa mère, lui avait dépêché des émissaires depuis Laghouat. Il fallait qu'elle se méfie, conseillait-elle à sa fille ; la roumia était dangereuse et puissante et, pour l'instant, Si Ahmed Tidjani en était follement épris. Melika recommandait la prudence :

— Ne fais pas d'éclats, surtout ! avait précisé l'émissaire. Tu serais chassée ignominieusement, et crois en ton étoile ! Tu lui as donné un fils et, par cela, tu triompheras.

Khadidja et Aïcha avaient accueilli la nouvelle avec satisfaction ; elles détestaient Zorah, qui les avait supplantées dans les faveurs du maître. Et il fallait qu'il soit ivre ou que Zorah soit indisponible pour qu'il vienne de plus en plus rarement réclamer leurs faveurs dans la maison éloignée de la zaouia où il les avait reléguées sans pour autant les répudier. Les deux femmes se réjouissaient secrètement. On allait assister à un beau duel entre Zorah et la roumia ! Qu'Allah protège cette dernière, puisqu'on chuchotait qu'elle avait renié sa religion pour devenir musulmane !

Mais bientôt, les trois femmes oublièrent leurs griefs et se passionnèrent toutes trois pour la beauté du spectacle.

La caravane approchait, chacun reconnaissait les siens.

Tout à coup, un cri de stupeur s'éleva de la foule : Si Ahmed chevauchait le superbe étalon noir que chacun lui connaissait, mais, à ses côtés, légèrement en retrait, un cavalier, le visage enturbanné dans un chèche de mousseline blanche, enveloppé dans un double burnous noir et blanc, chevauchait un magnifique alezan particulièrement fougueux. Apeuré par les cris de la foule, les youyous des femmes, le martèlement des tobouls, les trilles aigus des raïtas, le claquement métallique des castagnettes aïssaouas, le cheval se cabrait, pointait, reculait, piaffait, maintenu par une poigne de fer. La foule applaudit les prouesses du cavalier, mais son admiration se changea en étonnement lorsque, sa monture ayant fait un écart, celui-ci, pour mieux la dompter, rejeta sur ses épaules les pans de ses burnous, dévoilant les formes généreuses d'une amazone bien sanglée dans un dolman blanc.

Ainsi, c'était elle !

Des cris s'élevèrent :

— La roumia ! La roumia !

Si Ahmed arrêta son cheval devant celui de son jeune frère et, s'adressant aux notables d'Aïn Madhi qui s'avançaient pour le féliciter, leur désigna Aurélie immobile à ses côtés :

— Lalla Aurélie, dit-il, mon épouse selon le Coran !

Ils s'inclinèrent, visiblement soulagés : la nouvelle femme était légitime, et chaque notable vint baiser la main du Seigneur, puis le bas du burnous d'Aurélie. Elle les observait avec intérêt, soutenant les regards étonnés, un peu hostiles, qui se posaient sur elle, car elle avait baissé son chèche, découvert son visage. Ainsi marquait-elle sa volonté de vivre à visage découvert, comme les femmes du djebel Amour, comme toutes les Berbères de l'Islam, et non comme les odalisques arabes ou turques de la grande bourgeoisie d'Alger, femmes recluses en leurs palais, ne sortant que voilées et le bas du visage masqué par un *tchartchaf** de dentelle !

La scène n'avait pas échappé à Zorah qui, du haut des remparts, détaillait sa rivale. Ivre de jalousie, empourprée de colère, elle lançait à voix contenue, assez forte cependant pour être entendue de ses compagnes, des imprécations ravalant la nouvelle épouse au rang le plus bas de la prostitution, crachant dans la poussière d'un air dégoûté, cependant que les autres femmes s'écartaient d'elle pour ne pas être complices de l'épouse répudiée.

— Balek ! Balek ! ne purent s'empêcher de lui dire, malgré

leur inimitié, ses deux consœurs. Balek Zorah ! Attention, tu prépares des verges pour te faire fouetter, et nous avec toi...

Prise par le désir de voir la grande fête qui se préparait et humiliée publiquement sous le regard dénué de bienveillance de ses compagnes, il ne restait plus à Zorah qu'une solution pour ne pas perdre la face : partir ! Ce qu'elle fit, entraînant avec elle sa petite esclave familière, Tania. Celle-ci, émerveillée de ce qu'elle avait vu et s'éloignant à regret, ne put s'empêcher de dire à mi-voix : « Oh ! Zorah ! Elle est belle la roumia ! » – ce qui lui valut une superbe gifle.

— Si tu veux rester à mon service, ne me parle plus jamais de cette femme de malheur ! Foi de Zorah, elle ne restera pas longtemps la favorite ; j'aurai vite fait de lui faire perdre sa beauté.

Elle ricanait, prise par sa vengeance, ayant hâte déjà de l'accomplir.

— Viens, retournons à la maison. Où donc est Ali ? Ali !

L'enfant s'était sauvé.

Profitant de l'altercation, il avait dévalé les hautes marches des remparts, franchi la porte du Sud, s'était perdu dans la foule au risque de se faire cent fois écraser par un chameau ou botter par un cheval. Sa petite taille le favorisait, il passait inaperçu et il parvint ainsi au premier rang de l'assistance ; là, dissimulé derrière les pans du burnous d'un notable, mêlé aux tolba et aux mokkadems, il ne perdait pas une miette du spectacle.

— *Ya ouldi* !* Que fais-tu là ? Retourne avec les femmes ! lui décocha un thaleb peu patient.

Le voisin de l'étudiant, un vieux mokkadem de la zaouia, reconnut alors le jeune fils du Grand Maître :

— Il y a mieux à faire ! dit-il à son voisin. Viens, Ali, je vais te conduire à ton père.

L'enfant tout fier le suivit sans hésiter.

À vrai dire, à la joie de revoir ce père que tout le monde vénérait et qu'il n'avait pratiquement jamais connu (il n'avait que deux ans au départ de Si Ahmed) se mêlait la curiosité enfantine : qui était cette roumia, objet des malédictions de sa mère, cette admirable cavalière blonde, bien campée sur son cheval à quelques mètres de lui et recevant les vœux des notables ?

On le confia à Boubeker afin qu'il le présentât à son père. Et la foule intriguée vit le mokkadem élever à bout de bras le jeune Ali, minuscule prince habillé d'un caftan brodé et d'un saroual de soie bleue.

— Ton fils, Seigneur ! Il est venu de lui-même au-devant de toi.

— Qu'Allah soit béni pour ce jour faste. Viens, mon sang !

Le chérif le prit dans ses bras, l'installa à califourchon sur le pommeau de la selle ; Ali se cramponna, fier, mais un peu effrayé.

De la foule s'élevèrent des cris de joie : le Grand Maître était de retour, il présentait son fils à ses fidèles, il rapportait la Baraka sur Aïn Madhi et, par son fils, la dynastie était assurée. Qu'Allah soit loué !

Durant le long voyage du retour, Si Ahmed n'avait pas caché à Aurélie l'existence de ce fils. Il en parlait avec fierté ; aussi ne s'étonna-t-elle pas des marques de respect dont le petit prince était maintenant l'objet de la part des fidèles. Elle comprit immédiatement qu'elle devait réagir, afin qu'Ahmed sût que cet enfant ne serait pas un obstacle à leur amour.

Comme elle chevauchait botte à botte avec son mari, elle put se pencher vers l'enfant qui la regardait, les yeux pleins d'admiration, et lui caresser la joue.

— Nous serons amis, Ali ! lui dit-elle en arabe.

L'enfant baissa les yeux, rendu à sa timidité, puis jeta un clin d'œil malicieux vers la princesse inconnue qui lui apparaissait plus belle que toutes les princesses des contes de fées, que toutes les femmes du harem de son père.

Mais Aurélie, à nouveau songeuse, réfléchissait à la menace imprécise que représentait pour elle cet enfant. Quand elle avait appris son existence, elle avait failli plusieurs fois poser à son mari la question qui lui brûlait les lèvres :

— Et si je te donne un fils, lequel des deux enfants deviendra le Grand Maître ?

Heureusement, sa prudence de fille de la campagne française et son intuition lui conseillèrent de ne pas aborder ce sujet. Si elle avait un fils – et cela lui paraissait indispensable –, elle saurait bien l'imposer !

Boubeker s'approchait à nouveau du Grand Maître.

— La fête va commencer, Seigneur, nous t'avons préparé une estrade à l'ombre des remparts.

— Allons !

— Non ! fit Aurélie. Vois-tu, Boubeker, le seigneur et moi resterons à cheval pour assister aux exploits des cavaliers. N'est-ce pas mieux ainsi ? Je sais que, selon la coutume, le Grand Maître assiste à cheval à la fantasia. Ma présence ne saurait l'obliger à rompre avec la tradition.

— Mais toi, Lalla Aurélie...

Boubeker n'était pas convaincu.

— Je reste à ses côtés, n'aie aucune crainte ; je tiens bien en main mon cheval !

Le mokkadem s'inclina :

— Qu'il soit fait selon ton désir et la volonté d'Allah !

Boubeker reprit l'enfant qu'un serviteur fut chargé de ramener au harem.

Ahmed et Aurélie, chevauchant au pas de leurs montures, prirent place au milieu de l'esplanade sur laquelle les cavaliers allaient exécuter leurs prouesses équestres.

Ces derniers, regroupés au fond du terrain, attendaient le signal du cheikh de la confrérie.

Il appartenait à Si Ahmed de tirer le premier coup de feu.

— Passe-moi ton moukkala, Dahmani !

Le fidèle écuyer se tenait bien en selle, un peu en retrait ; il portait l'étendard du chérif, et son visage exprimait la plus grande fierté. Il tira son long fusil glissé entre l'étrivière et la couverture de selle, et le tendit à son maître.

Le silence se fit, insolite, car il succédait sans transition au tumulte et à tant de bruits divers, de cris de joie, de fanfares.

Et dans ce silence tout à coup solennel éclata le coup de feu donnant le départ de la fantasia.

Il claqua comme un coup de foudre, et l'explosion fut si forte qu'elle fit se cabrer la monture de Si Ahmed. Son cheval se pointa à la verticale et, trahi par le recul de l'arme, l'homme eût été irrémédiablement désarçonné s'il n'avait été aussi bien enfourché dans sa profonde selle arabe.

— Aï ! Dahmani, fils de Chitane, tu voulais donc faire exploser ton arme pour l'avoir chargée d'une aussi forte quantité de poudre noire ! Hein ! Il te plairait de voir le Grand Maître culbuté de son cheval devant tous ses fidèles !

Il rentra sa colère, resta impassible, calmant comme il le pouvait son étalon noir qui hennissait, narines frémissantes, yeux exorbités de terreur. Aurélie, surprise également par la violence de l'explosion, se rapprocha de son mari.

— Tu n'es pas blessé ? J'ai eu peur. Oh ! Dahmani, tu n'as donc pas de tête ?

Le serviteur baissa le chef, fit reculer son cheval, un peu inquiet, conscient de son erreur.

Mais à la vue de sa femme, Si Ahmed avait retrouvé son sourire.

— Ce satané Dahmani m'a donné l'occasion de montrer devant tous mes qualités de cavalier. Je devrais le remercier ! Cela fait partie de la fête, Aurélie. Et il y a mieux, ouvre tes yeux, la fantasia commence !

Du fond de la steppe d'alfa déferlaient maintenant dans un nuage de poussière une cinquantaine de cavaliers lancés au galop, montant les nerveux chevaux barbes du désert. En passant devant le chérif, ils se redressaient tous ensemble et, debout sur la selle, déchargeaient leurs fusils tenus d'une seule main et pointés vers le ciel ; ils n'avaient pas ménagé la poudre, et la salve produisait un bruit terrifiant. Puis ils jonglaient avec leur fusil jeté en l'air et rattrapé en plein vol sans interrompre le galop. Rangée après rangée, les cavaliers défilaient dans l'enthousiasme général, cependant que les échos répercutés par les remparts et la montagne doublaient, triplaient le tumulte de la fête, et l'on eût dit alors un roulement de tonnerre ininterrompu.

Les cavaliers par rangs d'une dizaine se succédaient sans interruption, exécutant leur numéro de voltige à hauteur du Grand Maître. Le rythme devint démentiel. Véritables centaures excités par l'odeur de la poudre, par l'âcre senteur des chevaux couverts d'écume, les guerriers de la fantasia se surpassèrent, rivalisant d'audace. Le soleil au déclin faisait rutiler les ors et les argents des caparaçons et des mors. La poussière soulevée nimbait le spectacle d'un voile doré, à travers lequel hommes et chevaux ne furent plus que des silhouettes sonores, des ombres colorées, des fantômes ! Parfois, l'un d'eux s'abattait, vaincu par sa témérité ; plus tard, deux longs fusils à la crosse marquetée de nacre, trop chargés de poudre, éclatèrent entre les mains de leurs propriétaires. Aurélie, envoûtée et frémissante, faillit crier de peur, mais réussit à se dominer, cachant son trouble. Elle adopta une attitude un peu hautaine, comme il sied à une princesse. C'est ainsi qu'elle avait conquis Si Ahmed.

Cependant, elle se demandait anxieusement comment tout cela se terminerait, car peu à peu l'exaltation grandissait, la fête prenait une dangereuse tournure.

La jeune femme se tourna vers son mari.

— Ne peux-tu les calmer ? Je crains des accidents graves.

— Ce qui est écrit est écrit, Lalla Aurélie. Et, si certains meurent aujourd'hui, jour béni de mon retour, ils entreront comme des bienheureux au paradis ! Crois-moi, ils n'éprouvent aucune crainte. Un croyant n'a pas peur de mourir !

Comme pour confirmer les craintes de la jeune femme, on tirait hors du passage des cavaliers deux corps inanimés, tandis qu'un homme, la main droite arrachée par l'explosion de son fusil, s'écartait de la foule au petit trot de sa monture, pâle mais digne.

— Qui va soigner ce blessé ? s'enquit Aurélie.

— Les femmes s'en chargeront. Il a perdu une main, mais il s'est acquis un titre de gloire et des indulgences ! Allah lui en tiendra compte. Laisse ces malchanceux à leur destin ; regarde ce qui va suivre, car chaque cavalier doit individuellement montrer son habileté. Donne-moi ton écharpe rose !

Elle lui tendit son foulard sans comprendre.

— Dépose-le à terre à dix mètres de nous, dit-il à Dahmani.

Le serviteur s'exécuta et, comme chacun avait deviné ce qui allait suivre, des cris de joie et d'impatience s'élevèrent de partout. Le tumulte et l'exaltation de la foule se confondirent dans la clameur générale de la fête : son des claquettes des danseurs aïssaouas qui tournaient de plus en plus vite, trilles aigus des joueurs de raïta, rythme frénétique des tobouls, puis, d'un seul coup, sans qu'il y ait eu concertation, à ces bruits si divers succéda le silence.

Un cavalier avait relevé le défi. Il s'approcha au galop de chasse, s'arrêta devant le seigneur, fit cabrer sa monture qui boxa l'air de ses antérieurs, puis il repartit se placer sur la ligne de départ. Au signal donné par Boubeker, il bondit au galop de son cheval, se courba en avant, le corps déjeté sur le côté de la selle, resta ainsi pendu la tête en bas, ne se soutenant que par le genou plié autour du pommeau, son crâne effleurant les touffes d'alfa au ras des sabots du cheval. C'est dans cette position risquée qu'il ramassa sans ralentir sa monture le foulard convoité, puis il se remit en selle d'un coup de reins, s'arrêta net, son cheval se bloquant des quatre fers. Poussant un cri de triomphe, il revint lentement saluer le Grand Maître.

Enthousiasmée par l'exploit, Aurélie détacha le poignard à manche d'argent damasquiné qu'elle portait à sa ceinture et le tendit à Si Ahmed.

— Si ce n'est pas rompre avec la coutume, remets-lui ce poignard en récompense de sa prouesse.

— La femme du seigneur est au-dessus de tout soupçon, et ton geste est naturel, il l'attendait sans doute. Tiens ! dit-il au cavalier, prends. N'es-tu pas Ratita ag Tolba ? Il me semble te reconnaître.

— Je suis Ratita, Seigneur, et c'est moi qui, posté en chouaf depuis ce matin, ai signalé ton arrivée.

Le cavalier prit le poignard, éleva le bras pour le présenter à la foule, puis, faisant pivoter son cheval, il s'éloigna au petit trot, l'écharpe rose accrochée au pommeau de sa selle, recueillant sur son passage les murmures d'admiration des spectateurs.

Tour à tour, plusieurs dizaines de cavaliers répétèrent avec plus ou moins de virtuosité l'exploit de Ratita, les vainqueurs étant chaque fois récompensés par l'un des notables. Puis ce fut le jeu des anneaux. Ceux-ci étaient fixés sur des perches, et il fallait les enfiler de la pointe du sabre ; celui qui en ramenait le plus était le vainqueur. Plus tard, quelques cavaliers férus de voltige passèrent en plein galop sous le ventre de leurs chevaux et se rétablirent en selle.

Il y eut encore des chevauchées, des salves, des acclamations. Durant la fête, le soleil s'était retiré peu à peu vers les hauteurs, et l'ombre gravissait lentement les montagnes. Un coup de canon tiré du haut des remparts annonça la fin de la fantasia.

Alors surgirent de derrière la colline où ils s'étaient rassemblés les hommes voilés du Sud : les Touareg de l'Ahnet, et ceux des Ajjers, engoncés dans leurs longs voiles indigo, le visage masqué totalement par le litham ; on les eût dit coiffés du heaume des chevaliers d'autrefois. Ils montaient au grand trot de superbes méhara blancs aux yeux bleus, aux longues et fines jambes d'échassiers du désert, véritables chameaux de course élevés au lointain Soudan. Chacun les admira alors qu'ils défilaient, la lance targuia au poing, la takouba – épée à large lame – passée sous les cachabieh de filali rouge accrochées à la *rahla** d'Agadès, la selle de course au pommeau en forme de croix.

Leurs bêtes, admirablement dressées, obéissaient aux moindres pressions du pied nu sur l'encolure, ou à l'appui de l'unique rêne fixée à l'anneau de nez, qui servait à les diriger.

— C'est bien qu'ils soient là, dit sentencieusement Si Ahmed. Sais-tu que certains d'entre eux ont accompli plus de mille kilomètres à travers le Sahara pour venir me témoigner leur fidélité ?

Aurélie était subjuguée par le passage des hommes bleus. En Alger, on parlait des Touareg comme des ennemis héréditaires des hommes blancs, et les seuls contacts que la France avait eus avec eux l'avaient été par l'intermédiaire des marabouts Tidjani envoyés en mission dans leurs montagnes inconnues du Hoggar. Elle mesura la puissance et le rayonnement de la secte des Tidjani, et sa fierté envers son époux s'en accrut. Toutefois, elle sentit passer en elle un frisson d'inquiétude. Elle ne connaissait de Si Ahmed que ses richesses, l'influence qu'il gardait sur les tribus encore rebelles à la pénétration française, et qui lui avaient valu les tracas et les honneurs de l'administration civile et militaire de l'Algérie. Elle ne l'avait connu que dans et à travers les fêtes qui avaient précédé et suivi leur union. Et, devant l'immensité de la tâche qu'il allait devoir assumer, elle se posa la question : « Ce jeune chérif de vingt-trois ans en sera-t-il capable ? »

Ses inquiétantes pensées furent heureusement détournées, car les Chaamba apparaissaient à leur tour, tandis que les Touareg, aussi mystérieusement qu'ils étaient venus, disparaissaient dans un repli du désert.

Par opposition aux voiles bleus des Touareg, ils étaient vêtus de longues djellabas blanches, sur lesquelles tranchaient les cartouchières en cuir rouge croisées sur la poitrine ; comme les Touareg, ils étaient coiffés d'un long chèche de légère toile blanche, mais, contrairement à ceux-ci, ils avaient rabattu l'étoffe sous le menton et ne dissimulaient pas leurs visages – des visages encadrés de barbe noire, aux traits émaciés, brûlés de soleil.

Les Touareg ayant défilé au trot, les Chaamba décidèrent de le faire au galop de leurs puissants méhara, aussi puissants et aussi beaux que ceux des Touareg, mais dont les robes isabelle et grises contrastaient avec la blanche méharée des gens du Hoggar.

Aussi à l'aise au galop que leurs grands rivaux l'avaient été au trot, ils passèrent devant les notables, lançant des cris rauques, brandissant leurs lances et leurs sabres, salués par les acclamations d'un public connaisseur et ami, car ceux-ci étaient des Arabes de grande famille ! Depuis plus d'un millénaire, ils parcouraient le Sahara, de la Saoura, à l'occident, jusqu'aux confins de la Libye, à l'orient. Ils étaient les seuls à avoir des contacts avec les Touareg. Contacts toujours tendus, car les deux races s'affrontaient souvent aux limites de leurs zones de pâturage et d'influence.

Le passage des Chaamba terminait la fête.

Si Ahmed et sa femme prirent la tête du cortège qui, par la porte sud, traversa les jardins et parvint à la porte forteresse de la deuxième enceinte.

L'étroite et unique rue grouillait d'une foule bruyante à travers laquelle le cortège avait grand-peine à avancer.

Devant les murs hostiles qui protégeaient son palais princier, Ahmed s'arrêta, se tourna vers Aurélie.

— Voici ta demeure, princesse Tidjania. Te voici maîtresse d'Aïn Madhi. Je veillerai à ce que chacun le reconnaisse.

CHAPITRE XXV

La porte de la zaouia se dressait devant Aurélie. Trou d'ombre dans l'éclatante blancheur des murs de l'enceinte. Ses deux vantaux, pivotant sur d'énormes paumelles en fer forgé, étaient rabattus de côté, laissant entrevoir sous la voûte épaisse les banquettes de ciment sur lesquelles se reposent d'ordinaire les gardiens de ces lieux saints. Pour l'heure, deux géants noirs enturbannés de rouge, cimeterre au côté, y étaient postés.

Le Tidjani et sa femme franchirent la voûte à cheval ; les sabots de leurs montures foulaient les tapis de haute laine, disposés à même le sol et formant une allée d'honneur qui se prolongeait dans la cour intérieure de la zaouia. Ces tapis étouffaient le bruit de la cavalcade et, lorsque les géants noirs eurent refermé derrière eux la double porte, les murmures de la foule massée à l'extérieur de l'enceinte ne leur parvinrent que très affaiblis. Venant après la grande clameur de la fête, le tumulte des tambourins et des claquettes, ce calme portait en lui quelque chose d'inquiétant.

La cour formait un vaste espace nu, quadrangulaire, entouré de tous côtés par des arcades permettant de circuler à l'ombre. Au centre, une fontaine jaillissante bruissait et dégageait un peu de fraîcheur. Des tourterelles venaient y boire et s'y baigner.

À l'ouest, une estrade de prière surélevée d'un mètre était dressée en permanence ; elle servait à l'occasion des grands pèlerinages.

Au pied de cette estrade, le Tidjani arrêta son cheval. Sur l'estrade, les principaux mokkadems s'inclinèrent et saluèrent à haute voix son retour ; derrière, sous les arcades, la foule des étudiants, les tolba, acclamèrent une fois de plus le Grand Maître et son jeune frère Si Bachir, lui aussi chérif des Tidjani.

Si Ahmed mit pied à terre, et les chefs religieux vinrent tour à tour lui donner l'accolade ; mais, contrairement à ce qui s'était passé hors les murs d'Aïn Madhi, où plusieurs notables avaient baisé le burnous d'Aurélie, ils ignorèrent avec un brin d'ostentation la présence de la jeune femme. Il était évident que le mariage devant le mufti d'Alger leur paraissait suspect. Ils réservaient leur opinion.

Si Ahmed, un peu gêné, s'efforça de dissiper l'équivoque ; il se tourna vers Si Bachir et lui dit d'une voix brève :

— Emmène-la ! Confie-la aux femmes ! Explique-lui !...

Si Bachir s'approcha d'Aurélie, l'aida à mettre pied à terre. L'attitude hostile des mokkadems n'avait pas échappé à la jeune femme. Si Bachir sentit frémir sa main glacée dans la sienne. Il s'efforça de la rassurer :

— Viens, Aurélie. En ces lieux de prière, Si Ahmed ne s'appartient plus ; il est pour les notables rassemblés le Grand Maître de la secte. Va ! Il te retrouvera plus tard. Baba te conduira dans tes appartements, installe-toi. Mon frère et moi devons participer aux cérémonies religieuses données à l'occasion de son retour. Je te quitte, je vais le rejoindre. Patiente ! Ce sera peut-être long, mais il n'a qu'une hâte, j'en suis certain, celle de te retrouver.

Le jeune chérif entraîna Aurélie sous les arcades ; ils parvinrent à l'entrée d'un long couloir sombre. Baba y attendait sa maîtresse.

— Je te laisse !

Si Bachir s'esquiva.

Aurélie se retourna ; ses regards se portèrent sur la cour où des pans d'ombre s'allongeaient, contrastant avec l'éclatante lumière de la zone ensoleillée où les mokkadems et les tolba entouraient et congratulaient Si Ahmed. Elle jeta un regard sur les hauts murs sans ouvertures qui clôturaient la grande cour, sur le lourd portail aux panneaux de cèdre délicatement sculptés. Son univers était clos !

Jusque-là, elle avait été bercée par ses rêves, par ses espoirs, par les richesses dont l'avait comblée son époux. Jusqu'à ce jour, elle était prête à surmonter tous les obstacles qui auraient pu troubler son union, et voici qu'elle se retrouvait seule, perdue puisque Si Ahmed n'était plus là pour l'entourer, la consoler, et qu'il semblait être devenu un autre homme. Il n'était plus l'amant passionné, mais un étranger, un chef religieux de l'Islam retourné à sa foi primitive, aux coutumes de son antique civilisation.

Aurélie écouta une seconde les bruits assourdis qui parvenaient de l'extérieur. On eût dit le ressac de la mer sur les rochers, et ce bruit familier lui rappela leur villa de Saint-Eugène. Elle y avait passé, dans l'attente, des jours tourmentés mais heureux, car à l'époque il ne vivait que pour elle.

— Viens, Lalla, dit doucement Baba, mettant fin à sa rêverie.

Elle entraîna sa maîtresse à travers des corridors poussiéreux où des tarentes collées au plafond guettaient les araignées ; par les rares ouvertures grillagées, des colibris s'étaient introduits dans le palais et voletaient au ras des cheveux d'Aurélie. C'était un véritable dédale, un couloir sombre et étroit formant des angles imprévisibles, si bien qu'au bout de quelques mètres, Aurélie, ayant complètement perdu le sens de la direction, se laissa entraîner comme un automate par la petite négresse. Elles franchirent ainsi plusieurs paliers, passèrent en se baissant sous des portes voûtées, piétinant une épaisse poussière de sable qui recouvrait le sol de terre battue, et gagnèrent une aile isolée des immenses bâtiments de la zaouia.

Parfois, elles croisaient d'autres femmes, silencieuses et invisibles sous leurs voiles blancs, indigo ou noirs, et celles-ci s'effaçaient contre les murs pour les laisser passer, se détournant pour n'avoir pas à regarder en face la nouvelle femme du Tidjani.

Chaque mètre parcouru, chaque minute écoulée augmentait le silence et le mystère de ces lieux. Aurélie marchait en plein vide. Il lui semblait que son cœur s'était arrêté à l'instant même où elle avait franchi le grand portail veillé par les géants noirs. En prison ! Elle était en prison ! Elle devinait des dangers imprévus ; aux yeux de tous et de toutes, malgré son mariage devant le cadi, elle resterait une roumia. Elle serra davantage la petite main de Baba dans la sienne ; la présence à ses côtés de la fillette rieuse calma un peu ses appréhensions.

Elles arrivèrent au bout d'un long couloir, gravirent un escalier serré entre deux murs aveugles, puis débouchèrent devant une très belle porte en bois de cèdre ajourée et sculptée reproduisant des versets du Coran. La lumière crue du dehors passait à travers le croisillonnement du bois. Un judas s'ouvrit, et une femme âgée, au visage découvert, contempla un instant les nouvelles venues, puis referma le judas, ouvrit la porte et s'effaça silencieuse et anonyme.

— Derrière cette porte, tu es chez toi, Maîtresse, dit Baba. Aucun homme – le maître excepté – ne peut franchir ce seuil ! Regarde comme c'est joli !

L'enfant, enthousiasmée, échappait à sa main et courait vers Meryem et vers d'autres fillettes qui, l'ayant reconnue, se précipitaient pour apprendre les nouvelles.

— Je suis chez moi ?

Aurélie jetait un regard étonné sur son domaine. « Je suis chez moi ! » répéta-t-elle.

Une terrasse carrelée entourait une petite cour au milieu de laquelle se dressait un puits à margelle circulaire, supportant la ferronnerie et les poulies nécessaires pour tirer l'eau. Un figuier tortueux avait poussé dans une encoignure, brisant le dallage de la cour, et ses branches atteignaient les terrasses. Des colonnes de marbre torsadées supportaient celles-ci, formant un véritable cloître ; l'ensemble reproduisait la villa arabe de Saint-Eugène où elle avait vécu près d'une année, mais ce qui l'avait enchantée dans le Sahel lui paraissait ici austère, inquiétant. Elle fut prise de panique, d'un immense désir de renoncer.

— Sortons, Baba ! Je ne veux pas rester ici !

Elle tournait en rond comme une prisonnière, interrogeant les hauts murs qui l'entouraient, percés de fenêtres munies de moucharabiehs. Par ces ouvertures étroites, on pouvait voir ce qui se passait dans les cours réservées aux hommes, sans être vu ! C'était l'observatoire préféré des femmes du palais.

Une prière psalmodiée par des dizaines de voix d'hommes lui parvint de l'enceinte fermée de la mosquée. De celle-ci, elle ne voyait que la coupole coiffée de tuiles vernissées vertes, prolongée par le haut minaret d'une blancheur éclatante. De l'extérieur, elle n'apercevait que les franges neigeuses du djebel Amour, dépassant des murs d'enceinte et délimitant l'horizon vers le nord ; au sud, au contraire, la vue s'étendait sur les terrasses d'Aïn Madhi, sur les frondaisons vertes de la palmeraie et des jardins, et sur les lointaines collines pierreuses aux limites de l'horizon.

La jeune femme allait et venait comme une bête en cage, et il lui fallut faire un effort extraordinaire de volonté pour maîtriser la panique qui l'avait envahie à son entrée dans le palais du Tidjani.

— Viens ! lui dit Baba. Ne reste pas ici, Maîtresse. Rentrons dans tes appartements ! Tu verras comme c'est beau.

— Viens avec nous, Lalla ! dit aussi Meryem en prenant son autre main.

Guidée par ses deux servantes, entraînée par elles, Aurélie pénétra dans une vaste pièce nue crépie à la chaux bleue, où régnait une semi-obscurité accentuée encore par la venue précoce de la nuit. Une lampe à huile était allumée sur un trépied de fer. Sur un autre trépied brûlait une cassolette de parfums. Malgré cela, la pièce, qui n'avait pas dû être habitée depuis plusieurs années, sentait le moisi ; des caisses et des chebkras emplies de matériel gisaient à même le sol carrelé de la chambre. Tout le trésor d'Aurélie – ses coffres recouverts de cuir et cerclés d'argent qui contenaient son trousseau, les cassettes dans lesquelles elle enfermait chaque soir bijoux, pierres précieuses, colliers d'or, d'argent ou de perles – avait été disposé par des serviteurs invisibles dans cette grande pièce austère, poussiéreuse, longue et étroite, n'ayant pour ouverture qu'une meurtrière grillagée donnant sur une cour intérieure.

Une porte la faisait communiquer avec une autre chambre, aussi nue, aussi poussiéreuse, aussi sombre, où s'entassaient une partie des richesses amenées depuis Alger avec le convoi de chameaux de bât. D'autres pièces se succédaient en enfilade, reliées par des couloirs étroits, aux paliers inégaux, qui avaient été ajoutés au fil des ans par des maçons indigènes ; mais tout sentait l'abandon, l'inconfort, le laisser-aller. Le sol était sale, les encoignures garnies de toiles où des mygales géantes guettaient les insectes.

Aurélie parcourait ce domaine, son palais, avec un étonnement douloureux. Ainsi, c'était ça le palais des Mille et Une Nuits dont elle avait rêvé à Bordeaux !

— Tu n'as pas tout vu ! dit Baba.

— J'en ai assez vu, dit Aurélie d'un ton désabusé.

— Viens encore, Maîtresse !

Un petit couloir secondaire et perpendiculaire au corridor desservait les pièces principales ; il se terminait par une ouverture plus haute et plus large que les autres. En retrait de la fenêtre et dans l'épaisseur du mur, deux bancs de pierre se faisaient vis-à-vis, et Aurélie se souvint d'avoir vu la même disposition en visitant des châteaux féodaux en France. Mais ici, la fenêtre était bouchée par un moucharabieh dépassant largement à l'extérieur. Composé de croisillons de cèdre artistement entremêlés, il accordait une vue plongeante sur l'intérieur de la mosquée.

Baba souleva l'un des petits volets amovibles du moucharabieh :

— Regarde, Maîtresse !

La fenêtre grillagée s'ouvrait au ras de la coupole. De là, on dominait d'une dizaine de mètres le tombeau du saint marabout fondateur de la secte.

Autour de la dalle sous laquelle il reposait, on avait disposé à nouveau les étendards et les bannières, sortis exceptionnellement pour l'arrivée du seigneur. Les croyants, agenouillés sur des tapis de prière, reprenaient inlassablement les litanies que l'iman, faisant fonction de récitant, psalmodiait. La scène était faiblement éclairée par les nombreuses lampes à huile aux verreries de couleur, accrochées en cercles décroissants à l'armature d'un grand lustre en fer forgé.

Si Ahmed, isolé en avant du groupe, était plongé dans une ferveur profonde qui touchait à l'extase.

Aurélie découvrait un autre homme. Elle avait quitté un jeune et brillant cavalier, passionné de fêtes et de réceptions, et celui qu'elle voyait maintenant abîmé dans ses dévotions était, pour les mokkadems et les tolba qui l'entouraient, le descendant du Prophète, celui qui détient la vérité. Dix siècles séparaient le prince généreux de Bordeaux et le seigneur d'Aïn Madhi.

Aurélie, pour la première fois depuis ses fiançailles, douta de son avenir.

Cependant, malgré son angoisse, peut-être à cause aussi d'une certaine déception, la jeune femme subit le charme envoûtant de ces lieux de prière. Elle constata avec stupeur que, depuis qu'elle avait franchi le lourd portail de la zaouia, c'était un peu comme si elle était entrée par surprise dans un ordre nouveau ; cet univers inconnu, il lui restait à le conquérir, car jusqu'ici, tout à son amour, elle n'avait conquis que le cœur d'un homme. La révélation subite qu'elle venait d'avoir la laissait pantelante et désemparée. Penchée sur l'entablement du moucharabieh, elle mesurait sa faiblesse face à la toute-puissance de l'Islam. Que pourrait une femme, et qui plus est une roumia, pour changer tant soit peu le déroulement millénaire des coutumes ? Elle pèserait si peu dans la balance ! Et pourtant, en femme énergique qu'elle était, elle ne voulut pas renoncer. Son influence sur Si Ahmed avait été jusqu'ici concluante. N'avait-il pas pour elle surmonté toutes les difficultés ? Accepté un mariage chrétien – tempéré d'ailleurs par une cérémonie musulmane –, tenu tête aux ministres, gouverneurs et dirigeants français qui s'opposaient à son mariage ? Tant de preuves d'amour seraient-elles annulées par quelques mokkadems avides d'imposer leur volonté au jeune prince qu'ils avaient reconnu comme Grand Maître de la secte alors qu'il avait à peine seize ans ? Ce prince qu'elle avait épousé n'était, encore aujourd'hui, qu'un adolescent. Elle se sentait femme et conquérante.

Elle se pencha à nouveau vers la nef où priaient les croyants. Cette foi mystique la séduisait et l'effrayait. Elle eut peur d'avoir été séduite. Renierait-elle réellement sa foi chrétienne si cela devenait nécessaire ? Car elle le savait, son mariage devant le mufti d'Alger n'avait été qu'une cérémonie de façade, une formalité pour obtenir le parchemin qui lui ouvrirait les portes d'Aïn Madhi et qui la rendait libre aux yeux des autorités françaises. Comme n'avaient été qu'un moment nécessaire le mariage religieux dans la chapelle de Notre-Dame-d'Afrique et la bénédiction de monseigneur Lavigerie.

Mariage de raison pour que puisse s'accomplir le mariage d'amour !

Baba l'arracha à ses pensées.

— Tu vois, Maîtresse ! Tu pourras venir ici tous les jours ; cette fenêtre t'appartient exclusivement, c'est le privilège de la première épouse du maître. Aucune autre femme, à l'exception de tes servantes – pauvres de nous, nous ne comptons pas, nous autres esclaves –, aucune autre femme n'a le droit de jeter un regard sur le tombeau du saint et l'assemblée des hommes. Allons, viens ! Il se fait tard.

Elles reprirent en sens inverse le cheminement tortueux à travers les innombrables salles et couloirs du gynécée.

Partout, sur un ordre mystérieux, les serviteurs s'affairaient. On continuait à entasser dans les pièces vides le mobilier et les nombreuses caisses apportés d'Alger. Peu à peu, le palais déserté depuis plusieurs années s'animait. On déroulait des tapis de sol, on meublait les pièces selon leur destination.

— Ici sera ta chambre, Maîtresse, indiqua la petite esclave. Meryem et moi, nous couchons dans l'alcôve attenante, et voici ton cabinet de toilette.

Elles avaient bien fait les choses. Une table de marbre adossée à l'un des murs supportait la haute glace encadrée de somptueuses moulures dorées qui provenait d'un palais d'Alger. Sur les étagères, les deux filles avaient aligné les peignes et brosses, en nacre ou en écaille, à manche d'argent ; les flacons de parfum, les eaux de toilette ! Aurélie se montra touchée de tant d'attention. Elle esquissa un sourire.

— Vous avez vidé ma trousse de voyage à ce que je vois.

— On a cru bien faire, Maîtresse. Et maintenant, tu vas manger.

La diffa était servie dans une longue pièce étroite coiffée d'une épaisse voûte en rhorfa, destinée à l'isoler de la chaleur torride de l'été saharien.

Sur un grand tapis de haute laine rouge, les tagines de pigeon, le couscous fumant, les traditionnelles pâtisseries arabes

– makroums, cornes de gazelle –, enfarinées de sucre ou suintantes de miel, attendaient. Une vieille négresse fit signe à Aurélie de s'asseoir en tailleur et de commencer son repas.

Sans le maître ? Elle ne pouvait le concevoir. Allait-elle ainsi prendre seule tous ses repas ? Elle protesta :

— Non ! Je ne mangerai pas ainsi, seule et par terre ! Le maître et moi, nous mangeons ensemble à la française, autour d'une table, avec des fourchettes et des cuillères. Rien ne sera changé ici. Nous ne sommes plus des sauvages... J'étais mieux installée sous la tente, j'avais mes tables et mes chaises de campement. En attendant que soit déballé tout le mobilier acheté à Alger, demande-leur, à ces idiotes, pourquoi on ne les a pas apportées ici ?

— Elles ne savent pas, dit la petite négresse. Alors elles ont préparé ce qui leur a semblé le plus utile. Un repas, un lit. Pour le reste, on verra bien demain... Mange, Maîtresse.

Un peu honteuse de son inutile révolte qui trahissait sa faiblesse devant les serviteurs, Aurélie s'assit en tailleur et prit avec sa main une poignée de couscous qu'elle roula en boule et tenta d'avaler. Elle le rejeta.

— Ça ne passe pas, Baba. Je n'ai pas faim. Je ne mangerai que lorsque le maître m'aura rejointe. Car il va venir, n'est-ce pas ? Toi qui sais tout, Baba, il va venir bientôt.

— Inch' Allah ! répondit Baba sans se compromettre... Alors, si tu es fatiguée, proposa-t-elle pour faire diversion, viens faire ta toilette. J'ai tout fait préparer.

Deux vieilles femmes édentées apportaient une large bassine de cuivre. Baba et Meryem y versèrent le contenu de deux grands récipients de cuivre remplis d'eau chaude.

D'un geste autoritaire, Baba chassa les vieilles servantes qui s'en furent en maugréant.

— Méfie-toi de celles-là, Maîtresse ; elles servaient Zorah, elles ne t'aiment pas. Mais ça ne fait rien, nous sommes là !

Dérision ! songea Aurélie. Qu'était-elle devenue en quelques heures ? Elle qui avait tenu tête à tout le monde, affirmé sa volonté et son autorité, voilà que les naïves paroles de cette enfant la soulageaient et la rassuraient.

Un peu par lassitude, elle accepta de faire sa toilette.

Elle avait mis longtemps à s'habituer à la présence de ses deux petites servantes pour ses ablutions les plus intimes. Puis, peu à peu, elle avait apprécié ce rituel oriental où elle n'avait qu'à se laisser déshabiller, baigner, masser – ce qu'accomplissaient avec dextérité Baba et Meryem. C'était pour les deux femmes enfants un moment de détente et de gaieté ; elles admiraient le corps parfait d'Aurélie, la beauté de sa féminité, encore un peu choquées toutefois par le duvet blond du pubis de leur maîtresse.

— Tu devrais te raser, Lalla. Des poils, c'est pas beau !

— Jamais ! avait dit fermement Aurélie. Jamais ! C'est peut-être la coutume musulmane, mais je suis une roumia !

— Laisse, Baba, si la Maîtresse aime ça !

Elles avaient ri à pleines dents et, à chaque séance, c'étaient les mêmes plaisanteries enfantines qui jaillissaient.

Ce soir, pourtant, les fillettes restaient silencieuses et graves.

— À quoi pensez-vous, mes chéries ? Pourquoi n'êtes-vous pas gaies ?

— Tu es triste, Lalla, et quand tu es triste, nous aussi nous le sommes !

— Je ne veux pas vous voir comme ça. Allons ! Finissons-en !

Elle les secouait, secouant ainsi sa propre apathie.

— Allons, Baba ! brosse mes cheveux. Meryem, frotte-moi à l'eau de Cologne, ce voyage a été si fatigant !

Elles s'activèrent puis, sa toilette terminée, étalèrent sur un lit sommaire disposé dans un angle de la pièce les vêtements de nuit arabes qu'à l'ordinaire appréciait Aurélie aussi bien que son époux.

— Pas ceux-là ! Ce soir, je veux ma longue chemise de nuit en toile de lin, celle qui est ornée de longs rubans de soie bleue, et aussi ma robe de chambre brodée. Ce soir, je reste une roumia, puisque tout le monde ici me considère comme telle !

Une rage froide durcissait ses traits. Elle cherchait l'incident qui calmerait ses nerfs.

— Et ce lit ? Suis-je une servante pour coucher par terre sur un matelas ?...

— Tu auras ton lit demain, Lalla, mais celui-ci, c'est moi qui l'ai installé. Regarde, tu retrouveras tes draps en fine toile de lin et, comme couverture, les dokkalis et les *fatis** que tu trouves si beaux !

— Enlève-moi ce saroual ! Je t'ai dit que je n'en veux pas.

— Le maître n'aimera pas, suggéra timidement Baba. Ici, le maître voudra sans doute que tu t'habilles selon la tradition.

— Ici ou ailleurs, Baba, le maître, c'est moi ! éclata Aurélie.

Elle était sur la défensive : surtout, ne pas se comporter comme les épouses précédentes, rester française, européenne ! Ne lui avait-on pas répété, au moment de son mariage, que son influence serait décisive pour l'amitié franco-arabe, et qu'elle seule maintiendrait l'alliance entre la France et la puissante secte des Tidjani ?

« Le maître, c'est moi ! » répétait Aurélie comme une enfant têtue.

Baba laissa passer l'orage.

— Tu devrais te reposer, Maîtresse.

— J'attends le seigneur. Je l'attendrai toute la nuit !

Elle était butée. Baba insista.

— Tu ne devrais pas, Maîtresse. À son retour, il te réveillera ; il faut que tu prennes du repos.

— Crois-tu ? dit-elle tout à coup pleine d'espoir. Dans ce cas, ma patience est infinie. Allons sur la terrasse, je veux profiter de la fraîcheur nocturne.

Portant une torche, Baba dirigea sa maîtresse dans le labyrinthe des couloirs. Elles débouchèrent sur la terrasse. La nuit était totale. Une nuit africaine où la terre est obscure, et le ciel lumineux. Le calme du désert n'était troublé que par les aboiements des chiens qui se répondaient d'une cour à l'autre à travers Aïn Madhi.

Le ciel était criblé d'étoiles, de myriades de constellations dont la pâle lueur silhouettait le relief. Certaines paraissaient accrochées aux arêtes des montagnes : le Grand Chariot et ses satellites basculaient sur les crêtes du djebel Amour.

Pour tout Européen qui va dans le Sud, la constellation de la Polaire constitue le repère absolu, ravive en lui des souvenirs nostalgiques. Pour Aurélie, l'étoile Polaire, c'était tout à la fois le nord, la France, les forêts, son enfance... Comme tout cela était loin ! Au lieu de la réconforter, cette vision lui procura une sorte de panique, lui fit mieux sentir son isolement, provoqua en elle une déroute spirituelle. Un désir frénétique la prit de fuir Aïn Madhi, de retrouver les siens, de rentrer en France. Elle maudit sa naïveté, son ambition !...

À force de contempler le ciel et ses constellations, elle finit cependant par y trouver un peu d'apaisement. Dès les premiers jours de son arrivée au Sahara, elle avait subi après tant d'autres l'envoûtement de la nuit saharienne. Et ce charme opérait, calmait son désespoir. Elle se reprenait. Tout dépendait d'elle ! Il lui faudrait lutter ; lutter pour défendre son amour, la forme de vie qu'elle avait délibérément choisie.

Amour ! Djebel Amour ! Quelle coïncidence ! Pourquoi ce nom donné à une montagne ? Terme arabe ou dérivé du berbère ? Elle ne savait, ignorant l'étymologie du mot... Quelle ironie dans cette rencontre ! Était-elle venue s'échouer comme une mouette blessée sur les rivages mêmes de l'amour ? Sa romance resterait-elle inachevée ?... Il lui fallait fuir, même les étoiles.

Les deux femmes revinrent par les couloirs sans fin vers la chambre d'Aurélie.

Elle avait caressé le secret espoir que Si Ahmed l'y attendait. Il n'était pas là. Dans le silence de la nuit, une rumeur montait, emplissait ses oreilles. On psalmodiait le Coran quelque part...

— Vont-ils prier toute la nuit ? demanda-t-elle à Baba.

— Tu rêves, Maîtresse ! Personne ne chante en ce moment.

Mais cette prière invisible et silencieuse pour toute autre personne qu'elle devenait une obsession.

— Baba ! Baba ! cria-t-elle. Donne-moi la statuette de la Vierge, vite !

Cette statuette de la Vierge noire de Notre-Dame-d'Afrique, monseigneur Lavigerie la lui avait donnée au moment de leur mariage. La posséder, n'était-ce pas conjurer le danger ? Toutes les femmes musulmanes du Sahel adoraient la Vierge noire, Meryem, Marie, mère du prophète Aissa Jésus. À son arrivée en Alger, Aurélie avait été très étonnée de voir prier au coude à coude, dans l'ancienne mosquée désaffectée et transformée en église catholique, les femmes voilées du tchartchaf et les Européennes de la colonisation.

— Place-la à la tête de mon lit !

— Elle te protégera, Maîtresse, c'est sûr ! Meryem nous aime toutes les deux.

Dans sa naïveté, Baba avait résumé l'essentiel de la pensée de l'évêque d'Alger.

Aurélie allait et venait, se mordant les poings.

— Pourquoi ne vient-il pas ? supplia-t-elle. J'en ai assez ! Je veux vivre, quitter cet endroit sinistre !

Elle s'écroula sur les coussins, éclata en sanglots, s'abandonna à sa détresse, elle, jadis si maîtresse de ses nerfs.

Baba et Meryem, accroupies à ses côtés, pleuraient doucement.

— Il ne viendra pas ce soir, dit Meryem à voix basse à sa compagne.

Car tout se sait dans un harem. Et les vieilles femmes, profitant de l'absence d'Aurélie et par pure méchanceté, lui avaient rapporté les cancanages de l'office. Ce soir, Si Ahmed, grand chef religieux des Tidjani, recevait ses amis autour d'une diffa plantureuse dont étaient exclues les femmes. On avait ouvert les caisses de champagne rapportées de France. Et chacun avait bu sans hésitation le breuvage interdit, car Si Ahmed possédait la Baraka, sa bouche n'avait qu'à prononcer une parole pour changer le vin en eau ! Et ce pouvoir, il en disposait sans discrétion ce soir, pour lui et ses amis. Déjà, ses yeux sont troubles ! avait dit la vieille femme à Meryem.

Dans l'air glacial de l'aurore, le muezzin appela les croyants pour la troisième prière. Successivement tourné vers l'est, le sud, l'ouest et le nord, il lança d'une voix puissante les paroles de la *fatiha** :

— Allah la Illah, Mohamed Rassoul Allah ! « Il n'existe d'autre Dieu que Dieu, et Mohamed est son prophète ! »

La dernière étoile s'éteignit sur la crête du djebel Amour. Vaincue par la fatigue et l'émotion, Aurélie s'était endormie d'un sommeil agité de rêves : elle revivait intensément les trois années qui venaient de s'écouler. Trois ans déjà depuis le fameux jour de Bordeaux où son destin s'était décidé sous le signe d'un envol de pigeons !

DEUXIÈME PARTIE

LALLA YAMINA

CHAPITRE PREMIER

Aurélie se réveilla, toute chargée des rêves de la nuit, et plongea dans l'irréalité du moment. Ses affres et ses cauchemars se dissipèrent lentement ; subsistait en elle cependant une peur qui, loin de s'affaiblir, grandit à mesure que la jeune femme prenait conscience de l'étrange univers dans lequel elle vivait.

Il y avait du sable partout ! Un sable d'une extrême finesse, qui s'introduisait par la moindre ouverture, que les courants d'air avaient accumulé dans les recoins les plus cachés. La lumière du jour, aveuglante, se multipliait en damiers à travers les grilles des moucharabiehs, découvrait par petites touches la splendeur et la ruine de ce palais médiéval. Un peu partout, des geckos collés au plafond ou aux murs par les ventouses de leurs pattes étoilées guettaient les insectes ; leur immobilité était absolue, à croire qu'ils étaient morts, et puis, brusquement, ils se projetaient, comme une fusée sur une mouche, sur une guêpe, qu'ils gobaient avec précision avant de s'immobiliser de nouveau. Dans ce ksar délabré, avec son labyrinthe de couloirs, d'escaliers, de paliers, avec ses chambres en nombre incalculable, ni la poussière ni le sable n'avaient été balayés depuis des années ! Pourtant, dans cet immense caravansérail, des centaines de serviteurs erraient sans but précis, silencieux, apeurés, mous et indolents ; personne ne semblait les commander, et ils n'avaient sans doute touché à rien depuis le départ en exil du Grand Maître.

Aurélie se retint pour ne pas crier sa détresse. C'est alors qu'une petite main à la peau douce comme du satin se glissa dans la sienne :

— Viens sur la terrasse, Lalla ! Tu verras toutes tes servantes.

— Il y a beaucoup de travail à faire, Baba ! Comment peut-on vivre dans cette pouillerie ?

— Personne ne vivait ici depuis la mort de Mohamed Seghir, le père de Si Ahmed ! Et, depuis, personne n'a su commander ! Mais toi, tu sauras, Lalla !

Un peu réconfortée par la présence de la petite négresse, Aurélie se laissa entraîner sur la terrasse.

Ce fut comme si elle débouchait d'un tunnel.

Le soleil déjà chaud inondait le paysage. Tout ce qui, dans l'ombre, était laid et triste, prenait vie. Cette chaleur solaire se communiquait aux pierres, aux murs, aux rochers de la montagne, et les parait de couleurs chatoyantes, amicales, rassurantes. Le ciel du matin avait la transparence et la légèreté des ciels du Sud. La froide dureté de la nuit, la chape gris d'acier de l'aurore avaient fondu et, désormais, le firmament accentuait d'heure en heure l'intensité de son bleu, pour atteindre la coloration du cobalt lorsque le soleil serait au zénith.

Les bruits de la ville et des jardins parvinrent jusqu'à Aurélie : cri familier du porteur d'eau dans les ruelles d'Aïn Madhi, criailleries des femmes sur les terrasses voisines. Parfois, un coup de feu dans le lointain signalait la course rapide d'un cavalier poursuivant une gazelle. Quelquefois, pour on ne sait quel obscur motif, tous les chiens du ksar aboyaient en même temps ; on entendait alors des jurons, des ordres lancés d'une voix rude par quelque sokhrar traversant la palmeraie avec ses chameaux. Après les aboiements des chiens s'élevait, puissant et solitaire, le braiment d'un bourricot entravé, claudiquant à travers les allées de sable des jardins. Et quand tous ces bruits se taisaient, on percevait les mille gémissements des cordes de chanvre sur les poulies des puits, complainte éternelle qui monte comme une prière des oasis, trois heures avant le jour et deux heures avant la nuit.

Aurélie écouta ces bruits, baigna son visage dans la chaleur des rayons solaires, ferma un instant ses yeux qui s'habituaient difficilement à l'intense réverbération et, lorsqu'elle les rouvrit, elle découvrit tout à coup sa vérité : elle aimait ce pays !

La longue marche initiatique des nomades, d'Alger jusqu'en ce pays reculé de l'Atlas saharien, lui avait permis de s'adapter progressivement, de mieux comprendre ceux avec lesquels elle devait vivre désormais ! Et sa résolution fut prise. Son palais était poussiéreux ? Elle le nettoierait ! Ce qui manquait jusqu'ici à la zaouia, c'était une femme ! Une vraie femme, et non une odalisque alanguie, juste bonne aux jeux de l'amour. Son ambition se réveillait. Sa fortune ne dépendait que de la passion qu'éprouvait pour elle Si Ahmed ! Eh bien ! Elle ferait en sorte que cette passion devînt durable. Les jeux de l'amour s'épuiseraient un jour, elle le pressentait, connaissant le caractère faible et volage de son époux, mais elle s'imposerait par d'autres liens ! Elle serait la maîtresse d'Aïn Madhi, et pas seulement la maîtresse du chérif !

— Viens, Baba, appelle Meryem et les autres femmes, nous allons mettre de l'ordre dans tout cela. Envoie chercher de l'eau, beaucoup d'eau, que chacune prenne un balai...

— Un balai, Maîtresse ? Il n'y en a pas.

— Et comment faites-vous pour nettoyer ?

— Avec des djerids, Lalla !

— Alors, que chacune se procure des djerids...

Elle rassembla ses servantes, distribua la tâche, s'enquit de leurs noms, les commanda avec douceur, le visage souriant, et le miracle se produisit...

On s'affaira dans les multiples pièces qui composaient les appartements d'Aurélie. Tout fut arrosé, balayé, nettoyé, et les petites négresses s'adonnèrent à cette tâche en riant, tant leur semblait drôle cette subite envie de la roumia. Des coins de sable s'échappaient lézards et souris, des encoignures des murs des cafards énormes fuyaient, mais, chose plus grave, on délogea des scorpions agrippés dans la laine des tapis et, sous une petite butte de sable accumulée dans l'angle d'une chambre, dormait un naja qui se redressa en sifflant de colère.

Dans la panique qui suivit, Aurélie ne perdit pas son sang-froid. Saisissant la tringle de fer d'une de ses cantines déposée en cet endroit, elle cingla le reptile qui s'écroula, blessé à mort. Cet exploit suscita une vague d'admiration. La roumia avait tué le serpent ! Quelle femme courageuse ! Les servantes étaient encore pantelantes de peur et examinaient curieusement le corps du reptile, ce naja dont la morsure est mortelle si l'on ne connaît pas les herbes qui guérissent.

Attirée par le bruit, une vieille négresse entra furtivement dans la pièce, attrapa le cadavre du serpent que personne n'avait osé toucher et l'emporta dans un repli de sa longue tunique dépenaillée.

— Pouah ! fit Baba. C'est la sorcière. Elle va faire du *bor-bor** !

— Le bor-bor ?

— Allah veuille que tu n'en subisses jamais les effets, Lalla, dit gravement Baba. Mais rassure-toi, je veillerai !

Elle refusa d'en dire davantage.

Elles passèrent le restant de la matinée à ranger les caisses, les malles, les valises jetées en vrac n'importe où lors de l'arrivée de la caravane. Aurélie reconstitua une salle à manger à l'européenne avec table et chaises, au grand ébahissement des servantes. Si Ahmed avait apprécié le confort européen, les méthodes françaises ; il fallait le maintenir dans cette idée.

Puis, la chaleur devenant forte, elle fit cesser le travail, regagna sa chambre, fit ses ablutions. Déjà, son intérieur lui paraissait plus acceptable. Au fil des jours, elle l'améliorerait. Tapis, tentures, sofas, tables basses en marqueterie, immenses plateaux de cuivre ne manquaient pas ! Aïn Madhi resterait une demeure arabe ; par contre, elle se promit d'améliorer encore le confort occidental de leur villa de Laghouat.

À son réveil, Aurélie s'était étonnée de l'absence de Si Ahmed. C'était la première nuit que le chérif ne passait pas avec elle, mais Baba et Meryem l'avaient rassurée :

— Le Maître a dû recevoir tous les mokkadems, il y avait une grande diffa, il vient seulement de se coucher ; il n'a pas voulu te déranger. Tu le verras sûrement après la gaïla !

Elle suivit leur conseil et fit la sieste. Terrassée par une trop grande fatigue et payant le tribut des émotions de son arrivée, elle dormait profondément lorsque, vers le milieu de l'après-midi, alors que la chaleur baissait, Si Ahmed pénétra dans la chambre. Il avait rejeté les lourds burnous, une simple gandourah de fine laine blanche moulait sa puissante musculature ; il déroula son chèche, découvrant son visage aminci par un beau collier de barbe. Ses grands yeux noirs, dont l'iris se détachait comme un éclat de marcassite dans le blanc d'ivoire du globe, se fixèrent avec extase sur Aurélie. Celle-ci, toutes couvertures rejetées, reposait nue sur sa couche, la respiration hachée de frémissements accompagnant sans doute ses rêves.

Si Ahmed se pencha sur elle, puis, après une hésitation, se glissant à ses côtés, il l'enlaça, puis la prit avec douceur sans qu'elle parût s'éveiller, mais il devina au fin sourire de ses lèvres que ce n'était qu'un jeu, un jeu de princesse ! Une attitude qui excitait au plus haut point son désir. Jamais aucune des femmes qu'il avait connues ne s'était comportée de la sorte ; toutes le subissaient passivement, mais, avec Aurélie, c'est lui qui subissait le jeu !

Enfin, Aurélie daigna ouvrir les yeux.

— Je ne rêvais pas, c'était bien toi ! Comme tu as tardé !

Il était un peu penaud. Sans doute par ses servantes était-elle au courant de l'orgie de la veille. Ils avaient tous abusé du champagne et des vins apportés dans les cantines depuis Alger. Ce n'est pas tous les jours qu'un chérif peut dispenser ses fidèles du péché et transformer le vin en eau.

— Tu m'excuseras, ma colombe, mais le jour de mon retour à la zaouia m'imposait des obligations. J'ai dû recevoir, nous avons...

Elle lui mit un doigt sur les lèvres :

— Tu es le maître, Ahmed, pourquoi te justifier ?...

— Mais, ce matin, j'ai fait une chose importante. Devant le conseil des mokkadems, j'ai répudié mes autres femmes ! Elles vivront désormais dans deux maisons que je leur ai données, le long des remparts extérieurs. Tu vois, j'ai tenu parole. Tu es la seule, ma colombe, ma seule et unique épouse.

— J'avais confiance en toi, mon amour, viens chercher ta récompense. (Elle l'enveloppa de ses bras nus.) Ensuite, tu me feras visiter ton royaume.

CHAPITRE II

Ce que s'était bien gardé de préciser Si Ahmed, c'était la façon dont l'acte de répudiation s'était déroulé.

Ils avaient banqueté fort tard dans une des grandes salles du palais, puis s'étaient retrouvés au lever du soleil dans la bibliothèque de la zaouia, où s'entassaient dans les rayonnages les textes sacrés : le Coran, livre révélé, la Sunna, recueil des préceptes obligatoires, les parchemins où s'inscrivait la Tarika, la « Voie », les grimoires accumulés en ce lieu depuis la fondation de la zaouia.

Une sorte de conseil des sages.

Boubeker le présidait, avec dignité et courage. Car il fallait tout tenter pour essayer de détourner le Grand Maître de sa passion désastreuse pour une roumia. Lui, descendant du Prophète, détenteur de la Baraka !

Ils avaient d'abord longuement prié, psalmodiant et répétant mille fois les textes rituels, égrenant le chapelet en bois de santal de la Tidjania, aux gros grains séparés en six groupes par des flocons de soie rouge, et surmonté de dix rondelles pouvant glisser sur les grains et servant à marquer les centaines de récitations des prières. Puis Boubeker s'était incliné devant le jeune chérif :

— Nous t'écoutons, Si Ahmed !

— Je vais selon la loi coranique répudier Zorah et Aïcha, et je tenais à vous le faire savoir officiellement : Aurélie sera désormais mon unique épouse.

— Qu'il soit fait selon ta volonté, Seigneur, tu es le maître. Mais permets à ton frère en Dieu de te demander si ta décision a été mûrement réfléchie ! Nous savons la grande passion que t'a inspirée cette roumia...

— Épousée selon la loi coranique, comme tu le sais...

— ... Mais nous te connaissons aussi, Seigneur ; tu es encore très jeune, et peut-être regretteras-tu plus tard l'acte que tu vas accomplir. Zorah t'a donné un fils, Ali, ton futur successeur. Est-il sage de répudier sa mère ? Ne peux-tu te contenter de la situation présente, éloigner du palais tes autres femmes, certes, mais sans les répudier ?

— Ma décision est irrévocable, Boubeker. J'ai choisi la seule femme digne d'être la maîtresse d'Aïn Madhi ; vous avez pu vous apercevoir de sa jeunesse, de sa beauté, mais aussi de son autorité ! Croyez-moi, Lalla Aurélie ne peut qu'attirer les bienfaits d'Allah sur notre confrérie !

Il y eut un murmure dans l'assistance, puis chacun se tut. Nul ne pouvait contrer la décision du Grand Maître.

Le temps fera son ouvrage, pensèrent la plupart des mokkadems habitués aux conquêtes faciles et sans lendemain du chérif ; seul, Boubeker restait sombre. En son for intérieur, il avait été le premier à admirer la jeune femme blanche ramenée par Si Ahmed, mais il s'inquiétait des suites de cette union. Les drames du sérail sont fréquents entre épouses et favorites ! Dès ce jour, il faudrait veiller sur la sécurité et la vie de Lalla Aurélie. Une pincée de bor-bor est vite versée dans une tasse de café, un serpent glissé dans les draps...

— Qu'il soit fait selon ta volonté, Seigneur, mais, pour que rien ne vienne troubler la sérénité de la zaouia, veille sur ton épouse. Je crains pour elle ! Melika est une sorcière !

Il les avait quittés insouciant et joyeux, et il avait rejoint ses femmes dans la partie du harem qui leur était réservée et où n'avait pas pénétré Aurélie. On savait ce qu'il y venait faire, et il fut accueilli par des cris, des lamentations, des injures. Melika, la vieille, contorsionnée de rage, hurlait dans un coin, se griffait la figure. Aïcha, la deuxième épouse, déjà délaissée depuis quelque temps, était plus passive ; Si Ahmed venait la voir de temps en temps, il continuerait, elle en était certaine ! Alors, pourquoi ce tapage ?

Aux pleurs et aux cris des femmes s'étaient associés ceux des servantes et des enfants. Seule Zorah garda quelque dignité :

— Tu es le Maître, soit ! Mais tu as un fils, l'oublierais-tu ? La roumia ne t'en donnera jamais un, elle sera stérile, crois-moi ! Non, tu n'auras jamais d'elle un héritier. Et tu me reviendras, tu le sais bien ! Pourquoi mentir ? Vois, j'ai déjà fait préparer mes bagages. Ce soir, je coucherai dans la maison des jardins. Toi, va retrouver ta roumia ! Emporte pour elle ma malédiction. Stérile, elle sera stérile ! Et tu sais bien pourquoi je te le dis !

Il frissonna sous la menace. Melika connaissait les herbes qui font avorter, les herbes qui tuent, la jusquiame, le chikh, le venin de crapaud ou de serpent ! Il ne fallait pas prendre cette malédiction à la légère !

Il sortit ; les femmes l'accompagnèrent sur la terrasse, Melika hurlante et bavant de rage lui lançant des anathèmes, Aïcha gémissante. Mais Zorah, très digne, les yeux secs, rabroua sa mère d'un ton autoritaire :

— Oublies-tu que tu t'adresses au Grand Maître, au seigneur d'Aïn Madhi ? Pauvre folle ! À sa place, je te ferais enfermer.

Et, tournant le dos à tout le monde, elle rentra dans sa chambre.

CHAPITRE III

Le nettoyage du palais prit de nombreux jours. Aurélie obtint du chérif l'autorisation de diriger les travaux. Lui-même était stupéfait de la résistance physique, de la force qui émanait de cette jeune femme d'apparence fragile et dont le corps était si mince, comparé aux formes plantureuses des houris du sérail. Déjà, leurs appartements se révélaient plus confortables ; les servantes bien dressées avaient appris à faire des lits, à mettre un couvert. Aux cuisines, Aurélie, tout en gardant la nourriture orientale très épicée et un peu monotone, leur avait enseigné l'art de cuisiner les légumes, que l'on récoltait à grand-peine dans les jardins de l'oasis. Elle était partout, se grisant d'activité, prenant chaque jour un peu plus d'autorité sur le personnel de la zaouia, hommes ou femmes.

Elle aimait désormais sortir le plus souvent possible, soit à pied accompagnée de l'une de ses petites esclaves, soit à cheval, montant El Ghazal et suivie du fidèle Dahmani. Au début, Baba s'était étonnée :

— Tu sors, Lalla ? Ne sais-tu pas que la femme ne doit voir que le ciel et les murs de sa maison ?

— Il n'en est pas question, ma chérie ! Je sortirai quand je voudrai et, malgré cela, je respecterai les coutumes de la zaouia. D'ailleurs, ne circules-tu pas librement, Baba ?

— Oh ! Moi, je ne suis pas une femme ! dit mélancoliquement la petite négresse. Simplement une petite esclave !

— Pour moi, Baba, tu resteras toujours la plus gentille des filles, et je veillerai plus tard à t'établir !

— Tu ne me vendras pas, Lalla !

— Comment peux-tu penser une chose pareille ?

Aurélie découvrait qu'elle pourrait désormais, de par sa qualité de femme du chérif, acheter ou vendre ses serviteurs ! Acheter des esclaves ! Elle frémit d'indignation ; elle libérerait au contraire tous ceux qui lui seraient attribués !

Ahmed lui avait fait visiter en détail la cité d'Aïn Madhi encerclée dans ses remparts. Elle s'était étonnée de la saleté des rues, des ordures ménagères jetées négligemment dans les caniveaux ; sur quoi Si Ahmed, embarrassé, lui avait rétorqué :

— Cela s'est toujours fait ! Les gens ne savent pas.

— Je leur apprendrai, Si Ahmed. Pour ta gloire, je veux que ta ville soit un modèle de cité islamique ! L'eau ne manque pas ici.

— Non, elle ne manque pas, nous disposons dans les remparts de cinq puits qui n'ont jamais été asséchés ! Même pendant le siège de la ville par Abd el-Kader ! Et, dans les jardins, l'eau est à fleur de terre.

— Alors, pourquoi ne pas faire une canalisation qui amènerait l'eau au sommet de la ville, et d'où elle coulerait ensuite à travers les rues, nettoyant toutes les saletés ?

Le chérif éclata de rire, puis s'aperçut qu'il l'avait contrariée.

— C'est que ton idée est drôle pour un Arabe du désert. Songe ! L'eau est ce qu'il y a de plus sacré et, même lorsqu'elle est abondante, nul n'a le droit de la gaspiller ! On ne la livre dans les jardins que durant un laps de temps déterminé pour chaque propriétaire. Et tu voudrais qu'elle coule librement dans les rues ! Je t'aime, ma colombe, mais ne me demande pas cela, ce serait nous mettre à dos tout Aïn Madhi !

— Je n'ai pas songé à cela, Ahmed. Mais alors, prends une décision, ou fais-la prendre par ton conseil. Tu as des prisonniers sans doute. Alors, donne-leur pour tâche de nettoyer les rues, au moins une fois par semaine ; empêche les gens de jeter leurs ordures devant leurs maisons. Crée un dépôt loin de la ville, afin que ne se propagent pas les microbes et les épidémies.

Il restait étonné devant tant d'énergie.

— Il sera fait comme tu le proposes. Mais je crois qu'il te faudra convaincre toi-même mes gens d'ici de la nécessité de travailler.

— Je veux bien m'en charger.

Ils avaient terminé la visite par les magasins à vivres ; ils étaient immenses, remplis de blé, d'orge, de beurre, de sel, de dattes, de bois à brûler.

— Ce sont nos réserves, nos ressources auxquelles s'ajoutent les dons en nature des pèlerins. Mais tout cela, vois-tu, ne m'appartient pas en propre ; ces réserves sont destinées à nourrir les foules lors des pèlerinages qui ont lieu régulièrement. Et il faut bien tout ça ! Quand je suis parti pour la France, les greniers étaient beaucoup plus nombreux ! Nos ressources ont beaucoup baissé. En m'exilant, le gouvernement français m'a fait beaucoup de tort.

— Mais tu es revenu, et nous allons refaire la prospérité d'Aïn Madhi.

Il la regarda avec étonnement. Jamais aucune de ses femmes ne s'était intéressée à la prospérité de la zaouia.

— Tout d'abord, mener à bien la procédure pour que te soient rendus tes biens personnels spoliés par Ryan. À propos, qu'as-tu fait de celui-là ?

— Bachir l'a expédié à Temacine.

— Mauvaise décision. Tu vas le faire revenir et tu l'enverras quelque part dans le Nord, à Tlemcen, à Saïda ! Là où il ne pourra plus nous nuire. Le cheikh de Temacine se ferait un plaisir de l'utiliser contre nous.

— Tu parles sagement, Aurélie, je ferai comme tu dis.

— Puisque nous en sommes à parler des affaires de la confrérie, j'aimerais utiliser mes loisirs à examiner le fonctionnement des affaires administratives ! Il y a, j'en suis certaine, beaucoup de gaspillage ! En qui as-tu le plus confiance parmi tes mokkadems ?

— Boubeker mérite la plus grande estime ; c'est un homme de prière, mais il a une grande autorité sur le conseil des mokkadems, et tous les tolba le respectent.

— Ménage-moi une entrevue avec lui. S'il consent à me faire confiance, je crois qu'à nous deux, nous ferons du bon travail.

— Voyons, Aurélie, mais c'est un travail d'homme que de diriger une confrérie, et puis...

— Je sais, je suis nouvelle venue, roumia, et tout et tout, mais je suis également ta femme, et chacun a pu le constater, réellement ta femme !

— Tu ne crains pas de te mettre à dos beaucoup de monde, ceux qui intriguent, ceux qui volent, ceux qui laissent piller ?

— Le risque en vaut la peine, et tu es là ! D'ailleurs, c'est toujours toi qui prendras la décision. Je ne serai que ta conseillère ! Mon stage chez le député Steenackers m'a appris beaucoup de choses. Les couloirs du gouvernement français à Bordeaux étaient aussi tortueux que les corridors de ton palais !

Elle rit. Il l'enlaça.

— Ma colombe, Allah m'a inspiré en te plaçant sur ma route. J'ai une nouvelle à t'annoncer. Mes quatorze sœurs venant de Temacine où elles ont épousé des mokkadems de la zaouia vont arriver d'une semaine à l'autre. Leur caravane a été signalée à Ghardaïa. Je suis certain qu'elles t'apportent de nombreux présents et seront ravies de te connaître. Te rends-tu compte ! Que d'histoires à raconter au retour sous les palmiers de l'oued Rhir.

CHAPITRE IV

Aïn Madhi veut dire la « Source du Passé ». Une promenade favorite d'Aurélie était de se rendre à cheval à cette source qui, aux flancs du djebel Amour, alimentait en eau Aïn Madhi. Elle avait été captée à l'origine, et une foggara conduisait l'eau jusqu'au sommet de la ville, d'où un préposé la répartissait à l'aide d'un « peigne », sorte de barrage miniature dont les intervalles entre les dents laissaient passer une quantité donnée d'eau. Le temps et le volume étaient calculés strictement par le conseil de la zaouia pour que chaque jardin, chaque quartier de la ville, puisse recevoir ce qui était indispensable à ses besoins.

La piste qui menait à la source était rocailleuse à souhait mais, de là-haut, on découvrait un panorama étendu vers le sud. Le Sahara se découvrait en sa totalité, limité par des lointains brumeux et, aux heures chaudes, montaient de cette cuvette incandescente des lances d'air bouillant, comme si le sable ou les rochers brûlaient.

À la source, sur un terre-plein aménagé, se dressait une petite koubba blanche, à l'intérieur de laquelle pouvaient se reposer à l'ombre les gens chargés de la vérification des installations. Un figuier tordu, sorti d'une fissure rocheuse, apportait un frais ombrage. C'était un lieu de méditation et de prière, et Aurélie ne fut pas surprise, lorsqu'elle s'en approcha, de découvrir un cheval entravé sous le figuier – ce qui signifiait la présence d'un homme à l'intérieur de la koubba, car les femmes ne montent jamais jusque-là.

— Boubeker est là ! dit laconiquement Dahmani, en sautant à bas de sa monture pour se précipiter à la bouche du cheval de sa maîtresse. C'est sa jument !

Le mokkadem apparaissait dans l'ouverture sans porte de la koubba.

— Salam alekhoum Lalla Aurélie ! Je t'attendais !

Puis, congédiant Dahmani :

— Tu peux retourner à la zaouia, je raccompagnerai ta maîtresse.

Docile, le nègre enfourcha son barbe, un peu inquiet cependant.

— Fais bien attention à la descente, Maîtresse, El Ghazal aurait tendance à tirer sur le mors ! Laisse les rênes longues ! Il saura mieux choisir le chemin.

— Merci, Dahmani. Va, comme te le demande le mokkadem.

Quand ils furent seuls :

— Tu ne t'étonneras pas, Lalla Aurélie, de me voir ici. Si Ahmed m'a exprimé ton désir de t'instruire sur l'administration de la zaouia. J'ai d'abord été un peu surpris – ce n'est pas là besogne de femme –, puis, t'ayant bien observée depuis ton arrivée, j'ai compris que tu n'étais pas une femme comme les autres. Que tu avais une énorme influence sur ton époux ! Bénéfique, ajouterai-je, et qu'Allah te bénisse ! Alors qu'attends-tu de moi ?

— Boubeker, il faut rendre à la zaouia la splendeur qu'elle a connue du temps de Mohamed Kebir et de Mohamed Seghir. À cette époque, les caravanes partaient d'Aïn Madhi dans toutes les directions. Les mokkadems ou leurs envoyés se rendaient à

Tombouctou, à In Salah, au Niger, et jusqu'au lointain Hoggar. Ils en revenaient, leurs caravanes lourdement chargées de richesses qui venaient s'amonceler dans les magasins de la zaouia. J'ai visité ces magasins, ils sont à moitié vides. L'absence de Si Ahmed a été préjudiciable à la zaouia ; le cheikh de Temacine – qu'Allah le protège –, bien que ton frère en Dieu, a su profiter de la situation pour accaparer toutes les offrandes, tous les dons, pour diriger sur l'oued Rhir les caravanes venant du sud, de l'est, de l'ouest, des quatre points cardinaux ! Ces temps sont révolus et, désormais, Aïn Madhi doit retrouver sa prospérité. Je ne t'apprends rien de nouveau : Si Ahmed est jeune et influençable. De plus, une rivalité latente avec son demi-frère Bachir engendre un climat de méfiance. En outre, l'*oukil** chargé de recevoir et redistribuer les biens de la confrérie m'apparaît comme incapable de gérer ceux-ci convenablement ; il y a trop de dépenses exagérées, inutiles, et pas assez de recettes ! La façon d'équilibrer un budget n'est pas enseignée dans les livres des tolba ! À vrai dire, il faut un esprit occidental pour découvrir les causes profondes de cette déchéance continue de la zaouia, de sa prospérité menacée...

Elle avait parlé longuement, sans s'arrêter, et Boubeker l'avait écoutée avec un étonnement de plus en plus grand. Tout ce que lui apprenait la roumia, il le soupçonnait, mais il n'en connaissait pas l'ampleur. Il était un homme de prière, l'oukil faisait tout sans que personne vienne jamais contrôler son travail.

Il était assis sur le banc de pierre blanchi à la chaux qui ceinture l'intérieur de la koubba, dans une semi-obscurité fraîche et reposante. Par les petites ouvertures étroites passaient des rayons de lumière. Les geckos à l'affût étaient collés sous les voûtes par les ventouses de leurs pattes. Une tourterelle vint se poser un instant sur le bord d'une des meurtrières, puis, voyant la koubba occupée, reprit son vol.

— Lalla Aurélie, tu as parlé avec sagesse. Je te donne raison, mais que proposes-tu pour remédier à la situation ?

— Il faudrait que Si Ahmed et toi-même repartiez en tournée chez vos frères ! La ziara n'existe plus, mais rien ne vous empêche de visiter vos confréries, d'abord les plus proches : Aflou, Saïda, Mascara, Tlemcen, la plus importante de toutes nos villes amies ! Que votre visite soit motivée par la prière. Visitez les mosquées, faites annoncer la venue du Grand Maître, sortez les étendards et, d'eux-mêmes, les dons afflueront, et les pèlerins reviendront à Aïn Madhi. Ensuite, vous pourrez organiser des caravanes pour le Sud ; il faut retrouver la route de Gao, de Tombouctou, reprendre les échanges commerciaux. Nous avons le privilège, étant détenteurs de la Baraka (sans s'en apercevoir, elle venait de s'identifier à la nouvelle confrérie, et Boubeker ne put s'empêcher de sourire), de pouvoir traverser le désert en toute sécurité – ce que ne peuvent faire ni les Français ni les simples commerçants !

— Il y a un peu de tristesse dans ma réponse, Lalla. Ce que tu nous dis de faire, le Grand Maître et ses conseillers, dont je suis, auraient dû le faire depuis longtemps. Mais Ryan nous a trahis. Si Ahmed l'a exilé à Temacine, et maintenant il faut trouver un bon oukil ! J'aviserai !

— J'ai déjà dit à Si Ahmed qu'avoir choisi Temacine comme lieu de retraite pour le vieux Ryan était une erreur ! Là-bas, sa rancœur peut servir les desseins du cheikh de Tamellah. Par Ryan, il saura tout ce qui se passe chez nous, tout ce qui s'y prépare. Non, crois-moi, rappelez Ryan !

— Alors, où lui imposer une résidence ?

— À Laghouat ! C'est suffisamment loin d'Aïn Madhi, et tout près pour le surveiller. Si Ahmed y a sa résidence préférée. Rien de ce que pourrait tramer Ryan ne lui échappera ; en plus, la garnison française est un gage de sécurité, car le procès de Ryan est connu des officiers, et ses faits et gestes nous seront fidèlement rapportés. J'en fais mon affaire !

— Une femme qui pense peut être un bienfait ou une malédiction ! fit sentencieusement Boubeker. Mais, en ce qui te concerne, c'est une bénédiction ! Nous allons redescendre, je ferai mon profit de ce que tu m'as dit !

— Attention, Boubeker, il ne faut pas que cette décision vienne de moi ; mon intervention doit rester secrète. C'est le Grand Maître qui décide, par la volonté d'Allah !

Ils redescendirent la piste rocailleuse au pas de leurs montures, pénétrèrent dans la ville par Bab Kébir. Le mokkadem se rendit directement à la mosquée. Aurélie longea les remparts et gagna les jardins. Donnant la bride de son cheval au premier yaouled rencontré, elle continua à pied sa promenade, souriante, saluée par les esclaves jardiniers qui tiraient l'eau du puits, suivie à distance par un petit bataillon admiratif et intimidé de gosses à moitié nus, de fillettes pudiquement habillées de haillons multicolores.

Dans sa pensée se précisait déjà une idée nouvelle : construire une école, une école française, apprendre à tous ces gosses, en même temps que l'écriture et le calcul, les rudiments de l'hygiène et de la propreté ! Elle avait encore beaucoup à faire ! Mais cette tâche surhumaine qui l'attendait accroissait sa confiance en l'avenir. Déjà, elle se savait écoutée, obéie. En si peu de temps, cela tenait du miracle.

CHAPITRE V

Ce jour-là, Aurélie s'était réveillée à l'aube.

C'était l'heure qu'elle préférait ; après la touffeur de la soirée, les murs épais de pisé rouge s'étaient peu à peu refroidis. Des serviteurs avaient lavé à grande eau la terrasse, apportant une fraîcheur supplémentaire et, vers l'orient, le soleil allait apparaître au-dessus des hautes collines tabulaires, prolongeant les cordillères sahariennes de l'Atlas.

Elle était seule depuis plus d'une semaine, car, se rangeant à ses avis, Si Ahmed et Boubeker avaient décidé une tournée des confréries Tidjania dans le nord-ouest du pays. Ils avaient quitté Aïn Madhi en grande pompe, se faisant précéder d'émissaires chargés de regrouper sur leur passage les khouans et leurs dons Avant le grand pèlerinage de l'Aïd Seghir sur la tombe du pieux fondateur, il était indispensable d'accumuler les réserves nécessaires pour nourrir tous les pèlerins.

Plusieurs mois s'étaient écoulés depuis son arrivée à Aïn Madhi, et ils avaient été bien employés. La méfiance qui l'entourait au début se dissipait peu à peu. Jamais les esclaves et les serviteurs n'avaient été aussi bien traités et aussi bien commandés ; ils avaient reconnu en l'épouse du chérif une maîtresse femme, bonne et intelligente, et cela s'était vite propagé dans la ville. Lalla Aurélie, en plus, s'était penchée sur toutes les misères, lavant une blessure, désinfectant une plaie, allant jusqu'à couler un plâtre autour d'un membre brisé, appliquant ce qu'elle avait appris ou vu faire pendant son stage d'infirmière à Bordeaux. La roumia guérissait !

C'est un peu le bilan de ces premiers mois qu'elle faisait dans la solitude exceptionnelle de ce lever du jour saharien. Elle suivait la lente descente du soleil sur les flancs du djebel Amour. Ce sommet était devenu sa montagne symbole. D'abord parce que, situé au nord d'Aïn Madhi, il était le relais de ses pensées lorsque celles-ci, de plus en plus rarement, se dirigeaient vers la France si lointaine, vers son jeune passé. Ensuite, par l'étrange dénomination de cette montagne : djebel Amour ! Curieuse toponymie que personne n'avait su lui expliquer fermement. Était-ce une déformation d'*ameur*, « grand » ? C'est ainsi qu'elle l'interprétait : la « montagne de son grand amour » !

Si Ahmed était toujours aussi attentionné et passionné, mais, malgré leurs étreintes répétées, malgré des nuits entières consacrées aux jeux de l'amour, parfois, sur cette terrasse, sous la lueur scintillante des milliards d'étoiles des galaxies, Aurélie se désolait de n'attendre aucun héritier. C'était son principal souci, la seule menace à son bonheur. Donner un fils à Si Ahmed, et plus rien ne pourrait l'arracher à Aïn Madhi ! Mais qu'elle tardât encore, et les rumeurs circuleraient vite.

Bientôt, le soleil atteignit les terrasses de la ville, et de partout jaillirent les bruits habituels. Par moments, s'élevant de la mosquée, lui parvenait la mélopée rituelle psalmodiée par les tolba ; sa cantate se mêlait intimement au bruissement du vent dans les djerids des palmiers, au grincement des poulies des puits, aux chants et aux cris de tout ce qui vivait dans l'oasis. Bruits désormais familiers. Qu'elle aimait ! Comme elle aimait ce pays, malgré les angoisses qui parfois la saisissaient lorsqu'elle mesurait la précarité de sa situation !

La voix rieuse de Baba interrompit sa rêverie :

— Lalla !

Aurélie se retourna. Une vieille négresse aux traits décharnés, drapée dans les voiles blancs de son *mehl'faf**, se tenait droite et digne sur le seuil ; elle tenait par la main un petit garçon métissé d'arabe et de nègre, et Aurélie reconnut tout de suite Ali, le fils de son époux et de sa première femme Zorah.

Elle tendit les bras à l'enfant qui, un peu intimidé, ne résista pas plus longtemps au sourire d'Aurélie et vint se jeter dans sa robe.

— Et toi, qui es-tu ? demanda-t-elle avec bonté à la vieille femme.

— Je suis Zineb, la mère du cheikh el Tarika, le détenteur de la Voie !

Elle avait prononcé avec respect ces derniers mots.

Aurélie ne put dissimuler son étonnement ; devant elle se tenait la mère de Si Ahmed, sa belle-mère ! Comment se comporter ? Une immense pitié l'envahissait, car elle connaissait les épreuves qu'avait subies cette malheureuse, trois fois vendue avant d'être retrouvée par les émissaires envoyés à sa recherche, et maintenant oubliée quelque part dans un coin reculé du harem.

Elle alla vers la vieille femme, la conduisit à petits pas vers un sofa, la pria de s'y asseoir, s'assit elle-même en tailleur à ses côtés, puis, prenant les mains décharnées :

— Je suis heureuse de te connaître, Lalla Zineb ! Ton fils m'a donné le bonheur ; qu'Allah t'accorde une longue et heureuse vieillesse !

— On m'a dit, Lalla, que tu étais grande et belle, mais, surtout, que tu étais bonne ! Je te vois mal, car mes yeux sont troubles, mais ta voix est aussi douce que le chant de l'eau qui coule dans la seguia, et tu es certainement bonne pour m'avoir rendu mon titre – elle eut un affreux sourire édenté –, moi, Zineb, l'esclave répudiée, m'appeler Lalla !

— Mais tu es la mère de celui qui détient la Baraka, et ce titre est le tien. Je veillerai à ce qu'il te soit toujours appliqué par mes servantes. Et puis, j'aimerais mieux te connaître, veux-tu habiter chez moi ?

— Si tel est ton désir, ce sera ma plus grande joie, Lalla Yamina !

— Lalla Yamina ? Quel est ce nom que tu me donnes ? dit Aurélie surprise.

— Nous n'arrivions pas à prononcer ton nom de roumia. Tu ne le sais pas, mais, dans tout Aïn Madhi, lorsqu'on parle de toi, on dit Lalla Yamina.

— Qui était cette Lalla Yamina ?

— Une sainte, selon les livres anciens !

C'était bien vague, et Aurélie se promit de rechercher les origines de Lalla Yamina.

Plus tard, feuilletant les livres poussiéreux de la bibliothèque des tolba et aidée par son ami Boubeker, elle sut que Yamina était la fille d'un patrice byzantin, Grégoire, qui se fit proclamer roi de Tunis en 648. Le sultan Sidna Abdallah, conduisant une invasion arabe, enleva la fille du patrice et fit de cette roumia sa sultane favorite sous le nom de Yamina. La sagesse, la beauté et l'intelligence de la captive firent d'elle l'une des saintes de l'histoire de l'Islam.

— Une sainte ! reprit Aurélie. Mais je ne suis pas une sainte.

— Dieu t'a donné la bonté. Ah ! Si mes autres belles-filles étaient comme toi !

La vieille s'épancha :

— Aïcha n'est pas mauvaise, mais Zorah ! Ah ! Lalla, méfie-toi de Zorah ! Tiens-toi sur tes gardes ! Melika, sa mère, est une sorcière ; elle connaît tous les secrets du bor-bor, et elle te hait !

— Elle a des excuses ! N'ai-je pas pris sa place ?

— Elle n'était plus digne d'être l'épouse de mon fils, et s'il n'y avait eu Ali...

— C'est elle qui t'a dit de me l'amener ?

— Non ! C'est mon fils lui-même qui veut que tu t'occupes de son éducation. Zorah en est incapable. Ali recevra des mokkadems de la zaouia l'enseignement coranique nécessaire à ses fonctions, mais Ahmed veut qu'il soit également élevé dans la connaissance du monde moderne. Qu'il apprenne à parler français, qu'il sache écrire et calculer en français ! Avant que tu ne viennes à Aïn Madhi, personne ne savait parler ta langue, et tous nos rapports avec l'autorité française devaient passer par l'intermédiaire d'un de leurs khodjas ! Maintenant, il y a toi, et aussi mon fils Ahmed, ajouta-t-elle avec fierté, et aussi Bachir, mais celui-là, j'ai peur qu'il ne subisse l'influence de son entourage. Si les mokkadems ne m'avaient pas retrouvée, il serait le Grand Maître actuellement !

La vieille parlait, parlait. Jamais, dirent plus tard Baba et Meryem, Zineb n'avait autant parlé, et Lalla Yamina l'écoutait sans l'interrompre, respectueuse, tout en gardant une attitude souveraine.

Aurélie s'était inquiétée de voir les yeux cernés de pus de Zineb ; des mouches y restaient collées à demeure, que la vieille ne cherchait même plus à écarter. Le trachome, pensa Aurélie. La plaie des oasis ! Tant de gosses en souffraient.

Sans rien dire, elle se leva, alla chercher dans sa pharmacie personnelle du coton, fit bouillir de l'eau sur un *kanoun** d'argile où se consumait du charbon de bois, lava délicatement les yeux de la vieille femme, puis glissa sous les paupières rougies et enflammées quelques gouttes de collyre.

— Nous referons ces soins jusqu'à ce que tu sois guérie, et tu verras comme avant !

— *Bismillah**, Yamina ! Bismillah !

Comme la vieille se retirait :

— Reviens souvent me voir, Lalla Zineb ! Nous parlerons de ton fils.

— Tu es forte, et il est faible ! C'est Allah qui t'a mise sur son passage ! Allah ou akbar !

La vieille femme partie, Aurélie s'interrogea sur ce qu'elle ferait désormais du petit Ali. Celui-ci jouait avec Baba et Meryem, et regardait avec admiration la dame chez qui on l'avait amené.

— Me voilà avec un fils adoptif ! s'exclama en riant Aurélie. Vous m'aiderez, mes petites chattes.

Elles firent la moue.

— Zineb a aussi amené la servante d'Ali, Tania ; elle attend dans le corridor. Tu sais, Lalla, il faudra te méfier de Tania, elle était l'esclave de Zorah.

— L'important est qu'elle soit dévouée à son fils.

— Balek, Lalla Yamina, balek ! Tu introduis le chacal dans le poulailler !

Négligeant l'avertissement, Aurélie appela la jeune négresse.

Tania se présenta gauchement ; elle était jolie, mais son regard fuyait celui de sa nouvelle maîtresse. Il y eut entre les deux femmes une sorte de gêne indéfinissable. En la voyant, Ali se précipita vers elle. Visiblement, il l'aimait, et Aurélie se dit que cela lui faciliterait la tâche.

— Alors, Tania, es-tu contente d'être avec moi ? Je voudrais que vous vous entendiez bien toutes les trois, dit-elle. Je ne veux pas d'histoires entre vous. Tania s'occupera exclusivement d'Ali, et vous de mon service !

— Oui, Maîtresse, dirent-elles spontanément.

— Dans ce cas, tout ira bien. Ali va s'habituer à sa nouvelle résidence. Bien sûr, dit-elle à Tania, lorsqu'il voudra revoir sa mère, tu le lui conduiras. Tu seras très heureux ici, Ali, tu verras !

Bientôt, tu parleras français comme ton père ! Et je t'apprendrai des tas de choses, mon petit prince !

Ali la regardait avec intensité. Jamais il n'avait vu une aussi belle dame, une vraie princesse et, avec spontanéité, il lui sauta au cou et l'embrassa.

CHAPITRE VI

Le chouaf Ratita pénétra au galop dans l'enceinte d'Aïn Madhi, fit volter son barbe gris pommelé devant la lourde porte de cèdre du palais princier, sauta à terre. Un esclave noir se saisit de la bride du cheval. La bête tremblait sur ses quatre jambes. La sueur et l'écume dégoulinaient de sa robe.

— Ah ! Ratita, je crains qu'il ne soit fourbu, dit le palefrenier.

— Soigne-le bien, et il n'y paraîtra plus, dit négligemment Ratita.

— Inch'Allah ! murmura passivement le serviteur en emmenant la bête.

Peu après, Ratita n'ayant même pas pris soin d'enlever la poussière qui recouvrait sa djellaba de cavalier se présenta devant le chérif.

— La caravane des princesses a campé hier soir sur la daïa du Beugra. J'ai remis le message d'accueil que tu as rédigé à leur intention et je suis revenu sans m'arrêter. Une longue course !

— Quand arriveront-elles ?

— Après la prière de l'açer. Lorsque le soleil décline et disparaît derrière la montagne.

— C'est bien, prends ce douro pour fêter cette bonne nouvelle.

— Qu'Allah te bénisse, Seigneur !

Resté seul, Si Ahmed appela l'une des servantes.

— Dis à Lalla Aurélie de venir.

Lorsqu'il entendit le claquement sec des bottes de filali sur les carrelages du couloir, il ne put résister au désir d'aller au-devant d'elle. Il était joyeux comme un enfant.

— Aurélie, Aurélie ! Mes sœurs arrivent, elles seront là vers la fin de l'après-midi ! As-tu fait préparer leurs chambres et leurs salons ?

— Tout est prêt depuis plusieurs jours. Mais je vais faire effectuer un ultime nettoyage.

— Ce soir, exceptionnellement, nous dînerons avec elles. À la mode arabe, bien sûr. (Il rit.) Je ne les vois pas très bien se servant de fourchettes et assises sur des chaises.

— Ce soir, tu n'auras plus ta cavalière européenne, la roumia s'habillera comme la tradition veut que se vête la femme du chérif. Tu m'as offert tant de robes, toutes plus belles les unes que les autres !

— Mets tous tes bijoux ! Il faut qu'elles voient que je te gâte – il eut un instant d'hésitation – et que je t'aime !

Elle l'entoura de ses bras nus ; c'était un geste qu'il adorait. En cet instant très court, elle aurait pu lui demander l'impossible, l'inaccessible, qu'il y eût accédé. Mais elle se gardait bien d'abuser de son pouvoir.

— Moi aussi je t'aime, Ahmed ! Et j'accueillerai tes sœurs comme j'ai accueilli ta mère.

— Elle m'a dit ce que tu avais fait pour elle. Son trachome a pratiquement disparu. Et tu l'as considérée et accueillie avec le respect que l'on doit à la mère du seigneur ; je t'avoue que la pauvre vieille n'avait jamais été traitée de la sorte ! Je crois que tu as fait d'elle une alliée fidèle. Elle ne parle que par ta bouche ! Et cela se sait jusque dans la plus humble *zeriba** d'Aïn Madhi.

— Maintenant, laisse-moi, je vais m'occuper de tout. Secouer un peu l'apathie des femmes et des cuisiniers. Cela me semble si étrange, Ahmed. Quel destin que celui de ton père ! Avoir eu quatorze filles et seulement deux fils ! Encore a-t-il fallu te retrouver ! Que serais-je devenue si les émissaires n'avaient pas retrouvé ta mère à Guelma, et le petit enfant qui trottait dans ses jupes ? Sans doute une dame de compagnie quelque part en France, ou bien aurais-je ouvert un magasin de modes en Lorraine...

— Tu regrettes ?

— Oh, non ! Mille fois non ! J'ai auprès de toi la vie dont j'ai toujours rêvé. Plus que la richesse, l'amour, la considération, de grandes responsabilités, une lutte constante pour réussir. Non, Ahmed, je ne regretterai jamais d'avoir accepté d'être ta femme. Allez, va, Seigneur ! Va rejoindre les mokkadems et leur annoncer la nouvelle.

Par les soins de Ratita et du palefrenier, la nouvelle était déjà connue dans tout Aïn Madhi, et les femmes se pressaient sur les remparts, essayant d'apercevoir les traînées de poussière qui, de loin, annoncent la venue d'une caravane.

L'ombre avait envahi Aïn Madhi et remontait les flancs du djebel Amour, lorsqu'un long cri s'éleva des terrasses : la foule venait d'apercevoir le nuage de sable qui semblait flotter dans l'échancrure d'un petit col, en plein sud, là où passait la piste menant à Ghardaïa.

— Les voilà ! Les voilà !

Aussitôt, une vingtaine de cavaliers du maghzen, moukkala en travers de la selle, bondirent au galop dans cette direction. C'était l'escorte d'honneur chargée d'accueillir Aïda, Zayde, Khalida, Khadidja, Maymouna, Habiba, Fatimah, Zorah, Zineb, Meryem, Tinguelous, Dacine, Zaynab, Tania – les quatorze sœurs du cheikh el Tarika, Si Ahmed ben Tidjani, seigneur d'Aïn Madhi.

Peu à peu, au pied des remparts, des groupes se formèrent – danseurs aïssaouas venus on ne sait d'où et tournant inlassablement au son des castagnettes d'acier, musiciens du harem égrenant les trilles de la raïta, rythmant les derboukas, jongleurs et bateleurs surgis des tentes misérables installées dans le coin le plus isolé de l'oasis.

La rumeur augmenta à mesure que se rapprochait la caravane.

Bientôt, du haut des remparts, on put distinguer la lente marche des chameaux porteurs de bassours, au nombre de sept, escortés par des cavaliers tirant force coups de feu, puis, venant derrière, les chameaux de bât, les bourricots porteurs de guerbas, quelques chevaux montés à cru par des gosses hilares.

Le convoi s'engagea sous la porte du Sud, pénétra dans l'enceinte, se frayant difficilement un passage dans la foule qui se pressait, se bousculait jusque dans les jambes des chameaux pour essayer d'apercevoir les occupants des bassours. Mais les dokkalis et les tentures qui pendaient de l'armature en osier de ces immenses corbeilles ne laissaient rien voir, sinon, parfois, le visage rieur d'une petite négresse qui passait la tête par une fente du bassour, puis se rejetait vivement en arrière pour décrire sans doute à ses maîtresses l'accueil qui leur était réservé.

Les chevaux s'arrêtèrent devant la porte du palais, mais les chameaux de bassour pénétrèrent par la porte cochère jusqu'à la cour privée où les sokhrars qui les escortaient les firent baraquer. Des tapis avaient été jetés hâtivement sur le sable de la cour. Alors, de chaque bassour s'extirpèrent d'abord les petites servantes lestes et agiles qui sautèrent à terre et se mirent à rire aux éclats, puis, lentement et dignement, les princesses apparurent, ou plutôt leurs silhouettes informes sous les amas de burnous ; de leurs visages entièrement masqués par les tchartchafs et les voiles fins d'un haïk de voyage, rien ne transparaissait.

Boubeker, les ayant saluées respectueusement, hurla des ordres au bataillon de servantes et d'esclaves qui s'agitaient sans aider à rien et qui, tout à coup effrayées, se hâtèrent d'indiquer aux princesses les tortueux chemins de leurs appartements.

— Le seigneur espère que vous avez fait bon voyage. Il se réjouit de vous accueillir ce soir et de vous présenter son épouse. Pour l'heure, il pense que vous devez toutes vous reposer et faire toilette. Dès que vos servantes personnelles seront arrivées, nous les dirigerons vers vos chambres. Qu'Allah vous accorde joie et abondance pendant votre séjour en la très sainte zaouia d'Aïn Madhi !

Aïda, l'aînée des princesses, métissée de nègre et d'arabe, remercia au nom de ses sœurs :

— Qu'Allah soit béni, car son nom est grand ! Et qu'il réserve ses faveurs pour notre bien-aimé et vénéré frère, le très saint cheikh el Tarika, Sidna Ahmed, descendant du Prophète.

— *Amdou'llah* ! dirent en chœur les treize autres femmes.

CHAPITRE VII

Pour Si Ahmed, rassuré sur le sort de la zaouia, tout était prétexte à fêtes, diffas, chasses. Et le séjour de ses quatorze sœurs lui fournissait une occasion de plus. Par leurs mariages, elles étaient alliées aux plus nobles familles du désert et, de Temacine à Touggourt, d'El Oued à Metlili, de Biskra à Laghouat, et jusqu'à Ghardaïa, elles étendaient ainsi l'autorité et le prestige des Tidjani. Lascives, indolentes, véritables femmes de harem, il leur suffisait pourtant de traverser un campement pour que chacun vienne les saluer, leur témoigner la considération respectueuse due aux filles du « Maître de la Voie ».

La politique du sérail a de tout temps été utilisée par les sultans et autres chefs musulmans. Dans le silence de ces cloîtres parfumés se trament des complots, se décident sur l'oreiller, entre la favorite et son maître, des révolutions de palais. C'est une lutte d'influence sans cesse aiguisée par les femmes.

La venue des sœurs du chérif à Aïn Madhi avait été, en fait, commandée par leurs époux de Temacine. Par elles, les mokkadems de la zaouia rivale sauraient ce qui se passait dans la cité sainte d'Aïn Madhi. La venue d'une roumia devait, pensaient-ils, affaiblir le pouvoir spirituel et temporel de Si Ahmed et, le moment venu, il serait temps de profiter de ses erreurs.

Mais ce qu'avaient découvert Aïda et ses compagnes était tout autre que ce qu'elles imaginaient !

La roumia les avait accueillies en véritables sœurs. Si son parler arabe était quelquefois hésitant, les tournures de ses phrases étaient recherchées ; Aurélie n'avait pu se défaire totalement de son accent français, mais cela ne faisait qu'ajouter un peu de piment à sa conversation.

Depuis plus d'un mois qu'elles séjournaient à Aïn Madhi, les quatorze belles-sœurs allaient de fête en fête, de ravissement en ravissement. Mais quel étonnement était le leur lorsque, Aurélie recevant le seigneur au milieu de leurs réunions intimes, elles découvraient une femme volontaire, sachant commander avec douceur, se faire obéir sans humilier, discutant de toutes choses qui leur étaient interdites – l'envoi d'un mokkadem en mission, la réparation d'un magasin à vivres, la tenue des livres de l'oukil... Aurélie décidait, et Si Ahmed, réjoui, transmettait les ordres. Lui parti, la roumia les laissait à leurs indolentes rêveries, s'excusait, revêtait sa tenue de cheval, convoquait Dahmani et partait pour une longue chevauchée dans la steppe d'alfa.

— Lalla Yamina est devenue le véritable maître d'Aïn Madhi, disait Aïda. Ah ! Si nous avions agi comme elle !

— Tais-toi ! ripostait Maymouna, la plus jeune. La roumia ne sait pas encore quels dangers la menacent. Elle se conduit en homme. Ce n'est pas le sort d'une épouse musulmane. Restons comme nous sommes. Pour rien au monde je ne voudrais partager ses soucis.

— Zineb, la vieille mère du seigneur, m'a dit qu'elle savait guérir les maladies, panser les blessures... constata Zayde.

— Une sorcière peut-être ? lança Khadidja.

— Taisez-vous, sottes ! Vous savez aussi bien que moi que les roumis ont d'excellents toubibs, répliqua Aïda.

Au fil des jours, elles étaient séduites par le caractère enjoué d'Aurélie, qui venait passer de longs moments avec elles, leur offrant de somptueuses collations sucrées dont elles raffolaient... Cornes de gazelle, loukoums, makroums leur étaient servis sur de grands plateaux d'argent ; les petites esclaves noires préparaient le thé à la menthe, qu'elles buvaient lentement en faisant bruire leurs lèvres.

Aurélie s'amusait beaucoup de leur naïveté comme de leur rouerie.

Elle avait compris l'intérêt qu'elle avait à se faire des alliées de ces femmes influentes. Par elles, on apprenait beaucoup de choses sur le fonctionnement de la zaouia rivale, sur les pèlerinages. Aurélie notait les tribus qui préféraient se rendre à Temacine plutôt qu'à Aïn Madhi et, le soir venu, elle rendait compte à Si Ahmed, parfois directement à Boubeker, beaucoup plus actif que son jeune époux.

Toutes ces odalisques étaient curieuses comme des chattes ! Elles furetaient dans les appartements d'Aurélie, et celle-ci les laissait s'extasier sur ses robes, sur ses dessous féminins, ses robes surtout ! Elle en avait des pleines malles.

— Je vous en offrirais bien quelques-unes, disait-elle en riant, si vous pouviez entrer dedans.

Les autres riaient à en perdre le souffle, s'imaginant, elles, enrobées de graisse, forçant leur embonpoint dans les robes sveltes de la roumia.

— Par contre, leur dit-elle un jour, puisque mes robes ne peuvent vous aller, choisissez dans mes bijoux.

Elle en avait un plein coffre en cuir de Cordoue clouté d'argent. Par jeu, elle le vida de son contenu sur un grand plateau de cuivre, dans la pièce d'apparat où les femmes se réunissaient après la gaïla ; bagues, colliers, bracelets, chaînes d'argent ou d'or, serties de pierres dures, s'éparpillèrent dans un scintillement cristallin, provoquant un unanime cri d'admiration.

Elles contemplaient, incrédules, le trésor à portée de leurs mains :

— Allons, mes sœurs, choisissez... encouragea Aurélie.

Et comme elles n'osaient pas :

— Je vais vous faciliter les choses. Choisissez chacune un bijou, celui qui vous tentera. Tenez ! Je mets de côté pour moi cette bague, ce bracelet et cette fibule ancienne ! Ce sont les premiers cadeaux de Si Ahmed, alors que nous étions fiancés ! J'y tiens beaucoup.

Aurélie, amusée, les regarda discuter âprement du choix de leur cadeau. Elle était heureuse, sans arrière-pensée, d'avoir trouvé le moyen de les remercier de leur gentil comportement. Car, venues avec l'intention d'espionner tous ses gestes, elles avaient été conquises par sa bonté.

— Tu es devenue plus qu'une sœur pour nous, une amie ! lui avait confié Aïda, l'aînée.

Elles le lui prouvèrent en l'avertissant du complot que tramait Zorah.

— Zorah est venue nous voir, Yamina ! Nous ne pouvions faire autrement que la recevoir, car, bien que répudiée, elle est la mère d'Ali, le futur Grand Maître !

— Ne t'excuse pas, Aïda, tu as bien fait !

— Méfie-toi, Yamina, cette femme c'est le fiel. Elle t'a jeté un sort, elle est si méchante que je crains pour ta vie, Yamina. Tu es trop bonne pour elle ; elle devrait t'être reconnaissante d'élever si bien son fils ! Ali est un véritable petit prince !

Car Ali était l'enfant gâté du gynécée. Adoré des esclaves et des servantes, cajolé par toutes ces femmes, il se conduisait parfois en petit tyran. Pourtant, il suffisait qu'il fût seul avec Aurélie pour devenir un enfant sage et appliqué. Il éprouvait pour elle une passion admirative et, de lui-même, il l'appelait en français « Maman ». Chaque fois, Aurélie en éprouvait un pincement au cœur. Elle songeait qu'un autre enfant dont elle serait la véritable mère serait le bienvenu, l'indispensable atout de son bonheur.

— Si un jour tu te sens malade, n'hésite pas, Yamina, reprit Aïda. N'attends pas ! Fais venir Zineb, elle connaît Souraya, la sorcière, celle des Larbaa, qui vit à Tadjemout. Elle seule peut combattre les effets du bor-bor. N'oublie pas, Yamina ! En cas de danger, que Zineb fasse venir Souraya !

Aurélie remercia.

À plusieurs reprises, on l'avait mise en garde. Était-elle vraiment menacée ? Elle chassa son inquiétude, elle se sentait forte.

Sur ces entrefaites, Si Ahmed entra ; il venait de temps à autre rendre visite à ses sœurs, toujours étonné de se découvrir une aussi grande famille. Il aimait surtout Aïda, l'aînée, et aussi Maymouna, qui savait lui parler de son père qu'il n'avait pas connu et qui possédait toutes les vertus.

Mais lorsqu'il entrait dans le cercle des femmes, Aurélie remarquait qu'une sorte de gêne s'établissait. Le babillage se taisait, chacune attendait respectueusement qu'il voulût bien les interroger. C'était une attitude craintive et idolâtre, difficilement acceptable pour Aurélie.

— Craignez-vous donc votre frère, mes sœurs ? leur disait-elle.

— Il faut toujours craindre le représentant de Dieu, le descendant direct du Prophète, répliquait sentencieusement Aïda.

— Que son saint nom soit béni ! reprenaient en chœur les autres femmes.

— Inch'Allah !

Un jour, en fin d'après-midi, Si Ahmed, pénétrant en coup de vent dans les appartements d'Aurélie où s'étaient réunies ses sœurs, leur annonça la grande nouvelle :

— Les *djouads** des Ouled Naïl descendent à Sebha Rouss ! Ils s'y installent pour leur chasse à l'outarde annuelle. Kouider ben Leglèche, fils du grand djouad Telli, a réuni ses *biazes**.

Moktar, le plus fameux d'entre eux, a capturé cinq faucons, et parmi ceux-ci un *sors** qu'il avait remis en liberté le printemps dernier – le meilleur faucon chasseur de tout l'Atlas saharien.

Aurélie, intriguée, dut se faire expliquer les termes de fauconnerie employés.

— Les djouads sont les tribus nobles ayant droit ancestral de fauconnerie ; les plus célèbres viennent des Ouled Naïl et des Larbaa. Kouider est le plus réputé des djouads vivant actuellement. Son biaze est l'oiseleur chargé de capturer les faucons sauvages, de les dresser et de les porter derrière son maître durant la chasse. Kouider nous fait le grand honneur de nous compter parmi ses invités. Ainsi, Aurélie, tu pourras participer à l'une de nos plus anciennes traditions du désert, la chasse à l'outarde avec les fauconniers !

— Et nous autres ? réclamèrent les belles-sœurs.

— Puisque vous aviez manifesté l'intention de reprendre la longue piste qui mène à Temacine, je crois que vous devriez faire dresser votre campement au rendez-vous de Sebha Rouss. Les festivités seront grandes. Il y aura les meilleurs cavaliers de la région, les danseurs, les musiciens... Ce sera clôturer dignement la visite que vous m'avez faite et qui, par Allah, nous a procuré grande joie durant ces trop courtes semaines.

— Bien qu'il nous soit très dur de te quitter, Seigneur notre frère, nous devons en effet rejoindre notre lointain pays. Qu'Allah te récompense de tes bienfaits, détenteur de la Baraka, et qu'Il soit béni pour avoir permis que ceux-ci rejaillissent sur ses humbles servantes. Et qu'Il te conserve longtemps la plus belle et méritante de tes épouses, Lalla Yamina !

Un murmure général d'approbation salua les paroles d'Aïda.

La nouvelle de la descente des djouads connue, il ne restait guère de temps pour se préparer au départ.

On rappela les sokhrars qui vivaient au pâturage en gardant les lourds chameaux du convoi. On emballa les présents, les nombreux bagages des princesses. Le chef de la caravane, un puissant eunuque libyen, entassa les vivres nécessaires à la méharée de deux mois qu'elles devaient entreprendre.

Et, durant près d'une semaine, une intense animation secoua la léthargie dans laquelle vivotaient les gens de la zaouia.

CHAPITRE VIII

Les cavaliers s'étaient étirés en demi-cercle sur la grande steppe d'armoise brûlée par le soleil. Au centre se tenait Kouider, le djouad des Ouled Naïl, portant sur le gantelet de son poing gauche son faucon préféré, Caïd, un sors, c'est-à-dire un faucon pèlerin importé à grands frais de Norvège – un oiseau qu'il avait dressé lui-même et qu'il retenait simplement par les « jets » reliés aux manchettes fixées autour des pattes du rapace. Suffisamment dressé, celui-ci, fait très rare, n'était pas encapuchonné. Nullement apeuré par la présence des chevaux et les cris joyeux des cavaliers, il siégeait dans une pose hiératique, tournant et retournant sa fine tête prolongée par un bec acéré, attentif à tout mouvement qui, dans les touffes éparses du drinn et du chikh, trahissait la présence de lièvres, de perdreaux ou d'outardes effrayés par les rabatteurs.

Derrière Kouider ben Leglèche venait l'oiseleur Moktar el Meguenni. Le biaze montait avec aisance une jument grise et portait sur son poing gauche un magnifique faucon lanier, qu'il avait capturé dans les falaises de la Rocaba, en plein cœur du djebel Amour, et patiemment dressé. Le rapace était encapuchonné d'un bonnet de cuir surmonté d'un plumet écarlate, et relié au poignet de son maître par la longe de cuir qui réunissait les « jets » ; il oscillait légèrement à l'amble de la jument. Deux autres rapaces étaient au perchoir, sur chaque épaule du biaze. Un cinquième faucon avait pris position sur sa tête. Étrange ensemble : homme, oiseaux, cheval ! Bête monstrueuse et articulée, prête à se découpler le moment venu.

La chasse était partie des campements de l'oued Sebha Rouss peu après l'heure chaude du zénith ; les faucons ne chassent que dans l'après-midi et avant la tombée du soir, heure habituelle de leur nourriture. Les cavaliers, franchissant par une petite gorge l'un des derniers récifs de l'Atlas saharien, débouchèrent au sud sur le plateau saharien à peine vallonné qui précède les terres du grand désert, suffisamment herbacées pour nourrir gazelles, outardes, lièvres, perdrix et, par extension, leurs prédateurs – aigles, faucons, autours, chacals, hyènes et fennecs.

Pour l'heure, le paysage semblait vide. Un ciel laiteux, où s'effilochaient quelques longues traînées de cirrhus, laissait prévoir plus au sud la formation d'un vent de sable. Si Ahmed, qui caracolait avec Aurélie à l'aile droite du dispositif, place d'honneur des invités de Kouider, lui confia son inquiétude :

— Si le vent de sable nous atteint trop tôt, la chasse sera forcément remise.

— Quel dommage ! Je suis impatiente de connaître cette aventure ! Nous voici revenus aux temps féodaux !

Aurélie rayonnait. L'atmosphère pesante de la zaouia se dissipait. Au désert, elle se sentait libre, épanouie et flattée. Chacun admirait – elle le savait – sa science de l'équitation, et Kouider n'avait pas manifesté d'objection lorsque Si Ahmed, lui ayant présenté sa femme, lui avait dit :

— Elle suivra la chasse à mes côtés. N'aie crainte, Kouider, elle est meilleure cavalière que nous tous.

Le djouad s'était incliné avec grâce.

— Lalla Yamina sera la parure de cette journée, et la première proie sera pour elle, cheikh el Tarika, puisqu'elle sera la première femme admise à suivre ma chasse.

Depuis deux heures, ils chevauchaient en ligne, espacés l'un de l'autre d'une dizaine de mètres. Devant eux couraient les rabatteurs munis de gourdins, chargés de lever le petit gibier. En temps ordinaire, Kouider eût déjà découplé un faucon de haut vol, pour le plaisir de voir le rapace s'élever très haut pour mieux fondre en piqué, ailes serrées en flèche, sur un lièvre débusqué.

— Patientez ! Je vous réserve plus noble gibier ! avait-il promis à ses invités.

Le moment vint où Caïd, le faucon préféré de Kouider, le seul à ne pas être encapuchonné, s'agita frénétiquement sur le poing gauche du djouad.

— Balek ! dit le maître de la chasse. Les outardes ne sont pas loin ! Caïd les a déjà aperçues !

— Un faucon a une acuité visuelle dix fois supérieure à la nôtre, confia Si Ahmed à Aurélie. Voyons si Kouider a raison ou, plutôt, si son fameux sors a raison. Tu sais, cet oiseau représente non seulement une fortune, mais il est aussi la marque de sa puissance. Kouider est l'un des rares parmi les nôtres à être appelé djouad, terme de noblesse désignant les maîtres fauconniers. C'est un grand privilège, et ceux qui le détiennent se comptent sur les doigts de la main.

Simultanément, les cris des traqueurs retentirent sur tout le front de chasse ; bien avant eux, les faucons avaient décelé à mille mètres la présence des outardes. Là-bas, les hautes herbes ondulaient comme une moisson soufflée par le vent.

Les cavaliers s'élancèrent au galop, resserrant leur formation en demi-cercle ; au centre du dispositif, Kouider et Moktar ralentirent l'allure de leurs montures pour se laisser déborder par les ailes.

Maintenant, on pouvait mieux distinguer les outardes qui fuyaient au grand trot, cou tendu à l'horizontale, pattes légèrement fléchies, se dissimulant derrière les touffes de drinn ou de *m'rokba**, entre lesquelles elles se faufilaient sans chercher à s'envoler. Sur un geste de Kouider, les cavaliers s'arrêtèrent, les encerclant à une certaine distance ; les grands oiseaux, au nombre d'une dizaine, s'étaient regroupés serrés l'un contre l'autre, formant un cercle de plumes et de becs. Ils commencèrent une véritable danse, se détachant puis s'accroupissant alternativement, battant des ailes, caquetant très fort, becs ouverts.

Kouider jugea qu'il était temps d'intervenir.

Élevant son poing gauche sur lequel se perchait Caïd, le faucon-roi, il lissa d'une dernière caresse le plumage de l'oiseau, détacha habilement les « jets » qui retenaient le rapace à la longe, puis le libéra en le projetant dans l'air.

— Va Caïd ! Et, par Allah, couvre-nous de gloire !

Le magnifique prédateur s'éleva très haut, accompagné par les « Haou ! Haou ! Haou ! » fanatiques des cavaliers, effectua un vol stationnaire à l'aplomb de l'énorme boule de plumes hérissée de becs que formaient les outardes, puis plongea sur elles.

Leurs mouvements désordonnés, leur danse tragique accompagnée de battements d'ailes accélérés l'ayant gêné dans sa trajectoire, le faucon reprit de la hauteur, une poignée de plumes dans ses serres.

— Elles sont trop nombreuses pour un seul faucon ! hurla Kouider. Lâche deux autres faucons, Moktar !

Décapuchonnés rapidement, ces derniers, après une courte hésitation provoquée par le passage instantané de l'obscurité du capuchon à l'éclatante lumière solaire, rejoignirent dans le ciel le faucon Caïd qui, préparant une nouvelle attaque, s'immobilisait à nouveau au-dessus de ses futures victimes.

Ce qui suivit provoqua les acclamations des chasseurs. Par plongées successives, chacun des faucons s'abattait sur les malheureuses outardes. Ils les frappaient de leurs serres et de leur bec avant de s'envoler à nouveau, n'ayant pu crocher qu'une poignée de plumes arrachées au dos des échassiers. L'outarde est trop lourde pour qu'un faucon puisse l'emporter comme le ferait un aigle.

Il fallait provoquer l'envol.

Alors, comme une clameur, retentit le cri de guerre des fauconniers :

— Haou ! Haou ! Haou !

Véritable hurlement collectif qui déclencha la panique chez les outardes. Affolée, l'une d'elles, cessant de danser et de tournoyer avec ses compagnes, rompit le cercle défensif et s'envola lourdement, passant au-dessus des cavaliers dans un grand claquement d'ailes, puis continua son vol en rase-mottes sans s'élever sensiblement au-dessus de la steppe. Allait-elle se poser ? Non ! Jugeant sans doute sa vitesse suffisante, elle prit rapidement de la hauteur et chercha le salut dans la fuite.

Caïd avait aperçu sa manœuvre, il s'était élevé très haut – ce qui lui permit, le moment voulu, de se placer au-dessus de sa proie, de se laisser tomber sur ses épaules et de la crocher solidement à la jointure des ailes.

Un grand cri d'admiration s'éleva.

— Tiens bon, Caïd ! Tiens bon ! hurlait Kouider. Cette fois, tu as gagné !

Dans une mêlée confuse, l'outarde et le faucon, tournoyant désespérément, accrochés l'un à l'autre comme une météorite vivante dispersant ses plumes, s'abattirent au sol.

La lutte était terminée ; perché sur sa proie, le faucon l'achevait frénétiquement à coups de bec. Il était temps d'intervenir.

Kouider, sautant à bas de son cheval, s'approcha doucement des oiseaux au sol. Il rampait sur les genoux, appelant son faucon préféré par le tendre cri du rappel qui précède le lancement du leurre et auquel doit obéir tout faucon bien dressé.

— Ouilh ! Ouilh ! Ouilh ! fit-il. Viens, Caïd ! Viens prendre ta récompense.

Autant le cri des rabatteurs se veut rauque et dissuasif, autant il faut de douceur pour rappeler un faucon ; l'appel est flûte, l'intonation caressante. Et Caïd, bien dressé par Moktar, n'y resta pas insensible. Abandonnant l'outarde blessée à mort, une épaule brisée, il vint en voletant se poser sur le leurre et y déchira goulûment sa ration de viande habituelle.

Deux autres outardes avaient été terrassées de haut vol par les faucons du biaze, et l'enthousiasme était à son comble. Cependant, la chasse n'était pas terminée.

Les autres outardes, profitant de la diversion, fuyaient de leur trot rapide entre les touffes d'herbe, et le cri rauque reprit, poussé par des dizaines de poitrines : « Haou ! Haou ! » Moktar, le biaze, vint se poster aux côtés de son maître ; il tenait sur son poing le dernier faucon.

— Ah, Sidi ! disait-il au djouad. Essaie mon dernier faucon ! Ce sera sa première chasse, mais, ma parole, par Allah, il a été bien dressé ! Il reste encore deux outardes qui prennent la fuite là-bas. Il faut les rejoindre avant qu'elles n'entraînent trop loin nos oiseaux !

— Pour ta récompense, Moktar, tu décapuchonneras toi-même ton élève ! Voyons s'il est vraiment un faucon de haut vol, ou s'il nous faudra le cantonner dans la chasse arasante des lièvres et des perdrix.

— Peuh ! fit Moktar. Celui-ci n'est pas un autour ! Pas un grand gerfaut comme ton Caïd, mais un vrai faucon des falaises du Moghreb.

— Voyons ! dit simplement Kouider.

Les invités s'étaient rassemblés autour des deux fauconniers. La véritable chasse terminée, chacun se passionnait pour le dernier essai. Il est toujours hasardeux de lâcher un jeune faucon pour la première fois sur un gibier vivant. Même s'il a été élevé et dressé par le meilleur biaze des djebels.

Aurélie se rapprocha de Si Ahmed. Elle aurait voulu que le massacre cessât :

— N'a-t-on pas assez de gibier pour aujourd'hui ?

— Le gibier est secondaire, ma colombe ! Ce qui compte, c'est la chasse ! La chasse noble, telle qu'elle est pratiquée par nos tribus depuis les temps des prophètes ! J'ai hâte de voir comment se comportera le jeune faucon de Moktar. Les autres ont été superbes d'audace et de tactique. Tu as pu t'en convaincre : l'outarde est un gibier difficile, même pour un faucon royal. Son poids, sa taille, sa vitesse de vol, l'originalité de sa défense au sol font que le combat est loin d'être égal. Face à l'échassier, le faucon n'a pour lui que la vitesse de son vol, la rapidité de ses évolutions aériennes, mais il est bien petit comparé à la taille de la grande outarde, à l'envergure de ses ailes, à l'épaisseur de son plumage.

D'ailleurs, il était trop tard pour arrêter la chasse ; d'un geste précis, Moktar décapuchonnait le jeune faucon, détachait les jets et, poussant à son tour un formidable « Haou ! », élevait son poing ganté servant de perchoir et projetait le rapace dans l'air.

Le départ était bon, le faucon ayant repéré dans l'instant qui suivit son lâcher les deux outardes, qui fuyaient à travers les touffes d'herbe puis s'envolaient avec de grands battements d'ailes. Mais, immédiatement, un murmure de déception s'éleva de l'assistance.

— Que se passe-t-il ? s'inquiéta Aurélie.

— Le faucon a fait une faute !

Elle était trop novice pour apprécier.

— Il devrait dominer et non suivre, dit laconiquement Si Ahmed.

En effet, le rapace poursuivait l'outarde dans son sillage, mais celle-ci, sa puissante envergure déployée, augmentait rapidement sa vitesse, effectuait un long vol ascendant, suivie à quelques mètres de distance par le faucon incapable de la dominer. Celui-ci, dont c'était le premier gros gibier, n'avait aucune expérience de la vitesse de la grande outarde et, malgré ses efforts, il ne put que se maintenir dans le sillage de sa proie, sans parvenir à la rejoindre.

Kouider et Moktar avaient vu le danger. Il fallait rappeler le faucon avant qu'il ne soit trop tard.

— Ouilh ! Ouilh ! Ouilh ! crièrent-ils en agitant le leurre, mais en vain. Ce qu'ils redoutaient se produisit.

Craignant que le faucon ne grignotât peu à peu son retard, l'outarde utilisa sa dernière défense. Ralentissant légèrement son vol, elle permit au faucon de l'approcher de très près, puis, alors qu'il croyait avoir gagné, elle projeta par l'anus un jet violent de liquide fécal qui l'aveugla, le souilla, collant à son plumage et ralentissant son vol. Désemparé, à moitié aveuglé par le liquide corrosif, le rapace s'abattit sur la steppe, cependant que les dernières outardes disparaissaient à l'horizon du sud.

Moktar ramassa son faucon en piteux état.

Il était perdu pour cette saison de chasse, et il lui faudrait encore une année de dressage avant de l'essayer à nouveau. Le biaze était humilié, mais il ne chercha aucune excuse et lava à grande eau son oiseau en murmurant des mots inintelligibles. Aussi, Kouider crut bon de ne pas lui faire perdre la face devant ses invités :

— Cette leçon lui sera profitable, Moktar ! Désormais, il « volera haut » avant de foncer sur le gibier ! Lave-le bien ! Nous en reparlerons la saison prochaine. Car tu auras toute une année pour continuer son dressage.

Un peu penaud, Moktar remercia.

Les cavaliers s'étaient mis au repos et formaient le cercle autour des deux fauconniers. Kouider s'approcha d'Aurélie, bien en selle sur El Ghazal qu'elle maintenait au piaffer :

— À l'épouse du cheikh el Tarika, les honneurs de la première prise, dit-il en lui tendant à bout de bras l'outarde mâle abattue par le faucon Caïd.

— Une proie digne du prédateur, constata Aurélie. Merci ! Et qu'Allah nous conserve longtemps le plus grand des fauconniers du Sahara !

— Amdou'llah ! scandèrent en chœur les assistants.

Dans l'ardeur de la chasse, ils ne s'étaient pas aperçus de la montée du vent de sable. Celui-ci arrivait par rafales et, vers le sud, un nuage opaque masquait les vastes étendues planes du désert. Le soleil perçait encore faiblement à travers une brume qui s'épaississait de minute en minute.

Les cavaliers prirent le galop de chasse afin de rejoindre au plus tôt les campements de l'oued Sebha Rouss.

Lorsqu'ils entrèrent dans les petites gorges de l'oued, la tempête se déchaînait. Une fine pluie de sable flagellait gens et chevaux ; chacun avait rabattu le chèche sur son visage, et c'était comme une charge de fantômes qui franchissait le défilé rocheux, accompagnée par les hurlements du vent.

Au-delà des gorges, les tentes solidement arrimées se terraient dans leurs emplacements, et l'on eût dit autant de carapaces de tortues géantes. Les serviteurs avaient dressé des *assabors** de roseaux pour abriter les nombreux foyers où cuisaient les méchouis de la prochaine diffa. Dans la semi-clarté du soir, les lourds chameaux du Tell rassemblés par les sokhrars formaient un troupeau d'ombres bossues et blatérantes ; une rumeur confuse s'en élevait, dont les tonalités graves étaient parfois coupées par les trilles aigrelets des chèvres et des moutons du campement.

Aurélie mit pied à terre devant sa raïma.

Dahmani avait bien fait les choses : la tente, solidement fixée, avait bien résisté aux bourrasques. À l'intérieur, Baba et Meryem déroulaient les tapis de sol en haute laine rouge et noire qu'elles avaient préservés du sable. Elles entourèrent leur maîtresse et, pour faire cesser leur babillage, Aurélie dut leur conter les péripéties de la chasse. Elle y prit plaisir d'ailleurs, car elle venait de vivre une journée merveilleuse. Plus que jamais, elle se sentait envoûtée par ces terres embrasées. Oui ! Elle aimait de toute son âme ce Sahara, pour tout ce qu'il lui avait fait découvrir : la notion de l'infini, l'abstraction de la durée, de la distance, la sérénité, le rêve et la méditation. Et comme Si Ahmed venait la rejoindre après avoir donné ses ordres, elle lui sauta au cou dans un accès de joie juvénile :

— C'était merveilleux, Ahmed ! Oh ! Fais-moi vivre de nombreuses journées comme celle-ci !

Il fut surpris, flatté et conquis une fois de plus.

— Ta joie est la mienne, ma colombe ! Nous nous ménagerons d'autres randonnées dans le désert ! Et aussi dans le djebel ! Il y a tant de choses à découvrir, mais ce soir, nous avons des devoirs à remplir. Je me suis informé. Les princesses ont tant bien que mal supporté le vent de sable ; elles s'étaient calfeutrées sous leurs tentes, et j'ai eu beaucoup de mal à leur faire comprendre que la tempête ne durerait pas. Dahmani et Ratita sont formels : le vent de sable tombera avec le crépuscule ! Et la grande fête de leur départ pourra avoir lieu. Fais-toi belle ! Je te veux la plus belle de toutes !

— Alors, laisse-moi à mes ablutions. Baba ! Meryem ! Les bassines d'eau chaude, les linges de toilette...

— Tu en as bien besoin, Maîtresse, dirent les petites esclaves. Tu es toute dorée de sable !

Elles lui tendirent le miroir.

Malgré le chèche, le vent de sable l'avait flagellée, et son visage était recouvert d'une très fine pellicule de sable qui collait à sa peau comme une pelure de soie.

— On va réparer tout ça ! dit-elle en riant.

Les fillettes la déshabillèrent en un tour de main, et elle se plongea avec délices dans la grande vasque de cuivre.

CHAPITRE IX

Dahmani et Ratita avaient vu juste. Le vent de sable se calma presque aussi soudainement qu'il s'était levé. La nuit était venue subitement, comme toujours sous ces latitudes, et dans l'air surchauffé s'égouttaient lentement les sables en suspens. On commença à distinguer les étoiles, puis, sans transition, le vent du nord descendu des flancs du djebel Amour vint clarifier l'atmosphère. En même temps se faisait sentir un froid d'autant plus vif que la journée avait été chaude.

Voyant la clémence du temps, les serviteurs avaient organisé un vaste abri formé de deux tentes ajoutées l'une à l'autre et dressées en équerre, contre la direction des vents dominants. Des feux avaient été allumés devant les tentures relevées et, sous ces raïmas, chacun avait étalé ses plus beaux tapis de sol et fait apporter par les esclaves sofas et coussins, aiguières et plats d'argent chargés de confiseries.

La diffa commença.

Respectant la tradition du désert et pour ne pas désobliger Si Ahmed, Aurélie avait demandé à présider la table des princesses, et les quinze femmes formaient l'assemblée la plus joyeuse, isolée dans un angle de la tente du chérif et des djouads.

Ceux-ci avaient dressé à proximité le perchoir – la barre – sur lequel, d'habitude, ils tiennent en captivité les faucons, et les fins et cruels rapaces, encapuchonnés et retenus par les longes, s'y tenaient immobiles, laissant à peine échapper de temps à autre un cri aigrelet. Kouider avait voulu qu'ils soient à l'honneur. Et chacun avait approuvé. N'avaient-ils pas été les héros de cette journée ?

Aurélie songea à Horus, le dieu faucon des Égyptiens. Caïd, hiératique sur son perchoir et dans la fumée des lampes, le faisait revivre intensément.

On apporta la chorba de poulet, puis les serviteurs déposèrent à même les tapis les nombreux méchouis qui avaient rôti lentement sur la braise ; les esclaves noirs circulaient de groupe en groupe, portant soit l'aiguière et la serviette de lin avec laquelle les invités essuyaient leurs mains graisseuses, soit, dans une large guerba en peau de chèvre, le *leben**, le lait aigre qui accompagne rituellement le couscous ou les méchouis.

Autour d'Aurélie, la joie était générale, et les congratulations sincères.

— *Rodoua* !* disait Maymouna. Demain, nous reprendrons la piste ! C'est loin, tu sais, Yamina, deux mois de chameau ! Mais nous avions tant envie de te connaître, mes sœurs et moi.

— Viendras-tu nous voir ? interrogea Aïda.

— Je le souhaite vivement, si Allah et... le seigneur le permettent ! répondit Aurélie. Je vous dois bien cela, pour avoir effectué un aussi long et inconfortable trajet.

— On nous a dit que, pour venir d'Alger, tu n'avais jamais accepté de monter dans le bassour. C'est pourtant moins fatigant que de faire l'étape à cheval.

— Mais plus monotone.

— Oh, non ! dit en riant Kadidja. Nous nous faisons des visites d'un bassour à l'autre. C'est confortable, tu sais ; on s'y réunit à quatre ou cinq, on fait le thé sur nos petits kanouns portatifs ! On échange les potins de la caravane ! En vérité, Yamina, jamais nous ne nous ennuyons dans nos bassours.

— Moi, je t'envie de monter aussi bien à cheval, dit Aïda.

— Qui t'en empêche, ma chérie ? s'étonna Aurélie.

— Tu parles en roumia, Yamina. La vie à Temacine est rigoureuse, les femmes des mokkadems ne quittent jamais le harem ! Nous ne sortons que complètement voilées et suivies par un serviteur du maître, chargé de nous espionner ! Il fallait qu'Ahmed t'aime bien pour rompre avec toutes nos traditions ! Heureuse Yamina, soupira Aïda...

Sur le sable devant la tente, les danseurs et les musiciens traditionnels accompagnaient les danses des hommes – chants et danses guerrières où le tam-tam rythmait les battements des pieds nus sur le sable. La fête dura jusqu'au matin, puis chacun regagna sa tente.

Le lendemain, dans l'après-midi, s'étant séparés en trois groupes, les participants à la grande chasse au faucon se quittèrent.

Kouider et ses hommes regagnaient, à une journée de marche vers l'est, le grand campement des Ouled Naïl.

Les préparatifs de départ des sœurs Tidjania avaient occupé toute la journée, de l'aurore à l'açer ; il avait fallu reconstituer la longue smala de bassours et de bourricots porteurs, répartir les charges des animaux, ne rien laisser au hasard. Si Ahmed avait supervisé tous les détails et, sur deux chamelles généreusement offertes à la fraternité de Temacine en guise de paix et d'amitié, s'amoncelaient de nombreux présents à l'intention du grand mokkadem, cheikh de Tamellah, et des époux de ses sœurs.

Kouider repartit le premier, marchant en tête et portant sur son gantelet Caïd, l'oiseau-seigneur de la fauconnerie ; Moktar, l'oiseleur, le suivait, chargé des autres faucons qui lui composaient un chatoyant habit de plumes et une silhouette étonnante sortie tout droit, semblait-il, de l'iconographie du Moyen Âge.

— Il sied, ma colombe, dit Si Ahmed, que nous accompagnions nos voyageuses jusqu'au-delà des gorges. Nous chevaucherons aux côtés du bassour principal, celui d'Aïda. Puis, lorsque s'étendront devant nous les plaines infinies du Sud et que l'horizon n'aura plus de limites, nous les laisserons s'enfoncer dans l'immensité du pays sans fin ni commencement qui est le nôtre... Et le tien désormais, ajouta-t-il avec douceur.

— Puisses-tu dire la vérité, Seigneur, car je l'aime passionnément !

Elle frissonna légèrement tant la projection de tout son être dans cette vie biblique lui paraissait désormais sans retour. Mais elle se ressaisit rapidement et enfourcha son étalon.

— Je suis prête, Ahmed !

Ils débouchèrent des gorges alors que le soleil encore haut sur l'horizon commençait sa lente descente vers l'ouest. La chaleur était torride. Des nappes d'air chaud flambaient au ras du sol lorsque la caravane des princesses s'enfonça dans l'immensité du désert. Leur guide, l'athlétique Libyen El Soufi, renégat de la Senoussia au bénéfice de la Tidjania, chevauchait en tête. Il avait enfourché un splendide méhari à la robe isabelle et aux balzanes blanches, aux fines jambes d'échassier, au poil ras, à l'encolure de cygne, et dont les yeux bleus attestaient la pureté de race.

Pour l'heure, El Soufi se guidait au soleil. Il suivait un cap invariable qui le mènerait aux lointaines palmeraies de l'oued Rhir. La nuit, il marcherait à l'étoile.

« Comme les rois mages ! » songea Aurélie.

Derrière le guide, les chameaux avançaient en ordre dispersé, croquant au passage une touffe d'herbe qu'ils arrachaient d'un coup de leur gueule aux lèvres préhensiles ; l'allure était lente, mais l'ensemble semblait poussé par une force irrésistible.

Aurélie et Si Ahmed suivirent la caravane des yeux jusqu'à ce que le dernier des chameaux eût disparu derrière la courbure de la terre.

Ils restaient seuls dans le silence étonnant du désert.

Instinctivement, Aurélie s'approcha au botte à botte de son époux.

— Et maintenant, décida Si Ahmed, à Kourdane !

— À Kourdane ? Nous ne rentrons pas à Aïn Madhi ?

— Je t'ai réservé une surprise, ma colombe. Dahmani a levé notre campement, il est déjà sur place pour nous accueillir !

Aurélie se souvint de son arrivée à Aïn Madhi. De l'ardent désir qu'elle avait manifesté de passer la nuit à Kourdane. Elle ne dit rien, mais jeta à son mari un regard où, sincèrement cette fois, l'amour avait supplanté l'ambition. Puis, retrouvant sa joyeuse vivacité, elle lança El Ghazal au petit galop. Ahmed chevauchait à ses côtés, et Ratita, le chouaf, suivait à quelques foulées, portant fièrement dressé l'étendard du Grand Maître.

La nuit était complète lorsqu'ils arrivèrent à Kourdane.

Très haut sur leurs têtes, les étoiles se dissimulaient derrière les crêtes supérieures du djebel Amour, et cela faisait comme un redoutable mur d'ombre qui masquait une partie du ciel.

CHAPITRE X

Leur nuit avait été voluptueuse et tourmentée.

Épuisé par les jeux de l'amour, Si Ahmed dormait profondément. Aurélie, au contraire, s'était réveillée très tôt, le corps las, mais lucide et intriguée. Il y avait quelque chose de changé. Pourquoi cette insomnie ? Le jour venait à peine de naître. Elle avait été réveillée par le silence du désert ! Un silence d'une telle épaisseur qu'il formait comme un mur invisible entre elle et le reste du monde. Aucun bruit ! Pas même le bruissement délicat de la brise du matin, ni le chant permanent du vent dans les couloirs de la montagne. C'était comme si elle se réveillait sur une planète morte. Les bruits familiers qui berçaient son sommeil à Aïn Madhi et qui lui parvenaient assourdis par les murs épais du ksar lui manquaient. À cette heure, le muezzin, là-bas, lançait la prière de l'aurore aux quatre points cardinaux ; dans les jardins commençait le crissement des cordes de sisal sur les poulies des puits ; sur la grande place, les chameaux entravés devaient blatérer et, dans les écuries, hennir les cavales en chaleur. Manquait aussi la meute hurlante des chiens entonnant tous ensemble leurs aboiements lugubres comme une plainte collective.

Tout ici, au contraire, était silence ! Silence originel, oppressant ! Aurélie plongea dans l'épaisseur de ce silence, s'habilla sans réveiller Ahmed et sortit de la tente.

Alentour, personne. Ils étaient seuls comme des bienheureux à la naissance du monde, sous le pistachier pluricentenaire qui semblait les protéger de ses branches tordues comme des membres noués. Un énorme betoum poussant des rejets par toutes les fissures du roc couvrait de son feuillage une cavité naturelle dans la falaise rocheuse.

Prêtant l'oreille, Aurélie perçut alors, venant de ce trou sombre, un gazouillis, un bruit si faible qu'il avait été couvert jusque-là par le grand silence des solitudes. C'était la source d'eau vive où elle avait bu le jour de son arrivée à Aïn Madhi. L'eau froide et pure sortait de plusieurs fentes d'un ressaut calcaire de la gorge étroite où, les jours d'orage, un torrent de surface devait se frayer un lit.

Aurélie s'agenouilla avec ferveur et but l'eau glacée dans la coupe de ses mains. Un bonheur étrange la pénétrait. Irradiait-il de son cœur ? Cette nuit qui venait de s'achever, elle s'en persuadait, elle avait engendré un fils. Il avait été conçu ici, à Kourdane, endroit caché de leur secret amour !

Un sentiment de reconnaissance infinie la porta vers son mari. Elle aurait un fils ! Elle s'appuyait sur cette certitude. Il serait le futur Grand Maître ! Elle le voyait déjà beau et intelligent, alliant les qualités des deux races. Il porterait tous les espoirs de la confrérie. Oh ! Comme ce pays était merveilleux qui, un jour, appartiendrait à son enfant !... Puis ses pensées virevoltèrent dans sa tête. Que deviendrait Ali, en fait l'héritier légitime ? Bah ! se dit-elle, je le couvrirai d'argent et d'honneurs ! Et je ferai en sorte que mon fils soit l'enfant chéri des mokkadems ! Une pensée sinistre lui vint : et s'ils avaient conçu une fille ? Son sort serait-il celui de ses belles-sœurs, les grasses houris de Tamellah ? Non ! Jamais ! Elle l'enverrait chez ses frères et sœurs et, de cette fille, ils feraient une Française ! Puis elle chassa ces idées contrariantes. L'important était qu'elle fût enceinte ! Elle en avait la prémonition. Leur nuit avait été si belle, ils s'étaient donnés l'un à l'autre avec une telle rage de jouissance, une telle volonté d'union totale ! Oui, elle aurait un enfant !

Le versant de la montagne gisait encore dans l'ombre ; déjà, vers le sud, dans les lointains, le désert commençait à flamber. La journée promettait d'être chaude, mais sous l'ombre du betoum, tout était fraîcheur.

Du ravin qu'Aurélie dominait sortit un groupe de femmes. Elles se silhouettèrent sur les flancs de la montagne. Dans l'atmosphère limpide de l'aurore, elles paraissaient à la fois lointaines et rapprochées ; elles montaient lentement la piste caillouteuse menant à la source, semblables à des vestales dans leurs tuniques blanches et indigo. Leur démarche avait quelque chose de sacré, car chacune portait en équilibre sur sa tête une jarre ou un plat d'argent coiffé d'un cône de paille protégeant les aliments. Elles montaient pieds nus, sans se soucier des cailloux tranchants du djebel et, tour à tour, elles déposèrent sans un mot, sur le seuil de la tente, les vivres qu'elles apportaient. Puis, la plus âgée s'approcha d'Aurélie et baisa respectueusement un pan de son burnous.

— Bismillah ! Lalla Yamina, Dahmani t'envoie la nourriture du matin !

— Amdou'llah fatma. Qu'Allah te bénisse, toi et tes compagnes !

— Dahmani, il a dit qu'il amènera les chevaux quand vous lui ferez signe.

— Où est-il ?

— Nous avons passé la nuit derrière la colline pour que vous reposiez en paix, mais il a placé un chouaf. C'est lui qui t'a vue, levée avant l'aube, et c'est pourquoi nous sommes là.

Aurélie remercia, et les femmes reprirent la descente d'une marche lente et solennelle. Aurélie les suivit des yeux. Puis les perdit de vue ; elles avaient disparu comme si le désert les avait englouties.

Passant sans transition, comme tous les nomades, du sommeil le plus profond à l'éveil total, Si Ahmed écarta les voiles qui masquent l'entrée de la tente et s'étira comme un jeune fauve sous la caresse du premier rayon de soleil. L'astre avait achevé sa descente le long des versants de la montagne, et ses rayons couvraient le désert ; réchauffant les pierriers et la steppe, ils préparaient une brûlante journée.

— Déjà debout, ma colombe ! dit-il en voyant sa femme habillée et prête au départ.

— Vois, dit Aurélie, les servantes ont apporté la collation. Elles semblaient sortir de terre comme des fées, car nulle part on n'aperçoit une présente humaine, pas même la légère fumée d'un campement. Cela tient du sortilège. C'est merveilleux. Oh ! comme je t'aime, Ahmed, pour m'offrir de telles joies !

— Puissions-nous connaître de nombreuses nuits aussi belles et passionnées que celle qui vient de s'achever. !

— Tandis que tu dormais, mon aimé, j'ai bien examiné l'endroit où nous sommes. Et je m'étonne qu'il n'y ait encore rien de bâti en ce site privilégié. Regarde ! Une source abondante qui coule toute l'année ; plus bas, des terres qui ne demandent qu'à se transformer en jardins. Derrière nous, en protection, la montagne ; au sud, l'immensité saharienne. D'ici, on surveille sur une étendue considérable la piste qui relie Laghouat à Aïn Madhi. Et Kourdane n'est qu'à une heure de cheval de la zaouia. Ahmed ! Un jour, nous ferons construire ici notre résidence permanente ! Il faut que tu t'échappes un peu des complots de la zaouia ! Le Grand Maître doit être seul ! Qu'il laisse les mokkadems à la prière et à l'instruction coranique ! Oh ! s'exalta Aurélie, je vois déjà le palais que nous bâtirons ! Une vaste maison mauresque, aussi confortable que celle de Saint-Eugène, mais meublée à l'européenne ! Puis des cours, des écuries, des greniers ! Ici s'amasseront les offrandes des pèlerins ! Ils y seront reçus et mieux traités qu'à Aïn Madhi ! Et, dès lors, tu ne seras plus seulement le Grand Maître d'Aïn Madhi, mais bien le chérif, Grand Maître de toutes les zaouias de la confrérie, y compris Tamellah !

Si Ahmed était conquis et effrayé par la vision prophétique de sa femme. Il devinait qu'elle avait raison. Il lui faudrait rebâtir son empire ! S'isoler pour ne pas disperser ses forces ! Il fallait que l'on vînt à lui ! À lui seul !

— Ah ! Lalla Yamina ! Par Allah, je te le jure, tu es plus savante que le plus savant de mes mokkadems ! Mais, vois-tu, mon cœur est triste. Autrefois, je t'aurais dit : « Mettons-nous à l'œuvre, Aurélie ! Construisons Kourdane ! » Mais aujourd'hui, je ne peux pas ; Ryan a vidé mes coffres. Et, si je veux être le maître, il ne faut pas que ma demeure soit construite avec l'argent et sur des terres habbous !

— Nous referons ta fortune personnelle, Si Ahmed, dit-elle gravement. Le gouvernement français te doit réparation. Je m'en chargerai. Nous sommes jeunes, Si Ahmed, et le temps travaille pour nous.

Ce qu'elle ne lui dit pas, ce qu'elle tenait à cacher, c'était l'inquiétude latente dans laquelle elle vivait à Aïn Madhi. Sur toutes ses joies, sur toutes ses journées de bonheur, une ombre venait se projeter. Ses quatorze belles-sœurs l'avaient toutes mise en garde : Zorah n'abdiquait pas ! Et la femme répudiée vivait toujours à Aïn Madhi, tissant secrètement le filet de sa vengeance, utilisant les mécontentements. Aurélie n'en avait pas parlé à Si Ahmed, mais elle soupçonnait Si Bachir d'entretenir avec Zorah des liens complices. N'avait-il pas été, lui aussi, répudié au profit de Si Ahmed ?...

Dressé sur un bloc de rocher, Si Ahmed, déroulant son chèche, l'agita longuement, et l'on entendit le claquement sec d'un coup de fusil signalant que le chouaf posté par Dahmani avait bien reçu l'appel. Quelques instants plus tard, Dahmani et Ratita, chacun tenant en sous-verge les montures des princes, escaladèrent la pente et les rejoignirent.

Ils reprirent tous la direction d'Aïn Madhi et franchirent les remparts à l'heure où le soleil ne projetait presque plus d'ombre le long des hauts murs de pisé rouge. Après ces trois jours de chasse, de fêtes et d'amour, Aurélie retrouva avec étourdissement le cadre de sa vie quotidienne : les nuées de servantes trottant silencieusement dans les corridors du gynécée, les tolba se glissant dans les étroites ruelles du ksar, les esclaves noirs aiguillonnant les zébus ou les bourricots, actionnant les poulies des puits dans les jardins.

Elle était tout à coup très lasse. La fatigue ? Peut-être, mais aussi cette sournoise inquiétude qui la rongeait : aurait-elle enfin un enfant ? Elle avait envie de relâcher son activité. Pourquoi n'iraient-ils pas à Laghouat ?

CHAPITRE XI

Elle n'en eut pas le temps.

Le lendemain de leur retour, Si Ahmed vint lui annoncer triomphalement l'arrivée d'un convoi venant de Gao, porteur des nombreux présents récoltés chez les nomades du désert – Peuls du Sahel, Touareg Oulliminden et Reguibats de Mauritanie.

— Viens m'aider, Aurélie, l'oukil doit tout recenser ; il faudra également loger les pèlerins qui accompagnent la caravane. Certains ont parcouru deux mille kilomètres. Ils ont traversé *el Bahar*, la « mer », comme on nomme couramment le désert. Et, à travers cette mer de sable et de rocs, ils n'avaient guère d'oasis où se reposer.

Les chameaux baraquaient dans la grande cour de la zaouia, et les sokhrars s'affairaient à décharger les bêtes, efflanquées et sans bosse. Certaines, à jamais fourbues, ne reverraient plus les pâturages du Sahel ; leurs blatèrements sonnaient comme des appels de détresse. Lasse et passive, la foule des pèlerins du convoi s'était entassée dans les recoins d'ombre au pied des murailles, et là, accroupie, hébétée par la fatigue et les souffrances du voyage, elle attendait. Quoi ? Rien, sinon la béatitude suprême.

— Il faut secourir ces malheureux, ordonna Aurélie, secouant sa nonchalance, revivifiée par la souffrance des autres.

Elle examinait les pèlerins un à un, effrayée par l'état de santé de certains. Elle découvrit une jeune femme si maigre qu'elle n'était plus capable d'allaiter l'enfant qu'elle portait roulé dans un pan de sa tunique.

— Viens avec moi ! dit-elle, et, s'adressant à Boubeker :

— Surveille la rentrée des chargements dans les magasins, nous ferons le tri plus tard ; dispose des gardiens armés devant chaque porte, car il peut y avoir des brigands, cachés parmi ces braves gens.

Elle était émue. Accomplir ce long trajet, quitte à mourir en arrivant au but, tous ces efforts pour venir se recueillir sur la tombe du fondateur de la confrérie des Tidjani, pour recevoir la Baraka du nouveau Grand Maître ! Quelle dérision ! Pourtant, sa forme d'esprit occidentale s'était insensiblement transformée depuis son arrivée à Aïn Madhi ; elle devenait plus accessible au mysticisme de l'Islam. La vérité était qu'elle n'avait pas reçu en France une véritable éducation religieuse ; depuis, elle avait pratiquement perdu la foi, et ces croyants illuminés la lui rendaient. Le Sahara est avant tout une terre de prière ! Ces solitudes propices à la méditation portent naturellement l'être humain vers Dieu.

Si Ahmed assistait *incognito* au centre de la grande place à la réception des pèlerins ; il avait revêtu un burnous brun, semblable à ceux de ses serviteurs, et interdit à ceux-ci de dévoiler son identité. Pour l'heure, obéissant à Aurélie, il organisait l'accueil. Sur son ordre, on apportait des plateaux gigantesques de couscous, sur lesquels se ruaient les affamés.

Aurélie entraîna la jeune mère dans la pièce qu'elle s'était réservée pour donner ses soins aux malades et qu'elle appelait son dispensaire ; et là, confiant le bébé à une nourrice qui pouvait l'allaiter, elle donna les premiers soins à la jeune Targuia dont le visage régulier, le nez droit, le teint légèrement bronzé et la dignité d'allure l'intriguaient.

La nomade, s'étonnant de la tendresse que lui portait cette roumia blonde qui parlait mieux qu'elle l'arabe du Sud algérien, une langue qu'elle ne maîtrisait qu'avec peine, hasarda une question :

— Qui es-tu ?

Aurélie n'eut pas à répondre ; Meryem, qui l'aidait dans ses soins, répondit :

— Lalla Yamina, ma maîtresse, qu'Allah la bénisse, est l'épouse du Grand Maître.

La jeune femme, drapée dans ses grands voiles indigo, baisa respectueusement le pan de la djellaba d'Aurélie.

— Qu'Allah te bénisse, Lalla Yamina !

— Relève-toi, femme ! Comment t'appelles-tu ?

— Je suis Dacine, mère d'Ora. Mon mari a été tué par un rezzou de Reguibats ; sa tribu gère les troupeaux de mon fils autour de la mare d'Anderamboukane ; le grand fleuve coule tout près ; il y a beaucoup de lions, de gazelles, de girafes et d'éléphants chez nous !

— Pourquoi as-tu fait ce pèlerinage où tu as failli laisser ta vie ?

— Pour prier sur la tombe du fondateur de la confrérie, Lalla, afin qu'il fasse plus tard reconnaître les droits de chef de mon fils. Car, pour l'heure, je ne suis qu'une pauvre veuve, et le frère cadet de mon mari est devenu chef de la tribu.

Ainsi, comme pour Si Ahmed se renouvelait le mystère de la filiation.

— Mais, puisque ton beau-frère a succédé à ton mari, tout n'était-il pas normal, Dacine ?

— Non ! dit la jeune Targuia avec violence. Les droits de succession se font chez nous par la femme ! Ora est mon fils avant d'être celui de son père. C'est du côté des femmes que doivent couler les liens de la succession. Ora, plus tard, sera le chef de deux mille sujets, et ses troupeaux de bœufs et de chameaux se compteront par milliers.

— Tu es bien de la race des seigneurs, Dacine ! Viens, on prendra soin de ton fils ; Meryem te conduira dans mes appartements, tu y séjourneras aussi longtemps que tu le désires. Je te quitte, d'autres malheureux m'attendent.

La journée entière se passa à soigner les plaies infectées, à nettoyer des yeux chassieux, certains porteurs d'un trachome avancé. Le vent du désert avait dû souffler en tempête dans le Tanezrouft du Sud. Aurélie imaginait mal ce pays de la peur et de la soif, dont les caravaniers ne parlaient qu'avec terreur et à voix basse.

Les soins terminés, elle inspecta les magasins. Boubeker, aidé de l'oukil, terminait l'inventaire. Si Ahmed félicita Mohamed El Soufi, le mokkadem de retour du Soudan. La collecte avait été fructueuse : sacs de mil, dattes, arachides, viande séchée et peaux tannées, allant de la dépouille d'une girafe – un cuir épais, imputrescible, qui sert à confectionner des boucliers ou à recouvrir les selles de chameaux – à celles des grands bœufs du Sahel. Dans des chebkras – ces filets confectionnés avec du sisal – étaient serrées des plumes d'autruches ; dans des coffres s'entassaient les dons en argent, en or, les pièces de monnaie, les bijoux et les sachets de poudre d'or.

El Soufi pouvait être fier. Il avait ramené son trésor et évité les rezzous meurtriers qui pillent les caravanes.

La route avait été longue. Depuis le rassemblement de Kidal, chez les Oulliminden, le convoi était remonté à travers l'Adrar des Iforas jusqu'à In-Ziza, côtoyant le terrible Tanezrouft. Puis il avait atteint Reggan et suivi la vallée des Palmiers jusqu'à Adrar ; de là, évitant la zone d'insécurité de l'oued Draa, il avait gagné Timimoum ; puis, à travers le Grand Erg occidental, tirant vers l'est pour ne pas rencontrer les frères ennemis, les Ouled

Sidi Cheikh, il était enfin arrivé en vue des remparts d'Aïn Madhi.

— Un long voyage en vérité, Seigneur ! Allah nous a protégés – que Son Saint Nom soit béni ! Mais partout, les frères Tidjani nous ont honorés et comblés de présents. Va tranquille, Si Ahmed, ton nom n'est pas près de sombrer !

El Soufi était sobre de paroles, mais on lisait dans son regard, sur ses traits burinés et secs comme une viande de mouflon racornie par la chaleur, toutes les souffrances endurées, tous les dangers évités. Ce qu'il ne disait pas, c'était l'accès de ferveur qu'avait provoqué dans sa caravane la première vision des montagnes du Nord.

Depuis soixante jours, ils marchaient sur les grandes plaines calcinées, sur les regs fins du Tanezrouft, sur les hamadas pierreuses du Nord. Ils avaient triomphé des hautes dunes du Tamrit et, enfin, débouchant du Grand Erg un soir, à l'heure où le vent de sable s'achève, ils avaient vu lentement sortir des brumes, très loin vers le nord, une ligne de hautes montagnes séparées du ciel par le fil d'argent de ses neiges ! Vision subite de la Terre promise ! La caravane s'était arrêtée : on avait baraqué sur place, et chacun avait rendu grâce à Dieu. La fin des épreuves était proche.

Au matin, un vieillard et une femme étaient morts d'épuisement ; on avait creusé en hâte leur tombe et dressé les pierres qui signalent aux croyants les sépultures d'un homme ou d'une femme. Ceux-là étaient arrivés. Aux autres, il faudrait encore près d'une semaine pour atteindre Aïn Madhi. Et toujours devant eux se profilait la ligne ténue des montagnes. Parfois, elle s'effaçait comme si elle n'était qu'un mirage trompeur, mais, dans l'aube glaciale du jour suivant, dans la clarté du soleil levant, elle réapparaissait toujours aussi lointaine, et pourtant plus proche chaque jour.

Et maintenant, ils étaient là, abrutis de fatigue, amassés dans la grande cour de la zaouia, entre les hauts murs de pisé rouge.

— Prends un peu de repos, Mohamed ! Et, ce soir, viens à la diffa que j'offre aux mokkadems et aux pèlerins de marque qui t'ont accompagné ! conclut Si Ahmed en s'éloignant.

Un pèlerinage en appelle un autre.

Bientôt, les effets de la politique préconisée par Aurélie se firent sentir. Après la caravane de Gao en vint une autre venant d'In Salah.

Le voyage de Boubeker à Tlemcen avait été excellent, et de cette région, la plus riche du Tell, venaient journellement pèlerins et messagers de la confrérie. Seule une zone restait obscure : l'est et le nord-est du pays, à l'exception de la Tunisie, toujours favorable à la confrérie de la Tidjania, par haine ancestrale contre les Rahmania algériens ! Les frères de cette région continuaient à se rendre à Temacine et négligeaient la visite au Grand Maître. Aurélie se promit d'accompagner Si Ahmed dans ces régions pacifiées par la France, où son influence pouvait être grande.

Pour l'heure, un peu lasse, elle confia à Si Ahmed son désir d'aller se reposer quelques semaines à Laghouat. Elle lui dissimula son désir secret de se retremper quelque temps dans une vie à l'occidentale et dans le confort de leur villa de l'oasis.

— C'est une idée magnifique, ma colombe.

— Qui gouvernera en ton absence ?

— Si Bachir, naturellement !

— Tu ne crains pas qu'il abuse de ses droits ?

— Il ne peut rien faire sans réunir le conseil des mokkadems. Et il est bon qu'il prenne sa part de responsabilités, car, depuis quelque temps, il passe son temps en noces crapuleuses.

Aurélie ne dit rien.

Les avertissements d'Aïda lui revinrent en mémoire. Il était bon qu'elle s'éloignât un peu d'Aïn Madhi. Près d'un mois s'était écoulé depuis la nuit de Kourdane et, bientôt, elle serait fixée sur sa maternité. Alors, il serait préférable qu'elle soit à Laghouat, afin de mieux préserver son secret.

Ils partirent très tôt.

La veille, les serviteurs les avaient précédés, accompagnant les bagages entassés sur les chameaux de bât ; l'irremplaçable Dahmani conduisait la caravane.

Ce matin, aux premiers signes de l'aurore, Ratita avait amené les chevaux dans la cour de la zaouia. Si Bachir vint les saluer. Il avait les yeux rouges d'insomnie, la langue pâteuse, mais il n'avait pas osé rompre avec la tradition. Le Grand Maître partait et, durant son absence, il serait le chef d'Aïn Madhi.

Les deux frères se donnèrent l'accolade. Il murmura des souhaits de bon voyage à l'adresse d'Aurélie. Puis s'éloigna, ombre épaisse, dans ses burnous superposés.

— Partons ! dit Aurélie, pour abréger cet instant pénible.

Ils tinrent leurs chevaux au pas jusqu'à la sortie des remparts, puis Si Ahmed mit son cheval au petit trot, et ils chevauchèrent ainsi tout au long de l'étape.

Douze heures plus tard, alors que le soleil couchant colorait brusquement le Rocher aux Chiens et les petits djebels entourant Laghouat, ils débouchèrent sur la ville toute blanche dans son cercle de rochers rouges. La palmeraie étalait son triangle sombre dans les alluvions de l'oued, et sa verdure s'effilochait en traînées d'encre jusqu'au reg désertique.

Les cavaliers arrêtèrent leurs montures. Ils écoutèrent.

Alors leur parvint la grande rumeur des cités islamiques, la symphonie haute en stridences et en basses déchaînées des gens et des animaux d'une oasis. Puis, comme sur un ordre venu d'en haut, le silence se fit sur la ville, et la voix perçante du muezzin invitant les fidèles à la prière arriva jusqu'à eux.

Mettant pied à terre, Si Ahmed et Ratita s'agenouillèrent sur le sable et prièrent à l'unisson des croyants. Un peu en retrait,

Aurélie, agenouillée elle aussi, répétait inconsciemment les Pater et les Ave de son enfance.

Et elle eut tout à coup l'impression que tous s'adressaient au même Dieu.

— Allah ou akbar ! murmura-t-elle. Oui ! Dieu est grand !

CHAPITRE XII

Laghouat était depuis vingt ans sous le contrôle absolu de l'armée française. La révolte de 1853 et les combats pour la prise de l'oasis avaient ruiné la cité ; la répression qui avait suivi la reconquête avait été sanglante, autant du côté des troupes françaises, commandées par le général Yusuf et le maréchal Pelissier, que chez les grandes tribus dissidentes – Larbaa, Ouled Sidi Cheikh, Laghouati, Ouled Naïl.

Vingt ans plus tard, Laghouat ayant relevé ses ruines prospérait. Ses notables, entraînant le petit peuple de l'oasis et ses commerçants mozabites, s'étaient ralliés les premiers, puis, tour à tour, les grandes tribus voisines avaient demandé l'*aman** et collaboraient étroitement avec l'administration et l'armée françaises. Leurs chefs avaient conservé leurs droits et prérogatives ; les grandes familles assuraient la justice et la sécurité du pays. Seule, la tribu des Ouled Sidi Cheikh, à l'ouest, était en état permanent de rébellion et, de ce fait, Aïn Madhi devenait le point stratégique de cette région du Sahara. Tout dépendait, en fait, de la bonne volonté de Si Ahmed et des décisions de la confrérie Tidjania !

Cette *pax romana* dans son ensemble avait clarifié la situation. L'état de guerre endémique qui sévissait entre tribus rivales avait disparu, un bloc solide se formait, acquis à la France. L'armée, selon la doctrine de Bugeaud, apportait avec elle son organisation remarquable des territoires pacifiés ; elle développait l'irrigation des jardins, les terres cultivables, ouvrait à Laghouat une école et un hôpital. Par les soins du génie militaire, une piste praticable aux carrioles à deux roues, ces *arabas** rustiques et solides, avait été créée pour relier Laghouat à Djelfa et Médéa, terminus de la véritable route carrossable. Grosse amélioration, car, désormais, le courrier parvenait en ce poste éloigné du Sud en huit jours. De plus, le télégraphe aérien Chiappe dressait ses relais en forme de moulins à vent au long de la piste, à travers les hauts plateaux.

Pour les « gens » d'Alger, Laghouat était l'extrême sud de la pénétration française ; au-delà, c'était le Sahara, où la progression se faisait lentement. Restait à conquérir le Mzab et ses sept villes saintes où vivaient les dissidents ibadites. Dans cette zone d'insécurité absolue, quelques patrouilles audacieuses s'aventuraient parfois à la poursuite des rezzous des Chaamba, des Touareg ou des Reguibats.

Pour Aurélie, après un séjour d'une année à Aïn Madhi, Laghouat, c'était déjà la France, la sécurité, la paix totale. Paradoxe ! Ces tribus turbulentes du Grand Sud que l'on redoutait ici et contre lesquelles on était pratiquement impuissant, elle les recevait dans la zaouia d'Aïn Madhi et soignait leurs malades. Elle seule était en contact permanent avec eux. Privilège inquiétant !

Arrivée à Laghouat dans un état de fatigue extrême, elle avait subi le contrecoup de ses efforts et s'était alitée, fiévreuse et tourmentée. Inquiet, Si Ahmed avait appelé le toubib militaire.

Le médecin-capitaine Durand, en traversant l'oasis, se posait la question : qu'était devenue la splendide jeune femme qu'il avait connue, après ce long séjour chez les Tidjani ? Allait-il retrouver une docile et languissante épouse arabisée ? Il n'en fut rien.

Coquette, Aurélie s'était soigneusement maquillée pour recevoir le médecin, et elle lui parut plus épanouie que jamais.

— Allons ! Allons ! dit-il, rassurant et rassuré. Je vois, Madame, que la situation n'est pas aussi alarmante que le chérif a voulu me la décrire.

— Si Ahmed est la bonté même, Docteur. Excusez-moi de vous avoir dérangé.

— Vous payez simplement votre intense activité d'Aïn Madhi, et le calme de Laghouat vous sera très profitable. Du repos, Madame, du repos ! Oubliez vos soucis – si vous en avez ? dit-il dubitativement.

Si Ahmed s'était retiré discrètement.

— Parlez-moi à cœur ouvert, Madame. Vous me paraissez surmenée, ce qui est en contradiction formelle avec l'idée que l'on se fait généralement de la vie indolente et passive des femmes orientales. Oh ! Pardon ! Je ne voulais pas vous froisser. Au contraire, je vous admire d'avoir gardé intact votre esprit français. Parlez-moi de vos activités.

Aurélie décrivit les efforts faits pour redonner à la zaouia sa prospérité de jadis, l'organisation du ksar, le nettoyage de la ville, les soins à donner aux malades.

— À ce propos, Docteur, je ferai appel à votre pharmacie ; j'ai tant besoin de médicaments, de pansements !

— Tout ce que vous me dites confirme une grande fatigue, mais n'explique pas l'état dépressif que m'a décrit Si Ahmed. Ne me cachez-vous pas quelque chose ? Un médecin doit soigner le moral de sa patiente.

— Docteur, je vais vous confier un grand secret : je suis enceinte !

Il sourit.

— Comme diraient les médecins de Molière : de là vient tout le mal, Madame – un mal d'amour, somme toute.

Et, comme il la félicitait :

— Je vous en prie, Docteur, gardez le secret ! Mon état n'est pas trop visible, n'est-ce pas ?

Il la rassura :

— Personne ne s'en douterait. Moi-même, avant que vous ne m'en fassiez l'aveu, n'ai-je pas été trompé ? Allons, tout ira bien !

Ainsi se réalisait son rêve. Mais le moment était-il venu d'annoncer cette grossesse à son mari ? Elle en doutait et reculait de jour en jour, craignant que la nouvelle ne se répandît à Aïn Madhi en son absence.

Bientôt, le calme des jardins, le repos, la température clémente de l'oasis, un confort apprécié et, surtout, une intimité retrouvée avec son mari rendirent à Aurélie son énergie. Elle se retrouva audacieuse et volontaire, bien résolue à mener la tâche qu'elle se projetait d'accomplir. D'abord, il s'agissait de gagner devant les juridictions locales et la loi française le procès en restitution de biens détournés, fait à l'ancien administrateur et tuteur Ryan. Bien que la chose traînât, comme tous les procès, il ne faisait aucun doute que la partie serait gagnée. En un deuxième temps, Aurélie se promettait d'obtenir l'autorisation de rétablir la ziara. Déjà, officieusement, la multiplication des envoyés aux quatre coins du Moghreb et du Sahara avait donné des résultats concluants, mais elle craignait la rivalité des autres confréries. Il fallait que la chose se fît légalement. Elle jugeait détenir maintenant assez d'atouts pour obtenir satisfaction du gouvernement général.

Pour fêter son retour et marquer aux officiers de la garnison de Laghouat qu'elle ne leur tenait nulle rigueur de leur réserve à peine voilée sous des formules de politesse mondaine, Aurélie décida de donner une grande soirée dans le patio et les jardins de sa villa. C'était de bonne politique, et Si Ahmed approuva sans réserve. Pour lui, bien qu'il s'en défendît, tout prétexte à boire était le bienvenu. Dérogation qu'il ne pouvait s'accorder que très rarement à Aïn Madhi, sous l'œil désapprobateur des puritains de la zaouia.

Pour le succès de cette soirée, Aurélie n'avait rien négligé. Elle avait fait venir de Fès une célèbre troupe de musiciens de l'école andalouse des Omeyyades. Ceux-ci maintenaient depuis des siècles les traditions de cette musique. Ils avaient conservé leurs instruments archaïques : le luth, le *oûd**, le *mizhaf** – sorte de cithare à douze cordes –, la *kassaba** et le *douff** ! Pour la première fois sans doute, ils se faisaient entendre devant des roumis.

Les auditeurs ne cachèrent pas leur admiration. « Madame Aurélie », comme ils disaient entre eux, avait accompli là un tour de force de diplomatie.

Elle recevait avec faste. En véritable princesse, parée de ses nombreux bijoux, vêtue somptueusement d'une magnifique robe de soie lamée garnie de précieuses dentelles, qu'elle avait choisie dans sa garde-robe copieusement fournie. « Peut-être celle-ci est-elle déjà démodée à Alger ? » s'était-elle dit avec un peu de mélancolie. « Mais qui s'en souciera ? Ne suis-je pas ici la seule Française ? Et la mode de Paris n'y arrive jamais. »

Elle était seule, car la garnison de Laghouat était toujours interdite aux femmes d'officiers pour des raisons draconiennes de sécurité. Là était sans doute la cause principale de l'amertume et, parfois, de l'hostilité qui se lisait dans les regards des jeunes officiers lorsqu'ils croisaient Aurélie en grande toilette européenne au bras de son lourdaud de chérif, ce nègre enturbanné drapé dans l'écarlate burnous de caïd. Une véritable provocation !

— Cette femme est un défi permanent ! disaient les plus acharnés.

— Soyez justes, Messieurs, rétorquait le capitaine Didier, chargé des Affaires musulmanes. Dans quelques années, vous ne jurerez plus que par elle. Sa présence à Aïn Madhi vaut bien une division !

Les jeunes s'esclaffaient, mais Didier tenait bon. Il pressentait l'étrange destin de cette jeune femme et, ce soir, il participait pleinement à la fête, appréciant plus que tout autre la rare qualité des musiciens, la beauté de la nuit saharienne, les ombres et les lumières des jardins où l'on avait accroché de-ci de-là des photophores au carbure, qui sifflaient doucement en projetant une aveuglante et courte lumière bleue.

Le buffet était abondant, le champagne et les alcools servis par les esclaves noirs du chérif. Quelques personnalités arabes seulement avaient été invitées : le khalifa des Larbaa, le caïd de Laghouat. Aurélie avait tenu à ce que la fête gardât son caractère d'invitation personnelle aux officiers de la garnison.

Tard dans la nuit, Aurélie devisait encore avec le capitaine Didier. Il était prodigieusement intéressé par le récit que lui faisait Aurélie des diverses manifestations qui rompaient la monotonie de la vie quotidienne à Aïn Madhi. « Quel magnifique agent secret elle ferait ! » disait-il. Mais Aurélie n'en avait cure.

— N'oubliez jamais, Capitaine ! Je suis l'épouse du Grand Maître des Tidjani, et jamais je ne trahirai sa confiance. En l'épousant, j'ai épousé sa cause.

— Même si un jour il se retournait contre la France ?

— Tant que je serai princesse à Aïn Madhi, vous n'avez rien à craindre, Capitaine.

— Je souhaite de tout cœur que vous ne faiblissiez jamais. Mais ne pourrais-je pas vous aider ?

— Que voulez-vous dire ?

— J'aimerais installer une petite garnison à Aïn Madhi. Oh ! Une simple section. Un goum de cavaliers indigènes commandés par un sous-officier français, c'est tout ! Vous ne pouvez porter seule cette immense responsabilité.

— Il est trop tôt pour y songer, Capitaine, mais, le moment venu, j'intercéderai auprès de Si Ahmed. Ce ne sera pas facile. Oh, pas de sa part ! Il fait ce que je veux, dit-elle avec un léger mépris qui n'échappa pas à l'officier, mais le conseil de la zaouia s'y opposera certainement. Aïn Madhi est une ville sainte. Une garnison chrétienne sur ces terres de la confrérie n'est pas souhaitable pour le moment. Cependant, une chose peut m'aider à obtenir des mokkadems une décision favorable. Donnant donnant, Capitaine. Qu'en haut lieu on fasse activer le procès de Ryan, le tuteur indélicat de mon mari, et que l'on restitue à Si Ahmed les biens qu'il possédait. Et aussi, que l'on autorise la ziara ! Plus nous aurons de ressources, plus vous aurez de contacts avec ces tribus sahariennes que, pour l'instant, moi, faible femme, je suis seule à pouvoir approcher.

Elle regardait le capitaine Didier avec une sorte de fierté amusée.

— Vous êtes très forte, Madame ! Mais vous avez raison. Croyez-moi votre allié.

Le médecin-capitaine Durand s'approchait, souriant.

— Je crains, Madame, que vous ne vous fatiguiez trop. Il serait temps que nous nous quittions. Madame Tidjani a besoin de repos, Didier ! Mais nous n'oublierons jamais cette soirée merveilleuse.

Un à un, les officiers prirent congé de Si Ahmed et de son épouse, debout sur le seuil de la villa Saada.

Le lendemain, un chaouch en grande tenue apporta à la villa une magnifique corbeille de fleurs et de fruits, qu'il déposa devant Aurélie. Elle ouvrit l'enveloppe qui contenait un bristol avec ces mots :

« Les jeunes officiers de la garnison de Laghouat
à madame Aurélie Tidjania. »

— Tiens, fit-elle, Aurélie Tidjania ! Quel progrès depuis un an !

CHAPITRE XIII

Pâle de rage, confinée dans son pavillon des remparts, Zorah venait d'apprendre la nouvelle : la roumia était enceinte !

Rentrée la veille de Laghouat après trois mois d'absence, Aurélie n'avait pu dissimuler son état. Et Tania, la petite esclave chargée de s'occuper du prince Ali, avait immédiatement averti l'épouse répudiée.

— Le Grand Maître, il est fou de bonheur, avait-elle déclaré. Il comble la roumia de bijoux, il veille sur sa santé ; Dahmani et Ratita se relaient pour monter la garde à l'entrée du quartier des femmes.

Zorah s'était aussitôt décidée :

— Va chercher ma mère !

Tania avait légèrement hésité, sachant quelle menace se cachait sous cet ordre.

— Alors, quoi ! Tu obéis ou tu veux le fouet ? avait crié comme une folle Zorah, en saisissant la cravache en cuir de girafe dont elle ne se séparait jamais.

— Je vais, Maîtresse ! Je vais !

Melika était accourue, partageant la colère de sa fille.

— Laisse-moi agir, Zorah, je m'en charge ! Jamais cette

roumia n'aura un enfant de Si Ahmed, Ali restera le seul ! Tu m'entends, le seul. Il est de notre sang.

— Que vas-tu faire ?

— Il y a eu hier plusieurs morts chez les pèlerins ! Les tombes sont fraîches. Et ce soir...

Elle n'acheva pas, mais Zorah ne put s'empêcher de frissonner.

— Le bor-bor ?

— Fais-moi confiance.

La nuit venue, Melika se glissa hors des remparts. Le cimetière s'étendait librement sur les flancs de la montagne, et toutes ses pierres levées se confondaient avec le pierrier naturel qui l'entourait. S'il n'y avait eu de-ci de-là quelques koubbas blanchies à la chaux recouvrant la tombe de pèlerins importants, la nécropole se serait fondue entièrement dans le paysage.

La vieille avançait avec précaution, rasant les murs de l'enceinte ; avec ses voiles noirs, il était bien difficile de la découvrir dans cette obscurité laiteuse des nuits sahariennes, et elle se rassura.

Maintenant, il fallait trouver parmi toutes ces tombes les sépultures les plus récentes. Melika avait hésité à se hasarder en plein jour dans le cimetière. On aurait sûrement mal interprété sa présence en ce lieu. Elle était une sorcière, et chacun le savait, la redoutait. Et Si Ahmed avait donné des ordres pour que l'on épiât tous ses mouvements, toutes ses rencontres !

Vers une heure du matin, la lune déboucha des crêtes de la montagne et commença sa course au-dessus du désert. Elle était à son dernier quartier, mais sa clarté diffuse permit à Melika de mieux localiser ses recherches ; les dernières sépultures avaient dû être creusées en bordure du cimetière. Elle allait d'une tombe à l'autre, se baissant parfois pour tâter de la main le cône de terre et de cailloux qui les recouvrait. Quand elle sentit sous ses doigts secs et noueux que la terre avait été fraîchement remuée, elle s'arrêta. Les deux nouvelles tombes étaient là.

Elle sortit de sous sa tunique un long poignard, s'accroupit sur le sol fraîchement remué et se mit à creuser hâtivement à l'endroit où une pierre levée indiquait l'emplacement de la tête. La morte apparut bientôt, enfouie sous trois pieds de sable et de cailloutis. Elle reposait dans un linceul blanc et avait été enterrée la veille. Melika ricana en découvrant le visage émacié de la défunte, une femme épuisée par les fatigues du pèlerinage. Saisissant sans répulsion aucune la tête du cadavre, elle la souleva légèrement, puis la trancha au niveau des vertèbres cervicales. Il lui fallut un certain temps pour désarticuler les joints de la colonne vertébrale ; un sang noir et fétide coula sur ses mains qu'elle essuya sur un pan de sa tunique. Insensible à l'odeur qui s'exhalait de la tombe, elle détacha la tête et, la roulant dans un pan de sa robe, laissant la tombe profanée sans même prendre le temps de la recouvrir de terre, elle s'enfuit à travers le cimetière, fantôme parmi les fantômes, retrouva l'abri propice des remparts, se glissa par une potence que l'on négligeait de fermer et se perdit dans le dédale des ruelles.

Gagnant sa case de banco couverte de roseaux, elle y déposa avec précaution la tête qu'elle venait de couper. Dehors, des chiens attirés par l'odeur commencèrent à rôder devant l'entrée de sa case, et elle dut les chasser à coups de bâton.

Il lui restait encore une opération délicate à faire avant que se lève le jour.

Saisissant une serpe, elle découpa avec précision la calotte crânienne, puis, plongeant ses mains dans la cavité, retira précautionneusement la cervelle en décomposition qu'elle recueillit dans un bol. Puis elle creusa un trou dans le sable fin qui recouvrait le sol de la pièce unique où elle se trouvait, y enfouit la tête mutilée et répandit là-dessus du sable frais. Si quelqu'un d'aventure pénétrait chez elle et découvrait la cervelle, il lui serait désormais facile de déclarer qu'elle provenait d'un mouton ou d'une chèvre. En l'état de putréfaction où elle se trouvait, personne n'y regarderait de près.

Melika venait de terminer ses préparatifs lorsque le chant du muezzin, lancé du haut du minaret, annonça la prière de l'aurore. La sorcière, déroulant son tapis de prière devant sa case, s'agenouilla face à l'orient et glorifia le nom d'Allah !

Dans la journée, Melika fouilla minutieusement les jardins et la palmeraie. Elle y trouva ce qu'elle cherchait : des crapauds qu'elle captura vivants et enferma dans une sacoche en peau séchée, mais il lui fallut longtemps avant de découvrir, près du peigne d'irrigation qui distribue l'eau, une vipère à cornes qui se chauffait au soleil sur une pierre plate. D'un geste précis, elle captura le reptile à l'aide d'une baguette fourchue qui immobilisa sa tête. Puis, d'un coup de poignard, elle sectionna celle-ci sans que la vipère ait pu mordre et, de ce fait, vider ses glandes venimeuses.

La tête coupée rejoignit les crapauds. Il ne restait plus qu'à cueillir les plantes.

Le chikh poussait à profusion autour d'Aïn Madhi, mais, pour trouver du *faleslez**, il fallait aller loin dans le Sud. La plante vénéneuse connue des Européens sous le nom de jusquiame poussait dans un oued, à une journée de marche en direction de l'Erg occidental. C'était une longue étape ; il faudrait trouver un prétexte pour quitter Aïn Madhi.

— Tu viendras avec moi, Zorah, nous prendrons un bourricot et nous dirons à tous que nous nous rendons à la daïa des Betoums pour y ramasser du bois ! Cette daïa t'appartient, Zorah, on ne trouvera rien à redire !

— Et le bourricot ?

— Bachir t'en procurera un ! dit la diabolique. N'est-il pas ton bon ami ?

Les deux femmes firent comme elles avaient dit.

Bachir leur envoya le bourricot que réclamait Zorah pour sa corvée de bois. Il ne chercha pas à savoir pourquoi elles allaient aussi loin dans le désert, alors que du bois appartenant à la confrérie pouvait être ramassé au débouché des oueds coulant de la montagne. À quoi bon s'inquiéter ? Les desseins de Dieu sont impénétrables !

Parties avant l'aube du jour suivant, les deux femmes marchèrent toute la journée en direction du sud-ouest, avec pour viatique une petite guerba d'eau et un sac de dattes séchées. Vers le soir apparurent les premiers méandres de l'oued Faleslez. Il portait bien son nom, et aucune tribu ne venait au pâturage le long de son cours sinueux, car, si la jusquiame est mortelle à l'homme, les lauriers-roses qui encombraient son lit sont néfastes au chameau. L'oued Faleslez était un oued maudit !

Leur récolte de l'« herbe qui tue » fut facile. Encore fallait-il la dissimuler dans un sac, que recouvrit un fagot de branches mortes glané sous quelques pistachiers mutilés par les vents et les hommes.

Les jours suivants, Melika prépara dans le secret le plus absolu la poudre de bor-bor. Écrasant la jusquiame et le chikh dans un mortier de pierre, elle y incorpora la cervelle en décomposition, les glandes de venin de la vipère et les cadavres desséchés des crapauds. Elle pila le tout pendant des heures jusqu'à obtenir une poudre très fine, grise, dont toute odeur disparaîtrait après plusieurs jours de séchage !

Quand elle jugea sa préparation terminée, elle remit à Zorah un sachet contenant une dose précise de bor-bor.

— À toi d'agir désormais ! Remets le sachet à Tania, qu'elle le mélange aux aliments de la roumia un soir où celle-ci dînera toute seule ! Qu'elle veille à ce que personne d'autre ne touche aux reliefs de ce repas, et qu'elle fasse ensuite disparaître les restes pour qu'il n'y ait aucune preuve.

— Est-ce suffisant pour la tuer ? interrogea Zorah.

— On ne sait jamais, cela dépend du degré de résistance de l'individu. À dose infime et journalière, il faut plusieurs mois pour réduire le malade à un état de passivité absolue. Il devient incapable de réagir et se laisse dominer. Crois-moi, des tas de femmes m'en ont demandé pour devenir maîtresses absolues de leurs maris. Et, si le tien n'avait pas été le Grand Maître, je t'aurais conseillé d'agir ainsi. Mais on ne peut pas avilir le seigneur Tidjani. Alors, détruisons ce qui nous empêche de l'approcher. La roumia ne mourra pas forcément, mais je peux te promettre qu'après avoir pris en une seule fois le bor-bor, elle ne pourra plus jamais procréer. Ah ! Ah ! ricana-t-elle. C'est une femelle bréhaigne qu'il possédera, le seigneur ! Et il cherchera vite à s'en débarrasser. Et toi, tu seras toujours la mère d'Ali ! Ah ! Ah !

La vieille ricanait. Et, bien qu'elle savourât d'avance sa vengeance, Zorah ne pouvait s'empêcher d'être terrifiée par les connaissances diaboliques de sa mère.

Le plus délicat fut de convertir Tania à leur projet. La petite esclave s'était prise d'affection pour la roumia qui soignait si bien son petit prince. Elle portait à Ali une dévotion totale, mais elle admirait les connaissances de la roumia. Lalla Yamina avait appris beaucoup de choses à Ali ! Ne parlait-il pas français avec elle ? Après Si Ahmed et Bachir, il était le troisième homme d'Aïn Madhi à comprendre et parler la langue des roumis. Déjà, son prestige s'affirmait, même devant les mokkadems.

Lorsque Zorah lui remit le sachet de poudre, Tania frémit et sanglota :

— Oh ! Non, Maîtresse, pas ça, pas ça !...

— Tu feras ce que je veux, tu m'appartiens, et j'ai droit de vie et de mort sur toi ! Choisis ! Et voici ce qui t'attend si tu refuses ! dit-elle en la cinglant d'un violent coup de cravache dans les reins.

— Pas ça, pas ça, Maîtresse !

— Alors, tu n'aimes pas ton petit prince !

— Oh ! Maîtresse ! Ali, il est ma vie, mon bonheur !

— Alors, fais ce que je te dis. Saupoudre, lorsque l'occasion se présentera, la chorba ou le couscous de la roumia. Ajoute un peu de piment pour que toute odeur suspecte soit impossible à déceler. Attention ! Quand elle aura terminé son repas, jette les restes et lave soigneusement le plat !

— Je ne veux pas qu'on tue la roumia ! Lalla Yamina est si bonne !

— Toi aussi, tu te laisses prendre. Petite ingrate, tu auras le fouet, crois-moi, si tu ne m'obéis pas. Ne comprends-tu pas que, si la roumia a un fils, jamais Ali ne régnera ? Pauvre petite cervelle ! Et tu dis aimer ton prince ! Ma parole, je vais être obligée de lui donner une autre servante. Tu es juste bonne à faire la souillon dans le harem des femmes !

L'argument était convaincant. Tania découvrait tout à coup les conséquences imprévisibles de la maternité de Lalla Yamina. Ainsi, son petit prince serait déchu ! Il ne le fallait pas !

— J'obéirai à tes ordres, Maîtresse, dit-elle vaincue.

— Et tu feras bien. Je te récompenserai. D'ailleurs l'important n'est pas que la roumia meure, mais qu'elle n'ait pas d'enfant ! Sois rassurée, elle ne mourra pas !

Tremblante, Tania s'empara du sachet de poudre, le glissa dans la poche intérieure de sa tunique et courut rejoindre au palais les autres petites esclaves qui devaient s'inquiéter de son absence.

CHAPITRE XIV

Tout était comme avant à Aïn Madhi, où chacun commentait favorablement la grossesse de Lalla Yamina.

Aurélie était de retour de Laghouat depuis plus d'un mois, et rien ne s'était produit. Très inquiète au début, elle se rassurait de jour en jour.

Un peu alourdie par son état, Aurélie avait renoncé aux sorties à cheval dans les environs mais continuait à visiter régulièrement les malades, à surveiller les magasins et se tenait au courant des affaires de la confrérie, grâce à Boubeker et à son oukil.

Si Ahmed, lui, nageait en plein bonheur.

— Nous aurons un fils, ma colombe, c'est certain !

— Si Dieu le permet, avait dit Aurélie. Je le souhaite ardemment !

Zorah ne s'était pas montrée ; Si Bachir ne lui avait rendu aucune visite qui pût prêter à soupçon. Par contre, malgré sa prochaine maternité, peut-être inconsciemment à cause d'elle, Aurélie prenait beaucoup de plaisir à éduquer Ali. C'était un petit garçon intelligent ; il savait désormais compter, calculer et écrire en français. Les tolba lui enseignaient le Coran, le droit islamique, l'écriture et la littérature arabes. De sa mère adoptive, il tenait des goûts raffinés ; il était très propre et tenait toujours à être vêtu impeccablement. Un peu fat sans doute et déjà pétri d'orgueil, mais n'est-ce pas le lot habituel d'un futur prince des croyants ?

Parfois Aurélie, se voulant impartiale, chassait de sa tête les idées qui s'y implantaient. Ne savait-elle pas qu'elle imposerait son fils comme successeur ? Qu'Ali ne serait jamais qu'un prince comme Si Bachir, un lieutenant du Grand Maître ? À quoi bon cette hypocrisie si peu dans sa nature ? Sa tendresse pour le jeune Ali était profonde et, sachant qu'elle l'écarterait de la succession, elle était bourrelée de remords.

Le drame se déclencha soudainement, au milieu de la nuit, alors qu'une tempête de sable courbait les palmiers des jardins, faisait bruire les djerids et hurlait dans les couloirs tortueux du palais. Le vent du sud apportait avec lui un souffle brûlant et, dans cette touffeur, Aurélie dormait nue aux côtés de son époux, toutes fenêtres ouvertes. Elle se réveilla en hurlant, crispée par une douleur atroce. Son ventre, ses organes semblaient se consumer lentement. Elle brûlait littéralement. Ses cris réveillèrent Si Ahmed ; déjà, Baba et Meryem accouraient affolées.

Voyant le visage convulsé de Lalla Yamina, en vraies filles du désert, elles surent que leur maîtresse avait été empoisonnée.

— Cette chienne de Melika a réussi ! constata douloureusement Meryem.

— Cours chercher Lalla Zineb ! ordonna Baba.

Si Ahmed, bouleversé, tournait en rond, jetant au ciel des imprécations, parlant d'écarteler les coupables s'ils étaient découverts.

Baba lui suggéra doucement :

— Oh ! Seigneur, l'heure n'est pas aux lamentations. Il faut agir. Envoie tout de suite Ratita à Tadjemout. Qu'il demande secours à la sorcière des Larbaa. Souraya est aussi puissante que...

Mais elle s'arrêta, jugeant prudent de ne pas citer le nom de celle dont elle craignait tout.

Lalla Zineb arriva bientôt, se lamentant et se griffant le visage.

— Oh ! mon fils ! Quelle infamie ! Mais nous la chasserons, nous la lapiderons, cette sorcière ! Pauvre Lalla Yamina ! Je vais te faire une compresse qui atténuera tes douleurs.

— Ratita va partir pour Tadjemout.

— Tu as bien fait, mon fils. Que Souraya lui donne les premiers remèdes qu'il rapportera au grand galop ! Il devrait être de retour au milieu de la matinée. Et qu'il fasse venir la guérisseuse sur le plus rapide des chameaux qu'il pourra se procurer. Le bor-bor n'a pas d'effets immédiats ! Mais Lalla Yamina va souffrir !

Elle épongeait avec un linge de soie le visage ruisselant de sueur d'Aurélie qui se tordait dans d'affreuses douleurs.

— Ahmed ! Ahmed ! Je vais mourir. Mon Dieu, ayez pitié de moi !

— Non, tu ne mourras pas, Allah ne permettra pas ce crime ! Souraya va te sauver, elle connaît l'antidote du poison !

Ratita parti, Si Ahmed convoqua Dahmani et Boubeker.

Pour le fidèle serviteur, il n'y avait pas de doute possible : Aurélie avait été borborisée par Zorah ! La chienne ! disait-il en crachant par terre.

— Qui a pu administrer le poison ? interrogea Boubeker.

Ils firent une enquête. La veille, Lalla Yamina avait pris son repas du soir seule dans sa chambre. C'était fréquent dans son état, et personne n'y trouvait à redire. Surtout ce soir-là, où se réunissait à la mosquée un conseil de la zaouia présidé par le Grand Maître.

— Qui lui a apporté ses aliments ? demanda Boubeker.

Baba et Meryem parurent surprises de la question, puis poussèrent une exclamation d'étonnement :

— Tania !

— Tania, la servante d'Ali, l'esclave de Zorah ! tonitrua Dahmani. N'étiez-vous pas chargées de ce service ? Votre étourderie vous coûtera cher ! Pauvres écervelées !

— Ali voulait embrasser Lalla Yamina, dit à travers ses larmes Baba. Alors Tania nous a dit : « Donnez-moi le plat de couscous, je le lui porterai, et en même temps elle verra Ali. » Tania aime bien Lalla Yamina, Ali aussi, on ne s'est pas méfiées.

— Fais venir Tania ! ordonna d'une voix blanche Si Ahmed.

Dahmani la retrouva, prostrée et en larmes dans un réduit des cuisines où elle s'était réfugiée, affolée par les conséquences de son acte. Il l'extirpa de sa cachette, la traîna hurlante de peur à travers les couloirs jusqu'à la chambre d'Aurélie et la fit s'agenouiller devant le chérif.

Celui-ci la cingla d'un grand coup de cravache dans les reins. La jeune fille se roula par terre en sanglotant :

— Pardon, Seigneur, pardon ! Oh ! Pardon !

Il allait frapper de nouveau lorsqu'Aurélie, malgré les douleurs atroces qui tiraillaient son ventre, intervint d'une voix faible :

— Pas elle ! Elle n'est pas responsable ! C'est la vraie coupable qu'il faut châtier ! Pitié, Seigneur ! Ce n'est qu'une enfant terrorisée.

C'était contraire à tout ce que pensait Si Ahmed. Cette tentative de meurtre sur la personne de l'épouse ne pouvait connaître qu'un châtiment : la mort !

— Elle a voulu te tuer ! Et tu demandes sa grâce ?

— Au nom de notre amour !

Tania s'était réfugiée contre le lit où gisait Aurélie, et là, pleurant, baisant la main fiévreuse de la Tidjania, elle ne cessait d'implorer son pardon.

Boubeker crut bon d'intervenir :

— Lalla Yamina a raison, Seigneur. Même dans ses souffrances, Allah l'inspire. Le vrai coupable n'est pas celui qui verse le poison, mais le bras qui a guidé cette main d'enfant. (Puis, se tournant vers Lalla Zineb :) Emmène cette enfant, qu'elle reste sous ta surveillance ! Qu'elle n'ait aucun contact avec Zorah, encore moins avec Melika !

Les compresses d'herbes et un breuvage fabriqué par la vieille Zineb calmaient lentement les trop fortes douleurs d'Aurélie. Puis, aux premières heures de la matinée, Ratita revint, sa monture fourbue. Il rapportait divers onguents que lui avait donnés Souraya, la sorcière de Tadjemout. Souraya arriva elle-même dans la journée, montée sur un rapide méhari. Elle s'installa auprès de la malade qui, maintenant, somnolait dans un état comateux : elle ne reconnaissait plus personne, disait des mots sans suite, en français et en arabe, appelait son mari, geignait. Lalla Zineb était revenue auprès d'elle, et les deux matrones s'affairaient. Souraya l'affirmait : les symptômes étaient bien ceux du bor-bor ! Mais ce qu'elle ne comprenait pas, c'était pourquoi il avait été administré à si forte dose.

— Si elle avait voulu tuer, c'est jour après jour qu'elle aurait borborisé Lalla Yamina, dit-elle. Et dans quelques mois, tout aurait été terminé ! Personne n'aurait pu dire de quoi elle était morte. Il y a autre chose !

La vieille palpa le ventre secoué de convulsions de Lalla Yamina, puis regarda Zineb :

— Elle attend un enfant ?

— Elle porte depuis quatre mois.

— Je comprends ! La Melika est diabolique ! Cette femme mérite la mort, car elle vient de tuer un innocent. Écoute ! (Zineb, la tête penchée sur le ventre d'Aurélie, auscultait la malade.) L'enfant ne bouge plus !

— Chut ! fit Zineb, les larmes aux yeux. Comment le dire au seigneur ? Il attendait un fils.

— Je vais être obligée de la délivrer de ce fœtus. Il faut voir le Maître.

Si Ahmed écouta le verdict de la vieille Souraya. Il était accablé.

— Il faut la délivrer ! ordonna Souraya. Je connais les herbes qui dilatent le vagin ! Celles qui font avorter ! L'effet du bor-bor a été si violent que l'enfant s'expulsera de lui-même.

La potion qu'elle fit boire à la patiente était une sorte de purée liquide répugnante, verdâtre, composée d'herbes amères qu'elle avait broyées et fait macérer dans du leben. Aurélie, dolente et presque inconsciente, se laissait soigner sans résistance. Son dernier sursaut avait été de préserver la petite Tania. Puis, l'effet du bor-bor s'était fait sentir et avait annihilé toute volonté en elle. Par contre, cet état favorisait le travail des deux vieilles femmes qui ne la quittèrent pas une minute durant son long calvaire. Baba et Meryem se relayaient à son chevet, essuyant sans cesse la sueur qui coulait de son visage et la transpiration abondante de son corps. Il fallait changer les draps plusieurs fois par jour.

— Toute cette sueur, c'est le mal qui sort ! constatait avec satisfaction Zineb. Oh ! Souraya, tu es la plus forte, et toi tu ne tues pas, tu soignes !

Souraya ne répondit pas. Chez les Larbaa, on la respectait parce qu'elle savait guérir les maladies, mais on la craignait car elle possédait, elle aussi, les secrets du bor-bor, la connaissance des herbes qui tuent et de celles qui guérissent. Il ne tenait qu'à elle de faire le bien ou le mal.

— Tu es ma vieille amie, dit-elle enfin à Zineb. Et pour toi, je guéris !

Ancienne esclave comme Zineb, Souraya avait connu plusieurs maîtres et avait notamment appartenu au caïd qui avait acheté Zineb, après que celle-ci eut été répudiée par Mohamed Seghir. Elle avait mis au monde le petit Si Ahmed, alors fils d'esclave et esclave lui-même. Plus tard, elle avait été affranchie par le khalifa des Larbaa, qu'elle avait soigné et guéri d'une grave fracture ouverte à la jambe gauche. Ce jour-là, les toubibs de la tribu parlaient d'amputation, mais Souraya s'était interposée : « Je le sauverai ! » Et elle avait réussi.

Les étranges potions qu'elle avait fait avaler à Aurélie commençaient à produire l'effet désiré. Une dilatation du bassin se faisait lentement et, bientôt, grâce à un massage énergique de l'abdomen, le fœtus s'éjecta de lui-même, dans un mélange visqueux de sang noir et nauséabond.

— C'était un fils ! constata tristement Zineb.

Dans un coin, Baba et Meryem pleuraient.

Les deux vieilles se firent apporter de l'eau bouillie, administrèrent un clystère. Puis, le lit nettoyé, Aurélie changée, elles l'obligèrent à boire une infusion sucrée au miel, qu'elle avala sans s'en rendre compte avant de fermer les yeux.

— Elle va dormir maintenant. Et, quand elle se réveillera, elle sera sauvée.

Si Ahmed, tenu au courant, était accablé de chagrin. Perdre un fils, n'est-ce pas la plus grande punition d'Allah ?

Boubeker, conscient de cette peine, l'aggravait sans le vouloir :

— Je te l'avais prédit, Seigneur ! Cette femme était en danger !

— Et nous n'avons pas su la protéger ! Il aurait fallu éloigner Zorah ! J'ai été trop faible en la maintenant à Aïn Madhi.

Il était envahi par un désir de vengeance sans limites.

— Réunis le conseil des mokkadems, Boubeker ! Nous devons juger Zorah et Melika ! Nous devons être impitoyables !

La réunion fut houleuse.

Certes, personne n'approuvait le geste criminel de Zorah. Mais les traditionalistes, ceux qui malgré les bienfaits apportés par elle n'avaient pas accepté l'intrusion d'une roumia au sein de la confrérie, rejetaient sur le Grand Maître les responsabilités. Jamais il n'aurait dû faire de Lalla Yamina son épouse !

Maintenant que l'on savait la roumia à l'article de la mort, certaine fronde se faisait jour, alimentée par Bachir.

Quand il fallut voter, Si Ahmed réclama la mort des deux femmes, mais son frère, se levant, protesta :

— Zorah est la mère d'Ali, notre futur Grand Maître ! Voudrais-tu avoir sur les mains le sang de la mère du futur seigneur d'Aïn Madhi ?

Des cris indignés s'élevèrent dans la salle.

— La colère t'aveugle, mon frère bien-aimé ! reprit Si Bachir. Melika, je te l'accorde, ne mérite rien d'autre que la mort ! Et autrefois, elle eût été en plus torturée ! Mais Zorah ! Zorah, malgré tout, n'est qu'une victime. Oui, ne l'as-tu pas répudiée pour amener Aurélie dans ta couche ?

Les sages du conseil approuvèrent Si Bachir.

— Pourtant, dit Si Ahmed, sa présence ici est une menace perpétuelle pour la vie de mon épouse !

Si Bachir ricana.

— Crois-moi, Si Ahmed, Lalla Yamina n'est plus un obstacle pour que se réalisent les vœux de Zorah. Ali est notre futur seigneur. Le sort de Zorah ? Demande à Lalla Yamina de le fixer. Elle a su comprendre que Tania n'était qu'un instrument sans volonté et elle l'a soustraite à tes coups.

— Si Bachir a raison, Seigneur. Attendons que Lalla Yamina soit rétablie. Elle décidera, intervint Boubeker. Pour l'heure, je vais lui intimer l'ordre de ne pas quitter les remparts et je vais mettre un chaouch devant sa porte.

— Pour Melika ?

— La mort ! dirent-ils tous ensemble.

— Alors, conclut Si Ahmed, qu'on lui donne dix litres d'eau et une *kessera** d'orge. Ratita la conduira sur un chameau à une semaine de marche dans le Sud et l'abandonnera dans les dunes du Grand Erg. Si Allah veut qu'elle vive, elle vivra. Sinon, les sables de l'erg l'engloutiront !

Puis ils se rendirent à la mosquée pour la prière du soir.

Dans la nuit, Melika, ligotée et bâillonnée, car elle bavait et hurlait de terreur, fut jetée en travers d'un chameau, et Ratita, accompagné d'un sokhrar, prit la direction du Sud. Ils revinrent quinze jours plus tard et rendirent compte de leur mission. Ils avaient abandonné la sorcière au cœur de la plus grande chebkra de dunes qui existe dans le Grand Erg. Un labyrinthe inextricable ! Il n'y a qu'un puits dans les parages, mais l'eau est à cent dix mètres de profondeur, et aucun gardien de l'eau ne transgresserait les jugements de la zaouia ! Melika était condamnée et le savait. Elle s'était écroulée sur le sable et avait craché sur Ratita lorsque celui-ci avait défait ses liens.

— Maudit, sois maudit ! Serviteur d'un maître pourri ! Tiens, regarde ce que je fais de ton eau ! Et elle avait renversé sur le sable le contenu de la guerba, puis brisé et jeté au vent la kessera d'orge. Je n'ai plus besoin de nourriture. Et si tu veux me faire une dernière grâce, coupe-moi la gorge !

— Non ! avait répondu Ratita. Tu dois payer tes crimes par la souffrance. Fasse Allah que ta mort soit aussi longue que la liste de tes crimes.

Et il était reparti sans un mot, au trot rapide de son chameau.

CHAPITRE XV

Un an s'est écoulé depuis la dramatique tentative d'empoisonnement d'Aurélie. Une année terrible pour la jeune femme.

Les remèdes mystérieux à base de plantes administrés par la sorcière guérisseuse de Tadjemout ont été efficaces et lui ont sans aucun doute sauvé la vie, mais depuis, Aurélie demeure sans force ; prostrée à longueur de journée sur les sofas de son appartement, elle refuse de sortir. Si Ahmed, affolé, a envoyé Ratita à Laghouat, porteur d'un message pour le médecin-capitaine Durand. Le praticien militaire a fait diligence et couvert d'une seule traite le long trajet. Il a ausculté Aurélie avec soin, puis, constatant le délabrement de l'organisme de la jeune femme, exigé qu'elle soit transportée à l'hôpital militaire de Laghouat dès que son état de santé le permettrait.

On attendit quinze jours, puis Aurélie, toujours dolente et passive – résultat sans doute des séquelles du bor-bor –, fut transportée au pas lent d'un chameau dans le grand bassour de parade qu'elle avait jusqu'ici refusé d'employer. Le voyage dura trente-six heures, et la malade, surveillée par Baba et Meryem qui se relayaient à son chevet, somnola durant tout ce temps.

Si Ahmed escortait à cheval le convoi.

Durant les longues heures passées en selle, le jeune chérif envisageait l'avenir avec inquiétude. Si Allah permettait qu'Aurélie guérisse, le danger n'en serait pas écarté pour autant. Tant que Zorah vivrait, une menace pèserait sur elle, car il connaissait la puissance de haine de son ex-femme et son autorité sur un certain clan à la tête duquel se trouvait son propre demi-frère, Si Bachir.

Avant de partir, il avait fait enfermer Zorah dans la maison des remparts et placer en sentinelle devant la porte un askri ayant pour consigne d'interdire tout contact entre la prisonnière et les personnes de son entourage. La répudiée attendait là, colère rentrée, mais ongles prêts à déchirer, le verdict la concernant.

— La roumia décidera de ton sort, lui avait annoncé Boubeker en lui communiquant la décision du conseil des mokkadems.

Elle prévoyait le pire. Mise à la place de la roumia, elle savait bien ce qu'elle aurait décidé : que la meurtrière soit flagellée, torturée, puis, selon la coutume, égorgée dans sa prison par le bourreau. Mais, fataliste, elle avait répondu à Boubeker :

— Ce qui doit arriver est écrit ! Mektoub !

Le conseil avait en outre, en l'absence de Si Ahmed, confié la direction de la zaouia à Si Bachir.

Une Aurélie consciente aurait pu s'en étonner. Si Bachir n'avait pas ignoré les préparatifs du complot. Il était manifestement complice. Mais le caractère sacré de sa personne le mettait hors de tout soupçon et, à la zaouia, nul ne pouvait contester sa nomination. Il devait, de par sa filiation, assurer l'intérim du Grand Maître en l'absence de celui-ci.

La convalescence d'Aurélie avait été très longue, mais sa solide constitution avait fini par triompher du mal. Sa santé revenue, la jeune Lorraine avait fait le bilan des événements. Elle avait la tête froide et ne s'était pas caché la gravité de sa situation. L'espoir de donner un héritier à Si Ahmed devenait illusoire ; le médecin ne le lui avait pas dissimulé. Son avenir dépendait désormais d'elle seule, de son énergie, de sa volonté. Il lui fallait avant tout conserver l'amour de son mari. Si Ahmed avait été durant ces longs mois un époux parfait, et son adoration pour sa femme n'avait pas faibli, mais cela durerait-il encore longtemps ? D'autre part, elle devait reconquérir son prestige et son autorité auprès des mokkadems de la zaouia.

À Laghouat, Aurélie avait occupé ses loisirs forcés en ébauchant avec le capitaine Didier plusieurs projets d'avenir, entre autres l'installation d'une école française à Aïn Madhi. Elle poursuivait activement, par ailleurs, la correspondance avec ses avocats d'Alger, et le procès du tuteur prévaricateur Ryan allait vers une fin heureuse – ce n'était plus qu'une question de délai. On parlait également beaucoup du rétablissement de la ziara au cours de ces entretiens. C'était en fait la pierre d'achoppement des relations amicales entre la puissante confrérie Tidjania et l'autorité française.

L'attentat contre Aurélie avait alarmé le capitaine Didier. Le temps n'était plus où les officiers français ricanaient au passage de la jeune femme. Celle-ci avait forcé leur admiration, et les rapports secrets qui partaient pour Alger signalaient au gouvernement général, en termes administratifs dépourvus de poésie, que « la femme française du Grand Maître de la Tidjania avait la plus heureuse et la plus grande influence sur son époux. Elle avait su s'attirer la reconnaissance de la zaouia, mokkadems et tolba compris ! Il convenait d'en tenir compte désormais dans nos relations avec Si Ahmed. Il ferait ce que sa femme déciderait ».

S'il appuyait Aurélie auprès de l'administration centrale, le capitaine Didier s'inquiétait pour la sécurité de la jeune femme.

— Il ne faut plus que vous soyez seule Française en ce désert. Je voudrais installer à Aïn Madhi – en dehors des remparts, bien entendu – un petit poste militaire, prêt à vous secourir en cas de besoin et par lequel vous me tiendriez au courant de votre situation.

— Je doute que Si Ahmed y consente. Jusqu'ici, la justice, la police et la sécurité de la zaouia et de ses habitants sont sous l'unique responsabilité du Grand Maître. Les mokkadems seront hostiles à une présence française permanente sur leur territoire. Le sujet a été plusieurs fois évoqué entre Si Ahmed et Si Bachir, et ce dernier s'y est opposé avec violence.

Si Ahmed avait confirmé cet état d'esprit au capitaine Didier.

— Le moment n'est pas venu, une telle décision pourrait provoquer une dissidence et ruiner nos efforts de conciliation !

Aurélie eût beaucoup apprécié la présence d'une petite garnison à Aïn Madhi, mais elle aussi jugeait la décision prématurée. Avant toute chose, il fallait qu'elle-même redevînt ce qu'elle était : le véritable chef occulte de la confrérie, dictant ses actes au Grand Maître et à son conseil. Le plus urgent était donc de revenir à Aïn Madhi, de reprendre avec fermeté la direction, l'administration et la gestion des biens de la zaouia. Selon les émissaires de Si Ahmed, tout n'allait pas pour le mieux en son absence. Il aurait fallu que le chérif fît de temps à autre une visite à la zaouia, mais il se trouvait bien à Laghouat, en compagnie de sa jolie et jeune femme. Là-bas, disait-on, Si Bachir buvait beaucoup, compromettait sa dignité dans des orgies nocturnes avec les courtisanes ouled naïl et, surtout, abandonnait les rênes provisoires du pouvoir à son âme damnée, Mourad, un oukil méprisé de tous qui profitait largement de la situation.

— Restez au milieu de nous, Madame ! Ici, rien ne peut vous atteindre, insistait le capitaine Didier. Puisque Si Ahmed apprécie le farniente de Laghouat, et que son frère assure plus ou moins l'intérim de ses fonctions, rien ne presse. Si Ahmed sera toujours le Grand Maître, le seul maître de la Tidjania.

Aurélie remerciait, mais persistait dans son intention :

— Je dois partir, Capitaine ! Ma présence à Aïn Madhi est indispensable et liée au bon fonctionnement des rouages de la confrérie. D'autre part, je ne vous cache pas que ce trop long séjour dans votre palmeraie enchanteresse amollit par trop Si Ahmed ; sa nature indolente reprend le dessus. Ce n'est pas le genre d'époux que j'apprécie ; il est par grâce divine un chef, et je veux qu'il le reste.

Regardant le capitaine bien en face, elle avait conclu :

— Je suis prête à reprendre la lutte !

— Je suis désarmé, Madame ! Si telle est votre volonté, partez ! Vous trouverez toujours ici aide et appui. Et que Dieu vous protège ! Vous êtes ambitieuse et vous méritez de réussir.

Le retour fut solennel.

Aurélie l'effectua à cheval, subissant avec une joie sans mélange les caprices d'El Ghazal ; amazone de race, elle éprouvait en le chevauchant le sentiment de sa puissance.

Ratita avait été envoyé en émissaire, et Si Bachir chargé d'organiser la réunion des notables à la porte de la mosquée. Averti du miracle de la résurrection de la roumia, il avait décidé de tout faire pour que l'on oublie sa complicité mal établie dans l'affaire.

Lorsque la petite caravane déboucha sur la colline et découvrit les enceintes et les toits de la cité sainte, Aurélie ressentit une émotion profonde. Elle avait conquis cette ville et puis failli tout perdre – vie, richesses, amour, puissance ! Contemplant les hauts murs de pisé rouge, les reflets du soleil sur les tuiles de céramique verte qui couvraient la coupole de la mosquée, admirant le minaret de style Fassi qui se dressait très haut au-dessus de la blancheur de l'agglomération urbaine, la jeune femme sut qu'elle aimait définitivement ce rude et attachant pays, et parce qu'elle l'aimait avec autant de force, elle pouvait envisager l'avenir avec moins d'appréhension. D'ailleurs, son expérience du fonctionnement de la zaouia, l'appui qu'elle savait trouver auprès de Boubeker la fortifiaient dans sa résolution. Qu'il y ait eu en son absence des désordres la rassurait presque. Cela montrait à quel point elle était indispensable et lui donnerait l'occasion de rétablir la prospérité menacée.

Elle fut agréablement surprise.

Dans la traversée de la ville, les tapis ornaient les balcons et les fenêtres à moucharabieh des maisons ; des palmes jonchaient le sol de la rue qui menait à la zaouia et, sur la grande place, la population mâle d'Aïn Madhi, tenue à distance par les chaouchs, l'acclamait ! Sur les terrasses, les femmes, de leurs youyous stridents, manifestaient leur joie de son retour. Lalla Yamina revenait ! Les malades seraient guéris, les pauvres secourus, l'ordre et la justice régneraient.

L'accueil des notables fut à l'unisson. Lorsqu'elle mit pied à terre devant la grande porte de cèdre, Si Bachir la complimenta fraternellement de son heureuse guérison. Elle le remercia d'un sourire énigmatique dont il ne fut pas dupe. Boubeker, plus discret, lui dit simplement :

— Nous avons encore besoin de toi, Lalla Yamina, nous avons tous craint que tu ne renonces !

— Je ne renoncerai jamais, Boubeker. Je suis et je reste Lalla Yamina, l'épouse unique du Grand Maître !

En son absence, la poussière et le sable avaient envahi ses appartements. Se souvenant de son premier soir, elle sourit en s'adressant à Lalla Zineb venue l'embrasser avec effusion :

— Ah ! Zineb ! Je te dois beaucoup, et c'est pour toi aussi que je suis revenue. Regarde ! Il y a beaucoup de travail. Même ici. Allons ! Baba, Meryem ! Secouez un peu les servantes. Je veux que ce soir tout soit propre. Et maintenant, mes chattes, préparez mon bain !

Son premier soin fut de régler le sort de Zorah.

Elle eut à ce sujet un long entretien avec Boubeker. Elle lui avait donné rendez-vous à la koubba d'Aïn Madhi, et là, près de la source, sous la coupole en rhorfa fraîche et silencieuse, elle lui exposa son projet :

— Zorah n'est plus dangereuse, Boubeker !

— Hum ! fit-il. Femme humiliée reste toujours dangereuse.

— Justement, il faut la sortir de cette humiliation ! J'ai beaucoup réfléchi à son cas. Perdre la face est pour elle pire que la mort et, tant que je conserverai ma place d'épouse unique du Grand Maître – Allah veuille que cela dure jusqu'à ma mort ! –, Zorah sera humiliée. Il faut donc qu'elle quitte Aïn Madhi sans espoir de retour. Pardonne ma logique qui n'est pas dans l'esprit oriental. Pour rendre Zorah inoffensive, il faut lui rendre l'honneur qu'elle a perdu aux yeux des populations du village et des pèlerins au courant de son crime ! D'ailleurs, j'en suis certaine, beaucoup l'ont approuvée. Qu'a-t-elle fait, sinon tenter de reconquérir la place de première épouse qu'elle avait occupée à la satisfaction de tous, puisqu'elle avait donné un fils à Si Ahmed et assuré ainsi la succession du chérif ? J'ai bien peur, Boubeker, de n'être plus capable d'assurer cette descendance. La vieille Melika a savamment dosé ses poisons. L'espoir que je garde d'enfanter à nouveau est bien mince. Mais garde ce secret pour toi, Boubeker ! Je resterai avec vous, car j'ai quand même un enfant à élever, Ali, votre futur Grand Maître, et je veux accomplir cette tâche. Il faut soustraire cet enfant à l'influence de sa mère, car elle sera toujours hostile à la France ; je le garderai avec moi. Je surveillerai son éducation coranique et française. Cette dernière se fera à l'école de Laghouat. Il faut dès maintenant le préparer à sa tâche, car, lorsqu'il sera adulte, nos rapports avec la France seront au plus haut point de prospérité !

Succéda un grand moment de silence.

Échappant à la chaleur torride de la journée, une tourterelle pénétra dans un bruissement d'ailes par une lucarne grillagée de la koubba et vint se nicher dans un alvéole. Aurélie écoutait avec tendresse son roucoulement familier. La tourterelle n'était-elle pas l'oiseau du destin, de son destin ? Qu'il se fût manifesté ce jour était d'heureux présage. Une nouvelle vie commençait pour elle.

— Ce que tu dis échappe encore à mon raisonnement trop subtil de lettré musulman, reprit Boubeker. J'aurais fort bien compris que tu encourages Si Ahmed à faire disparaître définitivement Zorah ! Après le mal qu'elle t'avait fait, après avoir ruiné tes espoirs de maternité, c'eût été une juste punition, et tout le monde ici l'aurait admis, comme ils ont admis que Zorah avait de bonnes raisons de se venger de toi. Et voilà que tu veux agir autrement. Que vas-tu faire d'elle ?

— Ne m'as-tu pas dit une fois que rien ne s'opposait à ce qu'une femme devînt mokkadema ? Il me semble que ce serait là un poste honorifique sur mesure pour cette ex-épouse du Grand Maître ! Depuis mon retour, je me suis aperçue qu'une absence d'une année avait bien compromis nos efforts pour restaurer et accroître la richesse et le renom de la zaouia. J'ai donc décidé d'occuper une partie de mon temps à organiser les visites du Grand Maître aux principales tribus de la confrérie. Je peux te dire d'autre part que les démarches pour que soit rétablie la ziara ont désormais beaucoup de chances d'aboutir. Je m'en suis occupée à Laghouat ! Dès lors, Si Ahmed doit voyager partout. Je tâcherai de le convaincre, et tu devras t'y employer, car tu as une énorme influence sur lui.

— Je ferai comme tu diras, Lalla Yamina. Chaque jour je m'aperçois que la sagesse parle par ta bouche ! Si nous t'avions perdue, nous aurions tout perdu !

— Si Ahmed et moi, nous allons partir prochainement pour une première visite des fraternités du Nord-Ouest. Notre voyage doit couvrir le djebel Amour, la région des chotts, Tiaret, et finir à Tlemcen. Cette ville est très importante ; presque toute sa population est acquise à la Tidjania. Vous y possédez des biens habbous considérables. En somme, c'est une petite zaouia annexe qu'il faudra créer, et nous y installerons Zorah. Elle a, je crois, suffisamment d'intelligence et d'énergie pour réussir. N'est-elle pas la fille d'un agha du Chergui ? J'accompagnerai Si Ahmed à cheval, et Zorah voyagera avec nous dans le grand bassour, pour que chacun comprenne que, loin de l'exiler, nous lui rendons son honneur. Ce sera d'excellente politique, ne crois-tu pas, Boubeker ?

— Ce que tu veux faire est tellement inattendu que mes pensées tournoient dans ma tête sans trouver d'issue. Cependant, je pressens toute la portée de cet acte. Aucun de nous n'eût pu concevoir un tel plan. Il est machiavélique, mais sans faille ! Oh ! Lalla Yamina, de qui tiens-tu ce pouvoir de chef qui généralement échappe aux femmes ?

Aurélie sourit discrètement.

— De tout cela, je n'ai pas encore parlé à Si Ahmed ; je compte sur toi pour le lui suggérer, car, là encore, il faut que tout vienne de lui ! Par lui !

— Ce sera le plus difficile, Lalla Yamina. Le Grand Maître accordera difficilement l'aman !

— Pourtant bien dans la tradition islamique, il me semble.

— Oui ! Mais, en te portant atteinte, c'est lui-même que Zorah a blessé dans son orgueil et sa dignité de mâle. Le pardon est très rare chez nous ! L'aman ne peut être accordé qu'à la fin d'un combat, lorsque le vaincu demande la paix après un combat loyal où chacun a fait preuve de ce que vous appelez l'esprit chevaleresque. Mais il ne saurait en être question pour l'auteur de coups portés lâchement dans l'ombre. Si Ahmed était décidé à appliquer le proverbe des Touareg : « La main que tu ne peux baiser, coupe-la ! »

— Il faudra le faire changer d'avis, et c'est ton rôle, dit simplement Aurélie.

Ils se séparèrent, et Boubeker le premier descendit vers la ville, montant plus lourdement que d'habitude son sage vieux barbe pommelé trottant l'amble.

CHAPITRE XVI

La caravane du Grand Maître était engagée depuis deux jours dans les défilés du djebel Amour. Elle avait atteint la cuvette herbeuse d'El Richa, où l'on devait séjourner pour permettre aux chameaux de bénéficier d'un abondant pâturage poussé après les fortes tornades de l'automne. Autour de la koubba blanche marquant la tombe d'un marabout, les Ouled Naïl venus des hauts plateaux et du djebel avaient dressé leurs tentes basses qui, le crépuscule venu, se confondaient déjà dans le paysage.

L'oued coulait par intermittence dans un lit creusé en méandres dans les alluvions des grandes crues ; sur les terrasses fleurissaient les lauriers-roses, ce qui obligeait les sokhrars à une surveillance constante. Le laurier-rose, comme chacun sait, est mortel au chameau.

En revanche, les abords de cet immense et large canyon bordé par des falaises tabulaires de grès peu élevées constituaient un magnifique pâturage de drinn, où les lourds et puissants chameaux de bât refaisaient gloutonnement leurs bosses.

Si Ahmed avait installé la tente princière un peu à l'écart et fait monter une grande tente de réception, devant laquelle était posté en sentinelle un askri porteur de l'étendard du Prophète.

C'est sous cette raïma qu'il recevait les hommages et les offrandes de ses fidèles. Aurélie siégeait à ses côtés, ayant revêtu pour la circonstance la plus belle des tuniques brodées d'or de sa garde-robe, recouvrant un magnifique saroual de soie.

Le costume arabe lui seyait à merveille, mettant en valeur son teint de blonde et ses magnifiques cheveux roulés en épais chignon sur sa nuque. Les rudes montagnards ouled naïl étaient venus de fort loin pour l'admirer, car ils connaissaient sa légende. Après avoir reçu le baiser de paix du Grand Maître, ils saisissaient avec respect un pan de la tunique de Lalla Yamina et la baisaient avec ferveur. Aurélie s'avouait secrètement qu'elle n'était pas indifférente à ces marques presque sacrilèges de respect. N'était-elle pas l'épouse bien-aimée du chérif ? Aucun des montagnards présents ne s'étonnait de la voir parader à visage découvert – les femmes ouled naïl ne se voilent pas ! Elles sont les plus libres des femmes musulmanes ; libres dans leurs amours jusqu'au mariage, et jusque-là courtisanes de métier fort recherchées – même les filles de grande tente. Puis, une fois mariées, ayant gagné avec leur corps les pièces d'or qui ceignent leur chevelure et leur cou, elles sont fidèles à leurs époux jusqu'à la mort. Au fond, cette roumia un peu insolente leur plaisait, qui avait su s'imposer aux mokkadems sectaires d'Aïn Madhi.

Quel contraste avec l'autre ! Qui était la plus forte des deux ? C'est ce que chacun chuchotait aux campements d'El Richa.

Un peu à l'écart, reléguée avec ses deux servantes sous une tente moins importante, Zorah recevait librement les femmes des pèlerins ; à celles-ci, elle annonçait publiquement l'importante fonction qu'elle exerçait désormais à Tlemcen au sein de la confrérie. On n'abordait pas le sujet de l'attentat, encore moins celui de la répudiation, mais on soulignait avec emphase la magnanimité du Grand Maître. Chacune savait que Zorah était des leurs, fille d'un caïd des hauts plateaux et grande nomade, comme elles ! Aurélie avait obtenu là un beau succès politique ;

Zorah n'avait pas perdu la face, et les gens de sa tribu étaient conscients que leur honneur était sauf. Meurtres et répudiations sont choses courantes dans l'Islam, mais perdre la face reste une tare impardonnable.

Pour rendre la chose encore plus décisive, Aurélie avait demandé que, ce soir, Zorah vînt prendre son repas en sa compagnie. Si Ahmed s'était étonné :

— Ne pousses-tu pas les choses trop loin, Aurélie ? Ne crains-tu pas un éclat ? Zorah, malgré les apparences, ne pardonnera jamais !

— Moi non plus, mais j'agis pour le bien de la confrérie. Et, au grand étonnement des pèlerins présents, on vit, ce soir-là, Zorah pénétrer sous la raïma d'Aurélie.

Le face-à-face des deux jeunes femmes fut plein de dignité. Zorah resta muette un long moment ; elle ne connaissait d'Aurélie que sa légende et, physiquement, une silhouette élégante aperçue des hauts remparts le premier jour de l'arrivée de la roumia à Aïn Madhi. Elle dévisagea sa rivale avec une fausse et hautaine indifférence. Mais elle la jugea en femme : « Elle est encore plus belle que je ne me l'imaginais ! » pensa-t-elle.

De son côté, Aurélie était frappée par l'intransigeante fierté de cette fille des hauts plateaux. Détaillant la pureté du profil de Zorah, son altière silhouette, elle reconnut en elle une fille de chef. D'un geste, elle lui fit signe de s'asseoir sur les coussins placés devant une table basse en marqueterie. Aurélie se voulait impassible et froide, mais ne put s'empêcher, en contemplant sa rivale, de laisser filtrer un regard de triomphe qu'elle réprima aussitôt. Zorah ne fut pas dupe.

— Tu es forte, Aurélie – elle se refusait à l'appeler Lalla Yamina , mais pas aussi forte que moi ! dit-elle à la fin du repas.

— Peut-être.

— Tu aurais dû me tuer ! Pourquoi ne l'as-tu pas fait ?

— Si Ahmed t'a accordé l'aman.

— C'est toi qui le lui as demandé. Pourquoi ?

— Parce que tu n'es plus dangereuse, Zorah. Mais rassure-toi, mon cœur est encore plein de haine.

— J'aime mieux ça.

— Tu m'as fait très mal ! Tu m'as atteint dans ma chair de femme, je ne pourrai plus jamais être mère.

L'autre eut un regard de triomphe.

— Ne triomphe pas, Zorah ! Car toi aussi tu as perdu. En cherchant à me tuer, tu as perdu l'espoir de reconquérir Si Ahmed et ton fils !

Zorah baissa la tête puis releva le défi.

— Que m'importe, puisque mon fils succédera un jour à Si Ahmed ! Que pourrais-je souhaiter de mieux ?

— Tu ne reverras pas Ali avant sa majorité, mais rassure-toi. Aussi étrange que cela puisse te paraître, je me suis attachée à cet enfant, et nous avons une chose commune : nous l'aimons.

— Ne crains-tu pas que ta mansuétude ne se retourne un jour contre toi ? Tu ne comptes pas que des amis à la zaouia !

— Tu te chargeais d'entretenir cette inimitié. Mais désormais, tu ne peux plus rien contre moi. Tu vas occuper un poste honorifique à Tlemcen. La nouvelle de cette réconciliation a fait le tour des campements. Grâce à toi, je sors grandie de cette épreuve ! Je n'aurai plus d'enfant, mais je reste l'épouse du Grand Maître. Tu pourras désormais m'appliquer, en l'inversant, le proverbe de ton pays : « La main que tu ne peux couper, baise-la ! »

Elle lui tendit sa main fine et soignée. Il y eut un instant de tension extrême entre les deux femmes, puis, brusquement, Zorah prit la main de sa rivale, l'effleura de ses lèvres et se releva d'un bond.

— Va en paix, Zorah ! Regagne ta tente !

Écartant le rideau de clôture, Zorah sortit, hautaine et fière, et disparut dans la nuit.

Le pâturage étant excellent, Dahmani avait demandé que l'on restât quarante-huit heures de plus. D'ailleurs, le nombre des visiteurs augmentait chaque jour, et il faudrait bien tout ce temps au Grand Maître pour recevoir les présents de chacun.

Avertie, Aurélie manifesta le désir de mieux connaître les environs ; ce relief étrange, ces gros blocs de grès qui parsemaient les canyons du djebel l'attiraient.

— Puisque tu es très occupé, j'aimerais faire une reconnaissance à cheval.

— Le pays n'est pas sûr !

L'agha Kader intervint :

— Si tu me le permets, Chérif, j'accompagnerai Lalla Yamina avec une escorte armée. Je désire lui montrer le coin le plus secret de la montagne. As-tu entendu parler de la Rocaba ?

— Comme un lieu de légende, où des animaux inconnus engagent sur les pierres des combats éternels !

— Nous resterons deux jours absents. Lalla Yamina monte admirablement, mais il serait dommage qu'elle blesse El Ghazal dans la piste rocailleuse où je vais m'engager. Je lui prêterai un barbe rustique et calme au pied très sûr.

Aurélie ne cacha pas sa joie.

Si Ahmed consentit sans peine, doublement satisfait que l'on proposât des distractions à sa femme et qu'on le laissât se reposer sous la fraîcheur de sa tente dans ce site idyllique.

L'agha Kader forma une petite troupe de cavaliers armés, et Aurélie se fit escorter par Dahmani et Ratita, ses deux fidèles serviteurs.

Ils s'engagèrent dans une gorge profonde et durent parfois utiliser le lit même d'un petit oued, véritable coupe-gorge où l'on ne pouvait avancer qu'en file indienne. Un chouaf armé les précédait de plusieurs centaines de mètres. Levant la tête et voyant la hauteur des falaises qui la dominaient, Aurélie pensait avec un serrement de cœur que c'était là le lieu idéal pour un guet-apens.

L'agha Kader ne parlait que l'arabe. Il n'avait pas toujours eu des rapports d'amitié avec les Tidjani, et son père avait même fait partie de l'armée d'Abd el-Kader, mais, depuis la reddition de celui-ci, sa tribu avait demandé l'aman, et les Français l'avaient réintégré dans ses droits. Depuis, il était devenu un soutien inconditionnel des Tidjani, sachant fort bien que, par eux, il se mettait sous la protection de la France contre ses voisins immédiats du Sud, les turbulents Ouled Sidi Cheikh !

Tout en chevauchant, il expliquait les origines de sa tribu, les guerres perpétuelles qui se livraient dans ces gorges sinistres où aucun Français n'avait encore pénétré.

— Tu es la première, Lalla Yamina, et sur cette terre d'embuscades tu chevauches en paix à mes côtés. N'est-ce pas beau ?

Son parler était dur, plus rauque que celui des gens du Sud ; aussi admirait-il la pureté du langage d'Aurélie, résultat de ses leçons studieuses d'Alger.

— Tu parles notre langue mieux que nous, Lalla !

— Cette langue est désormais la mienne, agha Kader, pourquoi ne chercherais-je pas à me perfectionner chaque jour ?

— Si Ahmed détient la Baraka, dit-il sentencieusement. Et sa vraie Baraka aura été de te découvrir !

À diverses reprises, ils avaient franchi des cluses entre les falaises calcaires, débouché dans des vallées secrètes et inhabitées, puis, comme le soleil venait de disparaître derrière les crêtes des montagnes et que la nuit tombait rapidement, ils firent halte au pied d'une haute paroi formée d'une seule dalle de grès lisse et convexe, coupée vers le haut de vires horizontales formant balcons.

Le lieu du bivouac était bien choisi. Le bois abondait, et les chevaux se régalaient d'acheb, cette graminée spontanée qui pousse après les pluies et dont les graines roulées par les vents peuvent attendre plusieurs années qu'une pluie bienfaisante les fasse germer à nouveau.

La nuit qui vient très vite sous cette latitude les avait cernés de toutes parts, et les feux des bivouacs formaient autant de cercles lumineux où s'agitaient des ombres. La chaude lumière des foyers protégeait Aurélie contre les phantasmes de la nuit ; un mur de ténèbres l'isolait, la nuit saharienne l'enveloppait.

Comme ce bivouac sauvage était différent de ceux qu'elle avait connus ! Il ne s'agissait plus cette fois des confortables campements préparés par les innombrables serviteurs du prince, véritable ville en déplacement, raffinée et luxueuse. Rien de commun non plus avec le bruyant et joyeux rendez-vous de chasse des fauconniers. Les cavaliers qui l'accompagnaient, accroupis en cercle autour des feux, ressemblaient plus à une troupe de brigands réfugiés dans la montagne qu'à l'escorte d'un chef. Ils étaient peu nombreux, silencieux et taciturnes, et leur attitude accentuait encore l'effet de solitude qui pesait sur Aurélie. Parfois, le silence absolu de la nuit saharienne était troublé par le crépitement subit d'une branche de pin qui éclatait et flambait comme une torche.

Comprenant qu'il fallait rompre ce silence qui devenait obsédant, Kader parla :

— C'est en ces lieux que nous nous réfugions lorsqu'il y a danger pour les nôtres. Ce bivouac rappelle des heures malheureuses, et c'est pourquoi mes hommes sont silencieux, car ils évoquent les morts d'autrefois. Le chemin qui mène à ce vallon secret n'est connu que de nous. Et personne ne trahira le secret. J'ai voulu te faire l'honneur de cette découverte, car tu es digne de notre confiance !

— Je t'ai entendu parler hier à Si Ahmed de la Rocaba. Qu'as-tu voulu dire ?

— Il sera temps demain de satisfaire ta curiosité. Dors sans crainte ; mes hommes veillent. Il n'y aura pas de rezzou, car le passage du Grand Maître est sacré, mais il reste les fauves. Les panthères sont nombreuses qui se cachent dans les grottes ; parfois, elles descendent jusqu'à El Richa pour égorger quelques moutons. Lorsqu'elles deviennent trop audacieuses, on organise une chasse ; je t'en ferai l'honneur une autre fois, car cela prend beaucoup de temps. La panthère a ses habitudes, elle revient régulièrement égorger un mouton, un bourricot, voire un taurillon, toujours au même endroit. Il ne reste qu'à la piéger. Une chèvre de préférence sert d'appât, qui bêlera toute la nuit. Et tout autour, on poste les meilleurs fusils.

— On est très loin d'Aïn Madhi et des intrigues de la zaouia, pensa tout haut Aurélie.

— Aïn Madhi est une autre solitude, Lalla Yamina. Et il y a à la zaouia des fauves plus dangereux que la panthère.

— Je sais, dit-elle en souriant, et pour couper court à ce sujet qu'elle n'aimait pas évoquer :

» As-tu chassé le lion, Kader ?

Il se rengorgea :

— J'en ai tué un il y a trois ans, à dix lieues d'ici, à la limite des hauts plateaux. Le lion a besoin de beaucoup de viande, et il se tient à proximité des grands troupeaux de moutons ou de chameaux qui parcourent la plaine d'alfa. Il tue, puis se réfugie dans la forêt de pins qui recouvre un invraisemblable chaos rocheux.

— Reste-t-il encore des lions ? Cela paraît invraisemblable !

Elle calcula mentalement : « Nous sommes en 1876. »

— En cette année 1244 de l'hégire, nous savons qu'il reste encore deux dizaines de couples de lions dans tout l'Atlas saharien, des monts Aurès aux monts des Ksour ! Dans le djebel Amour, on compte deux lions, qui ont leur territoire de chasse entre Aflou et Djelfa. Mais dors tranquille, Lalla Yamina, dit-il avec un large rire, ils ne reviendront pas ce soir !

Pour alléger la caravane, on n'avait pas emporté de tentes ; on bivouaquerait donc à la saharienne. Chacun choisit son emplacement selon ses goûts, loin ou près du feu, les uns dans un creux de sable entre deux touffes de drinn, les autres à l'abri d'un surplomb rocheux.

Dahmani s'approcha d'Aurélie :

— Viens, Lalla, dit-il respectueusement, je t'ai aménagé un endroit bien abrité.

Saisissant un brandon pour s'éclairer, il la guida un peu à distance des autres, sous un abri rocheux au sol recouvert de sable fin. Une couche épaisse de couvertures de cheval formait matelas ; bien enveloppée dans la triple épaisseur de ses burnous de route, Aurélie n'aurait pas froid.

— Ici, tu ne crains rien, Lalla, dit encore Dahmani. Ratita et moi, nous veillerons devant ta grotte.

— Mais je ne crains rien !

— Seul Dieu sait qui est ami ou ennemi !

Il se retira sur cet avertissement.

La nuit était sereine de solitude et de silence. Les étoiles se multipliaient dans le pan de ciel entre les deux falaises, formant comme un plafond scintillant au-dessus d'elle. Sensible au moment exceptionnel qu'elle vivait, Aurélie subissait l'étrange et mystique envoûtement du désert. Le temps n'avait plus cours. Au contraire, elle remontait la nuit des temps !... Elle ne s'endormit que très tard et fut réveillée par le froid du matin ; l'aube était proche, car une partie du ciel avait perdu ses étoiles et se diluait dans une pâleur incertaine. Frileuse, elle s'enroula dans ses burnous et vint s'asseoir auprès d'un feu où se chauffaient déjà les cavaliers.

Peu à peu, le jour naissait et, avec lui, le vallon perdait son mystère. La veille, ils étaient arrivés trop tard ; la nuit avait déjà fondu dans une même teinte grise les maigres reliefs du vallon, et seules les hautes parois rocheuses délimitaient avec imprécision la gorge profonde où ils s'étaient arrêtés. Maintenant, le jour découvrait le paysage étrange qu'ils n'avaient fait, la veille, que soupçonner.

Sur la dalle de grès qui s'élevait devant eux, on pouvait déchiffrer des signes, découvrir des fresques gravées dans la pierre.

Kader, jusque-là invisible, avait surgi on ne sait d'où et interrogeait Aurélie :

— Qu'en dis-tu, Lalla Yamina ?

— Est-ce cela la « Pierre des combats éternels », Kader ?

— Oui, on l'appelle aussi la Rocaba. Pour y arriver en venant du sud, il n'y a que l'étroite gorge par où nous sommes venus. Pour l'atteindre du nord, il faut emprunter des marches taillées dans le roc sur cette falaise vertigineuse, et bien peu de gens s'y aventurent. Regarde bien, Lalla Yamina ! Bien avant que le premier homme de notre race soit venu dans le djebel Amour, des hommes inconnus, des animaux étranges et qui n'existent plus peuplaient ces montagnes.

Sur la dalle de grès apparaissait, plus nettement maintenant, grâce à l'éclairage frisant du soleil levant, une fresque gigantesque gravée par un artiste au talent exceptionnel. On eût dit la lutte de deux grands buffles africains aux cornes gigantesques emmêlées. La dimension même des gravures posait une énigme : comment des hommes avaient-ils pu graver cette dalle verticale et représenter ce combat réaliste sur six mètres de hauteur et sept mètres de largeur ?

— Ah ! Kader, dit Aurélie au comble de l'exaltation. C'est extraordinaire ! Il y aurait donc eu à une certaine époque des buffles dans ces montagnes ?

— Jamais ! De mémoire d'homme et en recherchant dans les textes les plus anciens, il n'en est jamais question. Mais il n'y a pas eu que des *beugra**. Regarde cette gravure.

— Un rhinocéros ! s'exclama Aurélie. Ils vivent en Afrique centrale.

— Je sais, dit Kader, un mokkadem des Tidjani, au retour d'Afrique centrale, a décrit semblable monstre dans son récit de voyage !

Passionnée, allant d'une roche à l'autre, Aurélie découvrait de nouvelles gravures et s'étonnait du talent consommé de l'artiste qui avait gravé avec des silex taillés ces témoignages de la vie des temps écoulés.

— Jamais je ne te remercierai assez, Kader, de m'avoir montré ces trésors !

— Et là-haut, dit-il en lui désignant les alvéoles réguliers qui s'ouvraient dans la falaise, ce sont les habitations de ces hommes inconnus. Quand j'étais jeune, j'ai eu la curiosité de les visiter. J'étais agile, mes camarades m'ont descendu du sommet de la falaise à l'aide d'une corde de puisatier. Dans l'abri, il n'y avait rien que des déjections d'oiseaux de proie, et des cendres accumulées avec des débris de nourriture ainsi que des ossements de petits rongeurs. Sur le rebord de l'abri, on pouvait distinguer des entailles profondes et régulières dans la pierre, un peu, vois-tu, comme celles que nous faisons lorsque nous aiguisons nos poignards sur une roche tendre !

— Les hommes de la préhistoire ! dit Aurélie. C'est une grande découverte que tu as faite, Kader ! Il faudrait que des savants viennent ici, étudient... Peut-être lèverions-nous le voile sur l'origine de peuples mystérieux.

— Non ! dit fermement Kader. Tu ne parleras pas de ce que tu as vu. Ce vallon est notre dernier refuge, et nul homme en dehors de ceux de notre tribu ne doit en connaître l'accès. Tu trahirais ma confiance.

— Je n'en ferai rien, Kader. Quand les temps seront plus calmes et tout le pays pacifié, peut-être en reparlerons-nous ; d'ici là, tu as ma parole.

Vingt ans plus tard, l'explorateur français Flamand, puis, après lui, le savant allemand Frobenius redécouvraient la Rocaba. Lalla Tidjania avait tenu parole, et personne ne sut jamais qu'elle était passée, première Européenne, en ces lieux !

La visite achevée, ils revinrent par le même chemin à El Richa.

Les serviteurs s'affairaient à lever le campement. Le détachement précurseur était déjà parti pour organiser la prochaine étape, qui serait Aflou, marché principal des tribus ouled naïl, à la lisière sud des hauts plateaux.

CHAPITRE XVII

La tournée de Si Ahmed en Oranie avait été fructueuse au-delà de toute espérance. Les khouans de la confrérie étaient venus de toutes parts, et partout les fêtes s'étaient succédé en l'honneur du Grand Maître et de son épouse que beaucoup appelaient déjà la mokkadema sans chercher à approfondir la position réelle de Lalla Yamina en matière de religion.

Ils avaient parcouru les hauts plateaux et l'infini des étendues salées du chott Chergui. Aurélie avait découvert successivement Aflou, où un poste militaire français très isolé constituait le bastion le plus avancé de la pénétration française, mais l'officier commandant le poste n'était pas venu lui présenter ses hommages. Coupant au nord-ouest, Aurélie avait aperçu un jour la citadelle de Saïda, dernier bastion des montagnes de l'Oranie aux portes du désert. Puis ils avaient pénétré dans les nouvelles terres de colonisation, suivant les parcours immémoriaux des achabas, plantant leurs tentes aux emplacements traditionnels des grands marchés arabes. Passé les derniers reliefs de l'Atlas tellien, la caravane fut littéralement environnée par la présence française. On contournait un poste militaire visible de loin par son drapeau flottant à la corniche de sa tour de guet ; plus loin, dressée sur un tertre, apparaissait la blancheur d'une ferme fortifiée, à laquelle on accédait par une piste carrossable sinuant dans les terres à blé ou les vignobles et bordée de grands eucalyptus, cette nouvelle essence importée d'Australie qui réussissait à merveille sous le climat de l'Algérie.

Puis les terres à blé cessèrent, et la vigne fut reine. Partout sur les terres rouges défoncées, les ceps alignaient leurs rangées bien taillées. Plus rarement, on butait encore sur quelques hectares de céréales, hautes et serrées, et leur vigueur contrastait avec les maigres carrés d'orge des terres indigènes. La réussite de la colonisation agricole française éclatait comme un défi, contrastant avec la stérilité des terrains de parcours des nomades.

Un jour, Tlemcen leur apparut, vieille cité maure andalouse où se sont conservées les plus anciennes traditions de la conquête almoravide. Si Ahmed y possédait de nombreux biens fonciers, pour l'heure séquestrés jusqu'au dénouement du procès Ryan.

Le chérif et sa suite logèrent dans les importants bâtiments de la zaouia Tidjania, en pleine ville indigène. Sur le plateau dominant les terres fertiles d'Oranie, une ville européenne en constante progression s'alignait en dehors des remparts, ses rues coupées au cordeau ; ses avenues ombragées se terminaient sans raison sur un terrain vague, un vignoble ou un verger d'agrumes.

Tlemcen logeait une importante garnison française, et les militaires y étaient rois. Ils s'entraînaient sur la grande esplanade, vaste terrain de manœuvre au centre duquel se dressait le kiosque à musique où se donnaient l'été les concerts de la garnison. Femmes aux élégantes toilettes, officiers en tenue numéro 1 s'y pressaient aux heures tièdes de la fin du jour. Mais cette Tlemcen européenne restait coupée de la ville indigène et, si l'arrivée de la smala du chérif de la Tidjania fut signalée au général commandant la garnison, celui-ci n'y attacha aucune importance. Tlemcen est très loin d'Alger, et la légende d'Aurélie, qui avait passionné la capitale quelques années auparavant, n'y était pas parvenue. Peu de gens, d'ailleurs, se souvenaient d'elle à Alger : avec le temps, le scandale de ce mariage mixte s'était étouffé.

Le séjour de Tlemcen fut une pénible épreuve pour la jeune femme. Elle s'y sentait écartelée entre deux civilisations. Étrangère dans la ville française, recluse dans la ville indigène, elle retrouvait ses premières impressions d'Alger, avant son mariage. Serait-elle toujours une proscrite dans son propre pays ?

Elle se savait jeune et belle, et l'envie folle lui prenait parfois de fronder la société bourgeoise et fermée de Tlemcen, de s'habiller à l'européenne, de descendre en ville et de se mêler à la foule élégante qui assistait aux concerts du jardin public ; elle espérait revivre les soirées mondaines et les bals de Bordeaux. Mais aucune invitation ne lui parvenait.

Elle enrageait :

— Partons, Si Ahmed, partons vite ! Zorah est installée, tu as reçu tous les pèlerins, rien ne nous oblige à rester plus longtemps.

Lui se faisait prier. La vie musulmane de Tlemcen était l'une des plus raffinées du monde arabe. L'une des plus fermées également : il lui était impossible d'y mêler son épouse française. Il ne le lui avait pas dit ; elle l'avait deviné et s'était effacée, mais, maintenant, elle avait hâte de reprendre la piste, de regagner le Sud, sa confortable villa de Laghouat, le palais d'Aïn Madhi. À Tlemcen, elle n'était que l'épouse du marabout du Sud ; à Aïn Madhi, elle était Lalla Yamina Tidjania, princesse d'un immense royaume sans frontières.

Enfin, le jour vint où la caravane fut regroupée dans le fondouk des chameaux, à la lisière de la ville. Aurélie, vêtue en cavalière et à l'européenne, surveilla elle-même le chargement des chameaux de bât. Dans leurs chebkras tressées avec la fibre du sisal s'entassaient les offrandes des khouans de la confrérie, riches ou pauvres. « Un véritable butin de pirate ! » plaisantait quelquefois Aurélie, toujours étonnée de constater la ferveur religieuse des foules au passage de Si Ahmed.

Leur itinéraire de retour les ramena à travers les collines de Mascara, déjà fortement colonisées, jusqu'à Tiaret, important marché du mouton à la lisière nord des hauts plateaux. La grande plaine du Sersou s'étendait devant eux, grattée en surface par les araires en bois, dernière terre cultivable avant les terres salées des hauts plateaux. Ici se terminent les grands parcours de l'achaba, la migration annuelle des grandes tribus nomades de l'Atlas saharien vers le nord. Le dernier poste français s'y trouvait installé en avant-garde.

Au-delà, vers le sud, c'était l'infini de la plaine d'alfa. Le Sersou, qui sera beaucoup plus tard le grenier à blé d'Algérie, était jusqu'alors resté en dehors des zones où l'on installait les colons. Chaque année, les puissantes tribus des Larbaa et des Ouled Naïl parvenaient ainsi aux limites de la colonisation et défendaient farouchement leurs parcours d'achaba, définis par des accords et des traités très anciens que nul ne s'aviserait de transgresser. Car l'achaba représente la vie pour les nomades et leurs troupeaux. Elle leur permet de compenser la sécheresse et la fournaise des étés sahariens par les pâturages du Nord et, surtout, de récolter l'orge semée à l'automne après les premières pluies. Car les migrations des nomades, de par le monde entier, sont régies par des traditions plus fortes que les lois, et unanimement respectées.

La traversée des hauts plateaux se fit lentement jusqu'à Aflou, puis, franchissant l'Atlas saharien par la piste régulière des caravanes, ils gagnèrent Tadjemout et Aïn Madhi.

Lorsque sa caravane déboucha des gorges sur l'immensité des steppes sahariennes, Aurélie éprouva une joie sans mélange. Son pays était là, ces solitudes étaient les siennes. Non, elle n'avait pas fait d'erreur : sa vie était désormais attachée au désert !

L'arrivée de la caravane déclencha les acclamations heureuses de la cité sainte. Les chameaux déchargés, Aurélie convoqua les oukils et fit avec eux le tri des marchandises rapportées, que l'on entreposa dans les magasins de la zaouia tandis que l'or, l'argent et les matières précieuses étaient mis en sécurité dans les coffres.

L'expédition avait été heureuse, et Aurélie gagnait. N'était-ce pas grâce à son insistance que les Tidjani avaient repris les grands voyages qui avaient fait la fortune de Mohamed Seghir, le père du chérif ? Elle n'eut aucune peine à convaincre le conseil de mokkadems pour que des émissaires parcourent sans cesse le Maghreb, le Sahara et l'Afrique noire. Il ne fallait plus que ces vastes territoires soient l'apanage unique de la zaouia de Tamellah.

Sur les conseils d'Aurélie, Si Ahmed et Boubeker se rendirent à Temacine, et le Grand Maître, usant de son autorité et de sa filiation, s'y fit reconnaître officiellement comme le seul chef de toutes les zaouias de la confrérie tidjania.

On avait longtemps décrit Si Ahmed au cheikh de Temacine comme un être faible et versatile et, bien que les sœurs du chérif eussent à leur retour d'Aïn Madhi plaidé en sa faveur et signalé les changements qui s'étaient opérés dans le comportement du jeune prince sous l'influence bénéfique de la roumia, le maître de Tamellah s'attendait à une discussion facile qu'il mènerait à sa guise. Il n'en fut rien ! Il trouva comme interlocuteur un chérif décidé, mûri par l'expérience, sagement conseillé sans doute par son épouse. Il valait mieux s'incliner. Si Ahmed, aux yeux de la loi coranique, était suzerain de Temacine.

Les palabres durèrent longtemps. Pour marquer son désir d'union définitive entre les deux zaouias rivales, Si Ahmed proposa un partage des territoires. Ce partage avait été le sujet de longues discussions entre Boubeker et Aurélie. On laisserait à Temacine le Sahara des Chaamba et des Touareg ; Aïn Madhi irait prospecter le Touat, le Soudan, le Niger et la Mauritanie, et en priorité tout le Maghreb, du Maroc à la Tunisie, où la confrérie était vivante et les affiliés nombreux.

Ainsi se régla la dissidence larvée de Tamellah. La confrérie unifiée retrouvait son prestige et son audience d'autrefois.

Deux années passèrent, durant lesquelles Aurélie vécut alternativement à Laghouat et Aïn Madhi.

Lorsqu'elle résidait à Laghouat, Si Bachir assurait la bonne marche de la zaouia, mais, sur les conseils d'Aurélie, Si Ahmed envoyait son frère à la tête de missions de plus en plus longues et de plus en plus lointaines, durant lesquelles Si Ahmed et son épouse retournaient vivre à Aïn Madhi. C'était sage car, elle le savait, Si Bachir complotait toujours d'éloigner Aurélie, sans laquelle Si Ahmed ne serait plus qu'un pantin entre ses mains. Si Bachir avait beaucoup plus d'autorité que Si Ahmed, et sa politique risquait de devenir un jour néfaste. Au moins, durant ces longs voyages, pouvait-on agir au sein du conseil de la zaouia sans risquer un échec.

De plus en plus, Aurélie cherchait à vivre à Laghouat. Elle aimait sa villa dans l'oasis, le calme édénique qui y régnait, sa vie exempte de complots et, sans se l'avouer, la présence amicale du commandant de la garnison, avec lequel, de temps à autre, elle pouvait avoir des échanges de vue, conversations un peu nostalgiques sur ce qui se passait en France, son pays qu'elle aimait toujours et qu'elle servait de son mieux aux lisières du mystérieux Sahara.

Avec les années, Aurélie avait pris un peu de poids sans perdre pour autant de sa souveraine féminité. Les longues randonnées à cheval la maintenaient dans une forme physique parfaite. Elle était belle, et sa précoce maturité s'adaptait parfaitement à son rôle : celui d'une vraie princesse, paradoxalement chrétienne et dirigeant avec tact les destinées de la plus importante des confréries musulmanes.

Avec les années, la passion de Si Ahmed s'était un peu atténuée, mais il gardait pour sa femme une véritable vénération. Bien sûr, il faisait quelques frasques. Baba, qu'elle avait émancipée ainsi que Meryem, et qui toutes deux étaient mariées, la première à Dahmani et la seconde à Ratita, rapportaient à Aurélie les visites que rendait parfois Si Ahmed à quelques jeunes femmes libres de la palmeraie. Elle fermait les yeux sur ces escapades, certaine désormais que Si Ahmed ne pourrait plus se passer d'elle.

CHAPITRE XVIII

Un cavalier du maghzen, porteur d'un pli cacheté, s'était présenté la veille au palais d'Aïn Madhi.

— La paix soit avec toi, Chérif ! Le capitaine Didier, il t'envoie le salut et cette lettre.

Si Ahmed avait décacheté le pli, poussé un cri de joie et porté la bonne nouvelle à sa femme.

— Aurélie ! Aurélie ! Nous avons gagné, la cour d'appel d'Alger a statué ! Ryan est débouté, il doit nous restituer tous les biens acquis frauduleusement et tout l'argent détourné, même ceux dissimulés sous la couverture d'un homme de paille ! Désormais, nous sommes à nouveau très riches, ma colombe !

Dans son euphorie, il employait ce tendre nom de leurs premières amours.

Tout changeait en effet. Si Ahmed ne serait plus tributaire des biens et des ressources de la confrérie. C'était l'indépendance retrouvée !

— Rien ne pouvait me faire autant de plaisir, Ahmed. Nous sommes libres de nos actes. Nous réaliserons Kourdane !

Déjà, elle échafaudait des projets, supputait les terres à mettre en valeur, la grandeur de la construction. Il ne s'agissait plus de châteaux en Espagne ! Kourdane devenait une réalité.

Ayant lu les conclusions de la cour d'appel, Si Ahmed trouva inséré entre les feuillets un mot personnel du capitaine Didier, l'invitant ainsi que « madame Tidjnia » à la grande fête donnée en leur honneur pour marquer l'heureux dénouement de leur procès.

Si Ahmed était d'une impatience fébrile.

— Partons, ma chérie, partons ! Ce soir, nous serons à Tadjemout ; nous y passerons la nuit au Dar Diaf. Demain dans la journée, nous serons à Laghouat ; il ne faut pas désobliger le capitaine Didier !

Elle en convient tout en faisant une restriction mentale. Cette invitation l'intriguait. Que demandait en échange de son intervention le gouvernement français ? Elle croyait le deviner, mais garda pour elle ses réflexions. Son mari vivait l'heure présente, et il ne fallait pas ternir son bonheur.

Une heure plus tard, ils sautaient à cheval et s'élançaient au petit galop de leurs montures sur la piste de Laghouat. Bientôt, Kourdane leur apparut. Le pistachier centenaire ombrageait la petite gorge de la montagne délimitant les rêves d'Aurélie. Sa vision se précisait :

— Nous bâtirons sous la source, et les jardins s'étageront jusqu'à la daïa où nous sommes. Quelle belle terre, une fois irriguée ! Au moins trente hectares !

Lui était euphorique. En cet instant, il aurait dilapidé toute sa fortune.

— Tu auras tout l'argent que tu voudras, Aurélie. Kourdane sera notre palais, et nous y vivrons longtemps, heureux, très heureux ! D'ici, nous pourrons surveiller Aïn Madhi, mais nous n'y vivrons pas !

Pour Aurélie, cette fortune retrouvée, c'était l'annonce d'une nouvelle vie !

Son rêve la tint éveillée toute la nuit au Dar Diaf de Tadjemout et, durant la longue étape du lendemain, qui lui était devenue familière, elle se laissa conduire par El Ghazal, tout à ses pensées, à ses devis, à ses calculs.

La fête eut lieu le lendemain dans les jardins de l'Annexe.

Le capitaine Didier avait bien fait les choses et, sans atteindre au faste oriental des réceptions de Si Ahmed, sa fête fut très réussie. Danses ouled naïl et sahariennes, orchestre de chambre, nouba des tirailleurs, feux d'artifice se succédèrent dans la nuit parfumée de l'oasis. Les officiers de la garnison se montrèrent parfaits de tact et de prévenance et, comme chacun connaissait le goût prononcé du chérif pour le champagne, on échangea de nombreux toasts au bonheur des époux, à la prospérité de la zaouia et à la France.

Le moment vint où Didier se rapprocha de Si Ahmed.

— Laissons ces jeunes s'amuser entre eux, Chérif, vous devez être las, retirons-nous un instant dans un coin plus tranquille.

Ce n'était qu'un prétexte, et chacun le comprit.

Ils prirent place sur les divans recouverts de tentures soudanaises du grand salon d'apparat. D'emblée, le capitaine aborda le sujet qui motivait cet aparté :

— Je voulais vous parler d'une demande de mes supérieurs. Nous avions déjà évoqué entre nous la possibilité de l'installation d'un petit poste militaire à Aïn Madhi. Aujourd'hui, je vous transmets une demande officielle. Le général commandant les territoires du Sud verrait dans votre acceptation une preuve de votre fidélité et un gage d'amitié ; ce serait aussi remercier les hautes autorités des interventions qui ont permis de mener à bien votre procès.

— Nous vous en sommes très reconnaissants, Capitaine, intervint Aurélie.

— Je crois que vous pouvez accepter, dans votre intérêt, reprit le capitaine. Il s'agit simplement d'un poste d'observation et de renseignements. Il sera formé d'un sous-officier européen et d'une quinzaine de cavaliers.

Si Ahmed fronçait le sourcil, perplexe et indécis :

— J'en avais déjà parlé en conseil des mokkadems, dit-il. Et ils s'étaient opposés à l'unanimité à l'installation d'un tel poste. Sur l'instigation de Si Bachir, d'ailleurs.

— Si Bachir n'est-il pas en voyage au Soudan ? Profitons de son absence pour le mettre devant le fait accompli !

— Souviens-toi, Si Ahmed, appuya Aurélie, que les pourparlers pour le rétablissement de la ziara évoluent favorablement. C'est un argument de poids.

— Tu as raison ! Il faut que la chose se fasse très vite ; Si Bachir est au Soudan, il sera de retour dans deux mois.

— C'est plus de temps qu'il n'en faut au génie militaire pour bâtir le poste, constata Didier. Alors, Si Ahmed, nous sommes d'accord !

Le chérif regarda Aurélie.

— Si Ahmed et moi donnons notre parole, dit-elle. Que tout soit terminé avant le retour de Si Bachir. Il nous reste à obtenir l'adhésion du grand conseil ! Nous allons nous y employer.

Le retour à Aïn Madhi fut triomphal. Chacun félicita Si Ahmed d'avoir recouvré sa fortune. Il en acquérait une indépendance qui renforçait sa position au conseil, Aurélie fit le siège de Boubeker. Elle n'eut pas beaucoup de peine à le convaincre ; il était d'avance acquis à toutes les expériences d'Aurélie. La zaouia lui devait une éternelle reconnaissance.

La décision fut assez facile à obtenir. Le bakchich ouvre toutes les portes en pays islamique ! Si Ahmed reçut fastueusement, mais dans l'intimité et à tour de rôle, chacun des mokkadems ; il exposa la demande d'Alger, décrivit l'avantage pour Aïn Madhi d'avoir un poste militaire en cas de rezzou des Ouled Sidi Cheikh. Le plus important était de décider où se ferait l'implantation du poste.

Dans les murs de la ville, il n'en était pas question. Aïn Madhi, ville sainte, ne pouvait tolérer dans son enceinte la présence d'une troupe d'infidèles !

Après les palabres, qui durèrent longtemps, Boubeker réussit à imposer son point de vue. Le poste serait implanté à la porte sud de la ville, en dehors des remparts, et le terrain, bien que habbou, serait cédé au gouvernement français gracieusement. La seule opposition véritable vint de Mourad, l'oukil tout dévoué à Si Bachir. On passa outre. L'espérance de voir rétablie la ziara poussait à satisfaire Alger. Boubeker fut écouté. Il usa de tout son prestige.

— Un poste français à Aïn Madhi, c'est une assurance formelle que nous ne serons pas mêlés à l'agitation qui gagne les tribus du Gharb, des monts des Ksour, et les Ouled Sidi Cheikh. Bou-Hammama ne va pas tarder à passer à la lutte ouverte. Son premier objectif sera de nous attaquer, car il sait nos attaches avec le gouvernement français. Et, si nous discutons avec lui, tout risque de recommencer. Si Ahmed sera suspecté, envoyé en exil !

Ce qu'il ne dit pas, chacun le comprit : Si Ahmed envoyé en résidence dans le Nord, Lalla Yamina suivrait, et la zaouia non gouvernée retomberait dans une molle indolence !

Décision prise, un cavalier partit pour Laghouat, porteur d'une lettre de Si Ahmed au capitaine Didier. Elle fut rédigée par Boubeker en termes consacrés :

« De Si Ahmed Tidjani, fils de Si Mohamed Seghir, cheikh de la confrérie des Tidjania à la zaouia d'Aïn Madhi.

« Au capitaine Didier, représentant du gouvernement français à Laghouat.

« Louanges au Dieu unique. Que Dieu répande ses grâces sur notre seigneur Mohamed et sur sa famille, Ô Toi qui connais les secrets, souverain dispensateur des biens, de qui viennent tous les dons, pardonne-nous nos péchés !

« De la part de notre seigneur, de notre intermédiaire auprès de Dieu, Sid-Ahmed ben Mohamed el Tidjani, cheikh de la confrérie des Tidjania, sanctuaire de la science, protecteur suprême, soutien des hommes de foi, guide de ceux qui savent.

« À tous nos amis j'autorise, pour la plus grande protection des vies et des biens de la confrérie, la France à posséder, sur un terrain donné par la confrérie, un poste militaire permanent, en reconnaissance des services rendus par la France à la zaouia et à son cheikh suprême. »

« Signé : Si Ahmed Tidjani. »

Le capitaine Didier était un homme de décision ; une section du génie fut immédiatement envoyée à Aïn Madhi. En moins d'un mois, une construction très simple et fonctionnelle s'éleva : un quadrilatère de hauts murs dotés d'une seule ouverture et d'un chemin de ronde supérieur abrita dans sa cour intérieure le logement, les magasins à vivres et à fourrages, ainsi que les écuries du petit détachement qui en prit officiellement possession moins de deux mois après l'entrevue de Laghouat.

D'accord avec Si Ahmed, le capitaine Didier n'avait pas jugé bon de donner un éclat particulier à cette prise d'armes. Il avait simplement accompagné le sergent Dupont, futur chef de poste, et lui avait passé le commandement dans la cour intérieure, devant la section présentant les armes. En présence de Si Ahmed, de Boubeker et des membres du conseil de la zaouia, on avait hissé les couleurs françaises en haut du mât. Puis Aurélie avait invité le capitaine Didier et le sergent Dupont à une collation dans ses appartements.

À la fin du repas à l'européenne, Aurélie s'absenta un instant, puis revint, tenant par la main le jeune prince Ali :

— Capitaine, je vous confie le dauphin ! Il sera pensionnaire à l'école française que les Pères ont ouverte à Laghouat.

Jusque-là, j'étais son institutrice, mais il faut aller plus loin ! Cet enfant est promis à des hautes destinées.

Le capitaine Didier posa sa main sur la tête du petit prince. Puis, se tournant vers Si Ahmed qui avait suivi la scène en souriant :

— Tu peux nous le confier, Chérif, nous en ferons un chef.

— Inch'Allah, Capitaine ! Ali est un bon petit !

— Lorsqu'il te succédera, Si Ahmed – Allah veille que ce soit le plus tard possible –, bien des choses auront changé, pour lesquelles il faudra le préparer.

Aurélie les accompagna jusqu'à la porte sud. Elle était émue et le fut bien plus lorsqu'Ali, ayant fait quelques pas aux côtés du capitaine Didier, revint précipitamment vers elle et se jeta à son cou.

Mais on amenait les chevaux ; Si Ahmed avait offert à son fils un petit barbe sage et robuste que le garçon enfourcha avec agilité. La troupe s'éloigna au pas et disparut dans une ondulation de terrain.

Le lendemain, Si Bachir, de retour du Soudan, faisait son entrée à la tête de sa caravane par la porte sud. Découvrant la nouvelle construction sur laquelle flottait le drapeau français, il comprit qu'il avait été joué, mais il étouffa sa colère sous une apparence impassible et accompagna les chameaux jusqu'au fondouk où devait se faire la dislocation de la caravane.

Sur la grande place, devant la mosquée, Si Ahmed et les mokkadems attendaient, selon la coutume, pour lui souhaiter la bienvenue. Si Bachir passa lentement au pas de son cheval devant les notables et, sans jeter un regard sur eux, continua son chemin, traversant la ville pour gagner sa maison de la palmeraie.

Il y eut un grand moment de gêne que Si Ahmed crut dissiper en disant :

— Je le convoquerai demain au grand conseil ; il faudra bien qu'il fasse amende honorable et s'excuse de sa conduite inqualifiable.

— N'en fais rien, Si Ahmed, intervint Boubeker ; la colère est mauvaise conseillère. Ce qui est fait est fait, et nous ne pouvons plus revenir en arrière ; laissons-lui le temps de la réflexion.

C'était parler sagement.

Et, comme les sokhrars attendaient, Boubeker lança ses ordres d'une voix rude :

— Que l'on décharge les chameaux ! Que les oukils fassent le tri ! Je veux que tout le chargement soit ce soir inventorié et mis en sûreté.

Et, se tournant vers les membres du conseil :

— Maintenant, allons rendre grâce et remercier Dieu pour le retour à Aïn Madhi du chérif Si Bachir. Il ramène la prospérité à la zaouia, ne l'oublions pas.

CHAPITRE XIX

Ce 5 juillet 1882, le sirocco né dans les dunes du Grand Erg occidental soufflait depuis deux jours en vent de sable. Les tornades éclataient comme des grenades sur les falaises du djebel Amour, puis se dissolvaient en une pluie dorée sur Aïn Madhi. La température extérieure approchait 50 °C, mais, à l'intérieur de la zaouia bien protégée par les coupoles de ses toits en rhorfa, isolée par l'épaisseur des murs de pisé, régnait une fraîcheur supportable.

Dans son bureau, Si Ahmed révisait ses comptes avec un jeune thaleb. Un négrillon actionnait la corde du panka, sorte d'écran géant fait de roseaux tressés et fixé au plafond pour renouveler l'air par son va-et-vient incessant. Rien ne venait troubler le travail des deux hommes ; aucun bruit extérieur n'arrivait jusque-là. Ce bureau était un havre de silence et de paix. Aussi Si Ahmed fut-il surpris d'entendre tout à coup des cris, des hurlements et des supplications.

— On se bat dans le corridor, dit-il au thaleb, va voir !

La porte à peine ouverte, une femme éplorée, vêtements déchirés, visage ensanglanté, se jeta à ses pieds :

— Pitié, Si Ahmed ! Pitié !

— La paix soit avec toi, fatma ! Relève-toi ! Qui t'a mis dans cet état ?

Comme elle se redressait, il la dévisagea, étonné :

— N'es-tu pas la troisième femme de Si Bachir ?

— Je suis Zulma, Seigneur, et vois comme il m'a battue !

— Par Allah, je ne t'aurais pas reconnue. Allons, calme-toi ! Et maintenant raconte ! Laisse-nous seuls, thaleb.

L'autre ne se fit pas prier pour sortir.

— Si Bachir a encore bu, je présume ?

— Il ne décolère pas depuis son retour du Soudan ; alors il boit, il fume le chikh, il devient comme fou, bave et se roule par terre. Il a eu une grosse crise et, comme il battait son fils, je me suis interposée... Vois dans quel état je suis ! Oh ! Seigneur ! Si cela devait continuer, je préfère être répudiée !

— Calme-toi, Zulma ; en sortant d'ici, tu iras trouver Lalla Yamina, et elle te soignera.

— Ah ! Seigneur ! Pardonne-moi, c'est à cause d'elle qu'il devient fou.

— Comment ! Oserais-tu dire ? Explique-toi.

— C'est elle qui a fait venir les militaires !

— C'est elle et moi. Nous avons nos raisons.

— Cela a fait déborder son amertume.

— Que me reproche-t-il encore ?

— Il a appris que tu avais acheté deux maisons à Alger, que tu as données en toute propriété à Lalla Yamina, et que tu lui as donné aussi 16 000 francs en pièces d'or !

— Ça ne le regarde pas, Zulma ; c'est sur ma fortune personnelle que j'ai fait ces achats, et non sur l'argent de la confrérie. Jamais Lalla Yamina n'aurait accepté que j'agisse autrement ! Bachir le sait. C'est tout ce qu'il me reproche ?

— Ah ! Seigneur ! Il dit constamment que, sans toi, c'est lui qui commanderait la Tidjania.

— C'est possible, mais Allah en a décidé autrement – que

Son Saint Nom soit béni. Va, Zulma ! Je vais mander Si Bachir et je te promets qu'il ne te touchera plus.

— J'ai peur, Seigneur ! Il est terriblement exalté.

— Avec l'aide de Dieu, nous le ramènerons à la raison.

Il ouvrit la porte et appela deux serviteurs, deux esclaves noirs athlétiques :

— Sekou, et toi Malloum ! Accompagnez Zulma chez Lalla Yamina et ramenez-moi Si Bachir.

Les deux Noirs hésitaient : ils connaissaient les colères de Si Bachir.

— Peut-être vaut-il mieux attendre, Seigneur !

— J'ai dit, immédiatement, ordonna Si Ahmed d'un ton sec.

Dans sa maison des jardins, Si Bachir gisait débraillé, sur une natte, à même le sol carrelé. Son sommeil était agité ; il cuvait son vin, gémissait, prononçait des mots sans suite. À sa vue, les deux esclaves hésitèrent. Comment réveiller le chérif ?

— Tu ne peux pas le toucher, Malloum, dit Sekou. C'est le descendant du Prophète lui aussi !

— Le Grand Maître décide ! Nous devons lui ramener Si Bachir.

Malloum avait été acheté quelque trente ans auparavant dans la région du Niger ; pour cette raison, il accompagnait les caravanes de la confrérie se rendant au Soudan. Il venait de rentrer avec le convoi de Si Bachir et se considérait comme son serviteur.

— Je vais lui parler, Sekou. Seigneur ! Ô Seigneur, réveille-toi ! C'est moi, Malloum, ton esclave !

Il suppliait en vain. Si Bachir, prostré sur sa couche, un peu de bave à la bouche, n'entendait pas, ou ne voulait pas entendre.

Malloum s'enhardit jusqu'à poser sa main sur l'épaule du chérif, le secoua doucement, le supplia :

— Réveille-toi, Seigneur ! Chasse les mauvais esprits qui obscurcissent ta raison.

À peine l'avait-il touché que le chérif se dressa en hurlant.

Les deux Noirs reculèrent. Si Bachir agissait ainsi par réflexe conditionné : chez les nomades, on ne porte pas la main sur une personne qui dort ! Elle peut croire à une attaque, et son premier geste sera de tuer.

Le regard flou, toute raison obscurcie par l'alcool, Si Bachir réagissait. Que voulaient ces deux nègres penchés sur lui ? L'égorger sans doute !

Il se releva d'un bond, se jeta sur eux :

— Arrière ! Qui vous a permis de me toucher ? Qui vous envoie ?

Il s'était emparé de sa cravache de méhariste – un cuir de girafe torsadé long de deux mètres – et les flagellait de toutes ses forces. Eux reculaient lentement, fascinés par ce regard fou et ces yeux injectés de filaments sanguins. Ils ne cherchaient même pas à parer les coups. Enfin, Malloum s'enhardit :

— Arrête tes coups, Chérif ! Personne ne te veut du mal. Nous ne faisons qu'obéir. Si Ahmed te réclame et veut te voir. Il a dit que tu viennes avec nous.

— Qu'il vienne me chercher s'il l'ose ! Partez, ou je vous tue, chiens d'esclaves qui avez porté la main sur moi ! Je vous ferai bastonner sur la place publique. Partez !

Il était inutile d'insister. Si Bachir écumait ; une nouvelle crise de delirium était à prévoir, ce haut mal envoyé par Satan.

Ils se replièrent prudemment et partirent rendre compte de leur échec.

Resté seul, titubant et hagard, Si Bachir fit un effort considérable pour se tenir debout. Malgré son ivresse, il ressentait comme un affront le fait d'avoir été convoqué par son frère comme un simple serviteur du palais. Ahmed le traitait bassement, lui qui aurait dû être à sa place, commander la confrérie, bénéficier de tous les honneurs ! Plus il réfléchissait, plus sa colère montait. Il tournait en rond comme une bête fauve, mâchant sa rancœur, s'étonnant d'être seul dans cette grande maison où personne ne répondait à ses appels. Car, après la tragique bastonnade de Zulma, les femmes et les enfants s'étaient dispersés, les serviteurs se cachaient. Mais Bachir ne se souvenait de rien. Désemparé, il ouvrit un coffre de cèdre où il cachait des bouteilles de cognac, cassa le goulot de l'une d'elles sur la muraille, en but la moitié et se secoua. Revigoré, il termina la bouteille, puis, poursuivi par une idée fixe, se rua dans les ruelles d'Aïn Madhi, hurlant comme un possédé.

Devant lui, les hommes fuyaient. Aucun n'osait porter la main sur sa personne sacrée. Quelques-uns le suppliaient :

— Arrête, Chérif, arrête, la colère est mauvaise conseillère !

— Ne commets pas l'irréparable !

Lui continuait, les écartant d'un coup de cravache. Ce qu'il voulait, c'étaient des armes. Sa folie devenait meurtrière. Le magasin des armes était cadenassé, nul n'avait le droit d'y pénétrer sans autorisation du Grand Maître ! Qu'importe !

Arrivé devant l'armurerie, il s'acharna sur la porte. L'ivresse décuplait ses forces. Enfin, la serrure céda, il entra, saisit un fusil, des cartouches, et repartit en courant vers les appartements de Si Ahmed.

Dahmani, qui accompagnait le jeune Ali revenu de Laghouat pour les vacances, le rencontra sur sa route, comprit le danger et réagit :

— Cours vite, appelle le sergent Dupont ! Bachir est devenu fou.

Puis il se rua à la poursuite du chérif, appelant à l'aide ceux qui se trouvaient dans les parages. Mais Si Bachir les avait devancés ; il enfonçait la porte du bureau où Lalla Yamina avait rejoint Si Ahmed, pointait son fusil sur celui-ci, tirait. Dans la petite pièce, la détonation retentit comme un coup de tonnerre ! Aurélie poussa un cri, se jeta en avant. Si Bachir levait à nouveau son arme, il allait tirer sur elle, mais n'eut pas le temps de la mettre en joue. Dahmani, Ratita, Sekou et Malloum, arrivés en trombe, se jetaient sur le chérif, le couchaient à terre et l'y maintenaient. Mais Bachir puisait dans l'abus même de l'alcool une force herculéenne. On l'avait désarmé, mais, bavant de rage, il hurlait des insultes !

Aurélie avait repris son sang-froid ; elle se retourna, pâlit. Si Ahmed était assis, livide, et serrait à deux mains sa jambe gauche ensanglantée.

— Il t'a blessé ! Oh ! le monstre !

— Ce n'est rien, ma colombe, une balle en séton dans le gras de la cuisse.

Bachir jurait et crachait dans sa direction.

— La prochaine fois, je te tuerai, et ta chienne de roumia avec. Tu as trahi notre foi, installé les militaires sur les terres sacrées de la confrérie !

— La bave sort de ta bouche, Bachir. Chitane inspire tes actes ! Tu ne serais pas mon frère que je t'aurais déjà fait étrangler par mes serviteurs.

— Fais-le, si tu l'oses, frère maudit !

D'une détente brusque, il s'était relevé et cherchait à rompre l'étreinte de ses gardiens.

— Qu'on le mette aux fers ! ordonna Lalla Yamina, d'une voix autoritaire. Il a voulu tuer le Grand Maître. Plus tard, le conseil jugera de ses actes !

Sidérés par l'autorité d'Aurélie, les quatre Noirs obtempérèrent. On lui passa des fers aux pieds ; ce ne fut pas chose facile. Et, comme Dahmani s'inquiétait :

— Qu'en fera-t-on ?

— Mettez-le où vous voudrez. Il y a bien des cachots dans le palais !

Elle était devenue subitement dure, insensible.

Guidé par Ali, le sergent Dupont entrait, suivi de quatre soldats armés. Elle l'apostropha :

— Sergent, je vous prie de constater. Si Bachir vient de tirer sur le Grand Maître ! Nous avons dû le mettre aux fers ; emmenez-le !

Très ennuyé, le sergent Dupont tergiversait :

— Vous savez, Madame, que je ne dois en aucun cas m'immiscer dans les affaires intérieures de la confrérie. Si Ahmed Tidjani doit faire sa police lui-même.

— Il s'agit d'une tentative d'assassinat que punit la loi française. Cet homme est un danger public. Faites ce que je vous dis !

Le sergent Dupont dévisageait avec curiosité Aurélie. Il connaissait son histoire, mais il n'avait jamais eu l'occasion de l'approcher, ni de lui parler. Cette fois, il découvrait la vérité : madame Tidjania était le maître incontesté de la communauté.

Pour éluder une réponse, il s'enquit de la santé du Grand Maître.

— Voulez-vous que je vous fasse transporter à Laghouat ? J'ai à ma disposition une araba et des mules !

— Il n'en est pas question, trancha Aurélie. Emmenez d'abord cet homme hors du palais. Vous avez un cachot, je crois ?

— Certes, Madame, mais...

— Laghouat décidera de la suite à donner à cet attentat, mais, de grâce, débarrassez-moi de sa présence !

— Dans ces conditions, Madame, faites-le conduire par vos hommes. Je crains une rixe éventuelle entre Si Bachir et mes soldats ; je ne répondrai pas d'eux. Que l'un d'entre eux soit frappé par le chérif, et les autres porteront la main sur lui ! Cela ne doit pas être !

— Vous avez raison, sergent. Dahmani, occupe-toi du transfert !

Si Bachir était maintenant tombé dans une sorte de prostration. Il contemplait bêtement les fers et la chaîne qui liaient ses deux chevilles.

Le sergent allait se retirer. Il se souvint à temps qu'il n'avait pas reçu d'ordre de Si Ahmed.

— Je me tiens à vos ordres, Si Ahmed ! Dois-je avertir Laghouat ?

Si Ahmed ne répondit pas. Tandis qu'Aurélie, penchée sur lui, faisait un pansement sommaire, il ne cessait de répéter, comme hébété :

— Il a osé tirer sur moi, Aurélie ! Il a osé !

— Calme-toi, Si Ahmed, il ne recommencera plus, je te le promets.

Dahmani relevait Si Bachir et, comme celui-ci, soutenu par deux hommes, allait sortir, entravé par ses fers, marchant à petits pas, il aperçut le jeune Ali.

La vue du garçon réveilla sa haine :

— C'est toi, hein, qui as été chercher les militaires, jeune chacal ! Je te maudis ! Tiens ! Tu ne mérites pas mieux, et il cracha dans sa direction.

Ensuite, il se laissa entraîner, presque porter par les esclaves.

Dès qu'ils furent seuls, Aurélie prit une décision :

— Nous devons convoquer immédiatement le conseil de la zaouia ! C'est la première fois dans l'histoire de la zaouia qu'une tentative d'assassinat a lieu sur la personne du Grand Maître. Ce sera la dernière, crois-moi, Ahmed ! J'y veillerai !

— Laisse, Aurélie, Allah a permis ce crime. Peut-être Bachir a-t-il raison. Je le connais, il recommencera, il me tuera, et il te tuera aussi, Yamina ma colombe. J'ai envie de tout abandonner, nous irons vivre à Alger, la confrérie se débrouillera...

— Tu as besoin de repos, Si Ahmed, je vais te faire porter dans ta chambre ; je verrai moi-même Boubeker ! Il faudra également arranger la chose avec le Bureau arabe de Laghouat ! Prévenir les fausses interprétations. Non, Ahmed, nous n'abdiquerons pas ! Tu es riche à nouveau. J'ai reçu les plans de

Kourdane. Je vais commencer la réalisation du domaine. En attendant, nous vivrons la plupart du temps à Laghouat.

— Et Bachir ?

— J'ai l'impression qu'il se rendra vite compte qu'il a été trop loin. Nous avons désormais prise sur lui, car son geste était sacrilège.

— Que vas-tu faire ?

— Le laisser deux jours aux fers pour qu'il puisse cuver son vin et ses stupéfiants. Ensuite, si le conseil y consent, nous l'enverrons en convalescence à Temacine ! Il s'agit d'un malade, n'est-ce pas !

— Tu pardonnerais l'injure ?

— Nous parlerons plus tard de pardon. Pour l'instant, seule la continuité de la confrérie m'intéresse. Souviens-toi, il y aura bientôt dix ans que nous avons en commun commencé ce lent travail. Pourrais-tu abandonner ?

— Tu es la plus forte, Yamina, la plus forte, et toujours la plus belle. Je t'aime, ma colombe ! Agis comme bon te semble.

Deux jours plus tard, Si Bachir, qui avait passé par des phases de colère et de profond abattement, était libéré et discrètement conduit en sa maison. Zulma l'y attendait. Elle portait encore la marque des coups qu'il lui avait assenés. Elle ne lui fit aucun reproche. Alors, il se jeta sur sa couche et pleura comme un enfant.

Un courrier partit aussitôt, porteur du compte rendu du sergent Dupont au Bureau arabe de Laghouat ; il ne cachait rien des événements et soulignait la fermeté de madame Tidjania.

Une semaine plus tard, Si Bachir, emmenant Zulma, partait pour Temacine, chargé de mission par le conseil des mokkadems. Boubeker l'accompagnait. La sagesse semblait avoir triomphé.

En fait, la méharée d'un mois qu'il entreprit à travers le désert constituait le meilleur des remèdes. Privé d'alcool, menant une vie saine, il évoquait calmement avec le mokkadem les prochains voyages qu'il serait amené à accomplir. En Tunisie notamment, où l'influence de la Tidjania était grande.

— Allah t'a rendu la sagesse, Si Bachir ! Que Son Saint Nom soit loué !

— Amdou'llah !

TROISIÈME PARTIE

KOURDANE

CHAPITRE PREMIER

L'Aïn Kourdane avait tenu ses promesses !

Non seulement l'eau qui ruisselait dans la gorge étroite de la montagne continuait à couler, mais un sourcier avait deviné la présence d'une nappe plus importante. Au pied des éboulis, plusieurs puits creusés dans la steppe avaient permis de découvrir à une dizaine de mètres de profondeur une eau très pure provenant de la fonte des neiges du djebel Amour ; cette eau, suivant les diaclases de la montagne, se perdait très loin et très profondément dans le sud, sous les masses de sable du Grand Erg.

Sans plus tarder, certaine du succès, Aurélie avait entrepris de défricher et d'irriguer une trentaine d'hectares autour du palais qu'elle faisait bâtir par Pietro, un maçon calabrais, sec comme un sarment de vigne, sans âge et sans passé, qui avait construit la plupart des habitations privées de Laghouat.

On avait d'abord, tout près de l'ancienne source et du pistachier centenaire qui avait été le témoin de ses ébats amoureux, dressé sur une plate-forme arasée une vaste tente confortable, aménagée en bureau de travail ; Aurélie s'y rendait chaque jour, couvrant au galop de son étalon assagi par les ans la distance qui la séparait d'Aïn Madhi.

Dès le début, elle avait étonné Pietro, lui-même architecte autodidacte, par ses connaissances en dessin linéaire et en géométrie. Sur un large panneau de cèdre posé sur deux tréteaux, elle avait dressé des plans de son futur palais. Ils en avaient longuement discuté, le maçon et elle, car Si Ahmed lui avait donné carte blanche et ne venait que de temps à autre la rejoindre sur les lieux du chantier.

Avec le vieux Calabrais, Aurélie s'exaltait :

— Tu me bâtiras une grande maison à un étage ! De style mauresque à l'extérieur, mais disposée intérieurement comme une habitation française. Je veux des ouvertures sur la plaine, des jardins tout autour ! Et, dans l'enceinte du domaine, nous construirons les écuries pour soixante chevaux, les magasins à vivres, les entrepôts, les logements des serviteurs et les cuisines. Je veux transporter tout mon monde ici. Plus de cent personnes y vivront en permanence. Ah ! Vois-tu, Pietro, Aïn Madhi, c'est la zaouia des palabres secrètes, des complots, des rivalités entre mokkadems, des histoires de harem ! Ici, à Kourdane, nous serons seuls, Si Ahmed et moi ! Et de là, je commanderai !

— Tu es une reine, Lalla Yamina, disait admirativement le vieux maçon qui s'était à ce point incorporé au désert et islamisé qu'il avait adopté le tutoiement, même avec Aurélie.

— Pour toi, rectifiait-elle, je ne suis pas Lalla Yamina, mais madame Aurélie Tidjania !

Il riait, découvrant de vieux chicots dans sa bouche édentée.

— Comme tu veux ; pour moi, tu es celle qui commande !

— Et qui paie !

Le vieil Italien hochait la tête. La construction entreprise allait coûter une fortune ! Elle dépasserait en splendeur le palais du *bachagha** des Larbaa, à Laghouat ! Déjà des sommes énormes avaient été englouties, qui semblaient ressortir de terre sous la forme d'ébauches de murs, de koubbas, de terrasses et de plantations arboricoles.

Kourdane naissait lentement, mais sûrement.

Ce soir-là, Aurélie n'était pas rentrée à Aïn Madhi. Elle avait décidé de rester sous sa tente-bureau où elle s'était aménagé un lit de repos. Un peu à l'écart, Baba et Dahmani préparaient sur un feu de bois le repas du soir. Le soleil achevait sa course et, bientôt, il disparaîtrait sur l'immense plaine de l'Ouest, annonçant la fin de la journée des travailleurs.

Aurélie rêvait devant le prestigieux paysage qui se poursuivait vers le sud jusqu'aux limites de l'horizon, comme si la courbure de la terre eût été sensible à l'œil humain. Elle ne se lasserait jamais de ce pays ! Et ici, à Kourdane, qui était et resterait sa création, elle se sentait vraiment la reine du Sahara, princesse des sables. Ce titre dont elle savait que quelques mauvaises langues européennes l'avaient affublée par dérision, elle le revendiquait avec fierté.

Une immense clameur s'éleva dans la lumière violette qui recouvrait maintenant le désert. Le disque solaire venait de disparaître, et les ouvriers des chantiers saluaient à la fois la chute du jour et la fin d'une longue et pénible journée de travail. Ils étaient plusieurs centaines, qui travaillaient, les uns au défrichement et aux plantations du domaine, d'autres, sous la direction de Pietro, à charrier les pierres du djebel et à extraire la chaux d'une carrière ouverte à quelques kilomètres de Kourdane, tandis que les plus qualifiés élevaient les murs du futur palais.

Peu à peu, par petits groupes familiaux, les ouvriers, des *khamès** venus des tribus nomadisant dans le Sud, se retiraient à l'écart du chantier, dans le désert. Ils y avaient dressé des tentes, devant lesquelles leurs femmes allumaient les feux qu'elles alimentaient de branches et de racines de jujubier ou de chikh. Et tous ces feux formaient autour des enceintes une constellation d'étoiles vibrant sous la brise vespérale.

Aurélie, ce soir, avait besoin de solitude.

La tentative de meurtre de Si Bachir contre son époux lui avait fait mesurer la précarité de sa puissance. Que Si Ahmed vînt à disparaître, et il ne lui resterait plus qu'à partir ! Dix ans d'efforts risquaient d'être anéantis ! Si Bachir avait fait à Temacine une véritable cure de désintoxication, mais n'en demeurait pas moins l'ennemi redoutable. Contrairement à celui de Si Ahmed, son caractère s'affermissait à mesure qu'il avançait dans la trentaine. Il était capable de mener à bien les missions les plus délicates. Sur la demande d'Aurélie, le gouvernement français l'avait chargé en 1879 d'une délicate mission de propagande française auprès des nombreuses zaouias de Tunisie. Il avait été reçu par le bey et avait obtenu des frères de la secte leur obédience à la France. Désormais, tout l'est du Moghreb passait sous l'influence tidjania. Bachir avait également beaucoup contribué à rétablir de meilleures relations entre Temacine et Aïn Madhi. En cela, ses efforts rejoignaient ceux d'Aurélie. « Alors, pourquoi cette haine tenace ? » se disait-elle. Parce qu'elle était une roumia ? Qu'elle n'avait pas abjuré sa religion, contrairement à ce que son attitude générale pouvait laisser croire ? Non ! La vraie raison de la haine de Bachir était la puissance d'Aurélie et la faiblesse de Si Ahmed. Plus il vieillissait, plus le Grand Maître abandonnait toute initiative, toute direction, tout projet à sa femme, devenue la véritable reine de la Tidjania. Et les khouans ne s'y trompaient pas, qui la vénéraient comme une sainte. Cela, Bachir ne pouvait le supporter.

Seule devant l'immensité du désert, Aurélie faisait appel à ses souvenirs.

Dix années se sont écoulées depuis son arrivée dans le Sud, dix ans de lutte constante : contre les siens, contre l'administration, contre les rivaux de son mari, contre les adversaires de la confrérie. Mais, maintenant, elle est armée pour lutter. Sa connaissance de la langue arabe et du dialecte régional, son expérience des mœurs et coutumes de l'Islam font d'elle peut-être la femme la plus compétente de l'époque.

Et cette expérience, elle la veut bénéfique et tout entière au service de la confrérie.

On la redoute dans les bureaux arabes de Laghouat et d'Alger. Jamais les fonctionnaires du gouvernement général n'ont pu traiter seuls avec Si Ahmed ; elle est toujours présente et lutte âprement, ne faisant aucune des concessions que les hauts fonctionnaires pensaient obtenir facilement du Grand Maître. Celui-ci, alourdi par les ans et les abus, se satisfait de n'avoir plus à s'occuper des affaires de la zaouia. C'est bien, car sa maladresse a souvent provoqué des heurts avec l'administration française.

Loin d'Aïn Madhi, Si Ahmed recueille la ziara ; il parcourt le Moghreb, recevant la dîme de ses fidèles, récoltant une énorme fortune. Sa caravane somptueuse suscite toujours autant d'intérêt. Sur les conseils d'Aurélie, il s'entoure d'un apparat princier. On a sorti les étendards sacrés du tombeau de Mohamed Seghir ; les cavaliers caracolent en tête du cortège, puis viennent les musiciens chamarrés, les danseurs, enfin le Grand Maître lui-même, monté sur un magnifique pur-sang arabe que tiennent par la bride deux serviteurs noirs enturbannés. La tente de réception est dressée avec faste, le sol recouvert de somptueux tapis, les parois tendues d'étoffes précieuses. Avec lui voyagent de nombreux serviteurs, soldats, esclaves, palefreniers, femmes légitimes et courtisanes !

Si Ahmed se complaît dans ce rôle. On vient de fort loin voir et prier celui qui détient la Baraka. Personne ne s'étonne de cet impôt forcé qu'il prélève et qui avait été pourtant aboli par les Français. Aurélie a réussi ce miracle : l'autorisation de percevoir une année seulement la ziara. Le temps de réunir suffisamment de fonds pour construire Kourdane et mettre en valeur le désert sur une tranche de trente hectares ! C'est le projet qu'elle a soumis au gouverneur général Tirman, et il a été sensible à l'offre que lui a faite la Tidjania :

— Autorisez-moi la ziara, a-t-elle proposé, et je crée cette exploitation modèle qui pourra servir d'exemple à tout le Sud algérien. En échange, je vous offre le terrain d'Aïn Madhi pour établir votre poste militaire, et la zaouia financera une école française, installée à Aïn Madhi et qui complétera l'école coranique.

Mais, si le gouverneur Tirman est entièrement acquis aux projets d'Aurélie dont il admire la volonté, l'énergie et la clairvoyance, il n'en est pas de même des hauts fonctionnaires de l'administration et des grands chefs militaires.

Ceux de la garnison de Laghouat, trop souvent changés, partent au moment où ils seraient à même de reconnaître l'influence bienfaisante de la Tidjania. Ceux qui arrivent, chargés des préjugés récoltés dans les bureaux d'Alger, se font de la méfiance une règle. D'ailleurs, le comportement de certaines tribus tidjania prête à suspicion. Quelques-unes, dans l'Ouest, sont sensibles aux appels de la dissidence. L'une d'elles a même suivi Bou-Hammama dans sa révolte ; à cause d'elle, Si Ahmed, une nouvelle fois, a été exilé dans le Nord, à Médéa. Il a fallu qu'Aurélie se rende à Alger pour obtenir son retour dans le Sud, indispensable à la paix dans ces régions.

Le voyage de Si Bachir en Tunisie a heureusement arrangé les choses, et Aurélie jouit d'un répit bienvenu après trois dures années d'épreuves.

Ce soir, elle fait le bilan de dix années. Bilan positif, mais fragile !

Elle a été frappée à diverses reprises dans ses ambitions, dans son corps et dans son cœur, mais elle a su réagir. Zorah a voulu l'empoisonner, Si Bachir la tuer et tuer son époux. Elle s'est durcie, elle, si bonne et si douce, jusqu'à manier la chicotte sur ses servantes. Elle n'en a même plus honte, car elle a appris qu'il faut être sévère mais juste, et elle n'a jamais frappé à tort. En pays d'Islam, la faiblesse n'est pas tolérée !

Il ne reste plus place en elle que pour le pouvoir et la richesse. L'amour ? Elle s'interroge avec amertume. Si Ahmed n'est plus un mari modèle. Certes, elle a eu la sagesse d'ignorer ses frasques. Elle sait, et il sait qu'elle le sait, qu'il va rendre visite aux petites esclaves noires dans leurs zeribas de roseaux. Ce ne sont pas même des concubines. Si Ahmed aime les très jeunes filles et le changement. Chaque caravane en provenance de Temacine renouvelle son harem clandestin : des petites négresses, présents du cheikh de Temacine. Elle feint d'ignorer que l'instigateur de ces cadeaux particuliers est Si Bachir, le cheikh de Temacine n'étant qu'un simple intermédiaire. Si Bachir cherche à détruire leur amour. Pour qu'elle se révolte, pour que Si Ahmed se lasse d'elle.

Pourtant, Aurélie se défend de juger Si Ahmed comme elle jugerait un mari français. Il agit en bon musulman ; il est, au fond, le maître absolu de toutes ces femmes et, envers Aurélie, il est fidèle à sa manière. Il n'a pas pris de seconde épouse et, chaque jour, il multiplie les preuves de son attachement. Parfois, Aurélie se regarde dans le grand miroir vénitien qui orne sa chambre. La trentaine dépassée, elle est toujours aussi belle, peut-être plus sculpturale encore qu'aux débuts de son mariage. Son corps s'est un peu alourdi, mais ses seins restent fermes, l'amphore de ses hanches parfaite. Peut-être est-elle trop parfaite ! Si Ahmed a un penchant marqué pour les toutes jeunes femmes, vierges si possible ! Mais leur amour de dix ans s'est transformé en une solide, durable et miraculeuse affection.

Pourtant, tout a bien failli sombrer quelques mois auparavant.

Si Ahmed avait installé son campement dans les monts Ouled Naïl, et les notables de l'endroit avaient organisé en son honneur une grande diffa, agrémentée de danses par les courtisanes ouled naïl parées de lourds bijoux d'or et d'argent, de colliers de douros et de napoléons. On avait fumé, on avait bu. Et Si Ahmed avait remarqué, un peu à l'écart, une très jeune et très belle fille aux yeux de gazelle, dépourvue de bijoux et qui, parfois, se mêlait timidement aux danses de ses compagnes. Il s'était renseigné auprès du caïd, son voisin.

— C'est Khalida, elle a seize ans, elle est vierge et fait ses débuts de courtisane. Ce soir, elle sera sans doute choisie et honorée.

Si Ahmed était très émoustillé ; il avait beaucoup bu.

Les danses avaient repris et, parfois, l'un des hommes présents se ruait sur l'une des danseuses et glissait dans ses cheveux, dans son corsage, quelques pièces d'or ou d'argent. Chacun enchérissait jusqu'à ce que la fille devienne la propriété du plus offrant. C'était dans les coutumes, mais chacun sursauta lorsque Si Ahmed, se levant avec vivacité, déposa une bourse en argent remplie de pièces d'or sur la robe de la jeune Khalida.

— Non ! avait-elle fait en secouant la tête.

Il s'était obstiné et l'avait couverte de bijoux. Et, comme elle refusait toujours, il s'était écrié :

— Par Allah ! Je t'épouserai ! Où est ton père ?

— Me voici, Seigneur ! avait dit l'un des assistants en se levant.

Il avait reconnu l'un des chefs d'une tribu de l'Est :

— C'est un grand honneur que tu me fais. Épouse ma fille, si tel est ton désir !

Ils étaient convenus du prix et, au milieu de l'assistance, avaient réclamé la présence d'un cadi. Le mariage avait été célébré sur-le-champ. Si Ahmed avait emporté Khalida sous sa tente, avait roulé sur sa couche, terrassé par l'alcool, et s'était endormi.

Il s'était réveillé le lendemain matin, la tête lourde, l'esprit vague. La jeune fille, nue, était couchée à ses côtés, en larmes car il ne l'avait pas touchée. Elle lui montrait désespérément sa chemise immaculée.

— Regarde, Seigneur, je suis déshonorée. Les femmes attendent dehors que je suspende ma chemise où les traces de sang prouveront ma virginité !

Peu à peu, à mesure que se dissipaient les vapeurs de l'alcool, que se calmaient les battements de cœur provoqués par l'abus du thé à la menthe, Si Ahmed se rendait compte de l'erreur qu'il venait de commettre. Il avait trahi son serment, contracté un mariage secret ! Jamais Aurélie ne le lui pardonnerait. Et, comme il était faible et influençable, il se réfugia dans une colère hystérique :

— Pars ! Pars ! Je te répudie ! Sors de ma tente !

Khalida en pleurs ne comprenait pas.

— Prends-moi, Seigneur ! Tu ne peux me bafouer ainsi ! Épousée et répudiée sans avoir été déflorée ! Tu ruines ma carrière, aucun homme ne consentira à m'épouser !

Il l'avait bousculée hors de sa tente, et la jeune femme, drapant sa nudité dans ses voiles, avait couru se réfugier dans la tente des danseuses ouled naïl.

Bientôt, la révolte avait grondé.

N'eût été le caractère intouchable de la personne du Grand Maître, les femmes l'eussent lapidé ! Il venait de faire subir l'affront le plus outrageant qu'un mari puisse faire à son épouse ! Et leurs cris ameutèrent les hommes. Le père de Khalida, informé du scandale, osa se présenter devant le Grand Maître. Fort de son burnous rouge de caïd qui lui donnait la protection des Français, il osa apostropher Si Ahmed :

— Que t'a fait Khalida, Seigneur, pour que tu la répudies et la chasses comme la plus vulgaire des esclaves, elle, ma petite fleur, ma tendre gazelle, celle que tout le monde admire, de Djelfa jusqu'à Aflou ? Ô Seigneur ! J'ose croire que la fatigue de la fête a troublé tes pensées. Mais l'irréparable est accompli, tu me dois et tu lui dois dédommagement !

— J'ai mal agi, confessa humblement Si Ahmed, et ce mariage a été une erreur. Tu le sais, nous avions beaucoup bu, et ta fille est très belle !

— Alors, pourquoi n'as-tu pas consommé ce mariage ?

Si Ahmed baissa la tête :

— Un désir trop longtemps contenu se dissipe et disparaît.

— Tu vas reprendre Khalida ! Le mariage a été officiel. Aucune faute ne peut lui être reprochée. Je te l'ai donnée vierge ! La femme du Grand Maître ne peut être répudiée comme une chienne ! Tu la reprends, ou j'irai jusqu'au tribunal des roumis !

La conversation prenait un tour dangereux.

— Je paierai, caïd, mais de grâce, pas de scandale ! Tu ne peux ternir le caractère sacré de ma vocation. N'oublie pas, je détiens la Baraka !

C'était un argument de poids. L'autre céda.

— Le cadi discutera de l'affaire avec toi, Seigneur. Mais souviens-toi, tu m'as profondément offensé ! C'est une chose que les miens n'oublieront jamais. Désormais, ils porteront l'argent de la ziara à Temacine !

Le père disparu, le cadi s'avança.

— Nous réparerons tout cela, Seigneur, mais le prix sera très élevé.

Ils avaient discuté une journée entière et, pour que l'incident soit clos, Si Ahmed avait emprunté à un chef ami du voisinage la somme énorme qui laverait l'affront subi par Khalida.

L'incident était parvenu à la connaissance d'Aurélie alors que Si Ahmed achevait la tournée de ziara. L'affaire était grave.

Elle avait longuement réfléchi. Elle était riche, Si Ahmed lui avait acheté deux maisons à Alger, elle en possédait une autre à Tlemcen ; sa cassette était pleine de bijoux de prix – or, diamants, rubis, émeraudes, en broches, en fibules, en bracelets, en colliers et en bagues. Tout cela était bien à elle, et un capital important se trouvait en dépôt chez un notaire d'Alger qui le faisait fructifier. Pourquoi continuer la lutte ? Elle avait été sur le point d'abandonner, mais sa défaillance avait été de courte durée.

Il y aurait bientôt Kourdane, où elle régnerait en maître ! Dans le Sud, elle était souveraine. Retourner dans le Tell ? Malgré sa fortune, elle demeurerait marquée par son mariage, la haute société lui serait fermée. Rester, c'était continuer à traiter d'égal à égal avec les plus hautes autorités, recevoir les plus importantes personnalités, jouir d'un immense pouvoir.

Que Si Ahmed la trompe avec ses petites esclaves noires, soit ! Mais qu'il ne s'avise plus de prendre une deuxième épouse ! Elle saurait l'en dissuader.

Lorsque Dahmani vint lui annoncer l'arrivée de la caravane du Grand Maître, elle s'enferma dans ses appartements. Les acclamations saluant le retour de Si Ahmed parvenaient jusqu'à elle, malgré l'épaisseur des murs. Elle imaginait la scène habituelle, le rite protocolaire, les mokkadems et les oukils rangés devant le grand portail de cèdre, la foule couvrant la place, au centre de laquelle on avait fait baraquer les chameaux lourdement chargés de présents et d'offrandes. Dans des coffres de cèdre sculptés et cadenassés que charriaient les serviteurs devaient s'entasser les pièces d'or et d'argent. Une énorme fortune ! Bien qu'elle tînt à ce que Kourdane fût sa propriété, elle était résolue à obtenir du grand conseil l'utilisation des fonds de la ziara pour agrandir le domaine, irriguer et défricher les cultures, bâtir les aménagements nécessaires pour recevoir les milliers de pèlerins qui viendraient demander l'hospitalité. La collecte de la ziara, c'était son œuvre, sa réussite ; personne ne pourrait l'accuser de détourner des biens habbous.

Plus tard, ayant satisfait aux rites de l'accueil, Si Ahmed prenait congé des mokkadems et se dirigeait rapidement vers les appartements d'Aurélie. Elle le reçut, froide et digne, sans un mot d'affection.

— J'attendais ton retour, Si Ahmed ! Ne t'étonne pas, tu m'as trahie et je vais partir !

Il tendit les bras dans un geste de refus :

— Ne fais pas cela, Lalla Yamina ! Ne pars pas. Ma tête a craqué, j'avais trop bu !

Méprisante, elle le regardait perdre toute dignité.

— Et tu as épousé cette Khalida !... Je sais, tu l'as répudiée sans l'avoir touchée, ajoutant à ta trahison le déshonneur d'une jeune fille vierge, accumulant les haines de sa tribu sur la confrérie... Tout est fini, Si Ahmed ! Crois-moi, je le regrette, nous avions encore de grandes choses à accomplir. Je pars, et tu pourras te vautrer dans ta débauche, y entraîner Si Ali qui, malgré sa jeunesse et mes efforts, semble devoir suivre tes traces. Et si, un jour, Si Bachir te tue ou t'empoisonne, ne t'en prends qu'à toi.

Il la suppliait, larmoyant, effrayé, plus faible que jamais :

— Ne me laisse pas, ma colombe ; sans toi, je ne suis rien. Trop d'ennemis me guettent ! On a déjà voulu me tuer, on recommencera. Par Allah, je te jure, je n'aurai jamais d'autre épouse que toi. J'avais perdu la tête : l'alcool, peut-être aussi les conseils perfides de quelques-uns. Qu'aurais-je fait de cette Khalida ? Crois-moi, Aurélie ! Tu es toujours la plus belle, la plus aimée...

Elle commençait à discerner le traquenard dans lequel il avait été pris. La présence à la fête de cette petite vierge de grande tribu n'était pas fortuite. Ce mariage n'était qu'une des phases de la lutte souterraine menée pour l'évincer de la confrérie.

Curieusement, cette découverte la réconforta. Sa résolution fut prise : elle se battrait. Mais, sur l'instant, elle n'en laissa rien paraître.

— Je veux être la seule aimée et non la plus aimée, dit-elle froidement. Va rejoindre les tiens, ils t'attendent pour la diffa du retour.

— Tu n'y paraîtras pas ?

— Je ne veux pas être présente lorsque les mokkadems te reprocheront ta conduite. Va ! Laisse-moi à mes pensées !

Il sortit, décontenancé. Une lueur d'espoir cependant subsistait : Aurélie n'avait plus parlé de départ. Les reproches des mokkadems... Il s'en moquait. Lui vivant, personne ne pourrait le déposséder de son titre. Restait à trouver la somme d'argent empruntée pour rembourser le père de Khalida. La prendre sur sa cassette personnelle ? Jamais Aurélie n'y consentirait ! « Bah ! se dit-il avec la versatilité de son caractère, je ne paierai pas ! Après tout, j'étais ivre ! Je n'avais plus ma tête. Le contrat était nul ! »

Il était déjà rasséréné.

Le soir de cette algarade, Si Ahmed, tout penaud, vint rejoindre Aurélie dans sa chambre.

Elle faillit l'en écarter, puis elle le reçut dans sa couche. À vrai dire, elle simula un peu les jeux de l'amour. Parfois, elle songeait avec quelque nostalgie au jeune époux, cavalier musclé et passionné, à leurs étreintes sauvages. Si Ahmed était devenu obèse, il vieillissait prématurément et souffrait du diabète. Qu'importe ! L'essentiel était d'avoir barre sur lui !

Elle s'était interrogée : pourquoi ne l'avait-elle jamais trompé ? À Laghouat, ses admirateurs étaient nombreux, et les jeunes officiers tournaient autour d'elle sans cacher leur désir. N'était-elle pas la seule femme blanche du Sahara ?

Un jour seulement, elle avait été émue.

Un jeune lieutenant de chasseurs d'Afrique, en mission à la zaouia, s'était présenté à elle : lieutenant Charles de Foucauld ! Pas très grand, un visage rond, la gaieté et l'audace d'un officier de cavalerie. Sa réputation était parvenue jusqu'à la garnison de Laghouat : ses frasques, disait-on, ne se comptaient plus.

Pourtant, il avait salué Aurélie avec déférence ; ils s'étaient longuement entretenus de la situation politique des confins du Sahara. Le lieutenant de Foucauld récoltait des renseignements sur la sédition de Bou-Hammama ; il parlait parfaitement l'arabe, et Aurélie avait été frappée par son intelligence, son esprit de synthèse et la clarté de son exposé. Rien à voir avec le cavalier riche et fêtard, tel qu'il était décrit depuis son départ de Pont-à-Mousson.

Leur conversation s'était continuée tard dans la nuit ; ils avaient pris le thé sur la terrasse, et Aurélie l'avait éclairé sur les véritables sentiments des Tidjani, favorables à l'expansion française. Il l'avait félicitée pour la remarquable autorité qu'elle avait prise. Puis il avait rejoint le poste français en dehors des remparts. Lorsqu'il était remonté à cheval le lendemain, du haut de sa terrasse, elle l'avait suivi du regard avec un brin de nostalgie. Puis elle avait chassé son image.

Depuis, aucun visage d'homme n'était venu troubler ses nuits.

Un calme surprenant s'était abattu sur le désert. La nuit était violette, et les arêtes rocheuses se découpaient en monstres préhistoriques ; l'un après l'autre s'étaient éteints les feux des travailleurs.

« J'ai perdu l'amour, se dit mélancoliquement Aurélie, mais j'ai gagné la puissance, la richesse et le pouvoir ! L'œuvre que j'accomplirai ici sera plus importante que notre idylle du début ne le laissait prévoir. En épousant Si Ahmed, j'ai épousé la Tidjania. Je maintiendrai la confrérie. J'en ferai la plus forte et la plus riche du monde arabe. »

Dans la nuit, les constructions inachevées de Kourdane se fondaient dans le paysage. Le désert était pur comme aux premiers temps du monde. Un chacal cria dans le lointain. Parfois, une voix d'homme s'élevait, gutturale, puis se perdait dans le silence impressionnant du désert.

Enfin, descendant les couloirs et les falaises du djebel Amour, un vent frais coula sur ses épaules. Elle frissonna.

Hiératique dans ses voiles, Baba sortit de la nuit :

— Il est temps de rentrer, Maîtresse, la chorba t'attend !

Elle se leva, jeta un dernier regard vers la nuit. Le ciel, comme une pluie de lumières, scintillait de mille diamants. Elle aspira le vent et se gorgea d'air, puis s'étira, calme et résolue :

— Je rentre, Baba ! Réveille-moi à l'aube !

CHAPITRE II

— Shouf, Lalla Yamina ! La grande forêt ! cria joyeusement Ratita en pointant le bras en direction du nord.

Depuis deux semaines, leur caravane avance lentement sur l'immensité de la pénéplaine d'alfa. Les pluies d'hiver ont été abondantes, et Aurélie a profité de l'abondance des pâturages sur les hauts plateaux pour refaire la bosse de ses chameaux. À vrai dire, elle jouit intensément de ce voyage. Elle se sent maîtresse absolue de cet univers démesuré. Rien ne la presse. Elle est seule et apprécie sa solitude. Seule ! C'est-à-dire sans époux, sans fonction officielle, sans visites imposées. L'étendard du Prophète que porte fièrement Ratita signale simplement son appartenance princière aux tribus nomades rencontrées.

Aurélie se rend à Alger pour y acheter et en ramener les matériaux nécessaires à l'achèvement de Kourdane : les céramiques pour les murs, les boiseries des portes et des fenêtres, les glaces et le mobilier destiné à garnir les nombreuses pièces de son nouveau palais, dont Pietro achève la construction. Elle trouvera à Alger ce que le désert ne peut lui fournir, et tout ce qu'elle a fait venir de Paris.

Après maintes démarches, elle a obtenu du Bureau arabe de Laghouat l'autorisation de former une caravane chamelière et de la conduire jusqu'aux limites du Tell. Il lui a été imposé par les autorités militaires de suivre le parcours de l'achaba des tribus larbaa ; celui-ci s'achève aux premiers contreforts de l'Ouarsenis. De la sorte, elle ne foulera aucune terre de colonisation et ne rencontrera aucune tribu rivale.

Plus encore qu'à Aïn Madhi, Aurélie mesure au cours de ce voyage sa puissance et son autorité. Sa caravane n'est pas importante, mais c'est la sienne. Il ne s'agit pas de la grande smala de Si Ahmed lorsqu'il se déplace pour recueillir la ziara. Aurélie chevauche sur les hauts plateaux à la tête d'une vingtaine de cavaliers armés, entourant soixante chameaux de convoi. Certains de ceux-ci portent des bassours, dans lesquels s'entassent une vingtaine de petites négresses, ses servantes esclaves dirigées par Baba et Meryem, cependant que Dahmani et Ratita commandent l'organisation et la marche de la caravane.

Quel progrès en treize années ! Une femme blanche, une roumia, remonte du Sud à la tête d'une caravane de chameaux ! Et, sur son passage, les nomades viennent la saluer avec respect. Elle a traversé la zone d'insécurité de l'Atlas saharien, où ne s'aventure qu'en force l'armée française. Et maintenant, après des jours passés sur l'incommensurable étendue des hautes plaines, marchant à l'étoile, comme le lui a enseigné Ratita, traversant au pas les mirages des chotts où les sabots de son cheval semblent éclabousser de la lumière, Aurélie sort du désert. Par Tadjemout, Aflou, Chellala, elle atteint la lisière de la mer d'alfa. Puis, sans transition, dans une vaste dépression argileuse, la steppe a cédé la place à des terres partiellement défrichées ; l'armoise, l'asphodèle, le chikh et l'alfa ont fait place au drinn et autres graminées, des carrés d'orge d'un vert cru annoncent une prochaine moisson.

— Le Sersou ! lui dit Dahmani. Des khamès y labourent pour le compte des grands nomades larbaa ! La terre est riche !

— Cette grande plaine pourrait devenir une nouvelle Beauce, dit pensivement Aurélie. Il y a ici de quoi nourrir toutes les populations du Sud !

Dahmani approuve, indifférent.

Le Sersou, c'est aussi la limite nord de l'achaba. Les troupeaux de moutons et de chameaux des nomades n'y pénètrent au cours de leurs migrations estivales que lorsque les moissons ont été récoltées, À cette même période, n'importe qui a le droit de venir glaner les épis oubliés entre les tiges coupées des chaumes.

Quelques agglomérations sédentaires, des mechtas en torchis entourées d'une haie d'épineux, abritent les familles des khamès. Ces villages – Hamada, Layoune – jalonnent les points d'eau assez nombreux, autour desquels stagnent, des heures durant, les troupeaux à l'abreuvoir.

Le Sersou traversé, Aurélie pénètre dans une zone de collines chauves, ravinées, où des parcours de migrations ont creusé de véritables drailles qu'empruntent les caravanes.

Un jour, enfin, la caravane d'Aurélie atteint le sommet d'une colline, et Ratita pousse l'exclamation tant attendue : « La Grande Forêt ! »

Au nord, l'horizon est bordé par la frange discontinue d'une forêt de chênes, de pins et de cèdres, dont émergent, dressés vers le ciel, d'étranges pitons calcaires. Un relief rocheux en forme de crête de saurien domine l'ensemble.

— Djebel Ouarsenis ! dit Ratita. Derrière, c'est le Cheliff !

Aurélie fait volter El Ghazal.

Vers le sud, des plans arrondis successifs soulignent la région des collines qu'ils viennent de traverser. Au-delà s'étendent la plaine du Sersou et ses carrés d'orge verte ; on dirait un damier alternant terres labourées et pâturages sauvages jusqu'au fin fond de l'horizon. Là-bas, la brume de sable estompe tout relief, et la terre et le ciel se confondent dans l'uniforme grisaille des étendues désertiques.

Ils vont pénétrer dans les terres de colonisation.

— Halte ! commanda Aurélie. À partir d'ici, tout change. Que chacun fasse toilette. Secoue-toi, Dahmani ! Mets de l'ordre dans le convoi. Je veux une arrivée impeccable. Tu me précéderas, puis, à mes côtés viendra se placer Ratita, porteur de l'étendard ; dix cavaliers suivront par deux au botte à botte, ensuite les chameaux et, fermant la marche, les dix autres cavaliers. Nous devons faire bonne impression. D'ici à Alger, je dois respecter les règlements militaires appliqués aux nomades ! Fini la liberté ! Eh oui, Dahmani ; en fait, je ne commande plus !

— Quoi qu'il arrive, tu commanderas toujours, Lalla Yamina, les roumis comme nous autres !

Elle lui sourit sans répondre.

Lorsque chacun eut revêtu un burnous propre et qu'Aurélie, aidée par ses servantes, eut terminé une courte toilette et dégagé sa chevelure blonde du chèche de marche, on repartit dans l'ordre prescrit par la jeune femme.

La piste escaladait un mamelon et, dans un repli de terrain, à la lisière de la grande forêt primaire, on distingua les cubes de pisé de Teniet el Haad, soulignés par la maçonnerie blanche du poste militaire, qui tranchait dans toute cette grisaille. Les trois couleurs étaient hissées au mât. En les apercevant, Aurélie frissonna d'émotion ; elle redécouvrait qu'elle était française ! L'avait-elle à ce point oublié, pour avoir le sentiment de franchir une frontière, de passer en territoire étranger !

Ratita conduisit la caravane sur le grand fondouk où s'attroupaient quelques dizaines de chameaux, des chevaux barbes efflanqués et des mulets bâtés entravés du même côté, jambe de devant reliée au membre postérieur, ce qui favorise la marche à l'amble. Leurs conducteurs, des montagnards rustiques engoncés dans des burnous couleur de terre, avaient le front ceint d'une chéchia rouge ; ils admiraient et, comme tous les sédentaires, enviaient secrètement ces grands nomades du Sud et leurs riches caravanes. Puis, découvrant Aurélie, ils laissaient éclater leur stupéfaction : une roumia ! Une roumia ! Une femme européenne commandait et se faisait obéir de ces turbulents nomades ! La vue de l'étendard tidjania accroissait leur confusion. Ils discutaient entre eux, dans leur idiome arabo-berbère, rauque et difficilement compréhensible, même pour les gens d'Aurélie. « Cette femme est une roumia, elle parle arabe mieux que nous, elle commande comme un chef, tout le monde lui obéit ! » Ils n'avaient pas fini d'en discuter dans la bicoque d'argile séchée du *caouadji**, avant de retourner dans leurs forêts.

Le brigadier Tordo était chargé, entre autres obligations, de contrôler l'arrivée de toute caravane venant du Sud. Teniet el Haad était la limite nord des déplacements des nomades, et le règlement était strict : nulle caravane chamelière ne pouvait dépasser ce point. Prévenu par un chaouch, il se rendait au fondouk lorsque l'un de ses administrés, venu à sa rencontre et tout essoufflé de sa course, l'avertit de la présence d'une femme blanche. Cela changeait ses dispositions ; il fallait avant tout prévenir son chef, l'adjudant Orsi. Celui-ci n'était pas convaincu.

— Tu dis que cette caravane amène une femme blanche ? C'est sans doute une femme arabe de grande tente !

— Non, chef, c'est une Européenne ! J'en suis sûr ! Et c'est elle qui commande !

— Tu crois à l'histoire d'une femme blanche qui dirigerait une caravane de nomades venant du Sud à travers les hauts plateaux ? Tu me dis qu'il y a un porte-étendard, et qu'un homme à ses côtés transmet les ordres. C'est sans doute lui le responsable. Lui as-tu parlé ?

— J'ai fait demi-tour pour vous avertir, chef. Tout me paraissait si différent.

— Tu as bien fait. Allons voir !

Montant en selle, ils piquèrent tous deux vers le fondouk.

Dahmani les vit venir, impassible et distant.

— Adjudant Orsi, commandant la brigade de gendarmerie de Sersou. Parles-tu français ?

— Oui !

Orsi parut un peu décontenancé. Peu d'Arabes du Sud parlaient notre langue.

— Bon ! As-tu un sauf-conduit ? Tu sais que tes chameaux ne doivent pas dépasser le Sersou. Où vas-tu ? Où conduis-tu cette femme ?

— La paix sur toi, chef ! Mais pour tous ces renseignements, adresse-toi à Lalla Yamina, épouse du Grand Maître des Tidjani. Elle seule commande !

— Tu veux dire que cette personne serait...

— Madame Aurélie Tidjania ! Oui, chef !

Dahmani souriait, heureux de l'effet produit.

Orsi avait toujours occupé des postes dans le Tell et, si des échos de l'aventure d'une Française dans le Sud algérien lui étaient bien parvenus, il n'y avait pas prêté attention. Il y avait si longtemps de cela. En tout cas, il n'aurait jamais pu imaginer qu'une Française commandât seule une caravane chamelière à travers la zone la moins sûre du Sud et sous la seule escorte de cavaliers arabes. Cela dépassait l'entendement. Il était perdu dans ses pensées lorsqu'une voix cristalline dispersa celles-ci :

— Bonjour, chef ! Je suis Aurélie Tidjania. Cette caravane m'appartient. Comme convenu, les chameaux retourneront au pâturage en attendant mon retour d'Alger.

Elle se tenait devant lui, hautaine et provocante, élégante amazone bien sanglée dans un dolman bleu ciel serré par des boutons d'or, bottée de filali rouge ; elle avait déroulé son chèche, et sa chevelure blonde flottait sur sa nuque.

Orsi, subjugué, se demanda ce qu'il admirait le plus : la beauté de la femme ou la maîtrise de la cavalière maintenant au piaffer l'un des plus beaux étalons qu'il ait eu l'occasion de voir.

Portant la main à son képi, il se présenta et, ôtant sa coiffure, ne sut que dire :

— Soyez la bienvenue, Madame.

Elle continuait sur son avantage :

— Voici le laissez-passer établi pour ma caravane par le Bureau arabe de Laghouat. Lisez : tout est en ordre.

Elle lui tendit le papier officiel :

« Madame Tidjani partira pour Alger faire l'approvisionnement nécessaire au personnel de la zaouia et chercher la menuiserie des nouvelles constructions de Kourdane. Elle emmènera à cet effet cinquante chameaux qui l'attendront à Teniet el Haad ; elle voyagera elle-même à cheval.

« Signé : l'officier commandant le Bureau arabe de Laghouat. »

— Il y a une petite erreur, rectifia-t-elle. J'ai soixante chameaux, et non cinquante...

Il fit un geste qui signifiait « sans importance ». Puis, intrigué :

— Vous êtes courageuse, Madame, pour accomplir un aussi long voyage à travers une zone d'insécurité de l'Atlas saharien où nous-mêmes ne nous aventurons qu'en colonne ! Et seule femme au milieu de tous ces Arabes !

Elle rectifia :

— Seule Française, chef, mais non pas seule femme. Regardez ! Vingt servantes vont sortir de mes bassours.

Elle riait aux éclats.

— Rassurez-vous, je ne cours aucun risque et je suis en règle ! Ce soir, chef, venez dîner au campement ! Je suis ici à la croisée des chemins ! Demain, je m'enfoncerai dans le Tell, et la princesse Tidjania perdra beaucoup de son prestige !

— J'accepte votre invitation, Madame. Cependant, puis je vous demander comment vous allez continuer votre route jusqu'à Alger ?

— Dahmani et moi-même continuons à cheval.

— Il est vrai que vous avez une monture superbe.

— El Ghazal se fait vieux, et je dois le ménager, mais il a été le plus bel étalon arabe du Sud ! À présent, la lente marche des chameaux lui convient parfaitement.

— Et votre suite ?

— Ratita et les cavaliers séjourneront en lisière des hauts plateaux où ils attendront mon retour en surveillant les chameaux au pâturage. Mes servantes – je n'en ai emmené qu'une vingtaine – voyageront jusqu'à Miliana à dos de mulet. Le caïd de cette ville a dû m'en fournir une dizaine !

— En effet, une douzaine de muletiers sont arrivés hier, je vais vérifier.

— À Miliana, elles emprunteront la diligence. Voyons ! Si je ne me trompe, de Teniet à Miliana, deux étapes suffisent ?

— Très largement ; le génie a tracé par Marbot une très belle piste dans les gorges et la forêt. Le parcours est aisé. Cependant, puis-je vous conseiller de garder votre escorte jusqu'à la plaine du Cheliff ? La montagne, même ici, n'est pas très sûre.

— Pour les vôtres, chef ! Pas pour la princesse Tidjania. Cependant, pour votre tranquillité, cinq cavaliers m'escorteront durant la première étape, puis reviendront ici.

La soirée avait été agréable. L'adjudant Orsi avait mis Aurélie au courant de la progression de la colonisation française au-delà de l'Atlas tellien. Il occupait un poste de premier plan, lourd de responsabilités ; le versant sud et les hauts plateaux dans leur immensité échappaient en grande partie au contrôle de nos troupes. Quelques postes très isolés y tenaient garnison. Ils étaient à la merci d'un rezzou un peu important.

À Teniet el Haad, Orsi évoluait entre les montagnards taciturnes et renfermés des villages sédentaires de l'Ouarsenis et les turbulents grands nomades du Sud. L'époque de la moisson et l'arrivée de l'achaba étaient des époques cruciales où l'on renforçait sa petite garnison composée habituellement de son adjoint

Tordo et d'une dizaine de supplétifs arabes. Orsi parlait l'arabe vernaculaire et avait réussi à s'imposer car il était juste mais dur avec lui-même comme pour les autres.

— Il m'est impossible d'être faible, Madame, mais attention, ces montagnards ne reconnaissent l'autorité de la France que si elle reste juste et conforme aux kanouns locaux. Et bien sûr, il faut que ceux qui l'exercent se gardent de toute corruption, dans ce pays où le bakchich est roi !

— Je vous approuve, Orsi, mais puis-je me permettre d'ajouter que la fermeté n'exclut pas la bonté ? dit pensivement Aurélie.

Elle l'avait laissé parler, s'épancher.

Orsi n'avait pas souvent l'occasion de causer librement avec des Français. Ceux qu'il recevait étaient toujours des officiers supérieurs ou hauts fonctionnaires en tournée d'inspection. Leurs ordres étaient souvent en contradiction formelle avec la politique de pacification et de mise en confiance des populations suivie par le chef de poste. Tout reposait sur lui, et peu de gens le comprenaient. L'inspection terminée, il restait seul. La France, c'était lui, lui seul !

Aurélie se découvrait pour cet humble gradé une véritable sympathie. Elle comprenait sa solitude, et cette rencontre faisait rejaillir de sa mémoire les souvenirs lointains qui avaient enchanté son enfance. Elle se laissa glisser sur la pente des confidences, parla de son père, le brigadier Picard, mort il y a quelques années, de sa vie à Aïn Madhi, et de la construction de Kourdane.

Orsi ne voulait pas être indiscret, mais il ne put s'empêcher de questionner :

— Votre mariage, Madame ?...

— Mon père l'a approuvé. C'était pour moi l'essentiel.

— Tout n'a sans doute pas été facile...

— Le bonheur ne s'acquiert pas sans efforts et sans sacrifices.

— Car vous êtes heureuse ?

— Je le suis, Orsi ! Mon ambition est satisfaite mais, plus encore, je suis heureuse de pouvoir, grâce aux richesses de la ziara, accueillir et nourrir journellement plusieurs centaines de pèlerins.

— L'autorité supérieure reconnaît-elle votre effort ?

— Pas toujours, Orsi, pas toujours !

Ils étaient assis à l'orientale, sur les poufs épais qui garnissaient la tente d'Aurélie. Un énorme feu de bois de cèdre avait été allumé devant l'ouverture, car le froid était très vif en raison de l'altitude. Parfois, une bûche éclatait, projetant des étincelles, et ils écoutaient le chuintement plaintif de la résine qui bouillonnait et tout à coup s'enflammait dans les veines du bois.

La nuit n'avait déjà plus cette luminosité irréelle du Sud ; de lourds cumulus assombrissaient le ciel et s'accrochaient aux pitons rocheux de l'Ouarsenis. Des chacals piaulaient autour du village. Les chiens du douar aboyaient et hurlaient tous ensemble puis, d'un seul coup, cessaient leur concert.

Très tôt le lendemain, ayant vérifié que ses instructions avaient été exécutées, Aurélie confia les chameaux à Ratita. Fier de ses nouvelles responsabilités, le chouaf prit la tête de sa caravane et s'éloigna lentement vers le sud. Ratita parti, on chargea les mulets arrivés l'avant-veille. C'était le travail de Dahmani. Il avait confié ses inquiétudes à Aurélie.

— Ah ! Lalla, leurs conducteurs ont des têtes de bandits ! Ce sont sûrement des Rhamania. Il faudra faire très attention. Les khouans rhamania n'aiment pas les Tidjani.

— N'ai-je pas la Baraka ? avait riposté Aurélie. Allons, montre ton autorité.

Ayant sondé prudemment le chef des muletiers, Dahmani découvrit avec soulagement que celui-ci exerçait surtout son métier en direction du Cheliff et de l'Oranie. Il avait entendu parler de la confrérie des Tidjani comme d'une puissante secte maraboutique.

— C'est un honneur de conduire Lalla Tidjania, répétait-il, oui, un grand honneur pour Makroun ! Allah protège ce voyage...

Dahmani rendit compte :

— Tout ira bien, Lalla Yamina. Ce sont des sauvages de la montagne mais ils protégeront l'épouse du Grand Maître. Ils savent qu'en son absence, c'est toi qui détiens la Baraka !

Le génie militaire avait tracé une belle piste à travers le relief tourmenté et raviné. Aurélie se réjouit en pensant qu'au retour, les arabas pourraient transporter jusqu'à Teniet les nombreux achats qu'elle comptait faire à Alger.

Le premier jour, l'étape s'accomplit entièrement à travers l'Ouarsenis, et c'est à peine si, de loin en loin, une metcha isolée signalait une présence humaine. À droite et à gauche de la piste, un maquis touffu recouvrait le sous-bois ; parfois, ils croisaient un muletier solitaire engoncé dans ses burnous délavés et en haillons, chaussé de vagues sandales taillées dans un cuir de bœuf et qui se rendait au marché, généralement porteur de charbon de bois, principale industrie de la région.

La traversée de la grande forêt où l'épaisse végétation méditerranéenne recouvrait tout le relief accentuait encore le dépaysement d'Aurélie. Les horizons démesurés du désert, les grandes plaines où le soleil reflète les flaques abstraites des mirages, l'absence totale de végétation arborescente avaient fait place à un univers feutré, secret, mystérieux. La piste sinuait dans le fond de gorges étroites, à l'ombre des chênes-verts, des micocouliers et des grands pins élancés ; parfois, les cèdres occupaient tout un flanc de montagne, et une végétation herbacée protégée du soleil par leur ombre gigantesque nourrissait des petits troupeaux de chèvres noires et de moutons. Pour les cavaliers de l'escorte, cette traversée était angoissante. Ils redoutaient la forêt, habitués qu'ils étaient à chevaucher dans la grande steppe d'alfa ou la hamada rocailleuse du Sud. D'étranges bruits les alertaient. Parfois, une troupe de singes criards et agressifs voltigeait au-dessus de leur tête, s'élançant de branche en branche. La veille, au campement, les muletiers leur avaient raconté des histoires sans fin de chasse au lion. Cela se passait à peine dix ans auparavant, mais, depuis, le dernier seigneur de la forêt avait été tué. Par contre, les panthères étaient encore nombreuses et faisaient de gros dégâts dans les troupeaux. Certaines poussaient l'audace jusqu'à franchir d'un bond les haies d'épineux qui protègent les douars pour repartir avec leur proie. Un incident confirma leur inquiétude.

Comme la piste franchissait un ravin encaissé où coulait un véritable petit torrent, les chevaux de l'escorte manifestèrent des signes évidents de peur : ils hennissaient sans raison, le poil de leur robe se mouillait, et ils caracolaient, cherchant à forcer la main de leurs cavaliers. Puis les mulets eux-mêmes partirent au petit trot. Makroun, le chef des muletiers, se porta en courant à la tête du convoi et à grands cris calma ses bêtes. Mais les chevaux continuaient à se cabrer, à pointer, et l'un d'eux désarçonna même un cavalier. Alors, Makroun tira un coup de feu en l'air, et tout parut se calmer.

— Que se passe-t-il ? demanda Dahmani.

— *Nemeur* ! La panthère. Il y en a une qui a son gîte quelque part dans ce ravin, et les chevaux ont dû sentir son odeur. J'ai tiré pour la faire fuir. Tout va bien !

Ce fut la seule alerte.

On sortit de la forêt comme on y était entré et, à la vue des vastes plaines du Cheliff, les hommes de Dahmani poussèrent un cri de joie. Ils respiraient et contemplaient le paysage, nouveau pour eux, d'une terre habitée par les hommes, où se multipliaient les mechtas isolées, les douars agglomérant leurs huttes de torchis dans l'enceinte des figuiers de Barbarie et, surtout, les vastes cultures européennes qui quadrillaient la plaine.

Le passage en forêt avait profondément marqué Aurélie. Voilà des années qu'elle n'avait pas vu d'arbres ni de mousses, et ce mystère qui inquiétait les hommes de son escorte avait fait ressurgir de son passé les longues et merveilleuses chevauchées dans la forêt barroise, entre son père et madame Steenackers. Elle ne s'était jamais doutée, depuis son arrivée dans le Sud, qu'elle cachait ainsi au plus profond d'elle-même cette secrète nostalgie de l'arbre et de la forêt.

Le lendemain, Aurélie et Dahmani chevauchèrent en tête du convoi de mulets, en pleine terre de colonisation. Un nouveau centre venait d'être créé, sur l'emplacement d'un ancien souk, au bord du Cheliff, là où se rejoignent plusieurs pistes et où passe la grande route d'Alger en Oranie. Il portait le nom d'Affreville, en souvenir de monseigneur Affre, archevêque de Paris, tombé sur les barricades de Paris en 1848. Ainsi, tout au long de son voyage allait-elle découvrir de nouvelles villes, de nouveaux villages et des noms de famille transformés en noms de lieux. En vérité, une noblesse retournant à la terre.

Partout s'élevaient des fermes modèles et des exploitations agricoles. Moissons prometteuses, vignes bien entretenues, vergers alternaient en damiers les couleurs de leurs diverses plantations.

Ils rejoignirent bientôt la grande route d'Alger à Oran. Elle était large et dégagée, le ruban central était empierré et, là-dessus, roulaient les convois militaires, les chaises de poste, les calèches particulières. Les bas-côtés en terre battue étaient réservés aux cavaliers, aux muletiers, aux arabas cahotantes et à la foule des piétons se rendant au marché.

Aurélie, le chèche remonté jusqu'au milieu du visage pour se préserver de la poussière, bien engoncée dans son burnous de voyage, ne se distinguait pas des autres cavaliers qui la précédaient. Parfois, deux voitures se croisaient, et leurs conducteurs, maniant le fouet, hurlaient des imprécations et réclamaient le passage, les obligeant à faire un écart pour ne pas être renversés.

— Des sauvages, Lalla Yamina ! disait Dahmani. Des sauvages !

Elle était bien tentée de lui donner raison.

Devant eux, au nord, se rapprochait d'heure en heure le puissant épaulement montagneux du Zaccar, abritant dans un repli, à mi-hauteur, la capitale du district : Miliana.

Une puissante garnison française y séjournait à demeure. En quittant la vallée du Cheliff pour s'élever par la route en lacet au flanc de la montagne, Aurélie, laissant le pays arabe, pénétrait en pays berbère. Orsi l'avait avertie. Les gens du Zaccar sont turbulents et dangereux. Ici, se prévaloir de la Tidjania serait commettre une erreur politique. Par leur appartenance berbérophone, les gens du Zaccar se rapprochent de leurs frères kabyles, grands partisans de la secte des Rahmania. Comme eux, ce sont des sédentaires, généralement petits cultivateurs et arboriculteurs. Ils rejettent toute autorité. Ce sont des autochtones fixés au pays avant l'invasion arabe. Beaucoup sont des descendants de l'occupation romaine. De leur ascendance mycénienne, ils ont gardé le goût des palabres. Chaque douar est en fait une petite république, une démocratie décadente soumise à l'autorité de la *djemaa**, l'assemblée du village.

Leur turbulence proche de la dissidence justifiait l'importante surveillance dont ils étaient l'objet et le nombre des postes militaires échelonnés tout le long de la grand-route d'Alger en Oranie.

Les militaires, les convois, la foule sur la route, l'intense activité agricole de la colonisation : Aurélie entrait dans un autre monde.

Elle fit arrêter son convoi muletier au fondouk. Anonyme

sous son vêtement indigène, elle surveilla le déchargement des bagages et installa ses servantes dans les cases du fondouk où, sous la garde de Dahmani, elles attendraient la diligence du lendemain. Puis, toujours à cheval, elle se présenta à l'unique auberge du chef-lieu, une hôtellerie confortable, devant laquelle elle mit pied à terre.

Interpellant en arabe le premier yaouled rencontré, elle lui tendit les rênes de son cheval et pénétra dans la vaste salle, où mangeaient et consommaient de nombreux militaires. Son arrivée fit sensation. Elle avait, en franchissant la porte, dégagé son visage et sa chevelure des torsades du chèche, et découvrait son visage et sa blondeur. Il y eut des cris de surprise.

— Vous désirez ? interrogea avec un mépris non dissimulé l'hôtelier.

— J'ai fait réserver une chambre par le caïd de Miliana.

— Ça m'étonnerait que ce soit chez moi. Voyez au fondouk !

— D'abord, soyez poli et ne cherchez pas de fausses raisons pour ne pas me recevoir. Je sais que ma chambre est réservée, au nom de madame Aurélie Tidjania ! Et je ne partirai pas d'ici.

— Je serai obligé de vous demander vos papiers. C'est le règlement. D'ailleurs, demandez à ces messieurs.

Un officier de chasseurs d'Afrique, intrigué, se levait de la table où il consommait avec quelques compagnons et s'approchait d'Aurélie :

— Puis-je vous aider, Madame ? dit-il en arabe.

Elle sourit :

— Je présume que ma tenue est à l'origine du malentendu. Cet hôtelier me refuse une chambre retenue à l'avance. Je viens de faire cinq cents kilomètres à cheval et je n'ai pas l'intention de partir d'ici.

— Voyons, monsieur Bartoli ! Madame a sans doute raison, il y a malentendu.

— Vous savez bien, mon lieutenant, qu'ici on ne reçoit pas les indigènes...

— Bien que portant le nom de Tidjania, je suis française, Monsieur, et ne permettrai à personne d'en douter. Tenez, Lieutenant, lisez à cet homme le texte de mon laissez-passer militaire.

À mesure qu'il consultait le laissez-passer du Bureau arabe, l'officier laissait paraître son étonnement. Il lui tendit le document.

— Venir du Sahara à la tête d'une caravane chamelière, traverser l'Atlas saharien, le Chergui... Je m'incline. Monsieur Bartoli se fera un honneur de vous donner une chambre, sinon, vous voudrez bien accepter la mienne. Je dispose d'une autre chambre au mess des officiers.

L'incident était aplani. L'hôtelier, toujours bougon, se confondit en vagues excuses, mais son visage démentait ses paroles. À ses yeux, cette femme blonde était une renégate ! S'il n'avait pas eu crainte du scandale, il l'eût volontiers mise à la porte de son établissement.

— Rassurez-vous, monsieur l'hôtelier, dit-elle en prenant la clef de sa chambre, je pars demain à l'aube et vous débarrasserai de ma présence.

Cet incident était un avertissement.

Le lendemain, lorsqu'elle rejoignit Dahmani au fondouk pour vérifier que toutes ses servantes avaient bien emprunté la diligence d'Alger sous la garde de Baba et Meryem, sa décision était prise : elle ne descendrait plus dans une auberge européenne.

CHAPITRE III

Aurélie avait évité les grands centres de la Mitidja. Elle avait gagné Alger en suivant la piste cavalière qui sinue à travers les collines du Sahel et, par la forêt de Bainem, atteint les hauteurs de la Bouzareah. D'un seul coup d'œil, elle découvrait la mer qui moutonnait sous le vent d'est, Alger la Blanche et sa casbah fortifiée, le port où régnait une intense animation. Un bateau entrait en rade ; les trois coups de sirène appelant le pilote parvinrent jusqu'à elle. Elle arrêta son cheval face au nord, découvrant en pensée, au-delà de l'immensité maritime, les rivages de la France. Le temps soudain ne comptait plus. Elle le remontait jusqu'au jour où, sur ce même belvédère, chevauchant aux côtés de son jeune époux, elle s'était retournée pour jeter un dernier regard sur ce qu'elle laissait derrière elle : son pays, ses coutumes, sa langue, et peut-être sa religion. Treize années avaient passé.

Elle se tourna vers Dahmani :

— Te souviens-tu ?

Il secoua la tête :

— Crois-moi, Lalla, il ne faut pas rester trop longtemps ici.

— Tu crains pour moi ?

— Ce qui est passé est passé, et ce qui doit venir est écrit... Mektoub !

— Eh bien, pensons à l'avenir. Plus vite mes achats seront terminés, plus tôt nous rejoindrons le Sahara. Sois rassuré, Dahmani, ma vie est là-bas.

Deux heures plus tard, elle avait rejoint, dans l'une des deux maisons que lui avait achetées Si Ahmed, Baba, Meyrem et sa cohorte de servantes arrivées du matin par la diligence. Tous s'affairaient, et les feux des kanouns allumés à même la cour intérieure cuisaient les brochettes et la chorba. Elles entourèrent, en criant de joie, leur maîtresse.

— Ah ! Lalla Yamina, disait Meryem, quand tu n'es pas là, on ne sait rien faire !

— Eh bien, mes poulettes, je vous donnerai du travail ! Les chambres sont-elles faites ? L'eau chaude pour le bain prête, la cour balayée ? Allez, secouez-vous ! J'attends la visite de mes sœurs.

Ses sœurs et ses beaux-frères habitaient l'autre maison, presque mitoyenne, que leur avait prêtée Aurélie. C'était d'ailleurs le seul geste de générosité consenti en faveur de sa famille. Aurélie ne s'analysait pas. Elle s'était purement et simplement détachée de tous les liens qui pouvaient lui rappeler son enfance dans la médiocrité d'Arc-en-Barrois. Son père et sa mère étant morts, il lui restait ses frères et sœurs, tous émancipés, les uns mariés, occupant de modestes fonctions dans l'administration. Deux familles s'étaient fixées à Alger, une autre en Oranie. Aurélie n'avait que de rares rapports avec elles.

Aucun des membres de sa famille n'avait voulu entreprendre le voyage d'Aïn Madhi ; elle en avait été ulcérée.

Inconsciemment, ils considéraient le mariage d'Aurélie comme une trahison envers leur pays, envers leur religion. Elle n'avait pas cherché à se disculper. Peut-être, s'ils avaient été plus courtisans, Aurélie les eût-elle comblés de richesses. Mais ils ne manifestaient aucun intérêt pour la fortune d'Aurélie, dont ils ignoraient l'étendue. Certains leur disaient qu'elle était colossale, d'autres que rien ne lui appartenait en propre.

La vérité était que, bien que disposant d'une très belle fortune personnelle en dehors des biens de la confrérie, Aurélie estimait que ce qui lui appartenait devait revenir après sa mort aux héritiers de son époux.

Sa métamorphose s'était accomplie.

— Je ne suis plus une Picard, avait-elle dit à ses proches, je suis Tidjania et le resterai toute ma vie.

Pourtant, leur indifférence à son égard la choquait. Elle-même, ambitieuse et âpre au gain, ne comprenait guère leur médiocrité.

Elle voulut mettre à l'épreuve l'une de ses sœurs. Un jour qu'elles prenaient le thé à la menthe dans son salon d'Alger, elle déversa sur la table de marqueterie incrustée de nacre le contenu de son coffret à bijoux. Ce coffret en bois de cèdre ne la quittait jamais ; il était placé sous la garde directe de Dahmani et enfoui dans les fontes de sa selle. Elle était fière de ses richesses et guettait sur la physionomie de sa sœur des signes d'envie. Mais l'autre restait indifférente devant l'accumulation de colliers de perles, d'or, d'argent, de broches, de bagues et de pierres précieuses. Peut-être même souriait-elle d'un air méprisant. Aurélie fut sur le point de laisser éclater son dépit et sa colère. Que sa sœur eût manifesté par un geste, une parole, son envie de posséder l'un de ces bijoux, elle en aurait saisi une poignée et la lui aurait offerte sans arrière-pensée. Ainsi avait-elle fait pour ses belles-sœurs de Temacine. Il n'en fut rien.

Un autre incident l'éloigna encore de ses sœurs. Elle avait commandé et entreposé à même le sol, dans une réserve de sa maison, cinq cents burnous blancs achetés pour son personnel de Kourdane. L'une de ses servantes, chargée de nettoyer les pièces, lavait chaque jour le sol carrelé à grande eau, sans se soucier des dégâts que cela occasionnait. Aurélie, ayant découvert la faute, piqua l'une de ses rares et violentes colères et, saisissant la cravache en cuir de girafe qui ne la quittait jamais, flagella avec violence la coupable qui subit sa peine en pleurant, tandis que les autres servantes, indifférentes à la correction qu'elles jugeaient méritée, se dispersaient dans la grande maison. L'une de ses sœurs, témoin de l'incident, le lui reprocha violemment :

— Comment peux-tu être aussi cruelle ?

— Je ne suis pas cruelle, je suis juste ; j'ai émancipé toutes mes esclaves, mais elles doivent accomplir leur tâche sérieusement. Par la faute de cette petite sotte, vingt burnous au moins sont perdus, moisis ! Je n'aime pas le gâchis. Elle sait très bien, et ses compagnes aussi, qu'elle a mérité le fouet. D'ailleurs, ne te mêle pas des choses que tu ne peux comprendre. Comment crois-tu que j'ai réussi à me faire obéir des centaines de serviteurs que j'ai sous mes ordres ? Bien que cela te paraisse étrange, je suis bonne ! Ne m'appelle-t-on pas Lalla Yamina ? Car chacun sait que je ne corrige qu'à bon escient. Ce sont des choses que ta petite cervelle de provinciale ne peut comprendre.

— En effet, Aurélie ! Tu n'es plus la grande sœur que nous aimions tant et qui nous a élevés.

Aurélie sut, à partir de ce jour, qu'elles ne pourraient jamais se comprendre.

Heureusement, ses achats prenaient tout son temps. Suivie de Baba et de Meryem, escortée par Dahmani, elle parcourait les rues d'Alger en calèche, vêtue à l'européenne, inaugurant chaque jour de nouvelles toilettes, achetant ce qui était le plus cher et le plus clinquant. Elle n'avait plus madame Steenackers pour la conseiller, et couturières et modistes s'en donnaient à cœur joie pour lui vendre leurs plus coûteux modèles, les plus chargés en dentelles, les plus lourds tissus de soie et les bustiers tissés de fil d'or ou d'argent.

— Je ne viens que tous les dix ans, disait-elle en riant, alors il faut que je rattrape le temps perdu et que je songe à l'avenir.

Mais sa véritable préoccupation était de meubler Kourdane et d'en faire le palais de ses rêves.

Ses achats avaient fait l'objet de tractations qui duraient depuis plusieurs mois.

Un ébéniste renommé de la casbah avait reçu les plans des boiseries qu'elle avait elle-même exécutés avant de venir, et lui avait confectionné les encadrements des portes et des fenêtres, et les moucharabiehs des petites ouvertures, taillés dans le cèdre odoriférant de l'Atlas et sculptés de versets du Coran.

Si l'extérieur du palais de Kourdane devait conserver l'architecture d'une maison mauresque, elle avait résolu de meubler les pièces à l'européenne, à l'exception du grand salon d'apparat.

Un grand magasin d'ameublement de la rue d'Isly avait procuré une très belle salle à manger Henri II, dont le style austère lui paraissait digne du Grand Maître de la Tidjania. Le vaisselier, les armoires des chambres, les lits avaient été fabriqués pour partie en style Empire ; d'autres conservaient une allure bourgeoise et louis-philipparde. Si beaucoup de ces achats étaient de mauvais goût, par contre, bien conseillée par le juif Bitouche de la rue de la Lyre, elle avait fait l'achat d'un salon syrien de très haute qualité, en bois de cèdre incrusté de nacre et d'une très grande glace biseautée, magnifiquement mise en valeur par un cadre en bois doré de style hachémite, provenant d'un palais oriental.

Rue d'Isly également, où elle découvrait jour après jour de superbes boutiques, succursales des grandes maisons de Paris, elle acheta une dizaine de services de table en porcelaine de Limoges ou de Saxe, une imposante verrerie de Bohême et une argenterie à plein titre.

Elle était prise du délire d'acheter : Si Ahmed lui avait ouvert un crédit illimité, et tous ses achats étaient payés sans aucun délai.

Entre-temps, elle avait pris contact avec des avocats de son mari qui traînait toujours quelque procès. Elle avait évité les réceptions officielles et s'était tenue à l'écart des mondanités. Sa seule revanche était de parcourir la rue d'Isly ou le front de mer en calèche tirée par deux splendides chevaux noirs, Dahmani caracolant à six pas derrière son attelage. Son tour de ville accompli, elle regagnait sa maison et s'y enfermait pour inventorier ses achats, commencer les emballages et fixer les charges, car le retour constituerait une véritable expédition.

Un gros entrepreneur de transports de la Mitidja lui loua six camions, tirés par six chevaux chacun et capables de transporter jusqu'à Affreville les douze tonnes de leurs chargements. Le plus lourd était l'énorme masse de carreaux de faïence et de céramique destinés à orner les murs et les sols de Kourdane. Sur sa demande, depuis de longs mois, des intermédiaires arabes achetaient tous les azulejos provenant des maisons mauresques que l'on avait démolies pour faire place aux immeubles modernes. De magnifiques azulejos, des Delft aux tons pâles avaient ainsi été sauvés et retrouveraient à Kourdane leur splendeur déchue.

Puis, un beau jour, Aurélie reprit la route du Sud.

D'Affreville à Teniet el Haad, la piste du génie ne permettant pas le passage des lourds camions, il fallut transborder le chargement sur dix légères arabas indigènes ne pouvant guère porter plus de trois cents kilos chacune. Le parcours prenait deux jours et autant pour revenir, et il nécessita, au rythme de trois tonnes par voyage, treize jours de va-et-vient à travers la grande forêt de l'Ouarsenis. Les cavaliers d'Aurélie, prévenus, se relayaient pour assurer l'escorte du convoi. Elle-même avait rejoint Teniet el Haad où Ratita se tenait prêt à ramener les chameaux du pâturage.

Elle avait retrouvé Orsi, qu'elle traitait désormais comme un vieil ami. N'était-il pas le seul Européen à vraiment la comprendre ? Chaque soir, ils se réunissaient au campement de la Tidjania, échangeaient les nouvelles et parlaient du passé.

Enfin, le jour vint où les soixante chameaux furent chargés, les uns portant le mobilier démonté et qu'il n'y aurait plus qu'à recheviller à l'arrivée, les autres transportant dans des chebkras à toute épreuve les carreaux de faïence ou de céramique, les caisses de vaisselle soigneusement emballée dans du coton cardé, l'argenterie, la verrerie, les tissus, les robes et les achats d'Aurélie.

Le départ de la caravane fut un grand jour.

Aurélie avait tenu à ce que l'on reprît l'ordre solennel de l'arrivée.

Orsi, selon la coutume du Sud, chevaucha à ses côtés jusqu'à la limite de son territoire, puis la salua gravement en lui souhaitant bonne route.

— Ne craignez rien, Orsi, j'ai la Baraka, lui dit-elle en souriant.

Il la suivit longtemps du regard ; elle montait El Ghazal avec son élégance coutumière. L'adjudant-chef était subjugué.

Il attendit que la caravane ne fût plus qu'un trait de fumée sur la grande draille du Sud pour faire demi-tour et regagner Teniet el Haad.

CHAPITRE IV

Depuis cinq années, Aurélie habite Kourdane. Ce qui était autrefois un désert rocailleux au pied du djebel Amour est devenu un domaine exemplaire. Autour du pistachier géant conservé comme un fétiche dans l'enceinte du palais se sont étendues les plantations et les cultures. Commencée en 1883, l'œuvre de la Tidjania s'achève en cette année 1891. Tour à tour architecte, ingénieur, dessinateur, agronome, dressant les plans du palais, traçant les carrés d'irrigation, faisant creuser les puits, elle a commandé à près de deux cents travailleurs noirs, presque tous descendants d'anciens esclaves d'Aïn Madhi. Son autorité sur eux est absolue.

Acharnée au travail, elle se déplace sans arrêt de Kourdane à Aïn Madhi, continue de vérifier les comptes de la zaouia, en attendant que Kourdane, résidence du Grand Maître, devienne le siège principal de la confrérie.

Sa vie n'est pas exempte de graves complications administratives et familiales.

Le Grand Maître a beaucoup changé : de plus en plus obèse, de plus en plus diabétique, de moins en moins exemplaire dans sa vie privée. À plusieurs reprises, Aurélie a dû chasser des concubines qu'il installait au palais. Une année, en 1887, lassée de la conduite de son mari, lasse également des attaques sournoises d'une administration française qu'elle tient en échec mais qui n'a pas désarmé, elle a failli tout abandonner. Mais cette femme d'origine modeste a jugé sainement les événements. Si Ahmed a rompu son engagement, soit ! Elle est une femme trompée selon la mentalité française – ce qui n'a guère d'importance en pays musulman, tant qu'elle reste la première et unique épouse. Tant pis pour les concubines ! Elle sait que tout repose sur elle : Kourdane est une réussite et une lourde charge. Chaque jour, des centaines de pèlerins viennent solliciter la Baraka du Grand Maître. Les offrandes affluent, elle est plus riche que jamais, et tout cet argent, elle songe à le réemployer immédiatement. Après Kourdane, on construira un barrage sur l'oued M'zi, afin d'irriguer un nouveau secteur. Ce qu'elle tente, aucun Bureau arabe ne l'a fait. Les militaires de Laghouat se contentent de surveiller le Sahara et, s'il n'y avait les Pères blancs et les Sœurs blanches, qui ont créé des écoles et des orphelinats, la présence française ne serait qu'une vaste conquête militaire.

Patiemment, obstinément, Aurélie poursuit son œuvre : en compensation du poste militaire d'Aïn Madhi, elle a obtenu des militaires qu'une école française et un dispensaire médical soient installés à demeure. Car, auprès des autorités supérieures, et bien que Si Ahmed soit toujours présent lors des discussions officielles, c'est elle qui décide et propose ; c'est elle le véritable maître de Kourdane.

En cette radieuse matinée de printemps, levée avec le jour selon son habitude, Aurélie, du haut du balcon à colonnes de son palais, assiste à la montée du soleil sur l'infini de l'horizon. Les trente hectares déjà irrigués font de ce lieu une oasis privilégiée, une tache verte sur la croûte brûlée du Sahara.

Une intense activité règne sur le domaine. Une centaine de serviteurs s'affairent, balayent les allées, et nettoient les abords de la ferme et des écuries où une centaine de chevaux piaffent et hennissent. Des ouvriers agricoles soignent les vergers où ont été plantés en quinconce et taillés en boule des amandiers, des orangers, des figuiers, des néfliers, des plaqueminiers, des citronniers, et même quelques essences purement européennes telles que cerisiers, pêchers et abricotiers. Les carrés d'orge et de blé alternent leurs prochaines moissons, les champs de luzerne sont fauchés régulièrement. Le bruissement des poulies des puits rappelle l'activité de l'irrigation bien conduite qui a transformé le désert.

Mais peut-être Aurélie est-elle plus sensible encore à la beauté de son jardin d'agrément : l'inutile, n'est-ce pas ce qui embellit la vie ? Il s'étend devant le palais, entouré de hauts murs de pisé blanchis à la chaux. On le traverse pour arriver à la porte principale du palais. C'est un véritable parterre de roses qui embaument à distance ; la Tidjania a fait venir les plants et les boutures de France, et sa roseraie peut être comparée aux plus belles de l'Afrique du Nord. Il a fallu beaucoup d'eau, mais qu'importe, la nappe phréatique découverte par son intuition se révèle inépuisable. Bien avant le lever du soleil, les serviteurs arrosent, et longtemps encore après son coucher. Comble du gaspillage, çà et là sont disposées des vasques en albâtre supportant des jets d'eau, et c'est un spectacle insolite que cette eau qui jaillit, pour rien, pour le plaisir, et qui laisse les visiteurs sahariens de Kourdane ébaubis comme devant un miracle. Aurélie le sait, cela ne fait qu'accroître son prestige, il faut qu'elle détienne une part de la Baraka pour avoir accompli ce miracle : rendre la vie au désert.

Alors, de plus en plus, on vient la trouver. Les hommes baisent la main de Si Ahmed qui reçoit en grand seigneur immobile et distant les hommages de ses khouans ; les femmes des chefs de tribus sont reçues en audience par Lalla Yamina. On boit le thé dans les précieuses tasses de porcelaine, les théières et les verseuses sont d'argent, les nappes ourlées de fines broderies. La Tidjania, en ces occasions, s'habille à l'orientale et se pare de nombreux bijoux, véritable châsse vivante, sculpturale et imposante, servie par un léger embonpoint. Elle dirige une conversation décousue et obtient de précieux renseignements sur les tribus, leurs richesses et leurs rivalités. Selon que ces renseignements peuvent la servir ou non, elle en fera part au Bureau arabe de Laghouat ou les passera sous silence. En fait, elle sait tout, contrôle tout. Son amour du début a fait place à une ambition démesurée. Les officiers français ne se cachent pas pour dire : « Entre ses mains, Si Ahmed n'est qu'un pantin dont elle tire les ficelles. »

Finalement, l'administration française a compris qu'il serait vain de vouloir détruire son influence. Certes, Aurélie défend pied à pied les intérêts de sa confrérie, ne cède rien pour rien et, parfois, les hauts fonctionnaires enragent à l'idée qu'une Française leur tient tête alors qu'ils pourraient tout obtenir d'un Si Ahmed avachi, à la vie privée scandaleuse, en le payant grassement !

Ce qui s'est passé en 1887, Aurélie ne l'a pas oublié : l'administration française, soutenant contre Si Ahmed un procès engagé par un caïd, a fait effectuer une saisie sur les biens privés de Si Ahmed pour rembourser une dette du Grand Maître ! Un huissier a opéré une saisie à Aïn Madhi ! Faute inadmissible et qui portait atteinte à la souveraineté des Tidjani. Mais, comme on avait besoin d'elle, elle a peu à peu regagné la confiance perdue, et ce jour voit le triomphe de sa politique et l'apothéose de son ambition : le gouverneur général Tirman, qui est un libéral, arrive ce soir à Kourdane où il sera l'hôte de Si Ahmed et d'Aurélie Tidjania.

Aurélie a convoqué Si Bachir et Boubeker. Ce dernier se fait vieux, mais il est toujours le mokkadem le plus écouté. Si Bachir, éloigné de Kourdane, est chargé des plus importantes missions de la confrérie et siège à Aïn Madhi. Enfin, le jeune Si Ali et son cousin Si Mohamed, fils de Si Bachir, seront chargés d'aller au-devant de l'escorte gubernatoriale et, selon la coutume, de la recevoir avant son entrée à Kourdane. Si Ali est un jeune prince de belle allure, à la double culture musulmane et française. L'éducation que lui a donnée Aurélie en fait un prince mondain aussi à l'aise dans les casinos d'Alger où il dissipe sa fortune personnelle – et parfois celle de ses parents – que dans les campements des grands chefs du Sud. Parfait courtisan, il a gardé pour sa mère adoptive une véritable vénération, et il est la seule faiblesse d'Aurélie. Elle a reporté sur lui son affection maternelle inassouvie. Elle en a fait un jeune homme intelligent, cultivé, parlant agréablement le français et même l'arabe littéraire ; mais, trop faible, elle passe sur ses frasques, les excuse ! N'est-il pas le fils du Grand Maître, appelé lui-même à régner ?

Curieusement, Si Ahmed a pris son fils en grippe. Comme son père, le jeune prince aime les femmes, toutes les femmes, et se ruine auprès des grandes courtisanes de Laghouat, de Biskra et de Djelfa, quand il ne perd pas une fortune au jeu en une soirée. Des scènes continuelles éclatent entre Si Ahmed et son fils, qu'Aurélie a bien du mal à calmer. Dans sa colère, Si Ahmed n'a-t-il pas proclamé devant le conseil des mokkadems la déchéance de son fils ? Si Ali, dit-il, n'est pas digne de lui succéder, car il ruinera la confrérie. De cela, Si Ali, dans son insouciante jeunesse, n'a cure. Son père mort, il sera toujours temps de faire valoir ses droits héréditaires, pense-t-il.

Alors, pour qu'il ne perde pas la face, on utilise ses dispositions mondaines, son élégance et sa beauté. Il est devenu le cicérone de Kourdane, chargé de recevoir et d'accompagner durant leur séjour les nombreux et illustres visiteurs qui se succèdent au palais de la Tidjania.

Et ce jour sera le plus grand ! Kourdane reçoit la première visite d'un gouverneur général de l'Algérie.

Si Ahmed voulait inviter à sa réception tous les grands chefs arabes du Sud, les Larbaa, les Ouled Naïl, les Chaamba, mais Aurélie s'y est opposée :

— Ne donne pas l'occasion au gouverneur de faire des comparaisons qui pourraient être à ton désavantage. Aujourd'hui, c'est toi qui reçois, en tête à tête, sans autres témoins que le colonel commandant la place de Laghouat et la suite personnelle du gouverneur. Nous devons beaucoup à Tirman, c'est lui qui a aplani nos difficultés, facilité la collecte de la ziara, mais nous devons nous montrer à lui dans toute notre puissance.

— Tu parles toujours avec sagesse, Lalla Yamina, a conclu Boubeker.

— J'ai besoin de ton aide, Boubeker ; le gouverneur va certainement nous questionner longuement sur les zones d'influence de la Tidjania au Sahara, je compte sur toi. Il ne faut pas que la malheureuse affaire de 1881 se renouvelle. N'oublie pas le sort tragique du marabout que nous avions envoyé avec la mission Flatters et qui a été massacré par les Touareg. D'autres missions sont en préparation ; nous devons nous affirmer et combattre les Senoussistes. Quant à toi, Si Bachir, le gouverneur sera certainement intéressé par le récit de tes missions au Soudan. Insiste sur l'influence de la Tidjania dans ces régions lointaines du Sahel !

Ayant donné ses ordres, elle les a laissés discuter entre eux des sujets à aborder avec le gouverneur. Elle a visité pièce après pièce le palais de Kourdane, ne laissant rien au hasard. Le gouverneur sera logé dans une aile du palais réservée aux visiteurs de marque. Elle y a fait transporter des meubles de prix tenus en réserve pour les grandes occasions ; Baba dirigera les dix serviteurs affectés aux appartements du gouverneur.

Dans une pièce spécialement choisie pour cet usage, d'immenses cuves chaufferont en permanence l'eau indispensable aux ablutions. Une salle de douches a été aménagée à la mode saharienne : son réservoir placé sur la terrasse sera surveillé nuit et jour par un Noir affecté à ce service.

Aurélie a longtemps réfléchi : recevra-t-elle le gouverneur à la française ou à l'orientale ?

Elle a finalement opté pour une solution mixte : le dîner du soir sera servi à la française dans la salle à manger Henri II ; on sortira la plus belle argenterie, la verrerie de Bohême, les nappes finement brodées, les aiguières et le service de porcelaine de Limoges. Les jours suivants, une grande diffa aura lieu dans le jardin d'agrément au milieu de la roseraie ; est prévue également une chasse à l'autruche dans les daïas du Sud. Cette chasse, organisée par Dahmani, clôturera le séjour du gouverneur qui, depuis les daïas, regagnera directement Laghouat avec sa suite.

Des journées épuisantes, mais quel triomphe !

Ce même jour, sitôt la forte chaleur passée, le prince Ali, en tenue de cavalier de grand apparat, montant un magnifique étalon gris pommelé à crinière noire, se porta à la rencontre du gouverneur. Derrière lui, Si Mohamed Bachir, son cousin, portant l'étendard de la Tidjania, caracolait sur sa jument aubère.

Du grand balcon de Kourdane, Aurélie assista à leur départ et les suivit longtemps du regard.

Un peu de mélancolie voilait la joie de cette grande journée : à la place d'Ali, c'est son propre fils qui, en ce jour, authentique prince tidjania, aurait dû accueillir le gouverneur !

« Mektoub ! murmura-t-elle. Allah n'a pas voulu ! »

CHAPITRE V

Extrait du journal intime de Jean-Charles de Roux, jeune administrateur des services civils de l'Algérie, secrétaire particulier de monsieur le Gouverneur général de l'Algérie, Tirman.

Nous avons quitté Laghouat de très bonne heure ce 20 mars 1891, à destination de Kourdane, qui est, paraît-il, le palais et la nouvelle résidence de Si Ahmed, Grand Maître de la confrérie des Tidjani, dont le siège principal est la zaouia d'Aïn Madhi, un peu plus à l'ouest.

Le gouverneur voyage dans le break tiré par quatre chevaux barbes que le khalifa des Larbaa a tenu à lui prêter pour la circonstance. J'ajoute que, le gouverneur étant un modeste cavalier, je suis plus rassuré pour la suite de ce voyage.

Pour ma part, je dispose d'un très bon cheval sellé à l'européenne, car je ne suis pas habitué à la monte arabe, mais très souvent le gouverneur m'appelle auprès de lui et je le rejoins dans le break qui cahote et secoue durement sur une mauvaise piste du désert. Le gouverneur est accompagné du colonel, chef du Bureau arabe de Laghouat, et d'une escorte de spahis sous le commandement d'un lieutenant. Un interprète officiel, un khodja, suit dans une calèche avec le valet de chambre du gouverneur.

Nous avons fait halte à Tadjemout et sommes repartis très tôt malgré la chaleur du début de l'après-midi, car le gouverneur désire, pour ne pas froisser les coutumes du pays, arriver avant la nuit. Aussi ai-je à peine pu apprécier le paysage, à vrai dire peu intéressant : un semi-désert aride, des moutonnements d'alfa, des roches nues et, au nord, une très haute chaîne de montagnes formant une barrière continue, le djebel Amour – renseignements pris, il ne faut pas prendre ce mot pour une nouvelle Cythère. Amour est, paraît-il, une déformation d'*ameur*, « grand ». La « Grande Montagne », somme toute.

Pourtant, m'a confié le gouverneur, c'est à l'apothéose ou à la fin d'une véritable histoire d'amour que nous allons assister ces jours prochains. Si Ahmed Tidjani, chérif de l'Islam, a, paraît-il, épousé une jeune Française voici bientôt dix-neuf ans ! Une femme étonnante qui a séduit le gouverneur par son entregent et son sens politique. Je ne connais pas grand-chose aux affaires de l'Islam, mais il me semble que cette « madame Tidjania » (pour employer le féminin arabe) doit être une forte femme pour être encore en place après tant d'années.

— A-t-elle abjuré la religion catholique ? ai-je demandé au gouverneur.

— Personne ne peut l'affirmer, m'a-t-il dit. Les officiers de Laghouat qui la connaissent très bien affirment qu'elle conserve toujours dans sa chambre une statue de la Vierge noire de Notre-Dame-d'Afrique, cadeau de mariage de monseigneur Lavigerie. Par contre, elle participe au conseil des mokkadems, remplit les fonctions d'oukil de la confrérie, et certains lui prêtent à tort ou à raison le titre de mokkadema, c'est-à-dire de vicaire religieux de l'Islam !

Je suis très curieux de connaître celle qui reçoit le gouverneur général en ami et en égal !

(Écrit à la halte de l'oued M'zi, tandis que les cochers changent les chevaux du break épuisés par l'allure trop vive menée depuis le départ.)

(Journal continué au Dar Diaf de Kourdane, le soir de notre arrivée.)

Nous roulions et nous chevauchions depuis deux heures dans la tiédeur de la fin d'après-midi lorsque, tout à coup, le chouaf précurseur de notre caravane revint au galop annoncer au gouverneur qu'une troupe de cavaliers venait à notre rencontre. Peu après, surgissant d'un nuage de poussière, une dizaine de cavaliers indigènes, lancés à plein galop et voulant sans doute nous montrer leur maestria, s'arrêtèrent pile à une vingtaine de mètres de notre cortège, tirant une salve d'honneur de leurs vieilles armes à long canon encastré dans un fût et une crosse en bois de cèdre, incrustée de marqueterie et de fils d'argent.

Un jeune cavalier les commandait, montant un magnifique étalon gris pommelé à crinière noire, richement harnaché, la selle aux étriers d'argent reposant sur un véritable caparaçon de velours rouge tissé de fils d'or. Lui-même était sanglé dans un dolman vert d'eau fermé par une rangée très serrée de boutons en or massif ; son saroual de même couleur était soutaché de fils d'argent, un burnous d'une blancheur immaculée recouvrait un haïk de soie légère, il était coiffé d'un turban vert noué avec élégance, et suivi à six pas par son porte-étendard qui n'était autre, je le sus par la suite, que son propre cousin, Si Mohamed Bachir.

Les deux cavaliers se portèrent à la hauteur du break du gouverneur ; le chef du détachement salua du sabre et se présenta dans un excellent français :

— Si Ali, fils de Si Ahmed Tidjani, Grand Maître de la Tidjania, vous présente le salut et la bénédiction de Dieu pour votre voyage. Je suis chargé de vous accueillir et de vous conduire à Kourdane.

— Le salut soit sur le Grand Maître détenteur de la Baraka, répondit le gouverneur. (Entre nous, c'est le colonel X qui lui a inspiré cette phrase, car monsieur Tirman est un arabisant néophyte ; n'était-il pas conseiller d'État, avant d'être nommé à ce haut poste d'Alger ?)

Nous sommes repartis en direction de l'est. Le jeune prince caracolait aux côtés du break ; j'ai pu l'examiner à loisir. Il me paraissait avoir une vingtaine d'années, jouait parfaitement son rôle de prince héritier, avec race, dirais-je, et, ma foi, comme mon poste protocolaire était de chevaucher également à hauteur de la voiture, nous avons pu bavarder et, dois-je dire, sympathiser.

— Ce soir, m'a-t-il dit, la réception sera très officielle, car ma mère désire honorer grandement le gouverneur. Mais dès demain, les réjouissances seront plus libres. Je vous ai organisé une chasse à l'autruche.

— Il y en a encore ? Je les croyais anéanties !

— Mes hommes sont allés les débusquer très loin dans le Sud, à la limite du Grand Erg occidental, et ils les ont rabattues à une cinquantaine de kilomètres d'ici, dans la région des daïas !

Comme notre équipage arrivait au sommet d'une colline, l'oasis nous apparut dans son ensemble, et nous poussâmes une exclamation de surprise. Tranchant sur les tons brûlés du désert, un rectangle très important de terres cultivées et de vergers s'étageait au pied de la montagne en direction du sud.

Vers le haut de la propriété s'érigeait Kourdane, le palais de Si Ahmed Tidjani – je devrais dire le palais de madame Tidjania, car tout cela est son œuvre.

Les cavaliers du chérif s'étaient formés sur deux rangs à l'entrée de la propriété et nous saluèrent des mousqueteries d'usage. Le soleil déclinant, les couleurs encore violentes du désert, de la montagne et de l'oasis, l'archaïsme des cavaliers, tout cela me procurait une étrange vision médiévale. L'isolement de Kourdane, son environnement désertique et sa magnifique oasis me donnaient l'impression de vivre un conte des Mille et Une Nuits.

Nous pénétrâmes dans l'enceinte rectangulaire du palais cernant le jardin d'agrément de madame Tidjania. Des jets d'eau jaillissaient de vasques en albâtre, des colombes roucoulaient, le parfum entêtant des roses nous montait à la tête.

Devant l'entrée principale, Si Ahmed et son épouse nous attendaient.

J'ai eu le choc ! Je l'avoue.

Était-elle très grande, devait-elle sa taille à la longueur de sa robe taillée dans un lourd et riche tissu enrichi de broderies en fils d'or et d'argent ou à son allure souveraine ? Souveraine ! C'est le mot qui convient. Je lui donnai la quarantaine. Mais elle était encore très belle, bien qu'un peu forte pour mon goût (cette appréciation sera gommée du rapport officiel).

Le gouverneur reçut l'accolade de Si Ahmed et baisa la main de son épouse. Puis nous pénétrâmes dans le palais.

Vu de l'extérieur, c'est une grande construction quadrangulaire à un étage ; une véranda formant balcon et soutenue par des colonnes de marbre a été aménagée dans la façade sud. L'ensemble ne diffère guère des maisons mauresques d'Alger.

Madame Tidjania nous fait les honneurs de son palais.

Nous pénétrons de plain-pied dans un premier salon d'un ameublement disparate fait de meubles louis-philippards et orientaux mélangés. Par les fenêtres encadrées de lourds rideaux doublés de tentures, nous pouvons apercevoir une cour intérieure aux murs garnis d'une vigne bien taillée, où nichent et roucoulent des dizaines de colombes et de tourterelles.

La lumière crue du désert n'entre pas dans ce salon où règne, par contraste avec l'éclatante atmosphère du Sahara, une semi-pénombre pleine de mystère. Romantiques sont les souvenirs laissés çà et là à la curiosité des visiteurs sur des tables basses en marqueterie : des daguerréotypes jaunis, un album-souvenir offert par la ville de Bordeaux aux fiancés de l'exil... Ce salon est comme une antichambre de repos. On a l'impression d'y abandonner les fatigues du voyage, on y retrouve la fraîcheur, car la houle brûlante du désert n'y pénètre pas.

Nous accédons ensuite au grand salon d'apparat du premier étage. C'est là que madame Tidjania reçoit ses hôtes de marque. C'est une véritable suite princière, et je ne peux mieux faire que de la décrire en détail. Le salon qui fait suite à la salle à manger donne sur une large véranda communiquant avec le balcon à colonnes. On y jouit d'une vue magnifique sur le désert, mais le retrait formé par la véranda et les grandes fenêtres en partie étouffées par les lourdes tentures constitue une zone d'ombre, une défense contre la fournaise du dehors.

Le grand salon est éblouissant. Avec très peu de fausses notes. On m'avait pourtant mis en garde contre le mauvais goût ou, plutôt, l'absence de goût de notre hôtesse. Qui donc l'a conseillée pour ce mobilier syrien de haute tenue – meubles d'ébène incrustés de nacre, trophées de chasse accrochés aux murs : gazelles, addax et autres antilopes, vraisemblablement souvenirs de chasses africaines ? Sur le sol carrelé ont été jetés de magnifiques tapis offerts par les pèlerins de passage. Le grand panneau du salon est recouvert d'une tapisserie murale et orné d'une grande glace biseautée admirablement encadrée ; de part et d'autre, dans des cadres richement décorés, trônent deux grands daguerréotypes des maîtres de céans.

Mais le plus étonnant est le piano droit, avec ses deux tabourets (qui donc peut en jouer avec la Tidjania ?) et les partitions de musique entassées sur un guéridon de bois de cèdre incrusté d'ivoire et de nacre. J'ai l'indiscrétion de feuilleter les partitions : des valses, rien que des valses, encore des valses ! Quoi d'étonnant ? La légende dorée de madame Tidjania ne conte-t-elle pas que les deux époux se sont rencontrés au son d'une musique de Strauss ?

Nous avons pris le repas du soir dans la salle à manger Henri II, banale et austère. Sur la table fleurie d'une guirlande de jasmin s'étalait un dessous-de-plat en argent massif. Le service fut somptueux. Madame Tidjania avait tenu à nous traiter à la française. J'ignore si elle sait cuisiner ; en tout cas, son repas était parfait, quoique un peu lourd. N'avons-nous pas débuté par une quiche lorraine, poursuivi par une selle d'agneau broutard entouré de terfess, ces truffes blanches du désert, ma foi fort agréables ? Si Ali et son cousin, Si Mohamed el Bachir, nous servaient debout et nous passaient les plats que des serviteurs noirs enturbannés leur apportaient. Le Grand Maître est un grand buveur. Est-ce à Bordeaux qu'il a appris la science des vins ? Chaque plat était accompagné d'un grand cru parfaitement choisi – qu'il s'agisse de bordeaux rouge ou blanc – et de champagne au dessert. À la fin du repas, il était terriblement congestionné ; par contre, son épouse, parfaitement à l'aise, a tenu une agréable conversation avec le gouverneur.

Avec la délicatesse qui caractérise l'hospitalité arabe, la soirée a été écourtée afin que nous puissions nous reposer de cette fatigante journée.

L'appartement du gouverneur a été aménagé dans le rez-de-chaussée ; c'est le *Dar Diaf* : la « Maison des Hôtes ». Il est orné d'une profusion de tapis précieux. Sa chambre est immense, et deux brûle-parfum en argent massif admirablement ciselés en constituent le principal ornement. Une salle de douches a été prévue ; il n'y a qu'à tirer sur une chaînette pour recevoir une douche tiède à point ! Comment font-ils pour avoir toujours de l'eau chaude ? Il faudra que je pose la question à Si Ali.

(Suite de mon journal, 21 mars 1891.)

J'ai été réveillé à l'aube par le chant d'un muezzin. Un iman est attaché en permanence à Kourdane, bien qu'il n'y ait pas de mosquée officielle, mais la prière en commun est dite dans la cour intérieure, où chacun apporte son tapis de prière.

Aujourd'hui, le gouverneur et Si Ahmed vont étudier les problèmes qu'ils ont à régler. Je sais que nous devons demander à madame Tidjania – pardon, je devrais dire à Si Ahmed – des lettres de recommandation pour plusieurs explorateurs chargés de mission en Afrique noire. En ce moment, monsieur Foureau ambitionne de reprendre les traces de l'infortuné colonel Flatters et de réaliser la liaison Algérie-Tchad. À mon avis, ce n'est pas encore pour demain.

Profitant de ce que madame Tidjania se promène dans le jardin d'agrément et montre ses plantations de rosiers au gouverneur, j'ai, de connivence avec Si Ali, visité en détail les pièces du palais dans lesquelles personne ne pénètre. Eh ! Le rêve de la petite modiste s'est réalisé ! C'est une chambre de princesse que nous découvrons.

Un grand lit à baldaquin doré occupe le centre de la pièce ; il est soutenu par des colonnettes finement travaillées et garni de tentures brodées d'or et d'argent, aux tons vert et jaune. La literie est recouverte d'une couverture pourpre, sur le cimier du baldaquin trône une couronne en bois doré.

Cette chambre qui donne sur la loggia semble s'enfoncer dans l'obscurité. Elle communique par d'invisibles couloirs masqués par des tentures avec d'autres pièces, dans lesquelles Ali n'a jamais pénétré : chambres des fidèles servantes, cabinet de toilette, petit salon privé. Nous avons entrouvert une des portes, mais, pris de honte devant cette indélicatesse manifeste, j'ai prié Ali de la refermer.

— Ne troublons pas les secrets de madame Tidjania, ai-je dit.

— Il n'y a pas à proprement parler de secrets, m'a répondu le jeune prince, mais Maman – il a bien dit « Maman » – s'est toujours réservé un domaine intouchable où elle aime se retirer, et sans doute réfléchir.

— C'est une preuve de sagesse, ai-je ajouté pour dire quelque chose.

Comme nous revenions dans la chambre à coucher, j'ai découvert tout à coup, dans un alvéole creusé à la tête du lit et sous le baldaquin, une statue de la Vierge : une Vierge noire sculptée en plein bois ! Les officiers de Laghouat disaient donc vrai. J'allais poser la question qui me brûlait les lèvres : madame Tidjania n'a-t-elle pas abjuré la religion catholique ? Je me suis retenu à temps. Il y a des mystères qu'il vaut mieux ne pas éclaircir. Si Ali n'a rien dit, mais a parfaitement compris mon hésitation. Nous avons continué notre visite. Il y a des dizaines de chambres d'hôtes et, ma foi, il faut croire que madame Tidjania a le génie de l'architecture, pour avoir conçu un palais si vaste et d'aussi belles proportions ; rien, de l'extérieur, ne peut donner l'idée de sa dimension.

Avec Ali, nous avons ensuite visité les jardins et la ferme modèle ; j'ai découvert des bâtiments agricoles, des remises, des écuries où piaffent une centaine de chevaux et les mulets de travail, des entrepôts où s'accumulent les richesses de la confrérie.

— Combien de serviteurs faut-il pour entretenir un tel domaine ?

— Une centaine particulièrement affectés au palais et au jardin d'agrément, mais plus de deux cents khamès travaillent à l'extension du domaine. Il était au début de trente hectares, mais nous avons suffisamment d'eau pour en irriguer soixante à quatre-vingts. Maman s'occupe de tout. Les khamès sont logés à la lisière des champs cultivés, dans des maisons de pisé entourées d'une haie d'épineux.

Maman s'occupe de tout ! Cette phrase puérile dans la bouche de ce fringant cavalier du désert laissait deviner une admiration sans borne. Et en constatant l'ordonnance des plates-bandes du jardin potager où poussaient presque tous les légumes du Sahel, la belle tenue des arbres du verger où, en cette fin d'hiver, fleurissaient les amandiers, les sillons parfaitement tracés des champs d'orge ou de blé dur, les carrés de luzerne constamment irrigués, je pensais en effet que la princesse Tidjania avait apporté dans le désert une expérience agricole, fruit de son hérédité paysanne ! Un double aspect du personnage !

(3e jour – Suite du journal – 22 mars 1891.)

Nous sommes partis à l'aube pour chasser l'autruche.

Pour faciliter le voyage du gouverneur, un campement avait été établi à une trentaine de kilomètres au sud d'Aïn Madhi, que l'on pouvait joindre par une piste praticable aux voitures légères ; il était convenu que, de ce point, la chasse terminée, on regagnerait directement Laghouat.

Ce fut pour moi une réelle partie de plaisir. Je chevauchais aux côtés des deux jeunes princes, Si Ali et Si Mohamed, et leur enthousiasme était communicatif. Ils représentaient auprès du gouverneur Si Ahmed, que son état de santé retenait à Kourdane.

Par contre, son épouse nous accompagnait à cheval. Quelle merveilleuse écuyère ! Elle était vêtue d'une culotte en filali blanc, terminée par des bottes rouges ; son torse était moulé dans un dolman bleu, et un burnous en épaisse laine noire de chameau complétait l'ensemble. Comme coiffure, elle avait torsadé autour de son front un chèche de soie de la même couleur que son dolman. Hier, elle paraissait lointaine et distante dans ses imposantes robes du soir ; aujourd'hui, j'avais à mes côtés une intrépide amazone rajeunie de dix ans.

L'arrivée à la daïa des Beugra fut pour moi la révélation du désert. Une daïa est une cuvette argileuse au milieu d'un plateau rocailleux. D'énormes arbres – des pistachiers, que l'on appelle ici des betoums – y poussent et persistent malgré les mutilations que leur font subir les nomades en quête de bois. Sous leurs ombrages, des tentes avaient été dressées. Devant l'une d'elles flottait le drapeau français gardé par un askri des Tidjani, immobile sur son cheval. Une délicate attention !

Le break du gouverneur y arriva deux heures après nous, car nous avions pris les devants, et Si Ali devait arriver en éclaireur et vérifier que tout soit parfait ; je lui étais adjoint pour reconnaître les lieux. Si Ali me fit donc les honneurs du campement. Cinq grandes tentes en poil de chameau avaient été dressées – on les nomme des raïmas. Une sixième, celle du gouverneur, était faite de cuir de zébu rouge brique et supportée par des mâts de tente et des arcs-boutants en bois de tamaris, finement sculptés d'étranges figures abstraites. Des bandelettes de cuir de diverses couleurs pendaient en frange devant l'entrée, qui paraissait basse mais était en fait suffisamment haute pour que l'on puisse tenir debout à l'intérieur.

À l'extérieur, l'assabor, sorte de paravent en roseaux tressés de deux mètres de hauteur, l'entourait et la préservait des vents de sable et des indiscrétions humaines.

— Cette merveilleuse tente de cuir, me dit Si Ali, est un cadeau personnel de l'aménokal des Touareg Oulliminden du Soudan à l'épouse du Grand Maître. Maman ne s'en sert que dans des occasions exceptionnelles.

Le jeune prince était particulièrement admiratif.

Je ne l'étais pas moins. Tout me semblait fabuleux : ce campement de luxe en plein désert, ces cavaliers sauvages qui avaient rabattu les autruches sur près de cent kilomètres en allant les chercher aux lisières du Grand Erg, la foule de serviteurs arrivés ici par enchantement. Comme si madame Aurélie – ainsi l'appellent irrespectueusement les jeunes officiers de Laghouat – avait le pouvoir de transformer le désert.

Le soir, une grande diffa nous réunit devant les tentes.

Les feux de camp avaient été allumés, autour desquels se formaient des groupes sombres. Parfois, on entendait le hennissement d'un cheval, le piaulement d'un chacal. J'étais profondément ému par la majesté du soir, la beauté du ciel, un ciel crépitant d'étoiles. Bon ! Voici que je m'évade ! Que je deviens romantique ! Mes camarades d'Alger, à mon retour, pourront-ils comprendre mon enthousiasme ? Le désert est envoûtant ! Je suis déjà certain que j'y reviendrai, quitte à abandonner l'administration pour la carrière militaire.

(4e jour – La chasse à l'autruche – 23 mars.)

Au petit matin, on vint nous réveiller. Je m'empressai d'aller trouver le gouverneur. Thomas, son fidèle valet de chambre, le rasait sous sa tente, et il m'accueillit avec un sourire satisfait :

— Alors, mon cher Jean, avez-vous bien dormi ? Que pensez-vous de tout cela ?

— Un rêve, une féerie, monsieur le Gouverneur ! Je ne vous serai jamais assez reconnaissant de m'avoir emmené dans le Sud !

— Avez-vous des détails sur la chasse ? J'avoue que le trajet en break sur ces mauvaises pistes m'a un peu courbatu ! Aussi continuerai-je à cheval.

Je me gardai bien de le décevoir. Il paraissait tellement heureux et ne cessait de répéter :

— Enfin de vraies vacances ! Pas de télégrammes chiffrés, tout a été réglé à Kourdane. Madame Tidjania est un fin diplomate. J'ai bien fait de lui accorder ma confiance... Alors, cette chasse ! Après tout, il serait peut-être temps que j'aille présenter mes hommages à la princesse Tidjania.

— Madame Tidjania était debout avant l'aube, dis-je, elle a déjà fait une longue reconnaissance à cheval avec ses rabatteurs. Elle vient de rentrer au campement.

Nous sortîmes de la tente en cuir et rencontrâmes madame Tidjania qui inspectait le campement. Elle exposa son plan de chasse.

Les autruches sont à une vingtaine de kilomètres au sud. Les rabatteurs, des Chaamba du Grand Erg, les empêchent de repartir. Notre premier poste sera une daïa, à dix kilomètres d'ici. Nous y attendrons l'heure chaude à l'ombre des betoums. Du haut des arbres, les guetteurs nous signaleront l'arrivée des autruches. Il y en aura une dizaine, dont de très beaux mâles au plumage noir.

— Pourquoi attendre la forte chaleur, Madame ? dis-je inconsidérément.

Elle sourit. (Comme elle est belle lorsqu'elle sourit !)

— Parce que, si nous forcions les autruches à la fraîche, elles crèveraient nos chevaux. Par contre, lorsqu'elles arriveront à moins d'un kilomètre de notre troupe, elles auront déjà couru plusieurs dizaines de kilomètres sous la chaleur. En principe, nous avons rendez-vous à midi. Nous partirons donc incessamment, à petite allure, jusqu'à la daïa Bellil où nous attendrons.

Peu après, on amena au gouverneur un cheval magnifiquement harnaché à l'arabe, caparaçonné de velours rouge brodé d'or.

— C'est une bête tranquille, monsieur le Gouverneur, l'une des montures préférées de Si Ahmed, mais mon époux ne monte plus guère. Et c'est dommage, soupira-t-elle.

J'appréhendais la suite, mais, finalement, le gouverneur se comporta fort bien pour un homme de bureau. Sa redingote noire tranchait un peu lugubrement au milieu des costumes chamarrés de son entourage, mais lui donnait cependant grande allure. Je me réjouis d'avoir revêtu mon uniforme des services civils !

La nouvelle daïa ressemblait à celle que nous venions de quitter comme une sœur. Ainsi en est-il jusqu'à Tilrempt et Ghardaïa, en plein pays mzab, m'assura-t-on. Nous nous rassemblâmes sous les grands betoums et attendîmes l'heure de la chasse. Le soleil plombait ; les cavaliers de l'escorte firent boire leurs chevaux – ce qui m'étonna, car cela est en contradiction avec ce que l'on nous apprend dans la cavalerie française. Si Ali me rassura : les chevaux n'avaient pas mangé depuis la veille, et il fallait qu'ils boivent pour supporter le courre de tout à l'heure derrière les autruches.

On nous distribua à chacun une longue *houssine** de jujubier, souple et solide comme une cravache.

— Car nous chasserons à l'ancienne, nous dit madame Tidjania. Pas de coups de feu, une chasse à courre où le meilleur cavalier choisit son autruche et ne s'intéresse qu'à elle. Il faut qu'il l'épuise et ensuite l'assomme d'un coup de baguette derrière la nuque.

À midi, alors que le soleil était au zénith, les guetteurs dans les branches poussèrent leur cri de guerre « *Dolmane ! Dolmane !* » – qui est le pluriel de *dolime*, « autruche ».

— À cheval ! ordonna Aurélie Tidjania.

Bientôt, nous vîmes les autruches trotter à grandes foulées dans notre direction. Lorsqu'elles ne furent plus qu'à cinq cents mètres de nous, madame Tidjania cria :

— En avant !

— Viens avec moi, me dit Si Ali, fort à l'aise sur son pur-sang.

Il fonça le premier en direction de la harde et réussit à trier un superbe mâle, qu'il isola après une éblouissante volte de son cheval.

— Suis-moi ! dit-il.

Je n'avais plus qu'à suivre. Je ne m'inquiétais plus des autres et je ne voyais que le gigantesque oiseau qui menait un train d'enfer. Parfois, nous l'approchions, mais, au moment de le joindre, Si Ali rendait les rênes à son cheval et me faisait signe de ralentir l'allure. L'autruche continuait sur sa lancée, zigzaguant, les ailes largement ouvertes, semblant se porter sur l'air, ses ongles grattant le sol, arrachant des cailloux, le cou droit au sommet duquel pivotait une petite tête triangulaire.

Combien de kilomètres nous parcourûmes ainsi, je ne saurais le dire. La poursuite ne m'avait pas paru longue, tant l'émotion de la chasse supprime tout : le temps, la distance ! Puis vint le moment où l'autruche qui nous avait devancés de près d'un kilomètre s'arrêta et baissa la tête.

— Nous la tenons ! s'écria Si Ali au comble de l'exaltation.

En effet, nous la rejoignîmes rapidement, et elle ne fit aucun effort pour repartir.

— Elle est fourbue ! me dit le jeune prince. Elle est à vous. Sautez à terre et assommez-la !

Je sautai à terre, mais, une fois là, n'osai plus bouger. L'autruche, bec grand ouvert, tournait sa tête de droite à gauche, laissant échapper une respiration sifflante. J'aurais pu, si je l'avais osé, l'attraper à pleins bras. Mais, à mon tour, j'étais comme paralysé. Si Ali, resté à cheval, me criait :

— Qu'attendez-vous ? Un coup de baguette derrière le crâne, elle tombe raide ! Mais ne passez pas derrière elle ! Attention, un coup de patte peut vous ouvrir le ventre !

— Je ne peux pas, dis-je piteusement.

Il me jeta un regard plein de pitié. Sans doute ne comprenait-il pas mon attitude ; il me semblait qu'abattre ainsi un gibier incapable de se défendre n'était pas digne d'un véritable chasseur. Pourtant, en France, j'avais suivi des chasses à courre, mais il est vrai que l'on ne m'avait jamais demandé de servir le cerf au hallali.

— Bon ! Laissez-moi faire !

D'un bond, il fut aux côtés de l'autruche, la cingla d'un terrible coup de baguette, et la malheureuse s'affaissa sur le sable, tuée net. Puis, sortant de sa gaine un fin poignard en acier de Tolède, il lui trancha la gorge en prononçant les paroles rituelles : « Bismillah ! »

Nous revînmes au campement très lentement, car nos chevaux avaient fourni un rude effort, leur robe était trempée, et des traînées d'écume la souillaient au passage des sangles.

Ce soir-là, dix autruches furent ramenées au campement par des chameliers ; je retrouvai un gouverneur général transformé par la chasse. Il leva les bras en m'apercevant, laissant voir son enthousiasme, ce qui m'étonna de la part de l'homme froid et digne que je connaissais. J'appris qu'en compagnie de la Tidjania, il avait forcé une autruche. Je me doutais bien que d'autres cavaliers avaient dû faciliter sa victoire, mais je n'en dis rien. D'ailleurs, il ajouta : « Madame Tidjania lui a donné le coup de grâce. J'ai chassé avec Diane ! Quel jour mémorable ! »

La diffa du soir fut très gaie. Les cuisiniers avaient préparé une sorte de daube avec les filets de l'autruche. À vrai dire, ce n'était ni bon ni mauvais. En France, on eût dit : du bœuf de médiocre qualité ! Mais cette viande nous parut plus exquise que celle d'un bœuf limousin de grand pedigree !

Je termine ce récit dans ma tente, à la lueur des lampes à huile disposées un peu partout sur des trépieds de fer forgé. Demain, nous regagnons Laghouat, puis ce sera Alger !

J'emporterai avec moi la nostalgie du désert !

CHAPITRE VI

Ils en avaient longuement discuté dans le boudoir d'Aurélie, où la Tidjania se retirait pour écrire ou parler de choses sérieuses.

La zaouia d'Aïn Madhi désirait que Si Ahmed en personne allât visiter les zaouias du Sud tunisien, un peu délaissées malgré le grand nombre de khouans qu'elles comptaient. Si Ahmed avait accepté. Il passerait par Temacine, où l'attendait Si Mammar, mokkadem de Tamellah, un joyeux compagnon avec qui le temps passait vite. Puis il remonterait à travers le Souf jusqu'aux zaouias tunisiennes. Aurélie n'était pas d'accord :

— Ta santé est trop fragile pour accomplir un tel voyage. Je reconnais l'importance de ce déplacement, mais ne peux-tu confier cette mission à Si Bachir ?

Elle réfléchit un instant :

— Ou bien – pourquoi pas ? – à Si Ali !

Il secoua la tête :

— Ne me parle pas de ce dévergondé. Il nous ruine au baccara, et ses orgies l'ont trop desservi... Non ! Je ne veux plus en entendre parler.

— C'est ton fils, Si Ahmed, ne l'oublie pas, et le fils du

Maître, héritier présomptif de la Baraka, est sacré. Je crois, au contraire, que ce serait lui donner sa chance...

— J'irai en personne ! Ils n'ont jamais été visités par le Grand Maître, ce sera un événement considérable. D'ailleurs, Si Mammar me l'a souvent conseillé.

— Méfie-toi, Ahmed ! Si Mammar est aussi fourbe que bon diplomate. Qui te dit que cette invitation ne cache pas un piège ?

— Inutile d'insister, Aurélie, tu m'as assez souvent reproché mon manque de volonté. Cette fois, c'est dit, je pars !

Elle le regarda avec tendresse :

— Je ne m'inquiétais que de ta santé. Qui soignera ton diabète ? La route est longue à travers le désert ! Puisque tel est ton désir, je vais donner des ordres. Voyage en calèche ; le gros Mahmoud sera ton cocher, dix cavaliers t'accompagneront. Ta suite ? Tu l'augmenteras au fur et à mesure de ton voyage et, comme celui-ci ne commence en fait qu'à partir du Souf, tu seras très vite à Temacine.

Quelques jours plus tard, tirée par quatre petits chevaux barbes, conduits par un athlétique cocher noir, la calèche de Si Ahmed traversait Laghouat, en route pour Temacine.

Au passage, Si Ahmed rendit visite au général Ruyssen, commandant le cercle de Laghouat. Il n'avait certes plus besoin de sauf-conduit, et ses déplacements étaient libres depuis la visite du gouverneur à Kourdane, mais il se faisait une règle de toujours en avertir le commandant français.

Le général Ruyssen le reçut cordialement à déjeuner et s'étonna de le voir entreprendre, malgré son état de santé précaire, un aussi long voyage à travers le désert.

— Ce voyage est indispensable, mon Général, expliqua Si Ahmed. Nos disciples sont très nombreux en Algérie, où nous avons installé sept zaouias, mais je ne les ai jamais visitées. Vous savez que les membres de notre confrérie sont acquis à votre politique. Ma présence ne pourra que les conforter dans cet état d'esprit.

— Je vous souhaite un bon voyage, Chérif...

— Si Bachir me remplacera à Aïn Madhi. Quant à l'administration de la confrérie, ma femme n'est-elle pas le meilleur des oukils ?

— Certes, Chérif ! La présence à vos côtés de madame Tidjania a été une bénédiction d'Allah ! Alors, faites bon voyage et prêchez notre cause dans le Sud tunisien.

Deux semaines plus tard, Si Ahmed arrivait à Temacine. Il y recevait un accueil chaleureux, et de nombreuses festivités marquèrent son séjour. Sa présence augmentait encore le prestige de la zaouia de Temacine, mais, trop absorbé par les fêtes et les réceptions, Si Ahmed ne se rendait pas compte qu'il faisait en somme le jeu du cheikh de Temacine.

Était-ce dû au climat insalubre de l'oued Rhir, qui ne lui convenait pas, à la chaleur humide et malsaine des palmeraies, où les esclaves tiraient nuit et jour à grand effort l'eau de la nappe souterraine, à l'abondance des moustiques qui propageaient la malaria, aux réceptions qui se succédaient avec abus de nourriture et de boissons, à la fréquentation régulière et renouvelée des petites négresses que lui procurait Si Mammar ? Le chérif d'Aïn Madhi tomba gravement malade.

Un énorme anthrax se développait, accentué encore par le diabète qui minait Si Ahmed. Devant la gravité de son état et effrayés des conséquences que provoquerait sa mort si celle-ci survenait à Temacine, les mokkadems de la zaouia envoyèrent un émissaire qui ramena de Touggourt un médecin militaire français.

Celui-ci resta au chevet de Si Ahmed jusqu'à ce que son état s'améliore. Ayant incisé le bubon, aseptisé la plaie qui ne se refermait que lentement, il ne repartit que lorsque le patient lui parut hors de danger.

— Il vous faut du repos, Chérif, avait-il conseillé, pas d'abus, une nourriture saine, et peut-être serait-il plus avisé que vous retourniez à Kourdane. L'altitude et la sécheresse du climat font de votre palais un lieu idéal pour une cure de repos. Ici, la chaleur déjà forte ne fera qu'augmenter, et dans les sables du Souf elle sera rapidement torride.

Dès qu'il sentit ses forces lui revenir, Si Ahmed, dédaignant les conseils du médecin, organisa sa caravane pour la Tunisie.

Lui qui avait toujours été indolent, indécis, laissant à Aurélie le soin de diriger et commander, se transformait ; un besoin irrésistible le poussait à accomplir ce voyage. Comprenait-il enfin que son trop long séjour à Temacine n'avait eu pour but que l'affaiblir ?

« Aurélie avait raison ! » pensait-il.

C'est avec joie qu'il quitta Temacine à la tête d'une imposante caravane chamelière, car la traversée du Souf était impraticable aux voitures à chevaux, même aux arabas, et l'état de santé de Si Ahmed ne lui permettait pas de monter à cheval à travers le sol mouvant des dunes de l'erg. On l'installa sur un énorme chameau porteur d'une *barboucha** large et confortable ; un Noir guidait l'animal et, au long des étapes qui le conduisirent jusqu'à El Oued, Si Ahmed passa son temps à somnoler.

Un soleil de plomb pesait sur le désert. Ils traversaient un pays dénudé fait de sebkhas asséchées, luisantes de sel et qu'il fallait contourner pour ne pas s'enliser, puis venait une chebkra de dunes entrecroisées en tous sens, séparées par des corridors de terrain dur, des *gassi** par où passaient les pistes. De temps à autre, au sommet d'une butte d'érosion, sur un pan de falaise argileuse découverte par le vent, un *redjem** de pierres signalait le passage.

Autour d'El Oued s'étendaient d'étranges plantations invisibles de la piste. Dans des cuvettes de sables entourées de dunes, des palmiers dattiers avaient été plantés par les Soufis.

Ces petites palmeraies circulaires enfouies dans le désert et protégées des vents dominants par les dunes formaient autant de jardins secrets.

Le Souf est la région d'épandage souterrain du grand oued quaternaire, l'Irrarar, issu des montagnes du Hoggar. Long de plus de deux mille kilomètres, cet oued ne coule jamais à découvert, sinon dans son cours supérieur et, temporairement, à la suite d'une tornade remontant du Sahel à la saison des pluies. On peut suivre son parcours souterrain grâce au lit de végétation qui l'accompagne. Disparaissant pendant la traversée de l'Erg oriental, il alimente ensuite les palmeraies ininterrompues de l'oued Rhir. Au quaternaire, coulant à l'air libre, ses eaux alimentaient la cuvette des grands chotts du Sud tunisien, le Melrhir ou le Djerid.

La ville d'El Oued est une des plus étranges cités de l'Islam ; perdue au milieu des sables, elle se distingue par les mille coupoles blanches de ses toitures en rhorfa. Architecture idéale pour préserver l'intérieur des maisons de l'intolérable chaleur des étés sahariens.

Si Ahmed s'y reposa quelques jours dans l'ombre fraîche des blanches cases silencieuses. Puis il repartit pour Guemar, à soixante kilomètres plus au nord ; là se trouvait la première des sept zaouias tidjania qu'il se promettait de visiter.

À peine avait-il quitté El Oued que le vent de sable s'abattit sur le désert ; tout s'estompa ; les chameaux nagèrent jusqu'aux aisselles dans une brume de sable de plus en plus dense, qui s'éleva et engloutit la caravane. Les sokhrars s'arrêtèrent effrayés au premier élargissement de la piste et vinrent respectueusement demander à Si Ahmed de camper sur place.

— Oh ! Chérif, entends-tu le ricanement de Roul, le « démon des sables » ? Poursuivre serait attirer le malheur !

— N'ai-je pas la Baraka ? répondit Si Ahmed, encore qu'en lui-même il en doutât.

— Par Allah ! Chérif, avec toi, nous ne craignons rien, mais le vent est trop violent. Regarde ! Les chameaux n'y voient plus clair.

En effet, sous l'action du vent, de leurs yeux rougis et irrités coulaient d'abondantes larmes, agglutinant immédiatement sur leurs longs cils le sable en une boue cimentée, frangeant d'une bave immonde leurs gueules entrouvertes.

Si Ahmed consentit à ce que l'on baraquât sur place.

Une nouvelle fatigue le terrassait.

On dut l'aider à descendre de sa monture et, comme il n'était pas question de dresser une tente dans cette tempête, les hommes établirent pour lui un rempart contre le vent, formé des chameaux baraqués en cercle autour d'un tapis de sol, sur lequel s'étendit le chérif. On boucha les interstices avec un amoncellement de tapis et de couvertures de laine, qui l'isoleraient à la fois de la chaleur torride du jour et du froid glacial qui s'abattrait sur eux la nuit venue.

Ce soir-là, ils durent se contenter d'une poignée de dattes et d'un peu d'eau. La tempête dura toute la nuit et une partie de la journée du lendemain, puis, comme un voile qui se déchire, le sable en suspens s'égoutta dans l'atmosphère. La caravane à moitié ensevelie se dégagea rapidement, on rechargea les bêtes ; Si Ahmed, un peu inconscient, fut hissé sur un chameau.

À la nuit tombante, ils arrivaient à la zaouia de Guemar.

Le chérif fut immédiatement transporté dans la chambre qui avait été aménagée à son intention avec tout le confort possible en ce coin reculé du désert. Il était fiévreux, affaibli, et son anthrax suppurait à nouveau.

Durant plusieurs jours, la fièvre le maintint au lit, cependant que les mokkadems de la zaouia priaient sans arrêt pour le rétablissement de sa santé. Le quatrième jour, Si Ahmed se leva péniblement, se fit apporter par un thaleb un écritoire et entreprit d'écrire à sa femme. Sa décision était prise : il reprendrait la route de Kourdane dès que sa santé serait rétablie, car il ne se sentait pas la force de continuer son voyage.

Dans cette lettre, il lui renouvelait toute sa tendresse, tout son amour, réemployait des termes oubliés depuis de nombreuses années :

« Je rentre, ma colombe, mon amour, écrivait-il. J'ai trop présumé de mes forces, et ce séjour à Temacine, dans ce climat insalubre, humide et chaud, m'a jeté à bas. Pourtant, le médecin militaire de Touggourt m'avait merveilleusement soigné, mais, une fois guéri, j'aurais dû l'écouter et revenir à Kourdane. J'ai voulu continuer ; nous avons subi une grande épreuve en traversant le Souf. Quel désert abominable ! Le vent de sable nous y a surpris. Et me voici à Guemar à nouveau très malade, hôte de la zaouia, mais sans soins réels sinon les prières à Allah !

« Mon anthrax s'est rouvert, la fièvre me tient. Je me suis levé pour t'écrire ! Sache, ma chérie, que jamais je ne me suis rendu bien compte de tout ce que tu étais pour moi, pour la confrérie – un ange envoyé par Allah ! J'ai honte de ma conduite passée et t'en demande pardon. Je ne crains pas la mort pour ce qu'elle représente, car je sais qu'Allah m'accueillera, mais pour le vide que je laisserai et qui ne pourra se combler. Ali est indigne de me succéder ! Il faut absolument, s'il m'arrivait de rejoindre le Seigneur, que tu restes et que tu continues à diriger la confrérie. Mais je veux vivre ! Je veux revoir Kourdane, ton merveilleux domaine, je veux revoir le soleil embraser le djebel Amour avant de disparaître au Moghreb ! Mais je veux surtout retourner près de toi, ô ma colombe bien-aimée ! Tu es toujours pour moi celle qui fit battre mon cœur à Bordeaux. Je suis ton esclave. Ahmed. »

Un peu plus tard, le thaleb, qui s'inquiétait de ne pas avoir été rappelé pour prendre le courrier, pénétra dans la chambre crépie à la chaux où de très beaux tapis et quelques tables basses incrustées de nacre avaient été apportés pour compenser la sobriété monacale du lieu.

Si Ahmed, penché sur sa table, ne donnait plus signe de vie.

Si Mohamed el Aïd, mokkadem de Guemar, immédiatement alerté, réfléchit longuement aux conséquences de ce décès subit et qui pourrait paraître suspect. Il prit aussitôt des dispositions en conséquence. Un émissaire monté sur le plus rapide des méhara trotta l'amble sans s'arrêter sur les deux cents kilomètres qui séparent Guemar de Temacine. Il était porteur de deux messages : l'un pour le cheikh de Tamellah, qu'il considérait, avec la disparition de Si Ahmed, comme un successeur désigné, l'autre pour le commandant du cercle militaire de Touggourt, lui demandant de prévenir par télégraphe les gens d'Aïn Madhi.

Il était soucieux ; il fallait avant tout éviter que l'on accusât les gens du Souf d'avoir empoisonné Si Ahmed. Préserver l'avenir ! Au fond de lui-même, il se réjouissait : ce qui venait d'arriver était une bénédiction pour les dissidents de Temacine.

Si Ahmed était mort le 20 avril 1897, après avoir écrit cet appel désespéré à celle qui avait illuminé sa vie et à laquelle, malgré ses dévergondages, il avait toujours voué un amour aussi profond qu'incompréhensible pour une mentalité européenne. N'était-elle pas restée sa seule épouse légitime ?

À peine prévenu et ayant fait le nécessaire pour avertir Kourdane, le commandant du cercle de Touggourt dépêcha à Guemar un médecin militaire qui conclut, après exhumation du corps, à un empoisonnement du sang dû conjointement au diabète et à la suppuration interne de l'anthrax. Une mort naturelle.

Soulagés par ce témoignage indiscutable, les gens du Souf s'organisèrent immédiatement pour tirer le plus grand bénéfice de la situation.

CHAPITRE VII

Le général Ruyssen arpenta de long en large son grand bureau sobrement meublé, aux murs ornés de panoplies d'armes et de cartes. Le télégraphiste du cercle de Laghouat venait de lui apporter le télégramme officiel annonçant la mort de Si Ahmed à Guemar. Cette nouvelle ne le surprenait pas : n'avait-il pas déconseillé au chérif d'accomplir ce voyage dans le Souf ? Le général ne dissimulait pas que ce décès pouvait changer radicalement la situation politique dans le Sud algérien. Si Ahmed disparu, que deviendrait son épouse ?

Le général se tourna vers son officier d'ordonnance :

— Le plus urgent est de prévenir immédiatement madame Tidjania. J'aimerais que vous vous y rendiez en personne et lui présentiez mes condoléances. Cette femme avait accompli un lent travail de pacification, et tout peut être détruit si elle ne continue pas son œuvre. Soyez diplomate, Nerval, et tâchez de savoir quel sera le successeur de Si Ahmed comme Grand Maître des Tidjani.

— Le temps de seller mon cheval, et je pars. Je changerai de monture au poste de Tadjemout et, de la sorte, mettrai le minimum de temps.

Le lieutenant Nerval fit en effet diligence et, après avoir chevauché une grande partie de la nuit, il se présentait aux premières heures de la matinée au palais de Kourdane.

Prévenue qu'un officier du cercle de Laghouat désirait la voir de toute urgence, Aurélie pénétra dans le salon du rez-de-chaussée où l'on avait introduit son visiteur :

— Ah ! C'est vous, Nerval, que venez-vous m'apprendre ?

— Une mauvaise nouvelle, Madame...

Aurélie durcit ses traits, visiblement sous le coup d'une grande émotion :

— Dois-je comprendre le pire ?...

— Si Ahmed est décédé subitement à Guemar d'une infection généralisée du sang. Le télégramme officiel nous est parvenu hier soir, et le général Ruyssen, très attristé lui-même, m'a dépêché pour vous apprendre cette nouvelle.

— Je vous remercie, Nerval. Oh ! Cela ne m'étonne qu'à moitié. J'avais tenté de dissuader Si Ahmed de faire ce voyage. Il était déjà très malade et avait besoin de mes soins. Mais son destin le poussait. Allah l'a accueilli auprès de lui, qu'il repose en paix !

Elle s'était assise dans le fauteuil oriental au dossier tarabiscoté qui ornait le centre du salon et fit signe au jeune officier de prendre un siège.

Il se passa un long moment durant lequel ils n'échangèrent aucune parole. Nerval respectait le silence de la Tidjania. « À quoi pensait-elle ? Cette mort l'affectait-elle uniquement dans la mesure où elle la touchait dans ses intérêts et dans son ambition ? Qui régnerait à Kourdane ? » se demandait-il.

Enfin, elle rompit le silence :

— J'ai connu avec Si Ahmed vingt-sept ans de bonheur ! dit-elle. Que me réserve l'avenir ?...

Il y eut encore une longue pause. Ce silence, dans la semi-obscurité de la pièce où l'on avait tiré les lourdes tentures des fenêtres pour ne pas laisser pénétrer la chaleur, devint obsédant.

Le lieutenant Nerval cherchait la façon la plus correcte de prendre congé :

— Peut-être désirez-vous, Madame, que je me rende à Aïn Madhi pour avertir Si Bachir ?

— N'en faites rien, Lieutenant, cela est de mon ressort. Tous, plus ou moins, nous nous attendions à cette fin. Je vais faire en sorte que l'on réunisse la *hadra** afin que le successeur de Si Ahmed soit rapidement élu. Dès que cela sera fait, je ferai prévenir le général Ruyssen. Veuillez, je vous prie, le remercier pour sa sollicitude. Je sais qu'il était un ami fidèle de mon mari. La chaleur est trop forte pour que vous repartiez. Considérez-vous comme l'hôte de Kourdane. Dahmani, mon intendant, va vous conduire au Dar Diaf ; vous pourrez vous y reposer et vous restaurer avant de reprendre la route.

— Je vous remercie, Madame ; je repartirai au coucher du soleil.

Nerval se leva, salua et sortit. Aurélie resta seule avec ses pensées.

Il lui fallait maintenant avertir son entourage. Si Ahmed mort, elle n'était plus rien. Comment accueilleraient-ils la nouvelle ? Mais elle reprit rapidement son sang-froid.

Elle tira le long cordon de soie de la sonnette de service.

— Oui, Maîtresse ! s'enquit Baba.

— Préviens Dahmani de réunir dans le grand salon les jeunes *chorfas** et les anciens serviteurs de Kourdane. Je vous y rejoindrai dès qu'ils seront là. La tristesse est sur nous, Baba, le Grand Maître est mort !

Poussant un cri déchirant, Baba s'enfuit et, bientôt, dans les ailes du palais, dans la cour, et même dans le jardin, s'élevèrent des lamentations, des cris et des pleurs. Puis le tumulte cessa, et l'on n'entendit plus que le sourd murmure de la prière collective des croyants.

Si Mohamed et Si Ali avaient été joints à grand-peine par Dahmani.

Maintenant, ils étaient tous là, les deux jeunes chorfas avec leurs jeunes enfants, les vieux serviteurs comme Dahmani et Ratita, les mokkadems et les notables en séjour à Kourdane. La rumeur leur avait appris la nouvelle, mais ils se devaient de ne manifester leur émotion que lorsque la Tidjania la leur aurait annoncée elle-même.

Aurélie pénétra dans le grand salon, simplement vêtue d'un haïk de soie blanche et d'une djellaba de laine fine sans broderies dorées ni fioritures ; un voile de dentelle recouvrait ses cheveux, elle avait le regard dur, et tous cherchaient vainement dans ses yeux des traces de larmes. Comme ils faisaient un pas vers elle, bras tendus, elle les arrêta d'un geste.

— Oui ! Vous le savez, mon époux bien-aimé Si Ahmed ben Tidjani, Grand Maître de la zaouia mère d'Aïn Madhi, est mort il y a quelques jours à Guemar, où il accomplissait sa mission divine. Allah l'a rappelé à Lui. Que Son Saint Nom soit béni !

— Allah est grand, et Mohamed est son prophète, reprirent en chœur les assistants.

— Si Ali et Si Mohamed ben Bachir, reprit-elle, vont se rendre immédiatement à Aïn Madhi. Ils avertiront en premier Si Bachir et Boubeker. Ce dernier enverra des messagers partout pour réunir la hadra, car deux choses doivent être accomplies : nommer le futur Grand Maître, et ramener à Kourdane la dépouille sacrée du Grand Maître.

Les serviteurs se retirèrent, à l'exception de Dahmani et de Ratita. Ils ne voulaient pas laisser dans sa solitude leur maîtresse bien-aimée.

— Ah ! Lalla Yamina, le sort est cruel !

— Mais non, Dahmani, la destinée de Si Ahmed était de rejoindre Allah ! Ce jour est venu plus tôt que je ne le pensais.

— Nous pensions seulement à toi, Lalla Yamina, dit Ratita.

— Et aussi à Kourdane ! reprit pensivement Dahmani.

Car ils savaient bien que, désormais, Lalla Yamina, n'étant plus que la veuve du Grand Maître, n'aurait aucun droit de regard sur l'administration de la confrérie.

— Si tu le permets, Maîtresse, insista Dahmani, je voudrais me rendre à Aïn Madhi ; il faut que je parle à Boubeker. Il est ton ami ! Lui seul peut influencer le vote de la hadra.

Elle lui sourit tristement.

— Tu es un bon serviteur, Dahmani. Souviens-toi de ce jour, il y aura vingt-sept ans, où, le premier, à Bordeaux, tu es venu me parler de l'amour de Si Ahmed. Ces choses-là ne s'oublient pas !

Il fallut, malgré la diligence de Boubeker, près d'un mois pour que se réunisse la hadra, l'assemblée des mokkadems et des notables chargés d'élire le successeur de Si Ahmed. Certains aghas et caïds étaient déjà remontés dans le Nord avec leurs troupeaux, car la lente achaba des Larbaa avait commencé, mais tous étaient présents lorsque Boubeker, doyen des mokkadems d'Aïn Madhi, ouvrit la séance.

Les prières rituelles avaient été dites à la mosquée, et les khouans de la Tidjania avaient égrené des heures durant le lourd chapelet de la confrérie. Maintenant, ils se sentaient l'âme en paix pour élire leur nouveau Grand Maître.

Boubeker prit la parole :

— Selon la loi divine et la filiation naturelle, dit-il, Si Ali ben Ahmed Tidjani devrait succéder à son père.

Il y eut un grand silence, puis des murmures s'élevèrent. Chacun cherchait le jeune prince ; il n'était pas venu. Beaucoup se sentirent soulagés. La majorité de l'assemblée désirait en fait que Si Ali fût évincé de la succession, mais aucun n'osait le formuler ouvertement.

Conscient de ses devoirs et quoi qu'il lui en coûtât, Boubeker avait convoqué l'indésirable avant la réunion et lui avait fait part de la décision de son père. À vrai dire, et bien qu'il fût humilié, Ali s'était rendu rapidement aux raisons du mokkadem.

— Après tout, mon père m'avait averti ! Allez au diable ! Celui qui lui succédera connaîtra bien des déboires, Lalla Yamina ne sera plus là pour le conseiller. Quant à moi, je n'ai que faire de vos conseils ou de vos remontrances. Personne ne peut m'empêcher d'être le fils du Grand Maître et chérif de naissance ! Mon heure viendra, mais plus tard, bien plus tard ; j'aime trop la vie pour me consacrer déjà aux affaires sérieuses.

— Qu'Allah te préserve des mauvaises pensées, mon fils !

Si Ali avait sauté sur son cheval et était parti au grand galop sur la piste de Laghouat. Là-bas l'attendaient ses compagnons et ses compagnes de débauche. Pour lui, Aïn Madhi ne valait pas une soirée à la table de baccara des casinos d'Alger.

— Si Ali ne sera pas présent à nos délibérations, reprit Boubeker. Je l'ai averti de la décision irrévocable de son père. D'ailleurs, je vais vous donner lecture de certains passages d'une lettre, adressée à Lalla Yamina et écrite à l'heure même de sa mort. Cette lettre constitue son testament spirituel.

Il lut les passages qui concernaient la déchéance d'Ali, ceux également où Si Ahmed exprimait son désir de voir Lalla Yamina continuer son œuvre au sein de la confrérie.

Chacun était soulagé. Le vote ne présentait plus aucune difficulté. Si Ali déchu, seul Si Bachir, deuxième fils de Mohamed Seghir et chérif, pouvait devenir le détenteur de la Baraka. Son élection se fit sans surprise. Ainsi, après avoir été éloigné pendant trente-cinq ans du pouvoir, Si Bachir y accédait alors que l'œuvre de la Tidjania arrivait à son achèvement.

Comme ils allaient se séparer, Boubeker reprit la parole :

— Nous devons tous avoir une pensée et une prière pour celle qui a été la compagne bienfaisante de notre regretté Si Ahmed.

Sa bonté, son dévouement à notre confrérie, les résultats acquis par son administration remarquable ont redonné richesse et considération à la zaouia d'Aïn Madhi. À l'heure où, je le pressens, de graves ennuis peuvent nous venir du côté de Temacine, je vous demanderai de reconduire Lalla Yamina dans son rôle d'oukil principal. Je ne vois pas qui serait capable de la remplacer à ce poste.

— Tu parles d'or, Boubeker ! dit Si Bachir. Après que j'ai longtemps lutté contre elle, Allah m'a éclairé, et j'ai pu mieux comprendre qu'elle était l'envoyée de Dieu pour sauver la zaouia d'Aïn Madhi. Lalla Yamina continuera son œuvre, et je suivrai ses conseils éclairés. D'ailleurs, je vais de ce pas à Kourdane lui confirmer vos intentions. Maintenant, mes frères, prions pour qu'Allah me permette d'accomplir la lourde tâche qui sera désormais la mienne.

La prière terminée, Si Bachir sortit par le grand portail de la zaouia où la grande foule des pèlerins attendait le résultat du vote de la hadra.

Un mokkadem à cheval lut la proclamation par laquelle Si Bachir devenait Grand Maître. Il y eut des acclamations, puis, tout à coup, les voix s'amplifièrent : « Honneur au Grand Maître Si Bachir, et longue vie à Lalla Yamina notre bienfaitrice ! » Dans l'esprit de tous, Aurélie restait toujours la maîtresse de la confrérie. La foule réclamait la Tidjania, et Si Bachir ne se trompa pas sur le sens de ses acclamations.

Lorsqu'il mit le pied à terre devant le portail du palais de Kourdane, Aurélie était déjà avertie par Dahmani du résultat du vote.

— Si Bachir est élu, lui dit-il, mais c'est toi qui commanderas ; tout le monde il le veut !

Elle n'avait rien dit, mais avait été secrètement soulagée. Peut-être pourrait-elle continuer son travail ; il y avait tant à faire à Kourdane !

Maintenant, Si Bachir est devant elle. Il est un peu plus grand que Si Ahmed, il a le teint beaucoup plus clair, mais porte, comme Si Ahmed, un collier de barbe noire et, sous les lourds burnous dont il s'enveloppe, la silhouette n'est guère différente. Aurélie le dévisage un moment, hautaine, souveraine.

— Je te félicite, Si Bachir ; ton élection est normale. Tu as été si longtemps tenu à l'écart. Nous avons été ennemis autrefois, mais tout a bien changé.

Il s'avance vers elle, saisit un pan de sa djellaba et y porte ses lèvres :

— La hadra a décidé à l'unanimité, et ma voix s'est ajoutée aux autres, que tu conserverais toutes tes fonctions d'oukil. Veux-tu les accepter et travailler en confiance avec moi ?

— J'accepte, Si Bachir, parce que tel était le désir de Si Ahmed, et que Kourdane et Aïn Madhi ont encore besoin de moi. Mais il est un devoir sacré dont je veux immédiatement te charger. L'épouse de Si Ahmed te demande de partir tout de suite pour Guemar et de ramener la dépouille du Grand Maître à Kourdane. Tu auras beaucoup de difficultés avec les Soufis et les gens de Temacine, mais il faut réussir ! Si Ahmed ne peut avoir son tombeau qu'à Kourdane, son palais, là où vit sa famille. Et puis, ajouta-t-elle, songe à ce que peut représenter pour l'avenir de notre zaouia la permanence à Kourdane de la tombe des saints marabouts !

— Je partirai dès demain ! Nous ne pouvons pas laisser la dépouille de Si Ahmed à Guemar. Je la ramènerai sans délai.

— Va, Si Bachir, et fais diligence. N'oublie pas que tu es désormais le seul détenteur de la Baraka et ne te laisse pas influencer par ceux de Temacine.

— Ne crains rien, Lalla !

Lorsqu'il se fut retiré, Aurélie passa sur la grande loggia du palais, s'accouda au balcon et contempla longuement les jardins irrigués, les plantations d'arbres fruitiers et les terres labourées couvertes des premières moissons d'orges jaunissantes, cet immense domaine qui s'enfonçait comme un coin de fertilité dans les sables et les rocailles du désert.

Puis, comme elle allait rentrer dans ses appartements, elle murmura :

— Ne t'inquiète pas, Si Ahmed, je suis toujours le maître de Kourdane !

CHAPITRE VIII

À Temacine, Si Mammar, confident de Si Bachir, avait appris la venue du nouveau Grand Maître de l'ordre et l'objet de son voyage : ramener la dépouille de Si Ahmed à Kourdane. Conscient du bénéfice que pourraient retirer la zaouia de Guemar et la maison mère de Temacine si elles gardaient le corps du chérif sur leur territoire, Si Mammar avait immédiatement alerté le mokkadem de Guemar, Si Mohamed el Aïd, et celui de Temacine, le cheikh el Aroussi. À leur tour, ils avaient réuni une hadra des notables du Souf et de l'oued Rhir sous la présidence de Si el Aroussi.

Il avait été décidé de s'opposer, au besoin par la force, au transfert du corps :

— Ah ! mes frères, c'est un don de Dieu ! avait proclamé le mokkadem de Temacine. Ne le laissons pas s'échapper. Nous élèverons une koubba où viendront prier les pèlerins du monde entier. Il y aura des miracles pour ceux qui toucheront les reliques de Si Ahmed, et les dons et les offrandes seront multipliés par cent. Temacine deviendra le centre spirituel de nos frères Tidjani. Avec raison, car si, auparavant, ceux d'Aïn Madhi pouvaient objecter qu'aucun des cheikhs de Temacine ou de Guemar n'était descendant du Prophète, désormais, détenant le corps de Si Ahmed, nous serons les seuls dépositaires de son héritage. Si l'on veut nous l'enlever, ce sera la guerre sainte ! Mais nous n'en arriverons pas là. J'irai trouver le commandant du cercle de Touggourt et lui ferai remarquer qu'il risque un soulèvement de tout le Souf si le transfert se fait. J'écrirai au gouverneur général. Maintenant, mes frères, prions, prions Dieu pour notre victoire.

Son allocution avait provoqué l'enthousiasme. Déjà, partout, dans les plus humbles ksour de la vallée des dattes, dans les nids de verdure du Souf, isolés au sein des dunes enchevêtrées en chebkra, l'indignation se transformait en révolte. Et les plus miséreux, les meskines, les nabots, les aveugles aux yeux purulents de trachome se lamentaient :

— On veut nous enlever Si Ahmed ! Qu'Allah nous protège !

Avant même que Si Bachir fût arrivé à Temacine, Aurélie était avisée par les soins du général Ruyssen qu'un complot se formait pour retenir la dépouille de Si Ahmed à Guemar. « Une démarche, lui écrivait-il, a même été entreprise auprès du gouvernement général par le mokkadem Si Aroussi. Je ne vous cache pas qu'Alger est hostile à ce transfert. »

La riposte d'Aurélie avait été immédiate : « De quel droit peuvent se prévaloir les mokkadems du Souf, qui ont de tout temps été hostiles à Si Ahmed et ont combattu son influence durant plus d'un demi-siècle ! Son épouse et ses enfants réclament sa dépouille et, pour la garder dignement, je fais creuser une tombe autour de laquelle, dans ce jardin de Kourdane qu'il a tant aimé, je ferai bâtir une koubba. D'ailleurs, Si Bachir, nouveau maître de l'Ordre, a reçu pour mission de la hadra d'Aïn Madhi de ramener le corps. Toutes les dispositions légales ont été prises, le corps déjà placé dans deux cercueils a été partiellement embaumé. Si Bachir emporte avec lui deux autres cercueils en bois et en zinc, dans lesquels seront placés les deux premiers. »

Lorsque le général Ruyssen reçut la longue missive d'Aurélie, il hocha la tête avec ennui :

— J'ai bien peur, Nerval, dit-il à son officier d'ordonnance, que madame Tidjania n'aille au-devant de graves ennuis. Pour des raisons de sécurité dans le Sud tunisien, le gouvernement, effrayé par les menaces du cheikh el Aroussi, est bien capable de donner raison à ce dernier !

— Ne serait-ce pas une erreur et, surtout, une révoltante marque d'ingratitude envers celle qui, durant trente ans, a été notre meilleur gage de paix dans le nord du Sahara ?

— Je pense comme vous, Nerval, mais la raison d'État... Enfin ! Je vais écrire à Alger. Je me dois de lutter pour madame Tidjania.

À peine arrivé à Temacine, Si Bachir fut entrepris par son vieil ami Si Mammar, qui le mit hypocritement en garde contre une situation qu'il avait lui-même créée.

— Ne va pas à Guemar, Si Bachir. Les gens sont montés contre toi.

— Ne suis-je pas le cheikh el Tarika, le Maître de la Voie ?

— Certes, certes ! Mais ce sont des ignorants, et les marabouts les ont chauffés depuis plus d'un mois.

— J'irai cependant.

— Alors, je t'accompagne.

— Merci, mon frère, nous tâcherons de leur faire entendre raison.

À Guemar, l'accueil avait été savamment organisé. Des milliers de Soufis s'étaient rassemblés autour du tombeau provisoire ; des cavaliers en arme et des puisatiers armés de gourdins s'étaient groupés autour des étendards des zaouias de Guemar et de Temacine. Si Mohamed el Aïd, mokkadem de Guemar, reçut le chérif à la porte de sa zaouia :

— Entre, Si Bachir ! Entre vite ! Ici, tu seras sous ma

protection. Hors des murs, je ne réponds de rien ! La révolte gronde.

— Je dois revenir avec le corps.

— Impossible ! Tu serais écharpé.

Déjà, Si Bachir faiblissait. Il aurait volontiers renoncé. Mais il ne pouvait retourner en vaincu à Kourdane. Il frémissait à la pensée de l'accueil qui lui serait réservé !

Comme pour accentuer son inquiétude, un groupe de manifestants pénétra à l'intérieur de la zaouia malgré les exhortations du cheikh el Aïd. Dehors, des coups de feu étaient tirés ; le vacarme était à son comble.

— Tu vois, dit faussement Si Mammar, je t'avais averti. Il vaut mieux renoncer.

— Je ne peux pas revenir les mains vides !

— Bien sûr, mais nous te donnerons un document signé des mokkadems de Temacine et de Guemar, reconnaissant que tu as été obligé, pour ne pas déclencher la guerre sainte et la révolte dans le Souf, de nous laisser la garde du corps de Si Ahmed. Par cet écrit officiel, tu reconnaîtras que cette garde sera pleinement assurée par nos soins. Un tombeau digne du Grand Maître sera construit, et des pèlerinages seront organisés sur sa tombe.

Épuisé, affolé, indécis, Si Bachir, perdant toute mesure, accepta cette capitulation et prit le chemin du retour.

Comme par miracle, sitôt le chérif parti, le Souf retrouva sa tranquillité millénaire. Mais à peine en possession de l'acte signé par Si Bachir et confirmant officiellement l'abandon du corps à Guemar, les mokkadems le firent parvenir, par l'intermédiaire du Bureau arabe de Touggourt, au gouvernement général d'Algérie.

De retour à Kourdane, Si Bachir se présenta piteusement devant Aurélie, qui avait réuni Boubeker et les notables d'Aïn Madhi.

— Tu t'es conduit comme un enfant, Si Bachir. Si Mammar t'a piégé. La révolte du Souf n'était qu'une comédie montée de toutes pièces, et tu aurais dû penser que personne, tu m'entends bien, personne ne pouvait s'opposer à ce que tu reviennes avec le corps de notre bien-aimé Si Ahmed. Ah ! Si Bachir, où sont tes promesses ? Et ta fermeté ?

— Les Français sont contre nous, Lalla Yamina : les soldats de Touggourt et de Biskra auraient pu me protéger, ils se sont abstenus. S'ils étaient venus, il n'y aurait pas eu de révolte.

— Certainement, et c'est ta seule excuse. Aussi, puisque tu as été incapable de résoudre le problème, je monte à Alger. Je verrai moi-même le général Collet-Meygret, commandant la division d'Alger ; par lui, j'irai jusqu'au gouverneur général Lépine, et si je n'obtiens pas satisfaction, je quitterai Kourdane. Je vous abandonnerai à votre sort d'incapables et je retournerai en France. Ma décision de partir ou de rester sera fonction de celle du gouverneur.

Jamais ils ne l'avaient vue aussi frémissante d'indignation, aussi décidée !

Elle se tourna vers Dahmani :

— Fais atteler la calèche ! Je m'arrêterai à Laghouat pour voir le commandant du cercle ; il annoncera à son supérieur ma prochaine arrivée à Alger. Il y a maintenant des relais de poste jusqu'à Berrouaghia et, en changeant d'attelage, je ne mettrai que sept à huit jours pour atteindre Berrouaghia, où se termine la ligne de chemin de fer.

Son séjour à Alger dura plus longtemps qu'elle ne l'eût désiré. Bien que tenue en haute estime, elle fut promenée de bureau en bureau, appuyée par les militaires dont dépendaient les territoires du Sud, rejetée par l'administration civile qui, selon les ordres venus de Paris, voulait éviter tout risque de trouble.

Seuls la soutenaient ceux qui avaient pu apprécier sa ligne de conduite et sa fidélité à la France.

De longs mois d'angoisse passèrent ainsi. Parfois, lasse d'attendre et ulcérée, Aurélie songeait à abandonner et à rentrer en France. Si elle échouait dans sa mission, il ne lui restait pas d'autre solution, car ce serait la fin de la zaouia d'Aïn Madhi. Elle logeait à Saint-Eugène où elle était chez elle, mais, lorsqu'elle ouvrait sa fenêtre le matin et contemplait la mer aux tons changeants s'enfonçant jusqu'à l'horizon circulaire, lorsqu'elle respirait les odeurs de jasmin qui montaient de son jardin, elle s'évadait en rêve vers Kourdane et sa roseraie où roucoulaient les tourterelles. Elle revoyait les terres embrasées du désert et, dès lors, soutenue par son rêve, persuadée de son destin, elle reprenait courage et frappait à toutes les portes, digne, fière et obstinée comme toujours.

Enfin, le jour vint où elle fut reçue en audience par le gouverneur général Lépine. Très intéressé par cette vie hors du commun, il lui donna son appui total et celui de la France.

— Le corps de Si Ahmed sera rendu à Aïn Madhi, Madame. J'ai étudié votre dossier, je sais ce que vous avez fait, et c'est par égard pour vous que je favoriserai cette restitution. (Puis se levant pour prendre congé, il ajouta :) Car Si Bachir, qui n'a pas su, à Guemar, user de son autorité pour se faire remettre le corps, ne le mérite pas [1].

— Je vous promets, monsieur le Gouverneur, que, désormais, Si Bachir possédera l'autorité que l'on attribuait à mon mari Si Ahmed. Il suffit pour cela que la France continue à me considérer comme le seul et véritable interlocuteur de la confrérie tidjania auprès d'elle.

— J'en prends note, Madame. Il reste encore pas mal de formalités à accomplir, quelques mois d'attente, sans plus ! Mais, le jour venu, une escorte armée sera fournie au mokkadem envoyé d'Aïn Madhi pour récupérer le corps de votre mari.

1. Cf. Marthe Bassene, *Aurélie Tidjani, princesse des sables*, Plon, 1925.

— Ce sera Si Bachir, monsieur le Gouverneur.

Resté seul, le gouverneur général Lépine eut une moue interrogative vers son directeur de cabinet :

— Une maîtresse femme, qu'en pensez-vous, David ?

— Cette fidélité à Si Bachir, malgré ses échecs, m'inclinerait à penser que certaines rumeurs sont exactes.

— Ah ! Et que disent-elles, ces rumeurs ?

— Qu'il y aurait projet de mariage entre madame Si Ahmed Tidjania et son beau-frère, Si Bachir...

— Talleyrand n'aurait pas mieux agi, mon cher directeur. Mais qui pourra jamais comprendre l'âme arabe ?

Malgré l'appui total du gouverneur Lépine, ce n'est que plus d'une année après sa mort que furent autorisés l'exhumation et le transfert de la dépouille de Si Ahmed, de Guemar à Kourdane.

Peu avant ce retour officiel, un événement considérable s'était produit : Aurélie, à la requête des mokkadems, et particulièrement de Boubeker, avait accepté de se remarier avec Si Bachir.

Elle ne l'avait pas fait de gaieté de cœur. Malgré la soumission actuelle du nouveau chef de la confrérie, comment oublier qu'il avait été pendant plus de vingt ans son ennemi mortel et celui de son mari ? Néanmoins, son séjour forcé de près d'une année à Alger lui avait démontré qu'en son absence les choses se dégradaient vite. À son retour à Kourdane, elle avait retrouvé ses jardins négligés, ses plantations en péril et les labours d'automne non effectués. Bref, qu'elle vînt à quitter Kourdane, et la merveilleuse oasis retournerait lentement au désert originel.

Elle avait longuement réfléchi. Était-elle sûre de conserver cette situation incertaine de simple oukil, c'est-à-dire d'administrateur des biens de la confrérie ? Elle apportait à cette fonction une rigueur absolue, ce qui indisposait certains personnages obscurs et influents qui avaient intérêt à ce qu'elle partît pour reprendre leurs malversations. Elle avait l'expérience de la zaouia ; Aïn Madhi fourmillait d'éternels comploteurs, et Si Bachir, dont elle avait mesuré la faiblesse – elle le croyait plus énergique que Si Ahmed, et son attitude à Guemar l'avait profondément déçue –, Si Bachir était incapable de réprimer un complot qui serait tramé pour éloigner Aurélie de Kourdane.

Certes, s'était-elle dit, il est peut-être temps d'abdiquer. Sa fortune personnelle, sans être aussi considérable que certains le pensaient, pouvait lui assurer une tranquille vieillesse à Alger ou en France. Parfois, dans ses moments de dépression, elle rêvait de l'hiver enneigé de son pays natal, des forêts sombres où pullulaient les sangliers, des brouillards et des givres du Barrois, mais bien vite elle chassait ses idées noires. Non ! Sa place était à Kourdane. Il lui suffisait d'y revenir, comme elle venait de le faire après sa plus longue absence depuis son mariage, pour sentir que rien désormais ne pourrait l'en séparer.

Et puis, Boubeker était venu la trouver en secret.

— En obtenant gain de cause contre Guemar, tu as une fois encore sauvé la zaouia mère d'Aïn Madhi ! Le conseil des mokkadems t'en est infiniment reconnaissant. Mais mes frères s'inquiètent de ton avenir. Nous vieillissons tous, Lalla et, bientôt, comme notre vénéré Si Ahmed, nous retournerons dans les jardins du Prophète. Les jeunes sauront-ils te protéger comme il se doit ? Le sort d'une veuve en Islam n'est guère séduisant. Certes, Si Ali t'appelle toujours « Maman », mais, lorsqu'il succédera à Si Bachir, je crains qu'il ne veuille gouverner seul, car tu serais pour lui un éternel remords.

— J'ai pensé à tout cela, Boubeker ! Je n'attends plus que le retour du corps de Si Ahmed et son ensevelissement à Kourdane. Ensuite, plus rien ne me retiendra ici. Peut-être vivrai-je à Laghouat, peut-être à Alger ou en France !

— Justement, il ne faut pas, Lalla Yamina. Tu dois rester, et il n'y a qu'un moyen !

Elle le regarda intriguée :

— Et ce moyen ?

Il hésitait.

— Tu devrais épouser Si Bachir ! dit-il, se décidant soudain.

— Oh ! Comment oses-tu penser une chose pareille ? Celui qui fut le plus grand ennemi de mon mari, qui a failli le tuer !

— Quand je dis mariage, Lalla, bien entendu, ce serait un mariage blanc, mais il ferait à nouveau de toi l'épouse du Grand Maître et, tant que Si Bachir vivra, ta position à Kourdane sera celle qui a toujours été la tienne : la première ! Alors, Kourdane continuera à prospérer, à s'agrandir, et l'administration de la zaouia sera entre de bonnes mains... Ne ferais-tu pas cela pour nous ? Je suis très vieux. Quand je disparaîtrai, il n'y aura plus autour de toi que Dahmani et Ratita, mais ce sont d'humbles serviteurs, et Dahmani est un ancien esclave ! Ils n'ont aucune influence.

— Permets-moi de réfléchir, Boubeker. Aussi étrange que soit ta proposition, elle mérite un examen approfondi. Mais être l'épouse de Si Bachir...

Elle ne termina pas sa phrase.

— Si Bachir est plus faible encore que Si Ahmed, et tu l'as toujours dominé ; il n'y a pas un être au monde qui te craigne et te respecte autant. Tu aurais sur lui une influence favorable !

— Avez-vous déjà parlé à Si Bachir ?

— Non, mais Si Bachir fera ce que nous déciderons. Depuis Guemar, sa déchéance ne tient qu'à nous ! Il le sait.

Boubeker avait raison. Si Bachir, pressenti par le conseil des mokkadems, consentit à devenir l'époux d'Aurélie. Il en parut même extrêmement satisfait : ce mariage consolidait sa position.

Le mariage fut conclu à Laghouat, discrètement mais officiellement, en présence du mufti Mohamed ben Taleb et de Mohamed el Miloud, secrétaire particulier de Si Bachir, Ahmed ben Telidji, conseiller municipal de Laghouat étant témoin.

Désormais, Aurélie retrouvait tous ses privilèges.

CHAPITRE IX

À la limite des champs cultivés de Kourdane, un catafalque avait été dressé, haute estrade charpentée à la hâte et recouverte de somptueux tapis du djebel Amour, rouges et noirs. Deux brûle-parfum en argent montés sur des trépieds ciselés de même métal constituaient le sobre ornement de ce monument funéraire.

Une foule considérable et silencieuse de khouans et de khamès s'était massée dans la dépression d'El Morzi, attendant l'arrivée du corps du grand cheikh el Tarika, le « Maître de la Voie » ! Des fauteuils de velours rouge avaient été amenés de Kourdane et disposés devant la tente légère dressée pour la circonstance. Une chaleur étouffante brûlait le Sahara, le vent de sable menaçait de se lever, quelques flammèches d'air chaud flottaient sur la steppe d'armoise et d'alfa, préludant aux mirages des horizons lointains.

Un chouaf en grande tenue se présenta devant la tente :

— L'heure est venue, Lalla Yamina ; le cortège est en vue.

Aurélie sortit ; elle était accompagnée du général Ruyssen qui représentait le gouvernement général de l'Algérie. Tous deux prirent place dans des fauteuils de gala. Des assabors en roseaux délimitaient une aire de protection contre le sable, et le sol recouvert de tapis de haute laine formait un rectangle privilégié, un salon sans parois et sans mobilier ouvert aux horizons infinis du Sud et complété par un gigantesque parasol tenu au-dessus de leurs têtes par un Noir athlétique.

Tous les regards, dès lors, se fixèrent sur l'horizon du Sud d'où sortirait la caravane. Le silence se fit, la grande foule des croyants écoutait le bruit du vent susurrant au ras du sol. Puis une rumeur sourde leur parvint, et tous alors mêlèrent leurs voix aux invocations des frères invisibles, accompagnant le cercueil qui, au-delà de la colline délimitant le proche horizon, récitaient depuis trente jours les saintes litanies du chapelet tidjani.

Enfin, le convoi apparut.

En tête, monté sur un cheval noir et suivi par un cavalier porte-parasol, chevauchait Si Bachir. Des cavaliers arabes en tenue d'apparat l'entouraient, portant les étendards des confréries tidjania ; des tirailleurs de l'armée française en garnison à El Oued escortaient la dépouille de Si Ahmed ; un lieutenant les commandait. Le quadruple cercueil contenant le corps était suspendu comme un palanquin entre deux mules richement harnachées, caparaçonnées de couvertures garnies de longues franges de cuir les protégeant des mouches. À chaque mouvement, les mules secouaient leurs grelottières, et cela déclenchait une harmonieuse et délicate symphonie. Derrière venait la troupe des fidèles qui, depuis quatre semaines, grossissant au fur et à mesure que le convoi avançait sur les territoires des Larbaa et des Chaamba, accompagnait Si Ahmed pour son dernier voyage. Tous, inlassablement, chantaient la gloire du défunt et lançaient en chœur de leurs voix rauques les sourates sacrées. Puis cette foule rompue de fatigue se taisait subitement, sans raison apparente ; le silence devenait oppressant. Mais ce vide sonore ne durait qu'un instant, les chants, les lamentations reprenaient crescendo, relayés désormais par l'immense et intraduisible prière du peuple du désert rassemblé à Kourdane.

Lorsque le nuage de poussière soulevé par le convoi arrêté au pied du catafalque se fut dissipé, les hôtes d'Aurélie distinguèrent mieux les visages hâlés, burinés et amaigris des khouans qui venaient de Guemar ; une foi intense les brûlait, et leurs regards extatiques semblaient découvrir au-delà de l'univers terrestre le paradis auquel venait d'accéder Si Ahmed, et dont l'accès leur serait facilité par la sainte mission qu'ils venaient d'accomplir.

Aurélie, drapée dans sa djellaba de laine blanche, un voile de dentelle jeté sur ses cheveux, se leva.

Derrière elle se rangèrent Si Ali, les mokkadems, les aghas, les caïds, les bachaghas des grandes tribus de la montagne et du désert, et leur chef à tous, le puissant khalifa des Larbaa. Dans cette foule musulmane, seuls les stricts uniformes du général Ruyssen et du lieutenant de tirailleurs marquaient avec discrétion la présence française.

Si Bachir sauta de cheval, baisa ostensiblement la djellaba de sa récente épouse et prit sa place sur la tribune, la première, entre Aurélie et le général Ruyssen.

Le silence se fit dans la foule.

— Merci, Si Bachir, lui dit discrètement Aurélie, tu as bien rempli ta mission.

Puis, comme le lieutenant des tirailleurs de l'escorte se présentait à six pas devant le général Ruyssen, le saluait et rendait compte – « Mission accomplie ! » –, elle s'adressa au jeune officier :

— Je vous serai éternellement reconnaissante, lieutenant, d'avoir facilité ce long transfert du corps de mon mari à travers le désert.

L'officier s'inclina sans répondre.

Faites décharger et rendre les honneurs, commanda le général Ruyssen. Ensuite, vous rassemblerez vos tirailleurs à l'écart ; madame Tidjania leur a fait préparer un cantonnement dans sa propriété. Désormais, votre tâche est terminée. Si Ahmed appartient aux mokkadems d'Aïn Madhi ; vous et moi ne sommes plus là que pour représenter la France aux obsèques de celui qui fut toujours pour nous un partenaire compréhensif.

L'officier donna un ordre bref. Le palanquin fut déposé à terre, et des sokhrars éloignèrent les mules de l'étrange attelage. Les tirailleurs présentèrent les armes, puis, sous les ordres d'un sous-officier indigène, se retirèrent.

Désormais, Si Ahmed appartenait à ses fidèles.

Une grande panique agita la foule présente. Chacun se ruait pour toucher le cercueil et, s'il y parvenait, imposait ses mains en murmurant des prières, réclamant par ce geste une part de la Baraka dont le chérif avait disposé durant sa vie.

Selon la coutume musulmane, le cercueil devait être porté à dos d'homme jusqu'au catafalque et, de là, les prières seraient dites jusqu'à son tombeau de Kourdane. D'habitude, le corps enveloppé dans un simple linceul est porté sur une planche, mais, cette fois, les rigueurs du climat et les exigences du long voyage avaient rendu nécessaire son ensevelissement dans un lourd et quadruple cercueil de bois de cèdre et de zinc. Le portage en était très pénible, mais les vieux comme les jeunes se précipitaient pour participer à cette action bénie d'Allah.

Un peu plus d'un kilomètre séparait l'emplacement du catafalque de Kourdane ; cette distance fut parcourue par un cortège désordonné de fidèles se bousculant pour se relayer au portage. La foule des khouans suivant la dépouille du Grand Maître traversa à une allure rapide et saccadée la masse des populations serrées à droite et à gauche et, parfois submergée, les écartait comme le ferait l'étrave d'un navire. On traversa les jardins de Kourdane et, de tous les bâtiments, de toutes les terrasses s'élevèrent alors les lamentations des femmes, les cris stridents des pleureuses et les prières des hommes !

Aurélie avait fait construire sous le pistachier de leurs

premières amours une koubba blanche à soubassement de marbre rouge. C'est là que fut déposé le corps de Si Ahmed.

Puis, la dalle refermée, la grande, l'immense foule des croyants se dissipa sur les pistes, les uns vers le nord, les autres vers le sud, et l'on pouvait suivre des yeux les longues traînées blanches de leurs burnous confondus.

Plus tard, le général Ruyssen prit congé.

Aurélie resta seule avec Si Bachir.

— Ah ! Lalla Yamina, je suis heureux d'avoir pu te prouver la sincérité de mes sentiments. Le passé est révolu ! Désormais, Si Ahmed repose auprès de toi ! Maintenant, je vais te quitter ; selon nos accords, je retourne vivre à Aïn Madhi. Tu es à nouveau la maîtresse de Kourdane ; tant que je vivrai, personne ne t'en éloignera. Qu'Allah te protège, Lalla Yamina !

— Qu'Il dirige tous tes actes pour la lourde et grande tâche qui est désormais la tienne, Si Bachir. Maître de la Voie et détenteur de la Baraka, sois digne de ton père et de ton grand-père, les saints marabouts d'Aïn Madhi.

— Puis-je te demander une faveur, Aurélie ?

Elle le regarda avec étonnement. Depuis Bordeaux, il ne l'avait jamais appelée par son prénom.

— Mes deux fils, Mohamed et Mahmoud, seraient désireux de vivre à Kourdane. L'atmosphère d'Aïn Madhi est trop pesante pour de jeunes chérifs ; mais, surtout, ils voudraient profiter de tes conseils et de ton expérience. Peut-être un jour seront-ils appelés à régner sur la confrérie !

— J'aime beaucoup tes fils, Si Bachir, ils sont sérieux ; j'ai eu tant de désillusions avec Si Ali que je reporterais volontiers sur eux l'affection que jadis j'avais pour lui. Ils peuvent venir dès demain.

Si Bachir hésitait à poursuivre :

— Merci, Aurélie ! Je ne voudrais pas accentuer ta peine, mais je dois te prévenir. Sous son apparence désinvolte et bien qu'il ait clamé que succéder à son père ne l'intéressait pas, Si Ali a été profondément ulcéré. Mes gens me l'ont dit : il te tient pour responsable de sa déchéance.

— C'est faux ! C'est faux ! J'ai toujours pris sa défense, payé ses dettes, calmé son père...

— Et, surtout, il n'a pas admis notre mariage. Sans cela, j'en suis certain, il t'aurait obligée à quitter Kourdane pour s'y installer en maître...

— Serait-il aussi vil ?...

— La jalousie et l'ambition peuvent faire naître de bien mauvais sentiments... N'en ai-je pas été le vivant exemple ?

Elle avait repris son attitude ferme et hautaine.

— Effaçons le passé, Si Bachir ; tu es mon époux devant le Coran, et j'agirai comme doit agir la femme du Grand Maître. Nous garderons Kourdane et le ferons prospérer ; ne constitue-t-il pas la richesse la plus importante et le signe le plus visible de la prospérité de notre zaouia ? Pars, Si Bachir, envoie-moi tes fils. Et tiens-moi au courant de toutes les décisions prises à Aïn Madhi. Comme par le passé, le conseil des mokkadems se réunira à Kourdane pour les questions urgentes... Et je serai présente.

Très digne, Si Bachir prit congé. Il était revenu grandi de Guemar, et son échec de l'année précédente était oublié. Tout Aïn Madhi, désormais, ne verrait plus en lui que celui qui avait ramené à Kourdane la dépouille sacrée de Si Ahmed, apportant à nouveau la prospérité sur la zaouia.

CHAPITRE X

Aurélie va connaître, de 1897 à 1911, treize années souveraines. Plus encore que du temps de Si Ahmed, elle est la maîtresse incontestée de Kourdane et d'Aïn Madhi. Si Bachir lui a abandonné la direction et l'administration de la confrérie. De plus, la période est favorable ; la poussée française au Sahara s'est traduite en 1900 par la prise d'In Salah, à mille kilomètres au sud de Laghouat ; la dissidence des Ouled Sidi Cheikh est terminée, la pacification des turbulentes tribus des monts des Ksour et de l'Erg oriental achevée. Les relations d'Aurélie avec l'administration française sont excellentes. Chacun reconnaît la volonté et la force de travail de cette femme, et son emprise sur les nomades du Sud algérien. Douze années durant, Aurélie va poursuivre ses travaux d'irrigation, créer deux nouvelles exploitations agricoles, pour lesquelles elle sera décorée en 1903 du Mérite agricole. Parallèlement à ce travail, Aurélie multiplie les écoles françaises ; quatre établissements scolaires sont créés et financés par le budget de la confrérie. Des dispensaires fonctionnent tant à Aïn Madhi qu'à Kourdane, ce qui lui vaudra, en 1906, d'être nommée officier d'Académie !

Si Bachir ? Jamais époux n'aura causé moins de souci.

Si Bachir n'est qu'une façade. Il ne s'immisce dans aucun pourparler et séjourne la plupart du temps à Aïn Madhi auprès de ses trois premières femmes. On pourrait se demander comment Aurélie, si exigeante envers son premier mari, peut tolérer cette polygamie. Aux indiscrètes qui lui posent la question – de nombreuses femmes européennes viennent la visiter chaque année –, elle répond :

— Ce deuxième mariage n'est qu'un mariage politique, un mariage blanc ! J'aime mieux voir mon mari rester attaché à ses premières épouses que de savoir qu'il court après les petites négresses, comme ce fut, hélas, le cas pour Si Ahmed.

Et elle ajoute, en leur montrant du haut du balcon de Kourdane la splendide oasis et les jardins enchanteurs :

— Pour Henri IV, Paris valait bien une messe ; pour moi, conserver ce domaine vaut bien quelques égratignures à mon amour-propre !

Durant ces années où se poursuit la conquête coloniale de la France, Aurélie sera l'un des plus fermes soutiens de cette politique. Si la confrérie tidjania a perdu sa place dans l'Est saharien, où la Senoussia fait des progrès inquiétants, l'Afrique noire, le Sahara central et occidental restent dans sa zone d'influence. Avant de partir pour leur grande mission transafricaine, monsieur Foureau et le commandant Lamy, passant par Kourdane, ont reçu de Si Bachir des lettres d'introduction auprès des khouans du Sud, et un mokkadem accompagne la mission. Ce sera la plus grande épopée française et l'achèvement de la conquête du domaine colonial français en Afrique noire.

Kourdane n'est plus un palais perdu au centre du Sahara ; son accès est devenu plus aisé. La ligne de chemin de fer venant d'Alger se prolonge à travers les hauts plateaux jusqu'à Djelfa, et une piste carrossable et bien entretenue dessert Laghouat. On peut venir en quatre jours d'Alger à Laghouat ! La renommée de la « princesse des sables » s'est étendue fort loin, et Aurélie reçoit beaucoup de visites, continue à donner des fêtes somptueuses et agrandit inlassablement son domaine. Elle travaille pour l'éternité !

Hélas ! Si Bachir meurt en 1911 et, immédiatement, le drame de sa succession éclate.

Les années passant, Aurélie s'était attachée à cet époux si discret et si respectueux du pacte conclu lors de leur mariage. Si Bachir avait déjà été frappé par deux attaques d'apoplexie. Il en était resté à demi paralysé. Aurélie l'avait invité à venir vivre à Kourdane, où elle le soigna avec dévouement jusqu'à sa mort, lui promettant de continuer à conseiller ses fils, dont l'avenir paraissait incertain.

Si Bachir reçut à Aïn Madhi les honneurs suprêmes dus au descendant direct du grand saint Tidjani Mohamed el Kebir. Aurélie veilla personnellement à ce qu'il fût enseveli dans la zaouia, où sa tombe voisine avec celle du saint fondateur de la confrérie.

— Ainsi, dit-elle aux mokkadems rassemblés, Si Bachir rejoint ses ancêtres. La tradition tidjania continue.

Cependant, à peine la mort de Si Bachir est-elle connue qu'éclatent les révoltes de palais. Elles sont fomentées par Si Ali, tenu écarté du pouvoir durant treize ans. Treize années qui ne l'ont pas assagi, pendant lesquelles il a gaspillé une grande partie de sa fortune personnelle et fait appel, pour des besoins pressants, aux fonds secrets de la zaouia. Sa jalousie n'a fait qu'augmenter en constatant l'affection que porte Aurélie à ses cousins, les jeunes chérifs Si Mohamed et Si Mahmoud. Il est bien décidé à lui faire payer cher sa longue période d'éloignement.

La hadra se réunit.

La désignation du successeur de Si Bachir ne fait aucun doute : Si Ali est l'aîné des enfants légitimes de Si Ahmed. Il est reconnu comme Grand Maître de la Tidjania et se comporte immédiatement en souverain.

Les jours qui vont suivre sa nomination seront les plus dramatiques de la vie d'Aurélie. Devenue une robuste sexagénaire, elle n'a rien perdu de son autorité et va lutter pied à pied contre les exigences de Si Ali.

Pour bien lui montrer son pouvoir, elle le convoque sans attendre, comme si elle devait rester la maîtresse de Kourdane, comme s'il était toujours le jeune Ali à qui elle a tout appris.

Le rendez-vous a lieu dans le salon d'apparat du premier étage, sous la grande photographie de Si Ahmed. Pour le recevoir, Aurélie est seule, vêtue à l'européenne, imposante dans sa longue robe de dentelle, sa taille amincie par un corsetage rigoureux. Tous ses vieux serviteurs ont disparu : Dahmani et Ratita sont morts, Baba et Meryem également. Ses jeunes servantes, qui l'adorent, ne peuvent lui être d'aucune utilité. Seuls, ses jeunes neveux, Si Mohamed et Si Mahmoud, pourraient lui apporter un soutien moral, mais ils sont les fils de Si Bachir, et c'est Si Ali qui commande.

Malgré l'orgueil de sa victoire, celui-ci ne peut cacher sa gêne en pénétrant dans le grand salon. Il feint l'indifférence :

— Tu as besoin de moi, Maman ?

Il a prononcé ce dernier mot avec ironie.

La riposte est vive :

— Pas du tout ! Comme tu dois t'y attendre et l'espérer, je vais quitter définitivement Kourdane. De la sorte, tu n'auras pas à me mettre à la porte. Mais Kourdane est mon œuvre, et je ne partirai pas les mains vides. J'emporte tous mes souvenirs, mon mobilier et mes cadeaux personnels !

— Le mobilier et les cadeaux appartenaient à mon père, donc à la confrérie ; tu n'as pas le droit de les enlever.

— Je les prendrai ! Crois-tu que je vais te laisser gaspiller le patrimoine lentement accumulé par moi durant quarante années ?

— Je ne te laisserai rien emporter, tout m'appartient désormais, Kourdane est le domaine de mon père ! N'est-ce pas sa photo qui trône dans cette pièce ? Tu l'as bien vite oublié, il me semble !

— Tu es encore plus vil que je ne le pensais ! Pauvre zaouia ! Elle s'est choisi un bien mauvais maître !

— Tu pourrais peut-être m'épouser ! lance avec arrogance Si Ali, à condition que je veuille d'une vieille femme comme toi !

Il éclate de rire. Aurélie voit rouge.

— Sors d'ici, ou je te tue !

Elle saisit sa cravache, fait un geste menaçant.

Si Ali, le visage décomposé, sort lentement en proférant une dernière menace :

— Les oukils d'Aïn Madhi seront ici dans une heure. J'ai averti les militaires de Laghouat, ils assisteront à l'inventaire qui sera fait. Ils veilleront à ce que tu n'emportes d'ici que ce qui t'appartient personnellement : tes bijoux, tes photos, tes robes. Le reste est à moi.

Si Ali parti, Aurélie reste seule dans le grand salon assombri par les tentures qui tamisent la puissante lumière du désert. Elle devrait pleurer, mais ses yeux restent secs ! Une colère longtemps refoulée s'empare d'elle. Elle ne peut admettre que Kourdane, son œuvre exemplaire, tombe entre les mains d'un débauché ! Elle maudit les nouveaux mokkadems qui ont cédé au chantage d'Ali, la plupart étant ceux qui l'avaient récusé treize ans plus tôt ! Elle parcourt lentement les pièces d'apparat ; tout ici lui appartient de raison, sinon de droit, tout ! Elle voudrait laisser ce palais nu et poussiéreux comme celui qui l'accueillit à Aïn Madhi en 1871 !

Bien que la chaleur soit forte, elle sort sur la véranda. La fournaise du soleil au zénith brûle le désert. Cependant, comme à l'accoutumée, les jets d'eau jaillissent du jardin d'agrément, et les arbres sont surchargés de fruits ; les champs de luzerne, d'orge et de blé promettent de merveilleuses récoltes. Et dire que tout cela va disparaître ! Quelle tristesse !

Aurélie rentre dans l'ombre fraîche des appartements privés. Dans le grand salon, les deux fils de Si Bachir l'attendent. Ils sont gênés, malheureux et ne savent pas s'exprimer. Si Mohamed parle le premier :

— Ah ! Lalla ! Notre cœur saigne à l'idée de ton départ ! Que tu sois chassée par celui dont tu avais fait ton fils, quelle douleur pour toi ! Mais nous, nous sommes toujours tes enfants, n'est-ce pas ? Où vas-tu aller désormais ? Nous sommes très inquiets. Si Ali a déjà interdit que tu te réfugies dans la maison de Laghouat. Mais ce qu'il ne peut pas t'enlever, c'est ton « domaine » dans le grand troupeau familial. Tu ne le sais peut-être pas, mais tu possèdes des milliers de moutons et des chameaux marqués à ton fer ! Nous veillerons à ce qu'ils se multiplient. Enfin, notre père possédait à Laghouat une villa, tout près de l'ouvroir des Sœurs blanches. Cette maison est la tienne. En partant d'ici, tu pourras l'habiter et y rester toute ta vie si cela te plaît. Huit serviteurs t'y attendront. Nous voudrions faire plus, mais Si Ali, ce monstre, a le pouvoir !

Une grande rumeur vient des jardins. Aurélie se disposant à aller voir ce qui se passe, Si Mohamed la retient :

— Inutile, Lalla ! Tu vas entendre des cris de haine ! Si Ali a forgé de toutes pièces une grave accusation contre toi ! Il a lancé le bruit que tu avais détourné les biens de la confrérie pour ton usage personnel, et ses émissaires ont monté contre toi une foule de meskines ignorants, des pèlerins venus du Sud et qui ne connaissent pas ton œuvre.

— Mon Dieu ! Ne me sera-t-il rien épargné ? Ces meskines que j'ai secourus pendant tant d'années ! Et avec quoi, sinon avec les ressources d'une communauté devenue prospère grâce à mon administration ?

Elle ne contient plus son indignation. Elle oublie qu'elle n'est plus rien ! Simplement une veuve en pays musulman. Elle a jusque-là triomphé de toutes les révolutions de palais. Cette fois, c'est bien fini. On arme contre elle ceux qui lui doivent le plus de reconnaissance, les misérables pèlerins qui séjournaient à demeure à Kourdane, vivant sur les réserves de la propriété.

— Les oukils sont là ! dit Si Mahmoud. Veux-tu que nous restions ?

— Merci, mes enfants. Il est préférable que je discute seule avec les envoyés de Si Ali. J'accepte votre offre, je descendrai chez vous, à Laghouat.

Elle leur tend les bras ; ils l'embrassent.

Elle se sent prête pour la lutte à venir.

L'inventaire des biens dura deux grandes journées. Deux oukils l'avaient dressé, mais Aurélie le contesta de bout en bout, âprement, parfois même avec une telle violence que le jeune lieutenant du Bureau arabe de Laghouat, chargé de surveiller le départ de la Tidjania et tout nouvellement promu, rendit un rapport extrêmement défavorable sur Aurélie, l'accusant de rapacité, faisant état des détournements que le nouveau Grand Maître lui reprochait[1]. À vrai dire, la mort de Si Bachir avait en partie rompu les engagements de courtoisie de l'administration envers Aurélie. Les instructions du Bureau arabe étaient fermes : « Ne rien faire qui puisse contrarier Si Ali, le soutenir au besoin, mais, si des incidents éclataient, protéger la vie de "madame Aurélie" et la ramener immédiatement à Laghouat. » L'officier ne devait quitter Kourdane qu'après le départ d'Aurélie.

Trois grandes carrioles attendaient dans la cour, sur lesquelles des serviteurs de Kourdane chargeaient le mobilier, les bagages et les souvenirs disputés âprement à Si Ali.

1. Cf. Élise Crosnier, *Aurélie Picard, 1849-1933*, Éd. Baconnier, Alger, et Élise Crosnier-Nouel, *Carré d'as aux femmes*, Éd. Guy Le Prat.

Comme on lui refusait d'emporter les meubles en marqueterie incrustés de nacre, elle explosa et, s'adressant aux oukils, les tança vertement :

— Tout ce qui est ici m'appartient ! Ne le savez-vous pas, monstres d'ingratitude ? Qui a créé Kourdane, qui a rendu sa prospérité à votre zaouia ? Sans moi, voici un demi-siècle qu'Aïn Madhi aurait disparu au profit de Temacine et, croyez-moi, c'est ce qui va arriver !

— Mais, Lalla Yamina, disait l'un des oukils, intimidé et inquiet, Si Ali prétend que tu détiens des fonds de la zaouia dans ton coffre !

— C'est faux ! Archi-faux ! Je n'ai jamais détourné un écu à mon profit. Jamais !

— Le seigneur dit que Kourdane, ayant été bâti avec les fonds de la ziara, appartient à la zaouia !

— Oubliez-vous que cette ziara d'une année, c'est moi qui l'ai obtenue des Français, et que tout l'argent recueilli a servi à créer ce grand domaine que je vous abandonne ? La propriété, les terres, certes, elles sont vôtres, mais le mobilier est à moi !

Parfois, durant ces discussions stériles, l'officier du Bureau arabe s'interposait avec déférence, mais ne réussissait qu'à attiser la colère d'Aurélie.

— Puis-je vous conseiller, Madame, de partir immédiatement ? disait-il. Je suis chargé d'assurer votre sécurité, et votre comportement laisse présager le pire !

— J'étais dans cette région alors qu'elle était encore en dissidence et qu'aucun Français n'y était toléré ; j'ai toujours été respectée des tribus du Sud. Ignorez-vous, jeune homme, que j'étais à l'époque le seul intermédiaire possible entre l'armée et les tribus affiliées à la confrérie ? Laissez-moi rire ! Protéger la Tidjania ! Je n'ai qu'à paraître pour que tous ceux qui crient viennent comme autrefois baiser le pan de ma robe.

Et comme il insistait pour qu'elle partît :

— Je partirai demain après-midi à la fraîche ! Il me faut tout ce temps pour rendre les visites protocolaires à la famille de Si Bachir, à Aïn Madhi, et pour prendre congé de Si Ali et des siens.

Le jeune officier ne comprenait plus. Il venait d'assister durant deux jours à une formidable querelle d'intérêt opposant la Tidjania à Si Ali ; il savait que des paroles définitives avaient été prononcées, et voici que, très calme, « madame Aurélie » parlait d'aller faire des visites d'adieu, non seulement à la famille de son deuxième époux, mais à Si Ali lui-même et aux siens ! Comme si rien ne s'était passé !

« J'ai encore beaucoup à faire pour pénétrer les arcanes de l'âme arabe ! » songea-t-il avec amertume.

Grâce à une intervention de Si Mahmoud, le plus diplomate des trois chorfas, on décida que les droits d'Aurélie à la succession de ses deux époux seraient établis par le cadi d'Alger.

Plus tard, cet accord fut ratifié devant le gouverneur général Lutaud. Le procès-verbal mentionnait la présence de madame veuve Tidjani, du cheikh Si Ali Tidjani, Grand Maître de la confrérie tidjania, et des deux fils de Si Bachir : Si Mohamed el Kebir et Si Mahmoud. Aurélie recevait vingt-cinq mille francs-or en espèces, tous les bijoux que ses époux lui avaient donnés et le mobilier qu'elle avait emporté ; elle gardait en douaire ses troupeaux de moutons et de chameaux.

Aurélie séjourna quelque temps à Laghouat, puis prit la route d'Alger.

Il lui restait une maison, rue Beauregard, suffisamment vaste pour qu'elle s'y installât et pût y recevoir sa famille.

L'épreuve très rude qu'elle avait subie l'avait rapprochée de ses neveux et nièces de France, qui vivaient à Alger et à

Sidi-bel-Abbès, mais sa pensée la reportait toujours vers l'univers qu'elle venait de quitter : le Sahara !

Parfois, des Arabes de grande tente venant du Sud et de passage à Alger lui rendaient visite. Alors, Aurélie revivait. Sa maison se transformait : on déroulait les tapis d'apparat le long des couloirs, les méchouis rôtissaient dans la cour, et des musiciens arabes convoqués charmaient ses hôtes.

Puis, Aurélie retombait dans sa solitude et ses souvenirs.

CHAPITRE XI

Ainsi passèrent trois années, jusqu'à la déclaration de guerre de 1914.

Alors, Aurélie alla trouver le gouverneur général Lutaud et lui exposa sa volonté de retourner dans le Sud. Il en parut surpris :

— Ne craignez-vous pas d'être très mal reçue par Si Ali ?

— Le temps a fait son œuvre, monsieur le Gouverneur ; Si Ali a maintenant besoin de moi. Sa gestion a consisté à dépenser sans compter, à vendre les biens, les propriétés et les troupeaux ! La zaouia court de nouveau à sa ruine. Les jardins de Kourdane ont besoin de moi.

— Il y a aussi la guerre, Madame ! Nous craignons des mouvements au Sahara.

— C'est la raison principale qui motive mon départ, monsieur le Gouverneur. Moi seule suis capable de maintenir les tribus affiliées à la Tidjania dans l'orbite de la France, il est indispensable que je sois sur place. D'autre part, je vous conseille d'envoyer Si Mahmoud au Maroc. Le principal rebelle du Rif est un affilié, il porte le chapelet tidjani. Seul Mahmoud, descendant direct de la branche marocaine du Prophète, pourra lui parler et l'influencer en notre faveur !

— Ainsi, Madame, malgré votre âge, vous voulez continuer à servir votre pays. La France vous doit beaucoup de reconnaissance ! Permettez-moi de vous l'exprimer officiellement.

Il l'accompagna jusqu'à la porte de son bureau avec beaucoup d'égards. Elle se souvint de sa sortie du même bureau où trônait le sévère amiral de Gueydon ; quarante-trois ans avaient passé !

Aurélie retrouva Kourdane dans un état déplorable. La roseraie était devenue un fouillis de ronces sauvages, l'eau ne jaillissait plus, les arbres fruitiers mal soignés, ébranchés par les nomades en quête de bois, dépérissaient, les champs restaient en friche ; sur les six cents hectares irrigués par ses soins, seuls les trente hectares primitifs étaient maintenus dans une très relative productivité.

Elle s'en ouvrit à Si Ali :

— Mais enfin, les sources ne sont pas taries ! Alors !

— Ah ! Lalla ! Le vent de sable a comblé les puits et les canalisations !

— Il fallait creuser, dégager.

Elle ne comprenait pas cette inertie.

— Les excavatrices sont tombées en panne ; ceux de Laghouat ne viennent pas les réparer, le génie militaire m'a promis de le faire, mais rien ne vient !

Elle le regarda, un peu méprisante, vit ses traits ravagés, son visage boursouflé. Était-il possible qu'en deux décennies le jeune prince charmant qui caracolait devant les visiteurs de Kourdane et chassait avec tant d'ardeur l'autruche ou l'outarde fût devenu cet homme taré, précocement vieilli ? Elle eut pitié.

— Autrefois, dit-elle, quand tu étais bien jeune encore, et que les puits s'ensablaient, je commandais dix, vingt, cinquante khamès ! Ils creusaient et rétablissaient l'eau ! Nous n'avions nul besoin de faire appel aux techniques modernes.

— Je sais, Maman, je sais. Hélas ! Tu connais les Arabes...

— Je vais donc essayer de sauver quelques hectares, proposa-t-elle.

— Installe-toi ! Tu es ici chez toi. Mes enfants t'aiment, ceux de mes cousins aussi... Tu seras pour eux la grand-mère qu'ils désirent.

Aurélie n'était nullement surprise par ce changement total d'attitude qu'expliquait la versatilité du tempérament arabe. Si Ali était certainement sincère, mais aussi, il n'osait l'avouer, il avait besoin d'elle. Voudrait-elle reprendre en main les destinées de la zaouia ? Il le lui proposa, mais elle refusa nettement. En revanche, elle accepta de surveiller à nouveau le domaine de Kourdane.

— Je m'occuperai des jardins, dit-elle. Maintenant, Ali, il te reste à prouver ta fidélité à la France qui nous a soutenus depuis un demi-siècle. Ton grand-père, ton père et tes oncles ont toujours combattu à nos côtés. Le moment est venu de continuer à servir. Le gouverneur attend de toi que tu lèves un contingent de volontaires pour partir au front. Déjà, le khalifa Djelloul a réuni un goum important qui prend la piste du Nord ! Nous nous devons d'en faire autant.

— Ce sera fait, Lalla Yamina. Ce sera fait !

Si Ali tint parole. Plusieurs centaines de cavaliers indigènes vinrent ainsi grossir les rangs des combattants français.

La guerre finie, jugeant sa tâche terminée à Kourdane, Aurélie regagna Alger. C'est là qu'elle apprit que Si Ali était en traitement à Blida pour un mal incurable. Immédiatement, son tempérament maternel reprenant le dessus, elle se rendit à l'hôpital et y trouva un moribond méconnaissable. Atteint d'un cancer de la langue, Si Ali pouvait à peine manger, et Aurélie resta auprès de lui, cuisinant des mets légers qu'il avalait avec plaisir. Mais son état empira rapidement, et il mourut au cours de l'année 1920. Son décès ouvrait une fois de plus la succession d'Aïn Madhi.

Incontestablement, la hadra qui se réunirait devrait élire l'un des deux fils de Si Bachir. Serait-ce Si Mohamed el Kebir, plutôt sage et effacé, mais sérieux, croyant convaincu et appliquant les préceptes du Coran, ou son frère Si Mahmoud, énergique, ambitieux ? Désespérant de voir se redresser la situation lamentable créée par Si Ali, il s'était fixé au Maroc, à Fès, retournant ainsi aux sources spirituelles du fondateur de l'ordre, Mohamed el Kebir, son arrière-grand-père.

Prévenu, Si Mahmoud amorçait déjà d'interminables palabres avec les mokkadems d'Aïn Madhi. Son rêve était d'unir la zaouia qu'il venait de fonder au Maroc avec celle d'Aïn Madhi, mais on craignait, avec raison, qu'une fois nommé Grand Maître, Si Mahmoud ne transportât à Fès le siège de la confrérie. En revanche, Si Mohamed el Kebir, tant par sa présence constante aux cérémonies religieuses d'Aïn Madhi que par sa vie exemplaire, était le candidat préféré de beaucoup – en particulier d'Aurélie.

Finalement, la hadra élut Si Mohamed el Kebir. La décision fut prise en l'absence de Si Mahmoud qui, ayant appris qu'elle se réunissait, revint en hâte du Maroc, juste à temps pour assister à l'élection de son frère. Il en conçut une grande amertume. Depuis deux ans déjà, des querelles d'héritage séparaient les deux frères.

Un jour, le facteur apporta à Aurélie une lettre de Kourdane. Elle émanait de Si Mahmoud qui lui demandait en termes émouvants de venir arbitrer leur différend. Elle était écrite selon le rituel de la confrérie. C'était un message à la fois personnel et officiel :

« De Si Mahmoud ben Bachir, chérif de l'Islam, descendant
« du grand saint Mohamed el Kebir ben Tidjani,
« à notre mère, Lalla Yamina Aurélie Tidjania.

« Qu'Allah nous la garde toujours en bonne santé.

« Ô Maman ! Toi qui as toujours su arbitrer nos conflits, apaiser nos querelles, rendre la prospérité à notre confrérie, sans doute sais-tu que la hadra, en mon absence, a élu mon frère Si Mohamed el Kebir Grand Maître de l'ordre, alors que, par mon rang et mon âge, cette dignité devait m'échoir. Peut-être aurais-je dû revenir plus tôt du Maroc. La raison est que j'ai fondé là-bas une importante zaouia qui dépassera bientôt, je l'espère, en renommée et en sainteté celle d'Aïn Madhi, devenue depuis ton départ bien désuète. Mais cela n'est rien ! Si Mohamed, arguant de sa nouvelle dignité, veut capter l'héritage de mon père, et les cadis chargés de la liquidation n'arrivent pas à mettre au clair cette difficile succession. Toi seule peux décider avec sagesse ce qui reviendra à l'un, ce qui reviendra à l'autre. Si Mohamed est d'accord ; ta décision sera acceptée.

« Ô Notre Mère vénérée ! Accepte encore de servir et reviens apaiser les esprits ! Nous t'attendons au palais de Kourdane. »

« La guerre des deux frères reprend ! » songea amèrement Aurélie. En serait-il toujours ainsi ?

Elle hésitait à partir. Elle avait soixante-quinze ans et se sentait parfois si lasse de vivre. Pourtant, cet appel poignant lui faisait comprendre que, malgré son départ, malgré une absence de plusieurs années, on la tenait toujours pour la seule maîtresse de Kourdane. Pouvait-elle rester insensible à l'appel de ceux qu'elle considérait comme ses petits-enfants ?

Elle reprit le train cahotant du Sud.

À Djelfa, une surprise l'attendait : alors qu'elle se disposait à monter dans la diligence de Laghouat, une superbe calèche attelée de quatre chevaux à la Daumont vint se ranger devant la gare. Un cocher portant la marque des Larbaa s'inclina devant elle :

— Le khalifa Djelloul t'envoie sa voiture pour te conduire à Kourdane, il appelle sur Lalla Yamina la bénédiction d'Allah.

Djelloul était à cette époque le plus puissant des grands seigneurs du Sud. Son ami et allié, Bengana « cheikh el Arab » de Biskra, lui disputait cette prééminence. Ses richesses, incalculables, reposaient sur d'énormes troupeaux de moutons. Grand seigneur, officier de l'armée française affilié ainsi que toute sa tribu à la confrérie tidjania, il en était le véritable soutien. Gérant admirablement ses affaires dans l'optique musulmane du XIXe siècle – celle d'un paternalisme absolu –, il était le maître des milliers de gens qui constituaient la confédération des Larbaa.

Aurélie, sensible à la délicate attention du grand seigneur de l'Atlas saharien, se souvenait encore des fastueuses chasses au faucon organisées du temps du père du khalifa. Tout un passé remontait, éclaboussant de gloire la médiocrité de sa vie actuelle.

Il fallut près d'un an à Aurélie pour régler les successions de Si Bachir et de Si Ali. Procédurière dans l'âme, elle s'y débattit avec une allégresse et une énergie qui stupéfièrent les hommes de loi. Transigeant, faisant la part de l'un et de l'autre, elle réussit à sauver le principal : l'intégrité des biens de la zaouia et de la confrérie, en les séparant de l'héritage personnel des deux frères.

Malheureusement, au cours de cet inventaire, elle s'aperçut que son douaire en troupeaux avait singulièrement diminué. Des milliers de moutons et des centaines de chameaux qu'elle possédait, on ne retrouvait qu'une infime partie de cheptel vif.

— Ils sont morts, ils ont été volés ! disaient les bergers responsables.

En fait, elle découvrit que, jamais contrôlés, ceux-ci avaient détourné en partie à leur profit les bêtes marquées à son fer. Ils la savaient âgée, éloignée, en disgrâce. D'ailleurs, ils n'étaient pas les seuls coupables. Si Ali, de l'aveu des bergers, avait vendu à son profit une partie du troupeau d'Aurélie.

— Nous te le reconstituerons, dit Mohamed el Kebir. Reste avec nous ! Tu es âgée, tu as besoin de repos, et tu auras tous les serviteurs que tu désires.

Alors, la vieille dame des sables était allée une fois encore méditer sur la véranda qui fait face au désert.

Ce qu'était devenu Kourdane l'affligeait : une terre en friche, négligée, abandonnée aux domestiques qui ne l'avaient pas entretenue. Désabusée, elle murmura pour elle-même le proverbe : *Ouribet ! Khouribet !* « Ce qui devient arabe tombe en ruine ! »

Ainsi, elle n'aurait été qu'un passage de comète dans le ciel de la zaouia saharienne ! Une présence temporaire apportant un demi-siècle de prospérité, auquel succéderait – elle en était certaine désormais – un déclin sans retour. Aïn Madhi tombait en ruine. Temacine, par contre, ne faisait que croître. Toutes les batailles qu'elle avait livrées aboutissaient à cet échec ! Peut-être Si Mahmoud aurait-il réussi. Mais il était délibérément redevenu marocain et, la succession réglée, était reparti pour Fès, reprenant définitivement son indépendance d'action. Ironie ! Temacine et Fès deviendraient-elles les seules dépositaires de la fraternité tidjania, de la pensée fraternelle des khouans portant le grand chapelet de buis ?

Aurélie remonta sur Alger.

Revenue dans sa villa, elle se découvrit tout à coup un irrésistible besoin de revoir la France. Elle n'y était pas retournée depuis ce jour de 1871 où, en compagnie de son fiancé, elle s'était embarquée à Marseille.

Il y avait de cela cinquante-deux ans !

CHAPITRE XII

Un jour de printemps de 1923, une automobile de louage venant de Chaumont déposa devant la « maison Picard » une femme âgée qui marchait difficilement et que personne au pays ne connaissait.

— Je suis Aurélie ! dit-elle à la voisine qui avait en garde les clefs de la maison. Et comme l'autre l'interrogeait, elle ajouta :

— Oui, c'est moi, Aurélie Picard ! La fille du gendarme !

— Mon Dieu, ma pauv'dame ! C'est t'y possible ! Vous seriez celle qui est partie pour les Afrique ! Ah ! Mon père nous en a souvent parlé. Venez donc vous réchauffer chez moi, après on verra. La « dubelloire » est sur le poêle. Entrez !

Les deux femmes pénétrèrent dans la grande cuisine, où un fourneau en fonte à quatre trous encombrait le foyer de la haute cheminée. La voisine raviva le feu, ajouta une bûche ; Aurélie écouta, médusée, le ronflement du feu dans la tuyauterie. Ce fourneau était le même que celui de son enfance ! Ce bruit, elle ne l'avait pas entendu depuis un demi-siècle ! Son regard se porta sur la pièce où elle se trouvait : des bandes de papier tue-mouches pendaient au plafond, une grande table en noyer en occupait la plus grande partie, des bancs de bois la bordaient.

Jadis, sans doute, les laboureurs s'y réunissaient. La corniche du manteau de la cheminée, sur laquelle un réveille-matin tic-taquait, était bordée de toile cirée festonnée à damiers rouges et blancs. Une seule fenêtre taillée en créneau dans l'épaisseur des murs laissait passer le jour rare du mois d'avril.

— Rien n'a changé, rien n'a changé ! Tout est comme avant ! marmonna pour elle-même Aurélie. (Puis, se tournant vers son interlocutrice après un rapide calcul mental :) Ne seriez-vous pas la petite Stéphanie ? C'est ça ! Stéphanie Duras ! Vous deviez avoir cinq ans à l'époque !

— Et maintenant, j'en ai soixante. Je suis seule, mes parents sont morts, mon mari également, et mes enfants sont partis pour Paris. Arc-en-Barrois n'est plus qu'un village mort !

L'entretien devenait pénible. Stéphanie le rompit :

— Je vais vous accompagner chez vous. Je savais que vous existiez, puisque le notaire me verse chaque mois une somme pour l'entretien de votre maison, mais je ne m'attendais pas à vous voir. Vous avez donc quitté définitivement l'Algérie ?

— Inch'Allah !

— Quoi ?

— Excusez-moi, il faut que je pense à nouveau en français.

La maison Picard était poussiéreuse, mais surtout vide de meubles et de souvenirs.

Était-il possible qu'Aurélie eût vécu là tant d'années de pauvreté ? Elle comprenait mieux maintenant les révoltes de sa jeunesse, son irrésistible besoin d'évasion et d'ascension sociale, sa joie d'aller travailler, d'abord chez la modiste, puis au château des Steenackers. Qu'allait-elle devenir, seule dans cette maison si peu confortable ? Il lui fallait une compagnie.

— Voudriez-vous tenir mon ménage, Stéphanie ? Je me sens trop lasse pour le faire. Vous êtes ma voisine, je ne suis pas exigeante.

Stéphanie accepta. C'était une aubaine, car le travail devenait rare dans le village désert. Elle pourrait soigner ses quatre vaches – sa seule ressource – et, le ramassage du lait effectué, se rendre chez celle qu'elle appelait sans le savoir comme tous ceux de Laghouat, madame Aurélie.

Aurélie s'installa provisoirement. Avant d'entreprendre les dépenses indispensables de rénovation et de modernisation de sa maison familiale, elle désirait être sûre d'elle-même. Pourrait-elle s'adapter à cette vie somnolente de province, dans ce village sans avenir ? Ne s'y sentirait-elle pas en exil ? Habituée à vivre dans les intrigues et les complots d'une foule musulmane, entourée de centaines de serviteurs, la solitude lui pesait. Les gens la boudaient. Le notaire lui-même, maire du village et chargé de la garde de ses intérêts, n'avait avec elle que des relations professionnelles. Les paysans ? Ils se méfiaient d'elle. On avait tant dit et tant écrit sur son aventure qu'une sorte d'aura l'entourait, pas toujours à son avantage. Un romancier avait même tracé d'elle, jadis, un portrait peu flatteur, et elle avait dû attaquer l'auteur en justice.

Cependant, une forme d'orgueil la poussait à rester. Elle voulait aller jusqu'au bout de son expérience. L'été l'y aida, malgré des journées bien dures encore, lorsque le vent d'est glaçait le plateau, ou que les pluies de l'ouest s'installaient sur les collines forestières, des jours et même des semaines, rendant le paysage spongieux et délavé.

Cet été-là, à diverses reprises, elle loua à un fermier voisin le cabriolet tiré par un solide cheval ardennais avec lequel il parcourait les marchés et les foires. Un domestique de celui-ci lui servait de cocher. Il connaissait mal la région, n'étant pas du pays, et Aurélie le guidait avec plaisir à travers les forêts de hêtres et les sapinières qui encerclent Arc-en-Barrois. Elle ravivait sa mémoire, la faisait travailler et retrouvait les moindres repères d'autrefois, lorsqu'elle chevauchait dans ces mêmes sentiers en compagnie de son père et du député Steenackers.

La grande forêt devint pour elle un refuge, qui lui cachait les laideurs du présent et ravivait les espoirs de sa jeunesse ambitieuse.

En ville, elle avait vainement cherché la boutique de modiste où elle travaillait comme arpète. Elle la revoyait pourtant dans tous ses détails : une vitrine en noyer encastrée dans un épais mur de grès, derrière laquelle deux ou trois chapeaux sur des têtes postiches exposaient les talents de l'atelier. La maison avait été démolie.

— Que voulez-vous, madame Aurélie, disait Stéphanie, les jeunes vont maintenant se chapeauter à Chaumont ; il y a un autobus tous les jours !

Quant au château du prince de Joinville, après la mort des Steenackers, il avait changé plusieurs fois de propriétaires, et les derniers ignoraient tout de l'aventure d'Aurélie.

L'été se passa ainsi en promenades dans la forêt les jours de beau temps, en longues méditations les jours de pluie. Les indiscrétions des journalistes locaux attiraient à Arc-en-Barrois des visiteurs curieux de rencontrer celle que l'on appelait en France à l'époque la « princesse des sables ». Quelle dérision ! Ils se retrouvaient devant une vieille femme de santé fragile, certains jours aimable et, beaucoup plus souvent, irritée par les questions indiscrètes ou idiotes qu'ils formulaient :

— Comment avez-vous pu vivre dans un harem ? Comment se comportaient les autres épouses de vos maris ?

Elle les renvoyait avec un brin de tristesse dans la voix. À quoi bon leur expliquer ? Se justifier ? Qui peut comprendre l'âme arabe ?

Certains la croyaient très riche. Allait-elle leur dire que les immenses richesses qu'elle avait acquises par une gestion sévère des biens de la communauté retournaient à la confrérie ? Depuis la mort de Si Bachir, elle vivait en grignotant son capital, en vendant les uns après les autres ses bijoux et ses propriétés.

Vint l'hiver 1924-1925, très dur. Dans l'Est, le thermomètre descendit à diverses reprises au-dessous de –20 °C ; une fine couche de neige glacée recouvrait le pays, interdisant à Aurélie toute sortie. Alors, rencognée dans la pièce commune de sa maison, où brûlait en permanence un feu de bois, Aurélie, fermant les yeux, abandonnant sans regret son enfance dans ce triste pays, évoquait son passé : Aïn Madhi, mais, surtout, Kourdane. Oh ! Kourdane, qu'elle avait fait surgir du désert comme dans un conte de fées ; Kourdane et le grand pistachier de leurs premières amours, sa source, ses puits, ses jardins embaumés, et les centaines de serviteurs qui l'entouraient, les khamès qui cultivaient les hectares de Sahara défrichés et irrigués. Cruelle ironie ! À cette belle époque de sa vie, la population de son palais était largement supérieure à celle d'Arc-en-Barrois ! Elle était la maîtresse directe d'un domaine, la princesse de milliers de khouans. Cet hiver-là, Aurélie tomba plusieurs fois malade. Ses poumons, habitués à la température sèche et très saine de l'Atlas saharien, ne supportaient pas les alternances de grande humidité et de froid du plateau de Langres. Et l'été, en dehors des sous-bois où régnait la fraîcheur, la touffeur de certaines journées lui paraissait plus pénible que les tempêtes de sable d'Aïn Madhi.

Cette expérience ne pouvait durer.

Aurélie laissa cependant passer l'été. Mais quand vint l'automne, quand les feuilles des hêtres se mirent à jaunir, elle sut qu'elle ne supporterait pas un autre hiver en Barrois. Elle prit sa décision brusquement, à son habitude, sans prévenir quiconque.

Un jour, une voiture de louage s'arrêta devant sa maison. Aurélie y fit porter quelques valises, puis tendit les clefs à Stéphanie :

— Tenez, ma bonne Stéphanie, vous voici à nouveau maîtresse des lieux, je retourne vers le soleil. À moins, fit-elle, que vous n'acceptiez de venir vivre avec moi ?

— Oh ! Madame Aurélie ! Moi ! À mon âge, partir pour les Afrique. Que dirait-on dans le village ?

— Alors, adieu Stéphanie, et qu'Allah vous protège !

La voiture avait tourné depuis longtemps le coin de la rue principale, et Stéphanie, debout devant le seuil de la maison, tournant et retournant les clefs entre ses mains calleuses, réfléchissait encore.

— Allah ! Allah ! C'est le Bon Dieu, m'a-t-elle dit. Alors ?

Le voyage de retour se fit très rapidement. Après une nuit de train, Aurélie arriva à Marseille.

Dérision – le paquebot *Gouverneur Général Gueydon* était à quai. Étonnante coïncidence ! Ce navire portait le nom d'un gouverneur général de l'Algérie, le sévère amiral de Gueydon, qui l'avait si mal accueillie en 1871, l'homme intolérant qui s'était opposé à son union avec Si Ahmed ! Mis en service depuis plusieurs années, le *Gouverneur Général Gueydon* était un solide paquebot de trois mille cinq cents tonneaux, très haut en superstructures, ce qui avait permis l'installation de nombreuses cabines avec hublots, mais, par ailleurs, faisait de ce bateau le champion du roulis et du tangage.

Aurélie, qui voyageait en première, ne quitta pas sa cabine et ne se mêla pas à la foule des passagers et des touristes. Mais au matin, elle fut la première sur le pont, anonyme parmi l'équipage qui faisait les préparations du débarquement, rangeait les haussières et déclavetait les moteurs des chaînes d'ancre. Elle ne voulait rien manquer de son retour sur la terre d'Afrique.

Lorsqu'un fin banc de nuage s'étira sur l'horizon du Sud, elle sut que la terre était en vue ; déjà, vers l'est, le disque solaire sortait des flots. Énorme et rouge sang ! Pareil à celui qui tous les matins s'élève au-dessus de l'infini des sables du désert. Puis, sous la ligne des nuages, se découpa une côte montagneuse qu'Aurélie détaillait avec une exaltation croissante. À l'est, les monts du Djurdjura se découpaient dans une grande avancée sur la mer ; au sud, la ligne horizontale de l'Atlas tellien confondait dans ses replis les collines côtières. Mais à mesure que la proue du navire fendait les vagues courtes et sèches levées par le vent d'est et se rapprochait du rivage, l'Atlas tellien disparut, et Aurélie eut devant elle la croupe verte de la Bouzareah !

Alger la Blanche cascadait depuis la pyramide de Fort-Lempereur jusqu'à l'Amirauté. La ville moderne se détachait du paysage, s'imposait. Le courrier de France vira dans la passe et vint accoster sous l'ascenseur monumental de la gare maritime. Sur le quai, une foule européenne attendait les arrivants. Des yaouleds plongeaient pour récupérer les piécettes que leur lançaient les passagers du haut du pont supérieur. On s'interpellait du bateau au quai, les taxis se rangeaient ; à peine la première haussière amarrée et la passerelle de la douane jetée, les porteurs se ruaient à l'intérieur et s'emparaient des bagages des passagers.

Personne n'attendait Aurélie.

Comme un porteur plus audacieux tentait de prendre ses valises, Aurélie, retrouvant sa fougue et son autorité, le rembarra en arabe avec une telle fermeté que, stupéfait, le porteur s'excusa et lui répondit dans sa langue :

— Pardon, Lalla, je t'avais prise pour une roumia ! Ça va ! Mouloud te portera tes bagages où tu veux, tu donneras ce que tu veux.

— Prends, dit-elle avec dignité, et conduis-moi à l'hôtel de la Régence.

L'hôtel, qui fut le premier de la ville en 1871, avait descendu l'échelle des qualifications. Le quartier de la Marine et la place du Cheval, centre de l'Alger des cinquante premières années de la conquête, s'étaient arabisés.

Aurélie y dormit très mal. Cependant, lorsque, au matin, elle fut réveillée par les cris des marchands et qu'ayant écarté les rideaux de sa fenêtre elle vit le grouillement humain qui couvrait la place, les minarets des deux mosquées de la Marine, elle ressentit un pincement au cœur et une attirance inexplicable pour cette foule misérable.

L'Algérie véritable était là ! Tant que ne se seraient pas mêlées, au point de se confondre, les deux populations française et musulmane, rien ne pourrait se faire. Était-ce impossible ? N'avait-elle pas elle-même donné une réponse – Kourdane ? Cependant, s'avoua-t-elle, tout cela n'est que rêve, utopie. On ne bâtit un empire que sur la fraternité totale des populations. Cette ségrégation volontaire de part et d'autre ne menait qu'à l'échec.

Pour Aurélie, sa décision était prise. Elle choisissait le désert.

CHAPITRE XIII

Aurélie ne s'attarda pas à Alger. Elle avait vendu la maison de la rue Beauregard ; plus rien ne l'y retenait. La société algéroise, guindée dans ses principes, ne l'accueillerait jamais. La bourgeoisie ne lui pardonnait pas cet exemple déplorable : avoir par deux fois épousé des musulmans et, qui plus est, des chefs religieux.

Bien sûr, l'administration centrale et les militaires ne pouvaient oublier le travail accompli par la Tidjania durant la guerre 1914-1918 ; depuis 1911, certains généraux s'acharnaient à lui faire obtenir la Légion d'honneur, mais sans succès. En effet, pour l'administration civile, la décision appartenait aux militaires : la postulante ne l'avait-elle pas méritée par son action dans les territoires du Sud ? Les militaires rétorquaient, embarrassés, qu'il ne leur appartenait pas de décorer une personnalité civile. Sa demande allait donc de bureau en bureau, d'Alger à Paris, revenait à Alger... Aurélie, désabusée, se repliait de plus en plus sur elle-même.

Elle ne s'était même pas attardée, comme elle le faisait autrefois, à visiter les boutiques luxueuses de la rue Michelet ; elle n'avait plus aucune envie. Elle voulait simplement fuir, se retrouver chaudement enveloppée par l'air embaumé de chikh du Sahara, sentir le sable tiède couler entre ses pieds nus dans les naïls touareg, goûter après une étouffante journée de sirocco la brise rafraîchissante du soir, descendue du djebel Amour !

La première étape de son voyage dans le Sud fut Blida, où elle logerait chez ses neveux français, professeurs en cette ville de la Mitidja.

Deux années passèrent, durant lesquelles elle partagea son temps entre Blida et, surtout, Sidi-bel-Abbès, où vivait un autre ménage.

Elle avait renoué avec un certain plaisir, semble-t-il, des relations avec ses neveux et nièces. Ceux-ci, d'ailleurs, lui témoignaient une véritable affection. Ils n'avaient pas pour elle la méfiance de leurs parents, méfiance qui cachait mal leur désapprobation du mariage d'Aurélie et de sa vie de princesse qu'ils n'avaient jamais voulu partager. Elle se plaisait particulièrement à Sidi-bel-Abbès et aimait à se chauffer au soleil sur la grand-place où, régulièrement, l'orchestre de la Légion étrangère donnait des concerts. Les uniformes de cette ville de garnison, le climat doux et sec de l'Oranie évoquaient le Sud dont elle languissait.

Puis, brusquement, un beau jour en 1928, cédant à une impulsion incontrôlable, elle partit pour Laghouat.

Si Mohamed el Kebir l'accueillit avec joie, mit une maison confortable et des serviteurs à sa disposition, puis lui demanda de venir habiter Kourdane.

Elle y retourna avec appréhension.

Du beau domaine, il ne restait plus que des souvenirs. Tout s'était dégradé, et la vision de son passé saccagé par l'indolence et l'incurie des hommes la plongeait dans une amère nostalgie.

Cependant, elle retrouvait à Kourdane de grandes joies. Enfants et petits-enfants des chérifs, des mokkadems et des serviteurs l'entouraient d'une cour respectueuse et affectueuse. Lalla Yamina était toujours vénérée !

Alors qu'inquiète pour sa santé qui déclinait, elle voulait revenir à Laghouat où elle serait mieux soignée, Si Mohamed la conjura de rester avec lui :

— J'ai encore besoin de tes conseils, Lalla Yamina, les affaires de la zaouia ne sont pas brillantes ; toi seule peux y remettre de l'ordre.

— Je suis trop vieille, mon fils. Qui donc écoutera mes conseils ? On dira que je radote !

— Ta seule présence à Kourdane est un gage de sécurité pour nous tous.

En fait, les mokkadems d'Aïn Madhi venaient souvent lui rendre visite. Le prétexte était futile ; ils l'interrogeaient sans se lasser sur sa façon de gérer la zaouia. N'était-elle pas restée dans l'histoire de la confrérie le plus prestigieux des oukils de la communauté tidjania ?

De ces visites, elle retirait une grande fierté ; c'était, somme toute, l'aboutissement de sa vie. Désormais, plus rien ne serait comme avant à Kourdane, mais, dans les siècles à venir, son nom resterait attaché à la plus grande époque de la zaouia, au plus grand rayonnement de la confrérie. Déjà, Aurélie entrait, vivante, dans l'histoire des grandes sectes islamiques !

La santé d'Aurélie déclinait lentement. Elle n'était plus qu'une très vieille femme desséchée, qui se déplaçait avec peine et passait une partie de son temps assise dans son fauteuil de gala, celui où elle prenait place autrefois pour recevoir les illustres visiteurs qui se succédaient à Kourdane et que, maintenant, les serviteurs transportaient du salon à la véranda.

Elle y restait de longues heures, silencieuse, contemplant le désert embrasé, la steppe retournée à son silence d'antan. Les poulies des puits ne chantaient plus, le sable envahissait tout, mais elle ne voyait déjà plus le lent et inévitable processus de désertification qui s'opérait sous ses yeux. Elle planait au-dessus de l'horizon circulaire qui l'entourait et se confondait dans les lointains du Sud, là où la terre et le ciel s'unissent dans la même uniformité cosmique.

Une dernière fois, elle voulut revoir sa famille française.

En 1930, on avait fêté le centenaire de la conquête de l'Algérie, mais elle n'avait été associée à aucune des manifestations qui commémoraient ce siècle de présence française. Parmi les centaines de promotions pour la Légion d'honneur accordées à cette occasion, deux femmes avaient reçu la croix, mais Aurélie avait été une fois de plus oubliée. Ses amis, indignés, s'étaient dépensés pour lui obtenir cette décoration si bien méritée. Sa vieille amie, Marthe Bassène, qui était le dépositaire de sa pensée et écrivit plus tard la biographie de la « princesse des sables », multiplia les visites, alla jusqu'au président du Conseil. Finalement, le décret fut signé par Louis Barthou, ministre de l'Intérieur.

La croix lui fut remise à Sidi-bel-Abbès, en mai 1931, au cours d'une prise d'armes de la Légion étrangère. Curieux spectacle que cette petite vieille toute menue, assise sur une chaise au cœur de la grande esplanade, devant les légionnaires en grande tenue.

Le commandant Chaumont-Morlière lut tout haut la citation qui accompagnait la dignité de chevalier conférée à Aurélie Picard, veuve Tidjania :

« A réorganisé et dirigé pendant quarante ans la zaouia de Kourdane, où tous les nécessiteux et malades étaient hébergés.

« Officier du Mérite agricole, Officier d'Académie,

« Officier du *Nicham Iftikhar*.

« En 1871, par son union avec Si Ahmed, commence à mettre l'influence qu'elle sut prendre sur son mari au service de la cause française. L'heureuse impulsion donnée par ses directives permit, en 1879, l'envoi de Si Bachir, son beau-frère, en Tunisie, pour rallier les khouans tunisiens à la France.

« De 1881 à 1883, transmet des ordres au Soudan pour faire la propagande en faveur de l'occupation française.

« En 1896-1897, fait envoyer par Si Ahmed des lettres de recommandations pour les régions où opère la mission Foureau-Lamy.

« Au début de l'occupation marocaine, fait envoyer par son deuxième mari des émissaires et agents de propagande pour préparer les esprits à l'arrivée des troupes d'occupation, rendant par une action persistante des services exceptionnels à la cause française.

« Seule Française isolée depuis soixante ans dans une zaouia importante. »

Aurélie avait quatre-vingt-deux ans ! Elle avait attendu vingt ans cette décoration.

C'est à Sidi-bel-Abbès qu'Aurélie apprit la mort de Si Mohamed el Kebir et la nomination comme Grand Maître de son frère marocain, Si Mahmoud. Ce fut pour elle une grande peine, car elle considérait Si Mohamed, qui avait toujours été son préféré, comme son fils adoptif. Mais elle se ressaisit. Son esprit pragmatique prit le dessus.

« Allons ! se dit-elle. Si Mohamed était un saint homme, Si Mahmoud est en plus un homme énergique. Peut-être le destin d'Aïn Madhi est-il à nouveau entre de bonnes mains. »

Peu après, elle reçut une lettre de Si Mahmoud. Le nouveau cheikh el Tarika lui demandait de venir habiter Kourdane.

« Reviens avec nous, Notre Mère, écrivait-il. Ta place est ici, à Kourdane et à Aïn Madhi. Nous te soignerons, tu n'y manqueras de rien. Nous serions des ingrats si nous te laissions vieillir dans la froide lumière des villes du Nord. Nous n'aurons jamais assez d'égards et de reconnaissance pour celle qui fut durant un demi-siècle notre bienfaitrice.

« Ton fils affectionné : Si Mahmoud ben Tidjani, cheikh el Tarika par la volonté d'Allah. Louanges à Dieu ! »

C'était à nouveau l'appel du Sud.

Aurélie n'hésita pas, regagna Laghouat, puis Kourdane.

Certes, la propriété tombait en ruine, les jardins et les jets d'eau avaient disparu, mais là se trouvait, dans la grande koubba blanche, le tombeau de Si Ahmed, son premier époux. Sa place était auprès de celui qui avait fait d'elle une princesse rayonnante de puissance durant tant d'années !

Elle était véritablement redevenue le chef vénéré de la confrérie. Sa principale joie était de voir se rassembler autour de ses jupes une poignée de petits-enfants, rieurs, frisés, aux grands yeux sombres, ces enfants qu'elle avait tant désirés et n'avait jamais eus ! Pour eux seuls, elle parlait du passé. Et les enfants redemandaient toujours les mêmes histoires.

— Raconte, Lalla Yamina, raconte encore quand tu chassais la panthère !

— Il n'y a plus de panthères, soupirait Aurélie.

Plus de panthères, plus d'autruches, plus de lions, et les derniers addax du Grand Erg avaient été récemment exterminés.

Le Sahara n'était plus ce qu'il avait été !

CHAPITRE XIV

En mars 1933, Aurélie tomba à nouveau malade, et Si Mahmoud la fit transporter dans sa maison de Laghouat, à proximité de la mission des Sœurs blanches, qui devinrent ses infirmières.

À vrai dire, la seule maladie d'Aurélie était l'usure de son organisme qui s'affaiblissait de jour en jour.

À Laghouat, elle passait la plupart de ses journées assise dans un fauteuil d'osier sous une tonnelle de bougainvillées et y recevait ses visiteurs. Elle était très entourée. Laghouat n'était plus le poste avancé de la France, comme en 1871, lors de son arrivée au Sahara, mais un relais important sur la grande piste transafricaine. Le rêve de Foureau-Lamy s'était réalisé, non par voie ferrée, mais par la piste, où les autocars Pullman de la compagnie des Transports tropicaux assuraient un service bimensuel d'Alger à Fort-Lamy, sur cinq mille kilomètres de désert. La ville possédait une garnison importante, et les femmes d'officiers ou de commerçants – la plupart récemment arrivées dans le Sud – s'intéressaient à la vieille dame de Dar Saada. La raison d'Aurélie baissait sensiblement ; elle avait de grands moments de lucidité, au cours desquels elle racontait volontiers son passé.

D'autres jours, elle oubliait jusqu'à sa langue maternelle et ne s'exprimait plus qu'en arabe.

Si Mahmoud, à qui l'on faisait part de cette anomalie, répondit assez vertement à son interlocuteur, un officier de la garnison :

— Vous oubliez, commandant, que Lalla Tidjania a passé soixante ans de sa vie chez nous ! Sa véritable langue, c'est la nôtre. Ce que vous prenez pour une perte de conscience est au contraire son affirmation de ne pas nous renier. Elle est notre mère à tous, et son désir le plus secret est d'être enterrée à Kourdane auprès de son premier mari.

Alors, dans Laghouat, les langues allaient leur train. Aurélie aurait-elle renié sa foi chrétienne ? Le père Py, missionnaire de Notre-Dame-d'Afrique et curé de Laghouat, qui la visitait souvent, l'avait préparée à une mort chrétienne. Cela ne faisait aucun doute, il était formel : « Madame Aurélie mourra dans la foi de son enfance. » La preuve : elle avait rapporté de Kourdane la petite statue de Notre-Dame-d'Afrique, cadeau de mariage du cardinal Lavigerie. Elle la voulait sur sa table de chevet et la priait à haute voix. En outre, révélait le père blanc, à Sidi-bel-Abbès, où elle vivait il y a quelques années, elle était tombée gravement malade et l'avait prié de venir. Elle avait reçu l'extrême-onction avec calme, et ensuite lui avait dit :

— Vous pouvez partir, mon Père, je suis prête. La mort n'est-elle pas une chose normale pour les croyants ?

Le 25 août 1933, le père Py fut appelé à son chevet. Elle était très affaiblie et, malgré sa lassitude, elle le reçut avec le sourire :

— Ainsi, mon Père, vous venez me préparer au grand voyage ?

— Vous étiez déjà prête naguère, Madame, mais peut-être accepteriez-vous de vous confesser et de recevoir à nouveau les saintes huiles ?

Elle accepta sans hésitation.

— Vous voilà revigorée, conclut le père Py en la quittant,

demain dimanche, je dois dire la messe à Djelfa, mais je reviendrai lundi vous donner la communion.

Le missionnaire parti, Si Mahmoud, qui s'était éloigné de la malade durant la visite du père blanc, pénétra dans sa chambre. Aurélie avait les yeux brillants et les pommettes rouges, comme si tout son sang s'était réfugié dans sa pauvre petite figure ridée. Elle tendit vers le chérif ses bras maigres :

— *Dinimaek, Ouldi, ana n'emchi Kourdane* ! « Emmène-moi, mon fils, je veux partir pour Kourdane ! »

— Le voyage va t'éprouver, Maman !

— Ce sera le dernier, mon fils, fais comme je t'ai dit.

Les Sœurs blanches, se doutant de quelque chose, pénétrèrent à leur tour dans la chambre de la grabataire.

— Voyons, Chérif, s'indignèrent-elles, l'état de notre malade ne permet pas son transfert.

— Laissez, mes sœurs, dit encore Aurélie. Ce sera mon dernier voyage ! Inch'Allah !

Et comme elles insistaient :

— Emmène-moi, Si Mahmoud. Je suis désormais dans la main d'Allah. Lui seul est grand !

Peu après, l'automobile de Si Mahmoud la transportait à Kourdane. Elle y mourait le soir du 28 août 1933, à l'âge de quatre-vingt-quatre ans.

Le père Py revint de mission juste pour apprendre le décès d'Aurélie. Si Mahmoud avait envoyé partout des émissaires annonçant la mort de Lalla Yamina Tidjania.

Immédiatement, le télégraphe fonctionna entre Laghouat et Alger.

Le père Py protestait sur ce qu'il appelait avec indignation un enlèvement de dernière heure.

Le gouvernement général de l'Algérie décida que le commandant Chaumont-Morlière représenterait la France aux obsèques, et celui-ci partit immédiatement pour Kourdane, emmenant le père Py dans son auto saharienne.

Quelle ne fut pas leur stupéfaction, en arrivant à Kourdane, de constater qu'une énorme animation régnait dans les jardins du palais. La cérémonie des funérailles avait lieu, et Si Mahmoud n'avait pas jugé bon d'attendre les autorités françaises.

Le corps d'Aurélie, enveloppé dans un simple linceul blanc, selon la coutume islamique, fut porté par les fidèles jusqu'à la tombe creusée à l'extérieur du mausolée de Si Ahmed, mais tout contre la koubba du Grand Maître. Les mokkadems, venus d'Aïn Madhi, récitèrent les versets du Coran, puis psalmodièrent le chapelet tidjani aux lourds grains de buis.

Le père Py, outré, voulut s'approcher, mais Si Mahmoud lui refusa cette faveur et l'éloigna du lieu de la sépulture avec douceur.

— Voyons, Chérif, vous savez bien qu'elle est morte en chrétienne !

— Lalla Tidjania a décidé, en toute connaissance, d'être enterrée parmi nous, et avant de mourir, elle a prononcé la fatiha.

Il récita solennellement : « Allah ou akbar, Mohamed Rassoul Allah ! »

— Elle n'avait plus ses esprits !

— Je regrette, mon père, celui qui prononce le nom de Dieu ne peut être pris pour un simple d'esprit !

Effondré, le père Py se retira à l'écart de la foule.

Le commandant Chaumont-Morlière demanda en vain à prononcer l'éloge funèbre. Là encore, Si Mahmoud fut formel :

— Ici, à Kourdane, dans l'enceinte de la zaouia où se trouve le tombeau du chérif Si Ahmed, il n'appartient qu'à celui qui lui succède de parler. Mais rassurez-vous, commandant, je rendrai hommage aux qualités de la défunte.

En fait, Mahmoud prononça une longue allocution en arabe

à l'intention des mokkadems présents, puis, revenant à la langue française qu'il possédait parfaitement, il termina par ces mots :

« Durant son long séjour parmi nous, Lalla Tidjania a été un modèle de droiture, de bonté, de générosité. De mémoire d'homme, elle n'a jamais froissé un musulman dans ses convictions religieuses ; aussi a-t-elle toujours été entourée du respect unanime des gens du Sahara. Il est juste et bon qu'elle reste définitivement avec nous. »

On épilogua longtemps sur cette mort.

Quelques mois plus tard, un officier des Affaires musulmanes de l'annexe de Laghouat, se rendant à Kourdane en mission officielle, fut invité à visiter la tombe d'Aurélie. Une stèle de marbre avait été dressée, portant cette épitaphe :

« Ci-gît madame Aurélie Tidjani, décédée le 28 août 1933 à l'âge de quatre-vingt-quatre ans. Mourrut (*sic !*) musulmane devant plusieurs témoins à Kourdane. »

Intrigué, l'officier, qui lisait parfaitement l'arabe, déchiffra l'inscription gravée sur l'autre face de la stèle :

« Ceci est le tombeau de madame Aurélie, épouse du cheikh Si Ahmed Tidjani, décédée dans la religion musulmane à la zaouia de Kourdane le lundi 28 août 1933, devant une assemblée de témoins attitrés musulmans. »

De retour à Laghouat, il rendit compte à ses supérieurs.

On en discuta longtemps dans les popotes. Chrétienne ou musulmane ? Un jeune aspirant un peu fougueux tira la morale de cette histoire :

— Une chose est certaine, dit-il, la Tidjania croyait en Dieu, et n'oublions jamais qu'en arabe, Dieu se dit Allah ! Peut-être, dans sa foi naïve, confondait-elle les deux religions. On ne vit pas soixante ans dans l'atmosphère religieuse d'une zaouia – ou dans un monastère – si l'on ne croit pas en Dieu !

DJEBEL AMOUR

(Cet article fait partie d'un ensemble de reportages parus entre le 15 et le 28 juin 1949 dans L'Écho d'Alger, *intitulé « À la recherche des coins perdus d'Algérie ».*

Il fut de nouveau publié en 2001 dans Frison reporter, *un ouvrage publié à l'occasion de l'exposition « Frison-Roche, itinéraire d'un Premier de cordée »[1].)*

On ne distinguait rien d'autre qu'un grand fouillis de verdure, d'où pointaient les fines lames des cyprès et la coupole d'un pistachier géant, des murs d'enceinte, une koubba... Nous nous sommes arrêtés à deux cents mètres de l'entrée afin que Brouty puisse faire un croquis d'ensemble. Un jeune Noir est venu ; il nous a guidés vers le palais d'Aurélie Picard. À la porte, des serviteurs attendaient, un cheval piaffait sous un portique ; le gardien, sans dire un mot, est allé chercher les clefs. Il savait déjà ce que nous voulions ; nous l'avons suivi.

---

1. *Frison reporter*, Éditions Ésope, 2001, Chamonix.

Au royaume des ombres

Tout était désert, mort, il semblait que la vie se fût arrêtée là il y a plusieurs siècles. Pourtant, tout cela n'est pas vieux – à peine plus de quinze ans –, mais l'aventure a été si extraordinaire, elle a bouleversé à tel point nos conceptions de vie, nos principes, heurtant de front deux civilisations ancestrales : la chrétienne et la musulmane, qu'il me semble revivre une aventure du Moyen Âge. Le gardien ouvrit une première porte, qui donnait de plain-pied sur la cour intérieure où les tourterelles roucoulaient dans les djerids, où les insectes bourdonnaient dans la vigne devenue sauvage et grimpante. C'était un premier salon ; un mélange d'ameublement louis-philippard et oriental : cadres aux daguerréotypes jaunis, çà et là un éventail, un accessoire de cotillon accroché au clou sur la tapisserie fanée. Sur la table, un album offert par la ville de Bordeaux à Si Ahmed Tidjani et à sa jeune épouse, demoiselle Aurélie Picard. Des tapis mangés par les mites, des tentures épaisses, une pénombre contrastant avec l'éclatante lumière du désert, ce désert qui était là dehors, à deux mètres, dont la houle de chaleur venait battre le porche et les balcons de Kourdane. Alors s'affirmait l'étonnant contraste entre cette demeure princière et le lieu où elle se trouvait... Un véritable défi en quelque sorte !

Des appartements princiers

Déjà, le silencieux serviteur nous faisait gravir l'escalier monumental et nous ouvrait la suite des appartements princiers. Voici la salle à manger Henri II. Il semble que des convives s'y réunissaient hier encore. Il y a des fleurs en papier dans les vases et, sur la table, un dessous-de-plat ; on croit percevoir la présence oubliée, la main autoritaire appuyant sur le timbre en argent pour faire venir, courbés en deux par le respect, les serviteurs noirs enturbannés. Un fantôme rôde encore par ces immenses pièces. Passons plus avant. Laissons la salle à manger et son trophée de cerf – un superbe dix-cors qui devait parfois la faire se souvenir des grandes forêts de sa Lorraine natale ! Ah si ! Pardon, là, dans un vide-poches en soie fanée, pendu au mur, un souvenir de bal. Personne n'y a touché, comme personne non plus n'a rien changé ici ! Tout est entretenu, propre ; les lieux sont dans l'état où ils se trouvaient quand « elle » les a quittés pour l'éternel voyage. Encore paraît-il que du temps de « madame Aurélie », il y avait cent fois plus de choses ici et cent fois plus de richesses ! Ce qui en reste n'a que plus de valeur.

Deux photos

Pénétrons dans le grand salon qui fait suite à la salle à manger. Il est de style syrien, avec des meubles d'ébène incrustés de nacre ; les murs sont couverts de trophées de chasse, de souvenirs, de fusils, de cimeterres d'argent, de lances touareg, de bibelots arabes... Par l'encadrement des fenêtres aux lourdes tentures pénètre un rayon de lumière qui fait briller étrangement les tons fanés des objets. Et le soleil vient frapper en face, de part et d'autre d'une grande glace au cadre de nacre et d'argent, deux photos des maîtres de séant. À gauche, Si Ahmed Tidjani ; à droite, imposante, massive, dans la splendeur de l'âge mûr, Aurélie Picard, créatrice de Kourdane. L'allure est hautaine, princière ; elle dénonce l'habitude du commandement, une volonté inflexible. Il fallait une femme comme ça pour créer de toutes pièces cette oasis et ce palais au milieu des steppes désertiques. Tout est resté selon ses habitudes. Dans un coin, sa boîte à musique – des valses, rien que des valses. Dans un angle du salon, un piano droit, avec deux tabourets. Qui donc pouvait jouer à quatre mains avec la princesse des sables ? Et nous revivons l'époque des fastes de Kourdane : les visites se succédant sans arrêt, les chambres d'hôtes sans cesse augmentées, les centaines de chevaux pur sang attendant dans les écuries le départ pour la chasse au faucon, les invités de marque venus de Laghouat à cheval ou en landau, véritable cour autour de la maîtresse de ces lieux. Des soirées mondaines, et puis, le lendemain, le calme revenu sur le désert immuable. Encore plus loin, sous la loggia du premier étage, voici d'autres pièces, d'autres salons, mais, surtout, la chose étonnante, la chambre à coucher d'Aurélie Picard : grand lit à baldaquin doré, aux colonnettes finement travaillées, garni de tentures brodées d'or et d'argent, tons verts et jaunes, couvertures pourpres et, sur le cimier, une couronne en bois doré ! Un lit royal, une chambre s'enfonçant dans la semi-obscurité, cachant des alcôves et des recoins secrets... D'où se dégage ce jour une odeur fade et douceâtre : l'odeur des pièces fermées et des choses mortes. Dehors, la vie animale et végétale chante bruyamment. Dans le grand parc abandonné de quelque cinquante hectares, les oiseaux pépient, volettent. Il ne reste pas grand-chose de la belle ordonnance de ce jardin à la française. Les herbes folles ont envahi les allées. Et les fleurs et les essences précieuses, faute de soin, retournent peu à peu à l'état sauvage.

Deux tombes !

Nous n'avons guère parlé, Brouty et moi. La visite de ces lieux étranges nous a émus plus que nous ne voulons le laisser paraître. Cette présence féminine bien française en ce coin perdu du Sahara, ce fantôme qui rôde encore à travers les pièces désertes et les allées du parc abandonné incitent à la méditation. Le gardien nous conduit doucement vers la koubba où repose, au centre du jardin, Si Ahmed Tidjani, grand maître de la confrérie et mari d'Aurélie Picard. La koubba hispano-mauresque entoure le pistachier géant à qui Kourdane doit son origine : l'arbre sacré sort par le toit et pousse très haut ses frondaisons. Le tombeau du marabout, bien entretenu, est toujours l'objet de la dévotion des fidèles. Tout contre le mur extérieur s'élève une tombe plus émouvante encore dans sa simplicité. Deux dalles de marbre dressées, une sépulture musulmane rituelle, une double inscription, en français et en arabe :

Ci-gît
Madame veuve Aurélie Tidjani
décédée le 28 août 1933.
à l'âge de 84 ans
mourut musulmane
devant plusieurs témoins
à Kourdane

Nous n'épiloguerons pas sur la véracité de cette inscription. La mort d'Aurélie Picard a soulevé bien des polémiques. Les Pères blancs de Laghouat la revendiquaient comme catholique ; les marabouts de la secte des Tidjani décidèrent autrement. Ils ramenèrent son corps à Kourdane, dans cette propriété créée de toutes pièces par l'étonnante « princesse des sables ». Ils l'ensevelirent auprès du marabout, son mari. Ils ne dissocièrent pas ce que la vie avait uni.

Une présence française

Je ne crois pas qu'une autre tombe eût été souhaitable pour Aurélie Picard. Par-delà la mort, sa présence continue à forcer le respect des plus farouches musulmans. Celle qui, depuis son adolescence, à une époque où l'Atlas saharien était à peine pacifié, vécut en solitaire et en reine, commandant virtuellement à des milliers de fanatiques, se devait de rester au milieu de ceux qu'elle avait librement choisis comme compagnons dans la vie. Encore maintenant, Kourdane reste un symbole, symbole de ce que peut faire la France en ce pays, un avertissement également. Car en contemplant les murs ruinés, le jardin à l'abandon, les canalisations d'eau détruites, les arbres fruitiers délaissés, toute cette fabuleuse réalisation française, on ne peut s'empêcher de songer qu'il a fallu bien moins d'années pour détruire Kourdane qu'il en avait coûté de peine, de temps et d'efforts pour le créer. Prenant congé des gardiens, nous laissons Kourdane à son lent effritement. Par la piste, nous nous dirigeons sur Aïn Madhi, la cité mystique, évoquant quelques périodes de la vie de cette femme à l'énergie indomptable, qui régna sur toutes ces steppes.

24 juin 1949

Kourdane avant Aurélie Picard n'était rien ! Rien d'autre qu'un lieu de repos près d'une source, sous un immense pistachier... Cet arbre à l'ombre délicieuse, au bois plus dur que fer, qui pousse dans la région des Daïas, et caractérise cette partie du Sahara.

Naissance de Kourdane

Aurélie Tidjani y venait souvent, soit en compagnie de son époux, soit seule. Cavalière intrépide, elle parcourait son immense domaine, galopant dans la plaine d'alfa, escaladant le djebel Amour aux contreforts bleutés, chassant soit à courre, soit au faucon. Au cours de ces randonnées, le pistachier de Kourdane était l'endroit rêvé, la halte méridienne, pour passer les heures chaudes en une délicieuse gaïla. La princesse des sables étouffait à Aïn Madhi, dans cette atmosphère d'intrigues et de rivalités où elle devait se mouvoir toute sa vie avec autorité et méfiance, ne relâchant jamais sa vigilance. Elle rêvait d'une propriété à elle, bien à elle. Elle pressentait déjà – véritable précurseur – tout ce que cette terre généreuse des daïas pourrait donner comme fruits, avec des méthodes de culture et d'irrigation modernes. Dès qu'elle eut décidé de construire Kourdane, plus rien ne l'arrêta. Ses biographes nous ont conté comment elle n'hésita pas à faire le long déplacement d'Alger, à la tête d'une caravane de cinquante chameaux, pour aller chercher dans le Nord les matériaux et le mobilier nécessaires. Imagine-t-on cette Française, alors âgée de trente-cinq ans, régnant incontestablement, ayant fait preuve de tant d'autorité et de qualités que son seigneur et maître, le vénéré marabout Si Ahmed Tidjani, s'en remettait entièrement à elle pour ce qui était de gérer ses énormes biens et habbous ! Imagine-t-on cette femme chevauchant dans les défilés montagneux, bivouaquant sur les hauts plateaux, conduisant sa caravane avec l'expérience des vieux nomades !

Défricheur-architecte

Et, revenue à Kourdane, faisant dresser les murs de son palais selon ses plans personnels, faisant défricher par les serviteurs du marabout trente hectares de terres incultes, dessinant les allées, important de France et d'ailleurs toutes les variétés d'arbres fruitiers, réussissant le miracle de faire pousser au Sahara des essences des climats tempérés ! Sous sa poussée, sous son action, la steppe se transformant, le palais s'élevant, les arbres grandissant, cependant que, vieillie et respectée, elle assistait au soir de sa vie à l'éternelle féerie des couchers de soleil sur les grandes plaines du Sud... Destin prodigieux qu'il faudrait retracer dans un film. Est-il plus belle épopée à conter ?

Vision féodale

Nous roulons maintenant à quelques kilomètres au large de la chaîne montagneuse ; dans une grande daïa apparaît soudain

Aïn Madhi et sa mosquée de style marocain dominant les frondaisons alentour. Arrêtons-nous ! Une autre vision se superpose devant nos yeux. Le passé et le présent se rejoignent.

C'est en 1872 ! Immobile sur son cheval, un cavalier arabe fait le guet sur la faible hauteur d'où l'on peut apercevoir, très loin en direction de l'est, le tracé de la piste. Le soleil plombe sur la steppe. Au nord, le djebel Amour s'estompe dans une brume sèche. Tout à coup, le cavalier se dresse sur ses étriers, brandit son long fusil damasquiné à bras tendu, tire une cartouche, puis une autre ! À l'ouest, un long cortège sort d'Aïn Madhi ; en tête marchent les musiciens et les danseurs, puis les porteurs des fanions des confréries. On a sorti pour la circonstance les reliques du pieux sanctuaire, où elles veillent le repos éternel du fondateur de l'ordre. Viennent ensuite les marabouts, les mokkadems, les élèves et les serviteurs de la zaouia d'Aïn Madhi, la population sédentaire, et aussi la foule des grands nomades venue accueillir son chef spirituel. Dans un poudroiement de sable, dans une clameur mystique, lentement, le cortège se dirige vers l'éminence où, de nouveau figé dans sa position hiératique, le cavalier monte la garde. Cette éminence où, en ce jour de juin 49, Brouty et moi évoquons le passé.

Un jeune cavalier noir

À l'est, sur la route de Laghouat, on distingue un imperceptible nuage de poussière ; il a fallu le regard d'aigle du chouaf pour y déceler la venue d'une caravane. Le nuage grandit à mesure que s'approchent les arrivants. Voici en tête un jeune cavalier noir, drapé dans ses amples burnous et cachabieh, le capuchon relevé sur le front, à la mode marocaine ; d'autres cavaliers, des porteurs de fusils, et puis, derrière, s'échelonnent sur plusieurs kilomètres d'innombrables chameaux, portant charge ou bassour, des bourricots chargés des pieux des tentes, tout le pittoresque désordre d'une grande caravane en marche.

Une amazone de vingt-trois ans

Aux côtés du chef chevauche une cavalière vêtue à l'européenne, visage découvert. Une jeune femme de vingt-trois ans à peine, grande, d'une beauté sculpturale, les traits un peu lassés par le long et pénible voyage qu'elle vient d'accomplir pour venir du tell jusqu'ici. Amazone accomplie, elle presse son pur-sang arabe pour venir à hauteur du chef. Et celui-ci, se tournant vers elle, lui désigne l'oasis mystérieuse tapie dans un creux de la colline, tout proche, le djebel, les minarets de ses mosquées, les jardins fertiles entourant les remparts, les tours crénelées. Il lui montre son royaume et sourit. Elle serre peut-être trop nerveusement les flancs de son cheval, car le voici qui se cabre ; alors, elle rend la main, flatte l'encolure, masquant sous un sourire grave l'émotion qui l'étreint. La voici au terme de son aventure.

De la Lorraine au Sahara

Sans doute revit-elle le dénouement rapide d'une idylle qu'elle ne soupçonnait même pas. Son enfance studieuse, dans sa famille, à Montigny-le-Roy, puis à Arc-en-Barrois, aux côtés de son père, ancien gendarme qui s'était particulièrement distingué en Algérie – déjà –, et de sa mère, humble et courageuse ménagère française. Son adolescence, la chance qui s'est offerte à elle sous les traits de madame Steenakers, femme d'un député de la Haute-Marne, dont elle devint dame de compagnie. L'exode à Bordeaux pendant la guerre de 70, la rencontre avec Si Ahmed Tidjani, lui-même en exil temporaire. Le coup de foudre du marabout et, enfin, son acceptation définitive, mûrement réfléchie, de devenir sa femme et de le suivre dans son lointain Sahara, qui était à l'époque fabuleux et peu connu – terra ignota *ou presque. A-t-elle bien fait d'accepter ? Se repentira-t-elle un jour ? Aujourd'hui, elle est seule ; seule Française au milieu de cette foule fanatisée qui se jette aux pieds du marabout, l'enserre, baise le pan de sa djellaba. Elle ne peut plus désormais compter que sur elle ; elle n'a qu'une arme, l'influence sans limite qu'elle possède sur son mari – influence qu'elle s'appliquera désormais à accroître et à étendre. Ses hésitations ont été courtes. Calme et rassérénée, elle chevauche aux côtés de son maître, tête haute, dédaignant les bassours des femmes. Et la population d'Aïn Madhi contemple à visage découvert la femme française que ramène Si Ahmed de son long voyage en France ; cette jeune femme blonde, en qui, par une prescience instinctive, elle reconnaît déjà le futur véritable maître d'Aïn Madhi.*

Du chameau à la jeep

Ainsi pénétra dans sa capitale Aurélie Picard, au seuil de sa vingt-troisième année, pour un séjour qui ne devait s'achever qu'à sa mort, en 1933, à l'âge de quatre-vingt-quatre ans. Elle devait y trouver d'immenses joies et de grandes peines. Sa vie fut une lutte continuelle, un triomphe de volonté humaine et d'énergie, et le plus extraordinaire n'est-il pas que cet effort se soit poursuivi pendant soixante et un ans sans aucune défaillance ? À notre tour, cette évocation terminée, pénétrons dans Aïn Madhi, la cité mystique, restée telle que la connut Aurélie Picard lorsqu'elle fit son entrée dans le vieux ksar fortifié aux ruelles étroites, aux maisons délabrées ! Mais à l'époque, le chameau remplaçait la jeep.

INDEX
DES PRINCIPAUX TERMES ARABES FIGURANT DANS LE TEXTE

Açer : moment où le soleil décline.

Achaba : migration annuelle des grandes tribus nomades de l'Atlas saharien vers le nord.

Acheb : végétation fugace de plantes herbacées annuelles poussant après la pluie, dont les graines, desséchées, résistent quelquefois plusieurs années sur les grands regs.

Aman, demander l'aman : demander la paix, se rendre avec les honneurs de la guerre.

Amdou'llah ! **:** Que Dieu exauce !

Araba : carriole à deux roues.

Askri : soldat.

Assabor : paravent de roseaux tressés.

Astenna ! **:** attends !

Bachagha : chef musulman.

Bad rodoua : après-demain.

Balek : prudence, attention.

Baraka : bénédiction, faveur divinc.

Baraka el aoufi ! : Que la bénédiction soit sur toi !

Barboucha : litière large et confortable.

Bassour : palanquin.
Bellafia : bonsoir, au revoir, dit avec un sentiment religieux.
Betoum : pistachier.
Beugra : buffle.
Biaze : oiseleur chargé de capturer les faucons sauvages et de les dresser.
Bismillah ! : Au Nom de Dieu !
Bor-bor : poison qui annihile toute volonté.
Bordj : fortin.

Cachabiah (plur. **cachabieh**) **:** blouse longue.
Caouadji : cafetier.
Chebkra : filet confectionné avec du sisal.
Chikh : genre de romarin.
Chitane : Satan, diable.
Chorba : repas principal du nomade au Sahara, à base de farine, de bouillon, de piment ; par extension, un plat de pâtes.
Chorfa : héritier du descendant du Prophète.
Chouaf : sentinelle, éclaireur.
Couloudji : mignon, favori.

Dahabieh : sacoche en peau de gazelle ouvragée.
Daïa : mare asséchée, cuvette argileuse au milieu d'un plateau rocailleux.
Derbouka : tambourin de terre cuite qui a la forme d'un vase renversé.
Djemaa : assemblée.
Djouad : maître fauconnier.
Dokkali : tenture (environ 6 m sur 1,20 m) aux couleurs vives – bandes rouges, vertes, orangées, sur fond blanc – des environs de Timimoun.
Douff : instrument de musique oriental.
Drinn : graminée saharienne.

El kheir ! : Le bien !
El kheir rass ! : Le bien seulement ! (tamachek)

Faleslez : jusquiame, poison violent entrant dans la composition du bor-bor.
Fati : tenture monochrome de Gourara, région de palmeraies au nord du Touat.
Fatiha : prière.
Filali : peau de chèvre tannée.

Gaïla : sieste.
Gassi : passage en forme de couloir à travers les dunes. Piste d'erg.
Gesh : bagages, chargement.
Guerba : outre en peau de chèvre.

Habbou : terre ou bien appartenant en communauté à une confrérie.
Hâd : buisson très apprécié des chameaux.
Hadra : réunion, assemblée de notables.
Harratin (sing. **Hartani**) **:** nègres sédentaires des oasis algériennes et sahariennes, fixés depuis plusieurs siècles ; descendants d'anciens esclaves razziés au Soudan.
Houssine : baguette flexible.

Imrar : chef de tribu.

Kanoun : récipient d'argile, où se consume du charbon de bois, servant à la cuisson des aliments.
Kassaba : instrument de musique oriental.
Kessera : galette de blé, d'orge ou de mil, cuite sous la cendre.
Khalifa : souverain musulman, successeur de Mahomet.
Khamès : métayer, colon partiaire.
Khodja : interprète.

Khouan : frère, membre d'une secte.
Ksour (sing. **ksar**) **:** villages fortifiés.

Lalla : titre d'honneur accordé, au Maghreb, aux femmes de grande famille et aux princesses, ainsi qu'à la Vierge Marie ; dame.
Leben : lait aigre accompagnant le couscous.

Makroum : pâtisserie orientale très douce.
Matoulid ? : Comment vas-tu ?
Mechbed : piste formée par le passage répété des gens et des bêtes.
Mehl'faf : châle.
Mektoub : destin.
Meskine : nécessiteux, misérable.
Mizhaf : cithare à douze cordes.
Mokhrazni : mercenaire musulman à la solde du gouvernement français.
Mokkadem : vicaire religieux de l'Islam.
Moukkala : long fusil.
M'rokba : nom soudanais du marcouba, graminée agglomérant le sable à sa base en forme de petites buttes.

Oûd : sorte de luth arabe, instrument à cordes pincées.
Oukil : administrateur.

Rahla : selle targuia à pommeau en forme de croix.
Raïma : tente en poil de chameau.
Raïs : pirates des mers.
Raïta : flûte arabe.
Redjem : signal optique formé de pierres entassées en pyramide.
Rezzou : attaque qu'une troupe de pillards lance contre une tribu, une oasis, afin d'enlever les troupeaux, les récoltes.

Rhorfa : construction formant d'étroites cellules voûtées, superposées sur plusieurs étages, qui servent de grenier aux semi-nomades et, parfois, d'habitation.

Rodoua : demain.

Roul : génie des sables.

Salam alekhoum : Le salut sur vous.

Saroual : pantalon musulman vaste et bouffant.

Sebkha : lac d'eau salée au Sahara.

Shouf ! : regarde ! Vois !

Sokhrar : chamelier.

Sors : faucon pèlerin importé de Norvège, le meilleur faucon chasseur de l'Atlas saharien.

Takouba : sabre targui à lame plate et large.

Tamachek : langue des Touareg.

Tchartchaf : voile noir avec lequel les femmes arabes se cachent le visage.

Terfess : truffe blanche du désert.

Thaleb : écrivain, savant.

Toboul : tambour.

Tolba : religieux enseignant le Coran, le droit islamique, l'écriture et la littérature arabes.

Ya ouldi : mon enfant.

Yaouled : enfant.

Zaouia : établissement religieux sous l'autorité d'une confrérie musulmane, spécialement affecté à l'enseignement.

Zeriba : hutte en roseaux.

Ziara : impôt annuel, proportionnel à la richesse des membres d'une confrérie.

Achevé d'imprimer en décembre 2005
sur les presses de Normandie Roto Impression s.a.s.
à Lonrai (Orne)
N° d'édition : FZ0214-01
N° d'impression : 05-3104
Dépôt légal : janvier 2006

Imprimé en France